普通高等教育经管类专业"十三五"规划教材

财务管理

(第3版)

何建国　黄金曦　主编

清华大学出版社
北　京

内 容 简 介

本书以企业"筹资—投资—资金营运—收益分配"为主线，介绍了财务管理学的基础理论与实务，在吸收国内同类教材编写经验的基础上，更注重突出实用性，注重培养学生的基本理财观念和解决实际问题的能力。在编写中，本书力求深入浅出，努力结合国内外最新研究成果，突出教学重点，同时增加案例和习题等多种形式，使内容更加丰富。

本书适用于大学本科财经类相关专业的学生使用，也适用于高职高专财务管理专业和会计学专业的学生使用，还可作为公司管理人员学习财务管理的参考书。

本书扉页为防伪页，封面贴有清华大学出版社防伪标签，无标签者不得销售。
版权所有，侵权必究。举报：010-62782989，beiqinquan@tup.tsinghua.edu.cn。

图书在版编目(CIP)数据

财务管理/何建国，黄金曦主编. —3 版. —北京：清华大学出版社，2020.1（2023.8 重印）
普通高等教育经管类专业"十三五"规划教材
ISBN 978-7-302-54026-7

Ⅰ.①财… Ⅱ.①何… ②黄… Ⅲ.①财务管理－高等学校－教材 Ⅳ.①F275

中国版本图书馆 CIP 数据核字（2019）第 236919 号

责任编辑：崔 伟 高晓晴
封面设计：周晓亮
版式设计：方加青
责任校对：牛艳敏
责任印制：丛怀宇

出版发行：清华大学出版社
网　　址：http://www.tup.com.cn, http://www.wqbook.com
地　　址：北京清华大学学研大厦 A 座　　邮　编：100084
社 总 机：010-83470000　　邮　购：010-62786544
投稿与读者服务：010-62776969，c-service@tup.tsinghua.edu.cn
质 量 反 馈：010-62772015，zhiliang@tup.tsinghua.edu.cn
印 装 者：三河市龙大印装有限公司
经　　销：全国新华书店
开　　本：185mm×260mm　　印　张：17.5　　字　数：426 千字
　　　　　（练习题册 1 本）
版　　次：2011 年 8 月第 1 版　2020 年 1 月第 3 版　印　次：2023 年 8 月第 6 次印刷
定　　价：58.00 元

产品编号：082612-02

第3版前言

现代公司财务管理从诞生以来，经过了百余年的发展，其理论已逐渐成熟。我国公司财务管理理论与实践也在不断地发展与完善。

如今，企业赖以生存的理财环境处于不断变化之中，经济和金融的全球化对传统的理财理念提出了挑战，金融体制改革及金融创新已引发了我国资本市场的巨大变化。因此，公司财务管理成为公司决策者与经营者必须掌握的基础理论与专业知识。在高等院校，财务管理是经济管理各专业的核心课程之一。

本书是重庆市精品资源共享课程"财务管理"的配套教材。从2011年初版以来，本书收到了不少师生宝贵的意见和建议，在2014年修订了第2版，本次为第3次修订。

本次修订在保持第2版基本框架的基础上，主要对部分内容进行了完善。全书共十章，从财务管理基础、筹资管理、投资管理、营运资金管理、股利决策与财务分析六个方面对财务管理的基本理论、基本方法和基本技术进行了阐述，并针对近年来国内外财务领域出现的研究热点问题，从理论上进行了概括和介绍。

与第2版相比，第3版教材主要做了以下几方面的修订：

(1) 为适应教材使用者的需要，在不影响教材整体性的前提下，将原书部分内容以二维码的形式呈现，便于读者进行深入拓展学习。

(2) 为方便学生进行课后练习，删除了原书中课后的计算分析题，放入本书附赠的同步练习册中。为便于教师组织课堂讨论，引导学生对理论进行运用，仍保留了思考题和案例分析题。

(3) 第1章中原"财务管理原则"的相关内容因在学术界未形成统一认识，故将其删除。

(4) 第2章中修改了相关的表述，并将篇幅较大的一些货币时间价值的推算过程以二维码的形式展开。

(5) 第3章中修改了相关的表述，删除了"证券市场线"的内容。

(6) 第4章中修改了相关的表述，在债券投资分类中增加了"永续债"的内容。

(7) 第5章将"短期借款、商业信用、短期融资券"的内容放入第8章"营运资金管理"中，同时将各种筹资方式的程序以更直观的流程图形式展现。

(8) 第6章中修改了相关的表述。

(9) 第7章中修改了相关的表述，删除了"固定资产购买与租赁决策"，增加了"缩短建设期决策"。

(10) 第8章中修改了相关的表述，将原第5章中"短期借款、商业信用、短期融资券"的内容，独立为"流动负债管理"一节。

(11) 第9章中修改了相关的表述，更新了部分例题数据。

(12) 第10章中修改了相关的表述,按财政部最新的财务报告格式要求修改了例题中的报表。

本书由重庆理工大学长期从事财务管理教学和研究的老师共同修订完成。各章编写分工为:黄金曦修订了第1、2、3、7章;胡永平修订了第4、8章;钱文菁修订了第5、6章;安灵修订了第9、10章。修订稿由黄金曦初审,最后由何建国统一定稿。

在教材编写过程中,我们吸收借鉴了国内外研究、教学和实践的最新成果,限于篇幅不能一一列出,在此向这些文献的作者表示衷心的感谢!

为了方便教学,本书提供丰富的教学资源,包括教学课件和习题答案,读者可扫描右侧的二维码获取。

教学资源

由于编者水平所限,书中难免存在一些不妥之处,诚恳地期待专家、学者及广大读者的批评指正。

编 者

2019年8月

目 录

第一章 财务管理总论 ·············· 1
　第一节 财务管理的产生与发展 ····· 1
　　一、财务管理的概念 ············ 1
　　二、财务管理的发展历程 ········ 2
　第二节 财务管理的内容 ··········· 5
　　一、财务活动 ·················· 5
　　二、财务关系 ·················· 7
　第三节 财务管理的目标 ··········· 8
　　一、财务管理目标概述 ·········· 8
　　二、目标冲突与利益协调 ······· 12
　第四节 财务管理环境 ············ 13
　　一、宏观理财环境 ············· 13
　　二、微观理财环境 ············· 16
　思考题 ························ 18
　案例讨论 ······················ 18

第二章 货币时间价值 ············· 20
　第一节 货币时间价值概述 ········ 20
　第二节 复利终值和现值 ·········· 21
　　一、单利的计算 ··············· 22
　　二、复利的计算 ··············· 22
　第三节 年金终值和现值 ·········· 23
　　一、普通年金 ················· 24
　　二、预付年金 ················· 26
　　三、递延年金 ················· 28
　　四、永续年金 ················· 29
　第四节 时间价值的延伸应用 ······ 30
　　一、贴现率和期限的计算 ······· 30
　　二、计息期短于一年的实际利率 ···· 31

　　三、通货膨胀下的实际利率 ····· 32
　思考题 ························ 32
　案例讨论 ······················ 32

第三章 风险与收益 ··············· 34
　第一节 单项资产的风险与收益 ···· 34
　　一、风险的概念 ··············· 34
　　二、风险的类别 ··············· 35
　　三、单项资产风险的衡量 ······· 37
　第二节 投资组合的风险与收益 ···· 40
　　一、投资组合理论 ············· 40
　　二、投资组合收益的计算 ······· 41
　　三、投资组合风险的衡量 ······· 41
　第三节 资本资产定价模型 ········ 43
　　一、资本资产定价模型理论的
　　　　渊源 ····················· 43
　　二、资本资产定价模型的假设 ··· 44
　　三、资本资产定价模型及变量
　　　　解释 ····················· 45
　　四、资本资产定价模型的优点与
　　　　缺陷 ····················· 46
　思考题 ························ 47
　案例讨论 ······················ 47

第四章 证券估值 ················· 50
　第一节 债券估值 ················ 50
　　一、债券的基本要素 ··········· 50
　　二、债券的分类 ··············· 51
　　三、债券的估值方法 ··········· 52

四、债券投资收益率…… 54
　　五、债券投资的特点…… 55
　　六、债券的优缺点…… 55
　第二节　股票估值…… 56
　　一、股票的构成要素…… 56
　　二、股票的分类与投资…… 57
　　三、股票估值方法…… 58
　　四、普通股投资的优缺点…… 62
　思考题…… 63
　案例讨论…… 63

第五章　筹资方式…… 65
　第一节　筹资方式概述…… 65
　　一、筹资的目的与要求…… 65
　　二、筹资渠道与方式…… 67
　　三、筹资的分类…… 68
　第二节　股权筹资…… 69
　　一、吸收直接投资…… 69
　　二、发行普通股…… 71
　第三节　负债筹资…… 79
　　一、长期借款…… 79
　　二、发行债券…… 81
　　三、融资租赁…… 84
　第四节　混合筹资…… 88
　　一、可转换债券…… 88
　　二、优先股…… 90
　　三、认股权证…… 92
　思考题…… 93
　案例讨论…… 94

第六章　筹资决策…… 96
　第一节　资金需求量预测…… 96
　　一、销售百分比法…… 96
　　二、资金习性预测法…… 99
　第二节　资本成本…… 102

　　一、资本成本的概念…… 102
　　二、资本成本的作用…… 103
　　三、个别资本成本…… 104
　　四、综合资本成本…… 107
　　五、边际资本成本…… 109
　第三节　杠杆原理…… 111
　　一、基本概念及原理…… 111
　　二、杠杆原理在财务管理中的
　　　　作用…… 113
　第四节　资本结构…… 118
　　一、资本结构概述…… 118
　　二、影响资本结构的因素…… 118
　　三、资本结构决策方法…… 119
　思考题…… 125
　案例讨论…… 125

第七章　项目投资决策…… 127
　第一节　项目投资决策概述…… 127
　　一、投资的概念…… 127
　　二、投资的分类…… 128
　　三、项目投资的基本程序…… 129
　第二节　项目投资现金流量分析…… 130
　　一、项目计算期的构成…… 130
　　二、项目现金流量的组成…… 131
　　三、项目现金净流量的计算…… 132
　　四、估算项目现金流量应注意的
　　　　问题…… 135
　第三节　项目投资决策指标…… 137
　　一、非贴现现金流量指标…… 137
　　二、贴现现金流量指标…… 139
　第四节　固定资产投资决策
　　　　指标运用…… 144
　　一、寿命期限不等的项目投资
　　　　决策…… 144
　　二、固定资产更新改造决策…… 145

三、缩短建设期决策…………149
第五节　风险环境下的投资决策…150
　　一、风险调整折现率法…………150
　　二、肯定当量法…………………153
思考题……………………………………155
案例讨论…………………………………156

第八章 营运资金管理……………157

第一节　营运资金管理概述…………157
　　一、营运资金的概念……………157
　　二、营运资金的特点……………158
　　三、营运资金的持有政策与融资
　　　　策略………………………159
第二节　现金管理……………………163
　　一、现金持有的动机……………163
　　二、现金成本……………………164
　　三、最佳现金持有量决策
　　　　模型………………………164
　　四、现金的日常管理……………168
第三节　应收账款管理………………168
　　一、应收账款的作用……………169
　　二、应收账款的成本……………169
　　三、应收账款管理的目标………170
　　四、应收账款的信用政策………170
　　五、应收账款的日常管理………175
第四节　存货管理……………………178
　　一、存货的功能与成本…………178
　　二、经济订货批量………………180
　　三、存货的 ABC 管理…………184
第五节　流动负债管理………………184
　　一、短期借款管理………………184
　　二、商业信用管理………………187
　　三、短期融资券管理……………189
思考题……………………………………192
案例讨论…………………………………192

第九章 股利分配……………………195

第一节　股利分配概述………………195
　　一、利润分配内容和顺序………195
　　二、股利支付方式………………197
　　三、股利分配程序………………198
第二节　股利理论……………………200
　　一、股利无关论…………………200
　　二、股利相关论…………………201
　　三、股利分配的影响因素………203
第三节　股利政策……………………206
　　一、剩余股利政策………………207
　　二、固定或稳定增长股利政策…209
　　三、固定股利支付率政策………210
　　四、低正常股利加额外股利
　　　　政策………………………211
思考题……………………………………213
案例讨论…………………………………213

第十章 财务分析……………………215

第一节　财务分析概述………………215
　　一、财务分析的作用……………215
　　二、财务分析方法………………216
　　三、财务分析的局限性与原则…221
　　四、基本财务报表………………223
第二节　财务指标分析………………228
　　一、偿债能力分析………………228
　　二、获利能力分析………………235
　　三、营运能力分析………………240
　　四、发展能力分析………………244
第三节　财务综合评价………………248
　　一、杜邦分析法…………………248
　　二、综合评分法…………………250
思考题……………………………………252
案例讨论…………………………………252

附录一 复利终值系数表 ………………… 257
附录二 复利现值系数表 ………………… 260
附录三 年金终值系数表 ………………… 263
附录四 年金现值系数表 ………………… 266
参考文献 ……………………………………… 269

第一章

财务管理总论

学习目标

通过本章的学习要求学生:
- 理解财务管理的概念
- 了解财务管理的产生与发展
- 掌握财务管理的内容和财务关系
- 结合企业实情,选择恰当的财务管理目标
- 了解财务管理环境的具体内容

第一节 财务管理的产生与发展

一、财务管理的概念

企业的经营活动一方面表现为物质的转换过程,另一方面表现为资金的收入与支出,形成一系列资金运动。企业资金运动以现金(货币资金)开始,经过原材料、在产品、产成品、应收账款等不同资金形态,最终又收回现金(货币资金)。随着企业经营活动不断持续,企业资金流转也周而复始,从而形成了企业的资金循环。资金只有不断地循环,才能在周转过程中实现价值增值。

企业财务是指企业在生产经营过程中客观存在的资金运动及其所体现的经济利益关系。企业在生产经营过程中客观存在的资金运动称为财务活动。企业财务活动一般表现为资金的筹集、投放、使用、收回和分配等一系列资金收支活动。资金运动中所体现的经济利益关系称为财务关系。财务关系包括企业与外部利益相关者(如所有者、债权人、被投资单位、债务人、供应商和客户、政府等)的经济利益关系和内部利益相关者(如职工)

的经济利益关系。

财务管理是企业组织财务活动，处理财务关系的一项经济管理活动。与生产管理、人事管理、营销管理、物流管理等管理活动不同，财务管理具有自身的特点，主要表现在以下三个方面。

(1) 财务管理涉及面广。因为财务管理的对象是企业资金及其运动，所以财务管理工作涉及企业的每一项活动、每一个部门。财务部门通过资金管理对企业其他部门进行约束。

(2) 财务管理是一种价值管理工作。财务管理的基本属性是价值管理，它主要利用收入、成本、利润和资金等价值指标，运用财务预测、财务决策、财务预算、财务控制和财务分析等手段来实现企业价值增值，并处理价值运动中的经济利益关系。

(3) 财务管理是一项综合性的管理工作。企业生产经营活动的成果，大多可以通过反映资金运动过程和效率的各项价值指标综合反映出来。企业财务部门可以通过计算分析各项指标，及时发现存在的问题，为决策提供有效依据。

二、财务管理的发展历程

现代财务管理产生的历史并不太长久，但在100多年的发展历程中，财务管理经历了内容和职能的巨大变化，逐渐在企业管理中上升到战略性的核心地位。纵观西方财务管理的发展历程，大致经历了以下几个阶段。

(一) 财务管理的萌芽期(15世纪末—19世纪末)

一般认为，财务管理萌芽于15世纪末16世纪初。当时西方社会正处于资本主义萌芽时期，地中海沿岸的城市商业得到了迅猛发展，意大利的不少城市发展为欧洲与近东之间的贸易中心。在这些城市中出现了社会公众入股的城市商业组织，入股的股东有商人、王公、大臣和市民等。商业股份经济的发展，涉及资金筹集、股息分派和股本回收管理等财务管理活动，但这些理财活动仅仅附属于商业经营管理，在当时的商业组织中尚未正式形成财务管理部门或机构，因此也就没有形成独立的财务管理工作。虽然如此，相关财务活动的重要性却已在组织管理中得以显现。

(二) 筹资财务管理阶段(19世纪末—20世纪30年代)

19世纪末20世纪初，西方国家的工业革命促使生产技术突飞猛进，企业规模不断扩大，股份公司迅速发展起来。股份公司的发展不仅引起了资本需求量的扩大，而且也使筹资渠道和方式发生了重大变化，如何筹集资本扩大经营，成为大多数企业关注的重点。因此，许多企业成立了独立的财务管理部门，财务管理开始从企业管理中分离出来，成为一种独立的管理工作。这个时期，财务管理的重点就是研究资金需求量及筹资渠道等筹资财务问题，侧重于对金融市场、金融机构和金融工具的描述和讨论。因此这一时期被称为筹资财务管理阶段。

这一时期的主要财务研究成果有：1897年，美国财务学者格林(Green)所著的《公司财务》被认为是最早的财务著作之一，其详细阐述了公司资本的筹集问题，标志着财务管理学科的产生；1910年，米德(Meade)出版了《公司财务》，主要研究企业如何最有效地筹集资本，该书为现代财务理论奠定了基础。

(三) 法规描述财务管理阶段(20世纪30年代—50年代初)

筹资财务管理阶段只注重研究资金筹集，却忽视了企业日常的资金周转和资金控制问题。1929年西方国家爆发的经济危机，造成了众多企业破产，投资者遭受了严重的损失。为保护投资人利益，西方各国政府加强了证券市场的立法管理工作。如美国在1933年和1934年分别出台了《联邦证券法》和《证券交易法》，对公司证券融资做出了严格的法律规定。此时财务管理面临的突出问题是金融市场制度与相关法律规定等问题。财务管理首先研究和解释各种法律法规，指导企业按照法律规定的要求，组建和合并公司，发行证券以筹集资本。这一时期财务管理的研究重点开始从扩张性的外部融资，转移到破产清算、债务重组、资产评估、保持偿债能力，以及政府对证券市场的管理上来。因此，西方财务学家也将这一时期称为"守法财务管理时期"或"法规描述时期"。

这一时期的主要财务研究成果有：美国洛弗(W.H.Lough)的《企业财务》，首先提出了企业财务除筹措资本外，还要对资本周转进行有效的管理；英国罗斯(T.G.Rose)的《企业内部财务论》，特别强调企业内部财务管理的重要性，认为资本的有效运用是财务研究的重心。

(四) 内部决策财务管理阶段(20世纪50年代初—60年代)

从20世纪50年代开始，资金的时间价值引起财务经理的广泛关注。面对激烈的市场竞争，财务经理普遍认识到，单纯靠扩大融资规模、增加产品产量已无法适应新形势的发展需要，财务经理的主要任务应是解决资金利用效率问题，公司内部的财务决策上升为最重要的问题。在此期间，以固定资产投资决策为研究对象的资本预算方法日益成熟，财务管理的重心由重视外部融资转向注重资金在公司内部的合理配置，使公司财务管理发生了质的飞跃。这一时期，财务管理理论的另一显著发展表现在对公司整体价值的重视和研究。实践中，投资者和债权人往往根据公司的盈利能力、资本结构、股利政策、经营风险等一系列因素来决定公司股票和债券的价值，由此资本结构和股利政策的研究受到高度重视。西方财务学家将这一时期称为"内部决策时期"。

这一时期的主要研究成果有：1951年，美国财务学家乔尔·迪安(Joel Dean)出版了最早研究投资财务理论的著作《资本预算》，对财务管理由融资财务管理向资产财务管理的飞跃发展发挥了决定性影响。1952年，哈里·马柯维茨(H.M.Markowitz)发表了论文《资产组合选择》，提出了证券投资组合的基本理论，并在此基础上于1959年出版了专著《组合选择：有效的分散化》，从收益与风险的计量入手，研究各种资产之间的组合问题。马柯维茨也被公认为是资产组合理论流派的创始人。1958年，弗兰科·莫迪利安尼(Franco Modigliani)和莫顿·米勒(Merton H.Miller)在《美国经济评论》上发表《资本成本、公司财务和投资理论》一文，提出了著名的 MM 理论，二人也因为在研究资本结构理论上的突出成就，分别在 1985 年和 1990 年获得了诺贝尔经济学奖。

(五) 投资财务管理阶段(20 世纪 60 年代—70 年代)

"二战"结束后，随着科学技术的迅速发展，产品更新速度加快，金融市场进一步繁荣，跨国公司逐渐增多，外部投资环境更加复杂，投资风险加剧，从而迫使企业更加注重投资效益，规避投资风险。在 20 世纪 60 年代中期以后，财务管理的研究重点转移到投资问题上。在此时期，现代管理方法使投资管理理论日益成熟，主要表现在：建立了合理的投资决策程序，形成了完善的投资决策指标体系，建立了科学的风险投资决策方法。20 世纪 70 年代后，金融工具的推陈出新使公司与金融市场的联系日益加强。认股权证、金融期货等广泛应用于公司筹资与对外投资活动，推动财务管理理论日益发展和完善。因此，这一时期被称为投资财务管理时期。

前述内部决策财务管理时期的研究成果同时也是投资财务管理阶段初期的主要研究成果。此外，这一时期的重要研究成果有：1964 年，威廉·夏普(William Sharpe)、约翰·林特纳(John Lintner)等在马柯维茨理论的基础上，提出了著名的资本资产定价模型(CAPM)，系统阐述了资产组合中风险与收益的关系。1972 年，尤金·法玛(Eugene Fama)和默顿·米勒(Merton Miller)出版了《财务管理》一书，这部集西方财务管理理论之大成的著作，标志着西方财务管理理论已经发展成熟。1973 年，费雪·布莱克(Fisher Black)、迈伦·斯克尔斯(Myron Scholes)和罗伯特·默顿(Robert Merton)创立了期权定价模型(option pricing model，OPM)；1976 年斯蒂芬·罗斯(Stephen A. Ross)提出了套利定价理论(arbitrage pricing theory)。

(六) 通货膨胀财务管理阶段(20 世纪 70 年代末—80 年代)

20 世纪 70 年代末到 80 年代初期，西方国家遭遇了旷日持久的通货膨胀。持续的大规模通货膨胀导致货币资金不断贬值，企业资金需求不断膨胀，资金占用量上升，资金成本不断提高，证券贬值，企业筹资更加困难，公司利润虚增，资金周转困难。严重的通货膨胀给财务管理带来了一系列前所未有的挑战，通货膨胀财务管理成为焦点，因此这一时期被称为通货膨胀财务管理阶段。在此阶段，西方财务学者提出了许多应对通货膨胀的方法，在筹资决策、投资决策、资金日常运营决策和股利分配决策方面都根据通货膨胀的情况，进行了相应调整。

(七) 国际财务管理阶段(20 世纪 80 年代至今)

20 世纪 80 年代中后期，伴随现代通信技术和交通工具的迅速发展，世界各国经济交往日益密切，公司不断朝着国际化和集团化的方向发展，国际贸易和跨国经营空前活跃。以国际市场为导向的跨国公司的发展，相应产生了跨国融资、外汇风险管理、国际转移价格、跨国资本预算、国际投资环境的分析等问题。在新的经济形势下，跨国公司财务管理成为财务管理研究的新热点，并因此产生了一门新的财务学分支——国际财务管理。

20世纪90年代中期以后，计算机技术、电子通信技术和网络技术迅速发展。网络财务管理成为21世纪企业财务管理新的发展方向。特别是近十年来，区块链、大数据、云计算、人工智能等的迅猛发展，使得企业财务管理在技术层面得到了巨大的飞跃。

第二节 财务管理的内容

财务管理是组织企业财务活动，处理财务关系的一项经济管理活动。因此，财务管理的内容就包括财务活动和财务关系两方面。

一、财务活动

企业的财务活动是以现金收支为主的资金收支活动，其内容具体包括筹资活动、投资活动、资金营运活动和资金分配活动四方面。

(一) 筹资活动

筹资活动是指根据企业生产经营活动和投资活动等的需要，筹措和集中所需资金的过程。资金筹集是企业资金运动的起点。在筹资过程中，企业需要考虑筹资规模、筹资渠道、筹资方式、筹资成本和筹资风险，不同规模、不同来源、不同方式筹集的资金具有不同的成本、不同的期限和不同的附加条件，从而给企业带来的风险也不相同。企业财务人员必须在风险和成本之间进行权衡，确定合理的资本结构，降低筹资成本，控制筹资风险。

企业筹集的资金按权益性质不同，可以分成两种不同性质的资金来源：债务资金和权益资金。通过银行借款、发行债券、利用商业信用及融资租赁等方式可以取得债务资金，债务资金需要按时还本付息，具有筹资成本低、财务风险高的特点。通过向投资者吸收直接投资、发行股票、内部留存收益等方式可以取得权益资金，权益资金不需要还本，向投资人支付的股利也不固定，具有筹资成本高、财务风险小的特点。

从资金的运动方向看，筹集资金首先表现为企业资金的流入，然后偿还借款本金、支付利息、股利以及各种筹资费用，表现为企业资金的流出。企业筹资活动能引起资金流入和流出，是企业财务活动的主要内容之一。

(二) 投资活动

企业筹资的目的是将资金投放使用，以获取收益，增加企业价值。投资活动是指将企业资金投放、使用的过程。按投资的范围不同，投资有广义和狭义两种概念。广义的投资活动是指企业将筹集的资金投入使用的过程，包括企业外部资金投放的过程(对外投资)和企业内部资金使用的过程(对内投资)。对外投资是企业将现金、实物或无形资产等投放于企业外部其他企业或单位而形成的股权性投资或债权性投资，如购买政府债券、企业债券、公司股票等；对内投资是企业将资金投放在企业内部，形成实物资产或无形资产，如购置机器设备、兴建厂房等。狭义的投资活动仅指对外投资。

在投资过程中，企业需要考虑投资规模、投资方向、投资方式、投资收益和投资风险，不同的投资方案涉及的投资成本、风险和收益都可能不相同，企业财务人员必须在风险和收益之间进行权衡，确定合理的投资结构，提高投资效益，控制投资风险。

与筹资活动相同，投资活动既会引起资金流入，也会引起资金流出。从资金的运动方向看，投资活动首先表现为企业资金的流出，然后通过获取利息、股利等收益，表现为企业资金的流入。

(三) 资金营运活动

资金营运活动是指在企业日常生产经营活动中所发生的一系列资金收付活动。与其他财务活动相比，资金营运活动具有发生频率高的特点。其内容包括企业采购原材料或商品用于生产或销售，支付员工薪酬和其他营业费用，销售产品或商品收回资金，如资金不能满足企业经营需要而采取短期借款方式筹资等。为满足企业日常经营活动的需要而垫支的资金称为营运资金。

资金营运活动围绕着营运资金展开，营运资金的周转与生产经营周期具有一致性。在一定的时期内，营运资金周转越快，资金的使用效率就越高，企业就越有可能生产出更多产品、取得更多收入、产生更高的利润。因此，企业对营运资金的管理主要是确定合理的营运资金持有政策、合理的营运资金筹集政策及合理的营运资金管理策略。

(四) 资金分配活动

企业通过资金的投放和使用，取得各种收入，实现资金增值。企业的收入首先用于补偿产品生产成本及期间费用，缴纳各种税金，剩余部分形成企业的净利润。净利润按国家法律规定程序进行分配，在用于弥补以前年度亏损、提取法定盈余公积金和任意盈余公积金后，向所有者进行利润(股利)分配。当年未分配的利润形成企业的留存收益，是企业内部筹资的来源。

从资金的运动方向看，资金分配活动表现为资金的流出，这必然会引起企业资金结构的改变，进而对各利益主体产生影响。因此，企业需要合理确定收益分配规模和分配方式，既要满足投资者利益，调动投资者积极性，又要有利于企业自身积累，实现长远发展。

筹资活动、投资活动、资金营运活动和资金分配活动共同构成了财务活动的主要内容，同时这些财务活动之间又存在密切联系。如筹资活动是投资活动的前提与基础，而筹资规模又受到投资规模的影响；资金营运活动与投资活动都涉及资金的投放与回收，但资金营运活动属于日常资金运动，其管理决策方法与投资活动存在差异；资金分配活动是其他财务活动的结果和归宿，利润分配的多少决定了留存收益的高低，又属于内部筹资问题。因此，企业必须将这四个方面的财务活动综合地加以分析考虑，统筹安排，合理调度，才能取得良好的财务效果。

二、财务关系

财务关系是指企业组织财务活动过程中与有关各方所发生的经济利益关系,包括企业与所有者、债权人、被投资单位、债务人、供应商和客户、政府、企业内部各单位、职工,以及其他有关各方之间的财务关系。

(一) 企业与政府之间的财务关系

企业与政府之间的财务关系,体现在政府作为社会管理者,行使国家行政管理职能,维持社会秩序、保障国家安全,以及组织、管理和监督社会活动。因此,政府通过征收各种税金,无偿参与企业的收益分配,企业必须依照国家税法的规定缴纳各种税款。这种经济利益关系体现的是企业与政府间强制的、无偿的分配关系。

此外,政府作为国有企业的投资者,通过有关授权部门或机构对企业进行投资,形成国家资本金,从而以投资者的身份参与企业的收益分配。这种经济利益关系体现的是企业与政府间所有权性质的受资与投资的关系。

(二) 企业与投资者之间的财务关系

企业与投资者之间的财务关系是指企业的投资者向企业投入资金,获得企业所有权,企业向其投资者支付投资报酬所形成的经济利益关系,这种关系实际上体现了经营权与所有权的关系。企业的投资者必须按照投资合同、协议和章程的约定履行出资义务,以形成企业的资本金;企业在利用资本金进行经营,获得利润后,应按照合同、协议或章程的规定向其投资者分配利润。企业与投资者之间的财务关系体现为所有权性质的受资与投资的关系。

(三) 企业与受资企业之间的财务关系

企业与受资企业之间的财务关系是指企业以直接投资或间接投资的形式向其他企业投资所形成的经济利益关系。随着市场经济的不断发展,企业经营规模和经营范围的不断扩大,企业收购或兼并其他企业和对其他企业进行参股、控股的现象越来越普遍。企业向其他企业投资,应按投资合同、协议和章程的约定履行出资义务,并根据其出资额参与受资企业的经营管理和利润分配。企业与受资企业之间的财务关系在性质上属于所有权性质的投资与受资的关系。

(四) 企业与债权人之间的财务关系

企业与债权人之间的财务关系是指企业向债权人借入资金,并按借款合同的规定按时支付利息、归还本金所形成的经济利益关系。企业在经营过程中,投资者投入的资本不能满足企业需要时,就需要从债权人那里借入一定数量的债务资金,债务资金可以降低企业筹资成本。企业的债权人主要有本企业债券持有人、银行等金融机构、供应商及其他出借资金给企业的单位和个人。企业利用债权人的资金,必须按合同的约定及时向债权人支付利息、归还本金，否则会对企业的信用造成不良影响。由此可见，企业与债权人之间的财务关系在性质上属于债务与债权关系。

(五) 企业与债务人之间的财务关系

企业与债务人之间的财务关系是指企业以购买债券、提供借款或商业信用等形式，将资金出借给其他企业所形成的经济利益关系。企业将资金出借后，有权要求债务人按借款合同的约定按时支付利息、归还本金。企业与债务人之间的财务关系体现的是债权与债务关系。

(六) 企业内部各单位之间的财务关系

企业内部各单位之间的财务关系是指企业内部各部门、各单位之间在生产经营中相互提供产品或劳务所形成的经济利益关系。企业内部各部门、各单位之间既有分工又有合作，为了确认各部门、各单位创造的利益，在实行企业内部经营责任制的情况下，企业各职能部门以及各个生产单位之间，相互提供产品和劳务时要求按内部转移价格进行结算，以便客观地考核和评价各部门、各单位的经营业绩。因此，企业内部各部门、各单位之间的财务关系是一种资金结算关系，体现了企业内部各单位之间的责任与经济利益。

(七) 企业与职工之间的财务关系

企业与职工之间的财务关系是指企业向职工支付劳动报酬过程中所形成的经济利益关系。企业职工向企业提供了劳务，企业应向职工及时足额支付工资、津贴、奖金等劳动报酬，从而实现按照职工提供劳动的数量和质量对企业收入进行分配。企业与职工之间的财务关系，体现了职工个人与企业在劳动成果上的分配关系。

上述财务关系广泛存在于企业财务管理中，体现了企业财务管理的实质，是企业财务管理的重要内容之一。企业在实现其财务目标时需要正确处理和协调各利益相关者之间的财务关系，努力实现各种经济利益的协调和均衡。

第三节 财务管理的目标

一、财务管理目标概述

财务管理目标是企业进行财务管理所希望实现的结果，是评价企业理财活动是否合理的基本标准，是企业财务管理工作的行为导向。财务管理目标制约着财务运作的基本特征和发展方向，不同的财务管理目标，会产生不同的财务管理运行机制。因此，企业应当科学地选择适合自身发展特点的财务管理目标。

财务管理目标的选择，既要与企业目标保持一致，又要集中反映财务管理的基本特征，体现财务活动的基本规律。企业的财务管理目标在一定时期内应具有相对稳定性，只有当内外部环境发生较大变化时，企业才需要调整其财务管理目标。

在现代企业财务管理发展的过程中，具有代表性的财务管理目标有以下几种。

(一) 利润最大化

这里的利润是指一定时期企业实现的净利润，即企业一定期间内的收入与费用之间的差额，它是企业经营成果的体现，在一定程度上反映了企业经济效益的好坏。

1. 利润最大化的优点

以利润最大化作为企业的财务目标有其可取之处，主要表现在：

(1) 商品经济条件下，剩余产品的多少用利润的多少来衡量，利润越多表明企业创造了更多的剩余产品。

(2) 在自由竞争的资本市场中，资本的使用权最终将属于获利最大的企业，即利润最大化有利于资源的合理配置。

(3) 每个企业都最大限度地获得利润，整个社会财富才可能实现最大化，从而促进社会的进步和发展。

(4) 利润最大化目标易于理解和衡量，便于在管理实践中应用。

2. 利润最大化的缺点

以利润最大化作为财务管理目标也存在一定的局限性：

(1) 利润最大化没有考虑资金时间价值。今年实现的 1 000 万元利润和两年前实现的 800 万元利润相比，无法直接判断哪年更好地实现了企业的财务目标。

(2) 利润是一个绝对值，没有反映创造的利润与投入的资本之间的关系，因此不利于不同规模的企业或同一企业不同时期之间的比较。

(3) 利润最大化没有考虑风险问题。一般而言，期望报酬越高，所要承担的风险越大。追求利润最大化，可能会使企业承担过大的风险。

(4) 一味追求利润最大化可能导致企业经营的短期行为，如忽视新产品研发、技术设备更新、人力资源培训及社会责任的履行等，从而给企业长远发展带来不利影响。

以利润最大化作为企业财务目标是财务管理萌芽时期(19 世纪末)开始的，当时的企业多为独资企业，业主拥有企业的全部财产，并直接从事企业的经营管理，因此业主的唯一目的就是通过增加利润来实现私人财富的积累。然而随着企业两权分离的加剧，业主通过聘请职业经理管理企业，与企业有关的利益集团逐渐增多，以利润最大化作为企业财务目标的局限性越发突出。

(二) 资本利润率或每股收益最大化

资本利润率是企业一定时期的净利润与资本额的比率，每股收益是企业一定时期的净利润与普通股股数的比率。这两项指标均属于相对数指标，因此以资本利润率或每股利润最大化作为财务目标可以克服利润最大化目标不能反映投入产出关系的缺陷，有利于正确衡量企业经济效益水平，评价企业经营成果，有利于不同资本规模企业之间或同一企业不同时期之间的比较分析。但在实践中企业的资本额和发行在外的普通股股数不会轻易发生变化,资本利润率或每股收益最大化,实质还是利润最大化。所以,同利润最大化目标一样,资本利润率或每股收益最大化目标仍然没有考虑资金时间价值和风险因素,也不能避免企业的短期行为。

(三) 股东财富最大化

股东财富最大化是指通过财务上的合理经营,为股东带来更多的财富。在股份公司中,股东财富由其拥有的股票数量和股票市场价格两方面决定。如果假设资本市场是有效的,在股票数量一定时,股票价格达到最高,股东财富也达到最大。所以,股东财富最大化又被演化为股票价格最大化。

1. 股东财富最大化的优点

与前面两种财务目标相比,股东财富最大化的优点体现在以下几方面:

(1) 股东财富最大化考虑了资金时间价值和风险因素。因为股票的市场价格具有时间性,并且它反映了股票投资风险的高低。

(2) 股东财富最大化反映了投入与产出的关系。因为股票的市场价格是以每股价格来表示的。

(3) 股东财富最大化在一定程度上能够克服企业在追求利润上的短期行为。因为企业预期未来的收益会对企业的股票价格产生影响,企业需要注重收益的可持续性。

2. 股东财富最大化的缺点

股东财富最大化也存在一些缺陷,这主要体现在以下几方面:

(1) 适用范围受到限制。股东财富最大化对于上市的股份公司适用,而对其他更多的非上市公司或非股份公司,由于缺少股票市价,所以很难适用。

(2) 股东财富最大化过分强调股东利益,很容易忽视企业其他利益相关者的利益。

(3) 影响股票价格的因素很多,而且并非都是公司所能控制的,把受不可控因素影响的股票价格作为企业的财务目标明显具有不合理性。

正因为如此,股东财富最大化财务目标一般适用于资本市场比较发达的国家。

(四) 企业价值最大化

企业价值并不是指企业的账面价值,也不是企业获得的利润,而是企业债权人权益和所有者权益的市场价值,它反映了企业潜在或预期的获利能力。从财务理论上讲,企业价值是企业所能创造的预计未来现金流量的现值,可以通过如下公式来计量

$$V = \sum_{t=1}^{n} \frac{FCF_t}{(1+i)^t}$$

式中,V 为企业价值;t 为取得现金流量的时间;FCF_t 为第 t 年预期的现金流量;i 为与企业风险相适应的折现率;n 为取得现金流量的持续时间。

在持续经营假设下，n 为无穷大，如再假定未来每年预期的现金流量相等，则上式可简写为

$$V = \frac{\text{FCF}}{i}$$

从简写后的公式可以看出，企业价值 V 与预期的现金流量 FCF 成正比，与预期风险相适应的折现率 i 成反比。因此，要使企业价值达到最大，必须对风险和收益进行有效均衡。

1. 企业价值最大化的优点

以企业价值最大化作为企业的财务目标具有以下优点：

(1) 企业价值最大化充分考虑了时间价值因素。

(2) 企业价值最大化考虑了风险与报酬的关系，强调了风险与报酬的均衡。

(3) 企业价值最大化能够克服企业在追求利润上的短期行为，更加有利于社会资源的合理配置。

2. 企业价值最大化的缺点

企业价值最大化作为企业财务目标，最大的缺陷在于：企业价值比较抽象化和理论化，其计量与确定存在一定困难。

尽管如此，在强调价值创造的今天，企业价值最大化最能体现企业管理的目标，更能揭示市场认可的企业价值，因此它通常被认为是现代企业较为合理的财务目标。本书的财务管理目标采用这一观点。

(五) 相关者利益最大化

相关者利益最大化是企业价值最大化财务目标的进一步延伸。该目标以企业价值最大化为基础，同时关注与企业存在经济利益关系的各利益相关者的利益，其基本思想是将企业长期稳定的发展和持续的获利能力放在首位，强调在实现企业价值增长过程中对各有关方利益的满足。

企业的利益相关者包括股东、债权人、供应商、客户、政府、员工等。现代企业是多边契约关系的总和，股东理所当然要承担风险，但债权人、员工和政府所承担的风险也在逐渐增加。所以，以相关者利益最大化作为财务管理目标比企业价值最大化更为直观，更加体现了和谐社会的思想。

相关者利益最大化具有丰富的内涵，具体包括：强调风险与报酬的均衡，将风险限制在企业可以承担的范围内；强调股东的首要地位，协调与股东之间的利益关系，努力培养安定性股东；强调对企业经营者的监督和控制，建立科学的激励约束机制，减少代理成本；关心本企业员工利益，提供恰当的福利，创造优美和谐的工作环境；不断协调与债权人的关系，培养可靠的资金供应者；关心客户的利益，加强产品研发投入，不断推出新产品来满足顾客的要求，以便保持销售收入长期稳定的增长；加强与供应商的协作，建立战略合作关系，共同面对市场竞争；保持与政府部门的良好关系，关心国家政策的变化；勇于承

担社会责任,保护环境,节约资源。

1. 相关者利益最大化的优点

相关者利益最大化财务目标具有以下优点:

(1) 相关者利益最大化较好地兼顾了各利益主体的利益,有利于企业长期稳定协调发展。

(2) 相关者利益最大化注重多方利益,体现多赢的价值理念,有利于实现企业经济效益和社会效益的统一。

2. 相关者利益最大化的缺点

相关者利益最大化财务目标因其丰富的内涵,近年来越来越受到重视。但该目标过于理想化,在一定程度上缺乏可操作性。

二、目标冲突与利益协调

虽然相关者利益最大化是财务目标之一,但在企业实践中,各利益主体仍然存在矛盾冲突,因此必须有效地协调各方利益关系,及时化解利益冲突,尽可能使企业利益相关者的利益分配在数量上和时间上达到动态的协调平衡,有利于提升企业价值。利益冲突可能是多方面的,下面分析三种最重要的冲突及其协调。

(一) 股东与经营者的利益冲突与协调

由于所有权和经营权两权分离,在现代企业中,所有者和经营者的目标并不完全一致。所有者希望经营者代表他们的利益工作,实现股东财富最大化,但经营者却希望在获取更高报酬的同时增加闲暇时间、减少不必要的风险等。因此,经营者和所有者之间的利益冲突经常会导致经营者采取背离所有者目标的行为,如借口工作需要挥霍股东的钱财、工作时不尽自己最大努力等。

为了协调这一利益冲突,所有者要将经营者的报酬与企业绩效挂钩,同时进行必要的监督。通常可采取以下方式协调冲突:

(1) 激励。激励就是将经营者的报酬与其绩效挂钩,使经营者能分享企业增加的财富,从而自觉采取能提高所有者财富的措施。对经营者的激励可以采取短期激励与长期激励相结合的办法,以促使经营者更长远地为增加所有者财富而努力。短期激励一般采取现金奖励,长期激励可采取股票期权等方式。

(2) 监督。两权分离导致经营者与所有者之间的信息不对称,经营者掌握更多的企业信息,从而可能伤害所有者的利益。因此,所有者除要求经营者定期公布财务状况和经营成果外,还可进行必要的监督。如所有者聘请独立、公正的注册会计师来进行报表审计,集团公司对下属公司委派财务总监等。所有者对经营者进行监督后,如果经营者不能达到所有者的要求,就可以解聘经营者,经营者因害怕被解聘而被迫努力工作,也能缓解两者之间的矛盾。

(二) 股东与债权人的利益冲突与协调

所有者与债权人的矛盾冲突表现在：首先，所有者可能未经债权人同意，要求经营者改变举债资金的原定用途，将其用于风险更高的项目，从而增大偿债风险。高风险项目一旦成功，额外的利润会被所有者独享；但若失败，债权人却要与所有者共同负担由此而造成的损失。其次，所有者可能在未征得现有债权人同意的情况下，要求经营者举借新债，因为债务总额增加，偿债风险相应增大，从而也会导致原有债权价值降低。

为协调所有者与债权人的利益冲突，通常可采取以下方式：

(1) 限制性借款。债权人通过在借款合同中事先规定借债用途、借款担保条款、信用条件，限制企业负债比率或举借新债的数额等，以保护自身利益。

(2) 收回借款或停止借款。当债权人发现企业有侵害其债权价值的意图时，可以采取收回债权或不再给予新的借款等措施，从而保护自身权益。

(三) 企业的社会责任

企业在追求和实现财务目标的同时，可以提供更多的就业机会，满足社会公众的物质需求，为国家财政提供更多的税收等，因此企业财务管理目标与社会的目标在很大程度上是趋于一致的。但由于会增加成本，企业不可能完全自觉地履行社会责任，由此造成企业对环境的污染、对员工利益和消费者权益的损害等问题。

协调财务目标与社会责任之间的矛盾需要从加强法律约束和道德规范等方面入手。在法律约束方面，我国先后颁布了促使企业承担社会责任的环境保护法、消费者权益保护法、反不正当竞争法、反暴利法等法律。道德规范的实施则主要依靠政府有关部门的行政监督，以及社会公众的舆论监督。

第四节 财务管理环境

财务管理环境又称理财环境，是指对企业财务活动产生影响的内外各种条件或要素。企业任何的财务活动都是在一定的财务管理环境下进行的，财务管理环境的变化必然会导致企业收入、成本、利润、现金流量、风险和资金占用水平等发生变化，从而影响企业的财务活动。因此，在财务管理理论和实践中，必须认真分析研究企业所面临的具体财务管理环境，并据此采取相应的财务策略。财务管理环境包括宏观理财环境和微观理财环境。

一、宏观理财环境

宏观理财环境是指影响企业财务活动的各种宏观条件或要素，主要包括法律环境、经济环境和金融市场环境。

(一) 法律环境

财务管理的法律环境是指国家制定的企业应当遵守的各种法律、规定和制度。任何企业的经营活动都受到国家法律的约束，良好的法律环境能够为企业从事各项经营活动提供保护。

国家相关法律法规按照对财务管理内容的影响情况可分为以下三大类：

(1) 与企业筹资有关的法律法规，如公司法、证券法、证券交易法、金融法、合同法、票据法、银行法等。这些法规从不同方面规范或制约企业的筹资活动。

(2) 与企业投资有关的法律法规，如公司法、证券交易法、企业财务通则等。这些法规从不同方面规范或制约企业的投资活动。

(3) 与企业分配有关的法律法规，如公司法、税法、企业财务通则等。这些法规从不同方面规范或制约企业的收益分配活动。

企业财务人员不仅要熟悉和掌握上述法规，而且还应了解有关司法的基本程序，以保护企业的合法权益。

(二) 经济环境

经济环境是对企业财务管理产生影响的各种经济因素的统称，其涉及的内容非常广泛，主要包括经济体制、经济周期、经济发展水平、经济政策及通货膨胀水平等。

1. 经济体制

不同的经济体制会对财务管理产生不同的影响。在我国计划经济体制时期，企业没有独立的理财权利，国家统筹企业资本、统一投资、统负盈亏，企业利润统一上缴、亏损全部由国家补贴，当时企业的财务活动内容非常简单。进入市场经济体制以后，企业被赋予独立的理财权，可以根据自身特点进行筹资、投资和利润分配，财务管理工作得到了很大的发展。

2. 经济周期

市场经济条件下，经济发展具有周期性。经济周期一般被分为复苏期、繁荣期、衰退期和萧条期。在不同的经济周期，企业所采取的财务管理策略是不同的。

如经济处于复苏期，企业可以采取增加厂房设备，增加员工，实行长期租赁，建立存货，开发新产品等财务策略。当经济处于繁荣期，企业可以采取扩充厂房设备，继续建立存货，提高产品价格，开展营销规划，增加员工等财务策略。当经济处于衰退期，企业可以采取出售多余设备，削减存货，适当裁员等财务策略。当经济处于萧条期，企业则可以采取减少生产，缩减管理费用，削减存货，裁减雇员等财务策略。总之，企业应把握好经济周期的波动趋向，及时调整财务战略，通过采取积极的财务措施，保持企业在周期波动中的长远发展。

3. 经济发展水平

一个国家的经济发展水平越高，其企业财务管理水平也越好。如西方发达国家经济发展水平较高，从而其财务管理学科体系更科学、完善，同时信息技术的不断发展也推动了复杂的数学模型在财务管理中的运用，财务管理的内容也不断创新。我国经济发展水平不是很高，财务管理的理论与实践都存在一定滞后，但随着我国经济不断持续发展，相信企业财务管理水平也会随之不断提升。

4. 经济政策

经济政策包括产业政策、货币政策、财税政策、金融政策、外汇政策、国际贸易政策等。我国正处在经济体制改革时期，相关经济政策的改革措施，必然影响到企业的财务管理活动，如金融政策中的货币发行量与信贷规模会影响企业筹资来源和筹资数量，进而影响投资项目的预期收益；财税政策也会影响企业的资金结构和投资项目的选择等；价格政策会影响企业的成本、资金的投向和投资回收期及预期收益等。经济政策改变会直接引起企业经营成果的变化，甚至会导致企业调整经营方向转向新的产业或行业。

5. 通货膨胀水平

通货膨胀导致货币购买力下降，会给企业的财务活动带来困难，严重的通货膨胀会引起大量企业倒闭，给国家经济发展带来阻碍。通货膨胀对企业财务活动的影响主要表现在：引起资金占用的大量增加，从而增加企业的资金需求，但由于资金供应紧张，企业筹资变得非常困难；引起企业利润虚增，提高了企业的权益资金成本，企业资金由于利润分配而流失；有价证券价格下降，再度增加企业的筹资难度。

为了减轻通货膨胀对企业造成的不利影响，企业应当采取恰当措施进行防范。如在通货膨胀初期，货币面临着贬值的风险，这时企业进行投资可以在一定程度上避免风险，实现资本保值；与客户签订长期购货合同，可以减少物价上涨造成的损失；取得长期负债，保持资本成本的稳定。在通货膨胀持续期，企业可以采用比较严格的信用条件，减少企业债权；调整收益分配政策等。

此外，市场利息率波动、市场竞争环境等宏观经济因素也会对财务管理活动产生重要影响，此处不再一一赘述。

(三) 金融市场环境

金融市场是资金融通的场所，它为企业提供了筹资、投资的机会和条件，复杂多变的金融市场给企业财务管理工作带来了机遇和挑战。

1. 金融市场的构成

金融市场由主体、客体和参加者组成。金融市场的主体是银行和非银行金融机构，它们是金融市场的中介机构，是连接筹资人和投资人的中间桥梁。银行金融机构包括中国人民银行、政策性银行和商业银行；非银行金融机构包括证券公司、保险公司、财务公司、租赁公司和信托投资公司等。金融市场的客体是指金融市场上的买卖对象，如政府债券、公司债券、股票、商业票据等各种金融工具。金融工具具有三种特性：流动性、收益性和风险性，通常流动性与其收益性成反比，收益性与其风险性成正比。金融市场的参加者是指客体的供给者和需求者，如企业、事业单位、政府部门和个人等。

2. 金融市场与财务管理

金融市场对企业财务管理有着重要的影响，主要体现在三个方面。首先，金融市场是企业投资和筹资的场所。当企业资金发生短缺时，可以到金融市场上选择适合自身的筹资方式筹集所需资金。当企业资金有剩余时，也可以在金融市场上选择适合的投资方式进行投资。其次，企业通过金融市场可实现长、短期资金的互相转化。如企业可将持有的长期债券或股票，在金融市场上随时变现，转化为短期资金；相反，企业的短期资金也可以通过金融市场转变为股票、债券等长期资产。最后，金融市场可为企业理财提供有意义的信息。如金融市场的利率变动，反映了资金的供求状况或国家宏观经济政策的改变，而有价证券价格的波动，则反映了投资人对公司经营状况和盈利水平的评价等。企业财务人员应该重视金融市场的信息，为财务决策提供支持。

3. 利息率

利息率简称利率，从资金的借贷关系来看，利率是一定时期利用资金资源的交易价格即资金使用权的价格。人们通常所指的利息率一般是名义利息率，它由三部分构成：纯利率、通货膨胀附加率和风险补偿率。其计算公式为

$$利息率 = 纯利率 + 通货膨胀附加率 + 风险补偿率$$

纯利率是指在没有风险和通货膨胀情况下的利息率，由资金的供给与需求状况决定。在资金市场中，如果资金供给少，而资金需求多，利息率就会上升，反之亦然。通货膨胀附加率是由预期的通货膨胀水平决定的。预期的通货膨胀水平越高，则通货膨胀附加率也就越高。风险补偿率是指对资金提供者可能存在的风险进行的额外补偿。一般来说，风险越大，风险补偿率就越高。风险补偿率具体又包括三部分：违约风险补偿率、变现风险补偿率和期限风险补偿率。

影响利率的因素有很多，如经济周期、货币政策、财政政策、国家利率管制程度、国际政治经济关系等。但正如其他商品的价格一样，决定利率高低最基本的因素还是资金的供给与需求。

二、微观理财环境

微观理财环境是指影响企业财务活动的各种内部条件或要素，主要包括企业组织形式、企业组织结构、企业信息化水平等。

(一) 企业组织形式

企业组织形式主要有独资企业、合伙企业和公司制企业三种形式。企业组织形式不同，其财务管理的特点也不相同。

独资企业财务管理工作比较简单，主要的资金来源是业主自己的资金和供应商提供的商业信用。因为资质和信用有限，独资企业利用银行借款资金的能力亦相当有限。此外，独资企业的业主抽回资金也比较简单，无任何法律限制。合伙企业的资金来源和信用能力比独资

企业有所增加，收益分配也更加复杂，其财务管理工作比独资企业复杂得多。

公司制企业，特别是上市的股份有限公司涉及的利益相关者更广泛，其财务管理工作也更为复杂。公司制企业的资金来源多种多样，可供选择的筹资方式也更丰富，企业需要考虑资金成本、筹资风险等诸多方面。在收益分配上，由于涉及利益关系者众多，利润分配政策的制定也需要更加谨慎。此外，公司制企业的所有权和经营权高度分离，由此产生的代理问题会加大财务关系的复杂性。因此本书主要以公司制企业为模板来介绍财务管理的相关内容。

(二) 企业组织结构

不同的企业组织结构，对企业的财务机构设置与财务管理体制产生不同影响。

著名的新制度主义经济学家奥利弗·威廉姆森(Oliver E.Williamson)将公司内部管理的组织形态分为 U 型(一元结构)、H 型(控股结构)和 M 型(多元结构)三种基本类型。

U 型结构产生于现代企业发展早期阶段，是现代企业最为基本的组织结构，多存在于产品简单、规模较小的企业。U 型结构的特点是管理层级的集中控制，具体又包括直线制、职能制和直线职能制三种形式。因为 U 型结构的管理特点，企业内部一般单独设立会计机构，将会计工作与财务工作合二为一，会计部门对企业的会计和财务管理工作统一进行处理。

H 型结构即控股公司结构，其实质是企业集团的组织形式，子公司具有法人资格，分公司则是相对独立的利润中心。

M 型结构由三个相互关联的层次组成。第一个层次是由董事会和经理班子组成的总部，它是企业的最高决策层，主要职能是战略规划和关系协调。第二个层次是由职能和支持、服务部门组成的。第三个层次是围绕企业的主导或核心业务，互相依存又相互独立的各所属单位，每个所属单位又是一个 U 型结构。它是目前国际上大型企业管理体制的主流形式。M 型的具体形式有事业部制、矩阵制等。

很显然，H 型结构和 M 型结构的企业集团在各级公司内部都单独设有会计或财务部门，根据工作的复杂程度，也可能两个部门同时设置，分别负责会计和财务管理工作。H 型结构和 M 型结构在财务管理体制上可以选择集权型、分权型或集权与分权结合型，但为了对集团公司资金进行统筹安排，在资金管理上大多数的企业集团都选择了集权型财务管理体制。

(三) 企业信息化水平

企业的财务管理水平受到企业信息化程度的影响，企业信息化程度和水平越高，越有利于财务管理工作。因为财务管理工作的重点是财务决策，而财务决策的信息资料可以通过企业信息系统产生，企业信息化程度和水平越高，产生的信息就越及时、越详细、越可靠。在实践中实现会计信息化与经营管理信息化融合的企业，其财务管理在企业管理工作中越受到重视，财务管理水平也越高。因此，企业应结合自身的实际情况，加强信息化建设，为财务决策提供有力的支撑。

此外，企业的采购环境、生产环境、销售环境、企业人员素质和企业文化等都会对企业财务管理产生影响，财务人员在从事财务管理工作时也应充分考虑这些因素的影响。

思考题

1. 什么是企业财务管理？西方财务管理的发展主要经历了哪些阶段？
2. 什么是财务活动？财务活动包括哪些内容？
3. 什么是财务关系？财务关系包括哪些内容？
4. 财务管理目标有哪些基本观点？对各种财务目标进行评述。
5. 所有者与经营者、债权人之间存在哪些利益冲突？如何协调这些矛盾？
6. 结合我国企业内外部环境，你认为适合企业的财务管理目标是什么？
7. 企业财务管理工作中应考虑哪些主要的宏观环境？
8. 企业财务管理工作中应考虑哪些主要的微观环境？
9. 从财务的角度，利率是由哪几方面要素构成的？

案例讨论

欣浩公司是一家生产和销售服装的上市公司。2008年金融危机后，消费者的信心受到影响，消费理念也随之发生了变化，购买服装比以前慎重，服装行业整体出现市场萎缩，公司也不可避免地受到了影响。为应对金融危机，改变经营的被动局面，抓住新的市场机遇，进一步开发国内外市场，公司最高层领导决定建立以财务管理为核心的公司管理体制。为配合新体制在公司的正常运行，由财务总监牵头，组织包括董事长、总经理、各部门经理等在内的公司高层管理人员开展财务基础知识的学习活动，其中一项是关于公司财务管理目标的讨论。在会议上，公司董事长、总经理、营销经理、生产经理分别从自身工作出发，提出了自己的观点。

董事长认为：作为上市公司，应该将股东的利益放在首位，只有满足股东对股价的追求，公司才能长久地在市场上立足，否则可能会存在被兼并或收购的危险。因此，公司财务管理目标应该定位于"股东财富最大化"。只有实现股东财富的不断增值，才能保证公司的长期可持续发展。

总经理认为：公司经营目标是实现盈利，只有足够多的利润，才能支付工人工资、缴纳国家税金、归还债务本金和利息。因此，公司财务管理目标应该定位于"利润最大化"。只有每年利润不断上升，才能体现出公司的良好发展前景，只有利润实现最大化，才能在激烈的行业竞争中站稳脚跟。

营销经理认为：要实现利润，必须先销售出产品，如果公司产品无法顺利销售出去，那利润最大化只是纸上谈兵。所以，公司财务管理目标应该定位于"销售收入最大化"。只要公司每年销售收入不断上升，公司的市场占有率就有保证，也有利于与竞争对手的竞争。当然，在销售收入最大化的过程中也需要考虑营销风险问题，不能盲目赊销，以免给公司带来巨大的经营风险。

生产经理认为：实现销售、提高利润、提升股价的前提条件是公司以最低的生产成本生产出客户满意的商品。因此，公司财务管理目标应该定位于"生产成本最小化"。从产品研发阶段开始就要注重对产品成本的控制，在生产过程中加强成本核算，制定严格的成本标准，建立完善的成本考核体系，力争以成本优势战胜竞争对手。

讨论题目：

1. 请从财务管理目标的基本理论出发，分析评价董事长、总经理、营销经理、生产经理有关财务管理目标的观点。

2. 如果你是公司的财务总监，你认为该公司的财务管理目标应该如何选择？为什么？

第二章

货币时间价值

学习目标

通过本章的学习要求学生：
- 了解货币时间价值的含义
- 掌握复利现值和终值的计算
- 掌握年金现值和终值的计算
- 灵活运用货币时间价值原理解决实际问题

第一节 货币时间价值概述

货币的时间价值，是指货币经历一定时间的投资和再投资所增加的价值，也称为资金的时间价值。

在商品经济中，有这样一种现象，即现在的 1 元钱和 1 年后的 1 元钱其经济价值不相等。现在的 1 元钱，比 1 年后的 1 元钱经济价值要大，即使不存在通货膨胀也是如此。为什么会这样呢？例如，将现在的 1 元钱存入银行，1 年后可得到 1.10 元(假设存款利率为 10%)。这 1 元钱经过 1 年时间的投资增加了 0.10 元，这就是货币的时间价值。

货币投入生产经营过程后，其数额随着时间的持续不断增长，这是一种客观的经济现象。货币之所以能够随时间的推移而增值，必须要满足一个基本条件，即商品经济的存在和发展。企业资金循环和周转的起点是投入货币资金，企业用它来购买所需的资源，然后生产出新的产品，产品出售时得到的货币量大于最初投入的货币量。资金的循环和周转以及因此实现的货币增值，需要或多或少的时间，每完成一次循环，货币就增加一定数额，周转的次数越多，增值额也越大。因此，随着时间的延续，货币总量在循环和周转中按几何级数增长，使得货币具有时间价值。

值得注意的是，货币如果闲置不用是没有时间价值的，而且还可能随着通货膨胀贬值，所以只有把货币转化为资金并投入生产过程中进行周转才能产生时间价值，因此树立货币时间价值观念对于资金的合理使用和提高投资的经济效益具有十分重要的意义。只要将货币作为资本进行有目的的投资，就要求取得资本增值即投资报酬，这种增值额的要求与货币经历的投资时间长短和风险大小成正比例。所以，从质的规定性来看，货币时间价值的实质是货币作为资本来使用后的资本增值。投资时间越长，要求得到的增值越大，货币时间价值就越大。

从量的规定性来看，货币的时间价值是在没有投资风险和通货膨胀条件下的社会平均资本利润率。市场竞争的结果，使得各投资的资本利润率趋于平均化。作为社会资本的货币在投资于某个具体项目时，至少要取得社会平均的资本利润率，否则不如投资于其他项目。货币价值随时间的延续而增值，一定量的货币资本在不同时点上的经济价值是不相等的。现在的 1 元钱与明年的 1 元钱是不等值的。由于不同时点单位货币的价值量不相等，所以不同时点的货币数额不宜直接进行比较，需要把它们换算到相同的时点基础上，才能进行价值量大小的比较与决策。

货币时间价值有绝对额和相对数两种表现形式。例如，前述货币时间价值额为 0.10 元，货币时间价值率为 10%。在实务中，人们习惯使用相对数表示货币的时间价值，即用增加价值占投入货币的百分数来表示。

第二节 复利终值和现值

由于货币时间价值客观存在，这就需要把不同时点上的货币量换算成同一时点基础上的数额，才能进行差异对比，从而产生了终值与现值的概念。

一次性收付款项是指在某一特定时点上一次性支付(或收取)，经过一段时间后再相应地一次性收取(或支付)的款项。例如，年初存入银行一年定期存款 1 000 元，年利率 10%，年末取出 1 100 元，就属于一次性收付款项。

终值，是指现在一定量现金在未来某一时点上的价值，即某一特定金额按规定利率折算的未来价值，俗称"本利和"。如上述一年后本利和 1 100 元即为第 1 年年末的终值。

现值，是指未来某一时点上一定量现金折合到现在的价值。如上述一年后的 1 100 元折合到现在的价值是 1 000 元，这 1 000 元即为现值。

一般货币时间价值的计算有两种方法：单利和复利。所谓单利，是指只有本金会产生利息，利息不产生利息的计息方法，利息是由初始本金、利率和计息期数的算术乘积确定的。所谓复利，是指不但本金会产生利息，利息又会产生利息的计息方法，利息是由初始本金利率和计息期数的几何乘积确定的。

在本节中假定：P 代表现值，即本金；F 代表终值，即本利和；i 为利率；n 为时期，I 为利息。

一、单利的计算

1. 单利终值

$$F = P + P \times i \times n$$

2. 单利现值

$$P = F - I$$

3. 单利利息

$$I = P \times i \times n$$

【例2-1】某企业有一张带息期票,面额为1 200元,票面年利率为4%,出票日期为6月15日,8月14日到期(共60天),假设一年为360天,则到期时利息为多少?

$$I = 1\ 200 \times 4\% \times 60/360 = 8(元)$$

【例2-2】假设投资者按7%的单利把1 000元存入储蓄账户,保持2年不动,在第2年年末,利息及存款终值(本利和)分别为多少?

$$I = P \times i \times t = 1\ 000 \times 7\% \times 2 = 140(元)$$

$$F = P + I = 1\ 000 + 140 = 1\ 140(元)$$

二、复利的计算

复利是每经过一个计息期,要将所生利息加入本金再计利息,逐期滚动计算,俗称"利滚利"。

1. 复利终值

$$F = P \times (1+i)^n$$

其中,$(1+i)^n$被称为复利终值系数或1元的复利终值,用符号$FVIF_{i,n}$表示,或用$(F/P, i, n)$表示。

2. 复利现值

$$P = F \times (1+i)^{-n}$$

其中,$(1+i)^{-n}$称为复利现值系数,或称1元的复利现值,用$PVIF_{i,n}$表示,或用$(P/F, i, n)$表示。

3. 复利利息

$$I = F - P$$

复利终值系数与复利现值系数互为倒数,其数值可以查阅复利终值系数表和复利现值系数表(见本书附录1和附录2)。

【例2-3】若将1 000元以7%的利率存入银行,以复利计息,则2年后的本利和为多少?

$$F = 1\ 000 \times FVIF_{7\%, 2} = 1\ 000 \times 1.144\ 9 = 1\ 144.9(元)$$

【例 2-4】 王先生在银行存入 5 年期定期存款 2 000 元,年利率为 7%,如以复利计息,5 年后的本利和为多少?

$$F = 2\,000 \times \text{FVIF}_{7\%,\,5} = 2\,000 \times 1.402\,6 = 2\,805.2(元)$$

【例 2-5】 某项投资 4 年后可收回现金 40 000 元。按年利率 6% 计算,其投资额现值应为多少?

$$P = 40\,000 \times \text{PVIF}_{6\%,\,4} = 40\,000 \times 0.792\,1 = 31\,684(元)$$

单利与复利计算出来的利息差异是很大的,两者的重要区别在于利息是否产生利息。随着时间推移,两者的相差金额会越来越大。

复利的力量

第三节　年金终值和现值

年金是指等额、定期的系列收支。例如,分期付款赊购、分期偿还贷款、发放养老金、分期等额支付工程款等,都属于年金收付形式。值得一提的是,年金并非时间间隔期间一定为 1 年,只要间隔期间相等、收支金额相等的系列现金流都属于年金。按照收付的次数和时间不同,年金可分为普通年金、预付年金、递延年金和永续年金,如图 2-1 所示。

普通年金

预付年金

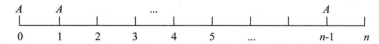

递延年金

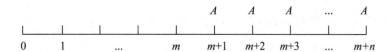

永续年金

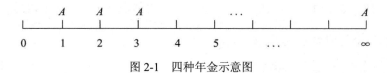

如何区分年金类别

图 2-1　四种年金示意图

一、普通年金

普通年金又称后付年金,是各期期末收付的年金。

(一) 普通年金终值的计算

普通年金终值是指一定时期内,每期期末等额收入或支出的本利和,也就是将每一期的金额按复利换算到最后一期期末的终值(见图 2-2),然后加总。

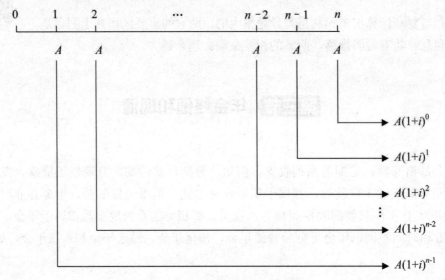

图 2-2　普通年金终值计算示意图

如图 2-2 所示,设每年的支付金额为 A,利率为 i,期数为 n,则按复利计算的年金终值 F 为

$$F = A + A \times (1+i) + \cdots + A \times (1+i)^{n-1}$$

等式两边同乘以 $(1+i)$:

$$F \times (1+i) = A \times (1+i) + A \times (1+i)^2 + \cdots + A \times (1+i)^n$$

上式两边相减可得

$$F \times (1+i) - F = A \times (1+i)^n - A$$

$$F = A \times \frac{(1+i)^n - 1}{i}$$

式中,$\frac{(1+i)^n - 1}{i}$ 是普通年金为 1 元、利率为 i、经过 n 期的年金终值,记作 $\text{FVIFA}_{i,n}$,或 $(F/A, i, n)$,即普通年金终值系数(见本书附录 3)。

(二) 偿债基金的计算

偿债基金是指为使年金终值达到既定金额，每年应支付的年金数额。用公式表示为

$$A = F / \text{FVIFA}_{i,n}$$

式中，$1/\text{FVIFA}_{i,n}$ 即 $\dfrac{i}{(1+i)^n - 1}$，是年金终值系数的倒数，称为偿债基金系数。

【例 2-6】拟在 5 年后还清 10 000 元债务，从现在起每年等额存入银行一笔款项，假设银行存款利率为 10%，则每年需要存入多少钱？

$$A = 10\,000/\text{FVIFA}_{10\%,\,5} = 10\,000/6.105\,1 = 1\,637.97(元)$$

(三) 普通年金现值的计算

年金现值是一定时间内每期期末收付款项的复利现值之和，也就是将每一期的金额按复利换算成现值(见图 2-3)，然后加总。

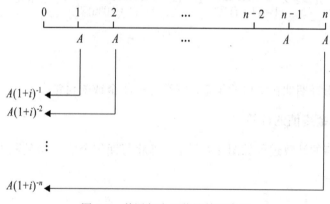

图 2-3　普通年金现值计算示意图

计算普通年金现值的一般公式为

$$P = A \times (1+i)^{-1} + A \times (1+i)^{-2} + \cdots + A \times (1+i)^{-n}$$

等式两边同乘 $(1+i)$ 得

$$P \times (1+i) = A + A \times (1+i)^{-1} + \cdots + A \times (1+i)^{-(n-1)}$$

上面两式相减

$$P \times (1+i) - P = A - A \times (1+i)^{-n}$$

即

$$P = A \times \dfrac{1 - (1+i)^{-n}}{i}$$

式中，$\dfrac{1-(1+i)^{-n}}{i}$ 是普通年金为 1 元、利率为 i、经过 n 期的年金现值，记作 $\text{PVIFA}_{i,n}$，或 $(P/A, i, n)$，可据此做成普通年金现值系数表(见本书附录 4)。

【例2-7】某人出国3年，请你代付房租，每年租金10 000元，设银行存款利率为10%，他应当现在给你的银行账户存入多少钱？

$$P = 10\,000 \times \text{PVIFA}_{10\%,\,3} = 10\,000 \times 2.486\,9 = 24\,869(元)$$

(四) 年资本回收额的计算

年资本回收额是指为使年金现值达到既定金额，每年应收入的年金数额。用公式表示为

$$A = P / \text{PVIFA}_{i,n}$$

式中，$1/\text{PVIFA}_{i,n}$ 即 $\dfrac{i}{1-(1+i)^{-n}}$，是年金现值系数的倒数，称为资本回收系数。

【例2-8】假设以10%的利率借得20 000元，投资于某个寿命为10年的项目，每年至少要等额收回多少现金才是有利的？

$$A = P \times \dfrac{i}{1-(1+i)^{-n}} = 20\,000 \times \dfrac{10\%}{1-(1+10\%)^{-10}} = 3\,254(元)$$

二、预付年金

预付年金是指每期期初支付的年金，又称即付年金或先付年金。

(一) 预付年金终值的计算

预付年金终值的计算过程如图2-4所示，即将每期年金值 A 按复利方式折算成 n 年年末的终值后再加总。

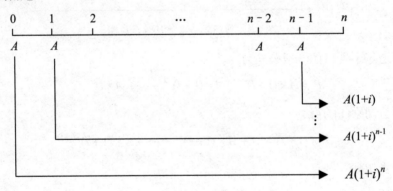

图2-4 预付年金终值计算示意图

从图2-4中可以得出预付年金终值计算的一般公式为

$$F = A \times (1+i) + A \times (1+i)^2 + A \times (1+i)^3 + \cdots + A \times (1+i)^n$$

与普通年金终值一般公式 $F = A + A \times (1+i) + \cdots + A \times (1+i)^{n-1}$ 进行对比可以发现，预付年金终值相当于将普通年金中的每期年金都多复利1期终值(即每期都乘上"$1+i$")。因此

可以得出预付年金终值计算的第一个公式为

$$F = A \times \text{FVIFA}_{i, n} \times (1+i)$$

预付年金终值另外一种推算方法如下：

假设第 n 期期末存在年金值 A，即可转换为 $n+1$ 期普通年金，其终值为 $A \times \text{FVIFA}_{i, n+1}$，最后再减掉第 n 期期末的年金值 A，即可得到

$$F = A \times (\text{FVIFA}_{i, n+1} - 1)$$

预付年金终值与普通年金终值的转换

式中，$(\text{FVIFA}_{i, n+1} - 1)$ 或 $[(F/A, i, n+1) - 1]$ 被称为预付年金终值系数，它和普通年金终值系数相比，期数要加 1，而系数要减 1。

【例 2-9】每年年初存入 200 元，利率为 8%，6 年后本息和为多少？

$$F = 200 \times (\text{FIVFA}_{8\%, 7} - 1) = 200 \times (8.9228 - 1) = 158\,456(元)$$

（二）预付年金现值的计算

预付年金现值的计算过程如图 2-5 所示，即将每期年金值 A 按复利方式折算成现值后再加总。

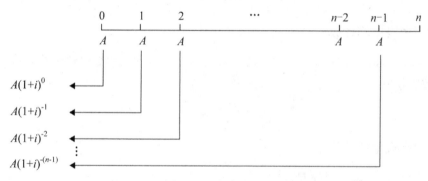

图 2-5 预付年金现值计算示意图

从图 2-5 中，可以得出预付年金现值计算的一般公式为

$$P = A + A(1+i)^{-1} + A(1+i)^{-2} + A(1+i)^{-3} + \cdots + A(1+i)^{-(n-1)}$$

与普通年金现值一般公式 $P = A \times (1+i)^{-1} + A \times (1+i)^{-2} + \cdots + A \times (1+i)^{-n}$ 进行对比，可以发现预付年金现值相当于将普通年金每期都乘上"$1+i$"。因此可以得出预付年金现值计算的第一个公式为

$$P = A \times \text{PVIFA}_{i, n} \times (1+i)$$

预付年金终值另外一种推算方法如下：

假设第 1 期期初没有年金值，即可转换为 $n-1$ 期普通年金，其现值为 $A \times \text{PVIFA}_{i, n-1}$，最后再加上第 1 期期初的年金值 A，即可得到公式为

$$P = A \times (\text{PVIFA}_{i, n-1} + 1)$$

式中，(PVIFA$_{i,\,n-1}$+1)或[(P/A，i，n–1)+1]被称为预付年金现值系数，它和普通年金现值系数相比，期数要减1，而系数要加1。

【例 2-10】6 年分期付款购物，每年初付 200 元，设银行利率为 10%，该项分期付款相当于一次现金支付的购价是多少？

$$P = A \times (\text{PVIFA}_{i,n-1} + 1) = 200 \times (3.7908 + 1) = 958.16(元)$$

预付年金现值与普通年金现值的转换

三、递延年金

递延年金又称延期年金，是指第一次收付款发生在第二期或第二期以后的年金，是在最初若干期(m 期)没有收付款项的情况下，后面若干期(n 期)等额的系列收付款项。递延年金是普通年金的特殊形式。

m 表示没有发生支付的期数，称为递延期，则递延年金的支付形式如图 2-6 所示。

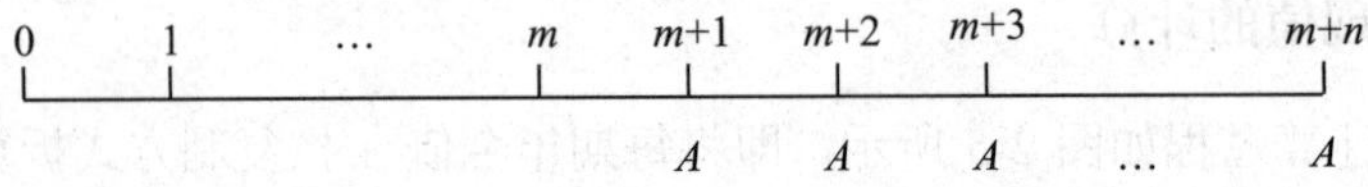

```
0    1   …   m   m+1  m+2  m+3  …  m+n
                      A     A    A       A
```

图 2-6　递延年金示意图

(一) 递延年金终值的计算

由图 2-6 可知，递延年金终值大小与递延期 m 无关，所以递延年金终值计算方法与普通年金终值计算方法相同，即

$$F = A \times \text{FVIFA}_{i,n}$$

(二) 递延年金现值的计算

递延年金现值计算有如下两种方法。

【方法一】把递延年金先视为 n 期的普通年金，求出递延期 m 期末的现值，然后再将该现值作为终值折现到 m 期前，即第一期期初。用公式表示为

$$P = A \times \text{PVIFA}_{i,n} \times \text{PVIF}_{i,m}$$

【方法二】假设递延期内也发生年金，先求(m+n)期普通年金现值，然后扣除实际上并未支付的递延期 m 期的年金现值，即可求得递延年金的现值。用公式表示为

$$P = P_{m+n} - P_m \\ = A \times \text{PVIFA}_{i,m+n} - A \times \text{PVIFA}_{i,m}$$

递延年金现值图示分解

【例 2-11】某种保险要求一次支付保险费，第 11 年至第 20 年每年年末可领取保险金 600 元。设银行存款利率为 8%，问现在支付一次性保险费至少为多少才有利？

按上述方法一，计算为

$$P = 600 \times \text{PVIFA}_{8\%,10} \times \text{PVIF}_{8\%,10} = 600 \times 6.710\,1 \times 0.463\,2 = 1\,864.87(元)$$

按上述方法二，计算为

$$P = 600 \times (\text{PVIFA}_{8\%,20} - \text{PVIFA}_{8\%,10}) = 600 \times (9.818\,1 - 6.710\,1) = 600 \times 3.108 = 1\,864.8(元)$$

【例2-12】某企业向银行借入一笔款项，银行贷款的年利息率为8%，银行规定前10年不用还本付息，但从第11年至第20年每年年末偿还本息1000元，问这笔款项的现值应为多少？

$$P = 1\,000 \times \text{PVIFA}_{8\%,10} \times \text{PVIF}_{8\%,10} = 1\,000 \times 6.710\,1 \times 0.463\,2 = 3\,108(元)$$

或 $P = 1\,000 \times (\text{PVIFA}_{8\%,20} - \text{PVIFA}_{8\%,10}) = 1\,000 \times (9.818\,1 - 6.710\,1) = 3\,108(元)$

四、永续年金

永续年金是指无限期支付的年金，即一系列没有到期日的现金流。由于永续年金持续期无限，因此没有终值，只有现值。永续年金可视为普通年金的特殊形式，即期限趋于无穷的普通年金。

由于

$$P = A \times \frac{1-(1+i)^{-n}}{i}$$

当 $n \to \infty$，则 $(1+i)^{-n}$ 的极限为 0。

即

$$P = A/i$$

永续年金在现实中常见的形式是奖学金和优先股股利。

【例2-13】某人在大学里成立一个慈善基金，本金不动买入年息5%的长期国债，每年年末的利息10万元用作学生们的奖学金。此基金需要存入的本金为多少？

$$P = 10/5\% = 200(万元)$$

这也是永续年金的年金现值。

如果要求在期初支付，则年金现值为

$$P = A + I = 200 + 10 = 210(万元)$$

【例2-14】如果一只优先股，每季分得股息2元，而利率是每年6%。对于一个准备买这种股票的人来说，他愿意出多少钱来购买此优先股？

$$P = 2 \div (6\% \div 4) = 133.33(元)$$

假定上述优先股息是每年2元，而利率是年利6%，该优先股的价值为

$$P = 2 \div 6\% = 33.33(元)$$

第四节 时间价值的延伸应用

一、贴现率和期限的计算

1. 贴现率的计算

从第二节和第三节所学的内容可以看出,现值、终值、利率、期限这四个要素,只要知道其中三个就可以求出第四个。现值和终值的计算可以通过查表获得,那么贴现率和期限是如何计算的,下面先用一个例题来说明。

【例2-15】张某现在向银行存入5 000元,在利率为多少时,才能保证在今后10年中每年得到750元?

$$\text{PVIFA}_{i,\ 10}=5\ 000/750=6.667\ 0$$

假设利率与系数值存在线性关系。查年金现值系数表,利率为8%时,系数为6.710 1;利率为9%时,系数为6.417 7。所以利率应在8%~9%之间。在利率与系数值存在线性关系的条件下,可用插值法计算。

利率			年金现值系数		
8%			6.710 1		
?	}x%	}1%	6.667 0	}0.043 1	}0.292 4
9%			6.417 7		

$$\frac{x}{1}=\frac{0.043\ 1}{0.292\ 4}$$

解得 $x = 0.147\ 4$

则利率 $i = 8\% + 0.147\ 4\% = 8.147\ 4\%$

由上例可知,在计算贴现率时,通常先根据题意列出等式,根据等式可求解出现值(终值)系数的值(设为 α)。接下来按以下步骤进行分析:

(1) 如通过查阅系数表能直接得出贴现率,即求出最终结果。

(2) 如不能通过查阅系数表直接得到结果的,则需要使用插值法(内插法)。在系数表中查找与 α 最接近的两个左右临界系数值,设为 β_1、β_2($\beta_1 > \alpha > \beta_2$ 或 $\beta_1 < \alpha < \beta_2$)。读出所对应的临界利率 i_1、i_2,然后进一步运用插值法。

$$i = i_1 + \frac{\alpha - \beta_1}{\beta_2 - \beta_1}(i_2 - i_1)$$

注意:因为插值法假设利率同相关系数在较小范围内线性相关,所以使用插值的利率最好不要超过5%,否则将产生较大的误差。

2. 期限的计算

计算期限的方法与利率类似，也需要运用到插值法。此外，在 Excel 中也可直接用相关财务函数求得贴现率或期限。

【例 2-16】 某公司于第一年年初借款 20 000 元，每年年末还本付息额均为 4 000 元，连续 9 年还清。问借款利率应为多少？

依据题意：P=20 000，n=9，则 P/A=20 000/4 000=5=α。由于在 n=9 的一行上没有找到恰好为 5 的系数值，故在该行上找两个最接近 5 的临界系数值，分别为 β_1=5.328 2，β_2=4.946 4；同时读出临界利率为 i_1=12%，i_2=14%。所以

$$i = i_1 + \frac{\alpha - \beta_1}{\beta_2 - \beta_1}(i_2 - i_1)$$

$$= 12\% + \frac{5 - 5.328\ 2}{4.946\ 4 - 5.328\ 2} \times (14\% - 12\%)$$

$$\approx 13.72\%$$

二、计息期短于一年的实际利率

复利的计息期不一定总是一年，有可能是季度、月、日。当利息在一年内要复利几次，给出的年利率叫作名义利率。

【例 2-17】 本金 1 000 元，投资 5 年，利率 8%，每年复利一次，其本利和与复利息为多少？

$$F = 1\ 000 \times (1+8\%)^5 = 1\ 000 \times 1.469\ 3 = 1\ 469.3(元)$$

$$I = 1\ 469.3 - 1\ 000 = 469.3(元)$$

如果每季复利一次，则每季度利率=8%/4=2%，复利次数=5×4=20。

则

$$F = 1\ 000 \times (1+2\%)^{20} = 1\ 000 \times 1.485\ 9 = 1\ 485.9(元)$$

$$I = 1\ 485.9 - 1\ 000 = 485.9(元)$$

由此可见，当一年内复利多次时，因为利滚利的原因，实际得到的利息要比按名义利率计算的利息高。

上例中实际利率的计算过程如下：

由于

$$F = P \times (1+i)^n$$

代入数据得

$$1\ 485.9 = 1\ 000 \times (1+i)^5$$

$$(1+i)^5 = 1.485\ 9$$

即

$$\text{FVIF}_{i,\ n} = 1.485\ 9$$

查表得

$$\text{FVIF}_{8\%,\ 5} = 1.469\ 3，\text{FVIF}_{9\%,\ 5} = 1.538\ 6$$

用插值法求得实际利率为

$$\frac{1.538\ 6 - 1.469\ 3}{9\% - 8\%} = \frac{1.485\ 9 - 1.469\ 3}{i - 8\%}$$

则
$$i = 8.24\%$$

实际年利率和名义利率之间的关系是

$$1+i = (1+r/m)^m$$

式中，r 为名义利率；m 为每年复利次数；i 为实际利率。

三、通货膨胀下的实际利率

存在通货膨胀的情况下，名义利率并不能反映资产的真实价值。假设以下这种情形：

你以 8% 的名义利率向银行存入 1 000 元，那么一年之后你能得到 1 080 元。但这并不意味着你的投资价值真的增加了 8%。假设这一年的通货膨胀率亦为 8%，那么就意味着去年价值 1 000 元的商品其成本也增加了 8%，即变为 1 080 元。因此你的存款的实际终值还是 1 000 元。

当存在通货膨胀时，需要计算实际利率。名义利率不考虑通货膨胀因素，只是以名义货币表示的利息与本金之比，是市场通行的利率。实际利率是扣除了通货膨胀率之后的真实利率。

一般银行存款及债券等固定收益产品的利率都是按名义利率支付利息，但如果在通货膨胀环境下，储户或投资者收到的利息回报就会被通胀侵蚀。实际利率与名义利率存在着下述关系，即

$$1+r = (1+i)/(1+p)$$

式中，r 为通货膨胀下的实际利率；i 为名义利率；p 为通货膨胀率。

$$\begin{aligned}r &= (1+i)/(1+p) - 1 \\ &= (i-p)/(1+p)\end{aligned}$$

当 p 不是很大的时候，r 可近似等于 $i-p$。

简单地说，实际利率是名义利率减去通货膨胀率(可用 CPI 增长率来代替)。

思 考 题

1. 时间价值的本质含义是什么？
2. 时间价值的运用过程中要注意哪些问题？
3. 通货膨胀情况下或一年内有多次复利的情况下，实际利率与名义利率的关系如何？
4. 说明下列系数之间的关系：复利终值系数与复利现值系数；普通年金终值系数与预付年金终值系数；普通年金现值系数与预付年金现值系数。

案 例 讨 论

富兰克林是美国著名的科学家，一生为科学和民主革命而工作。在他死后，只留下 1 000 英镑的遗产，可令人惊讶的是，他竟留下一份分配几百万英镑的遗嘱，遗嘱的内容是这样的：

"1 000 英镑赠给波士顿的居民,他们得把这钱按每年 5% 的利率借给一些年轻的手工业者去生息,此款过了 100 年增加到 131 000 英镑,用 100 000 英镑建立一所公共建筑物,剩下的 31 000 英镑继续生息 100 年,在第二个 100 年末,这笔款将增加到 4 061 000 英镑,其中 1 061 000 英镑还是由波士顿的居民支配,而其余的 3 000 000 英镑让马萨诸州的公众来管理,过此之后,我不敢自作主张了!"

讨论题目:

1. 说明富兰克林遗嘱实现的可能性。

2. 将此案例引用到现在的投资理财中,请计算一下,如果按照这个速度,你何时能成为百万富翁。

第三章

风险与收益

学习目标

通过本章的学习要求学生：
- 了解风险的含义和类别
- 掌握单项资产的收益和风险的衡量
- 掌握资产组合的收益和风险的衡量
- 灵活运用资本资产定价模型

第一节 单项资产的风险与收益

一、风险的概念

任何决策都有风险，这使得风险观念在理财中具有普遍意义。因此，有人说"时间价值和风险收益是财务管理最重要的两个基本原则"。风险是指在一定条件下和一定时期内可能发生的各种结果的变动程度。在理解风险的概念时，需要注意以下五个要点。

(1) 风险是事件本身的不确定性，具有客观性。地震、台风、洪水、意外事故等，都不以人的意志为转移，是独立于人的意识而客观存在的。人们只能在一定的时间和空间内改变风险存在和发生的条件，降低风险发生的频率和损失程度，而不能彻底消除风险。

(2) 风险是一定条件下的风险，你在什么时间，买一种或哪几种股票，各买多少，风险是不一样的，这些问题一旦决定下来，风险大小就无法改变了。

(3) 风险的大小随着时间延续而变化，不同时期所面临的风险也是不相同的。

(4) 风险和不确定性有区别。风险是指事前可以知道所有可能的后果及每种后果的概率。不确定性指事前不知道所有可能的后果，或虽知道可能的后果但不知它们出现的概率。但在面对实际问题时，两者很难区分。

(5) 风险具有双面性，可能给投资人带来超出预期的收益，也可能带来超出预期的损失。一般而言，人们更害怕损失，因此研究风险时侧重减少损失，主要从不利的方面来考察风险，经常把风险看成是不利事件发生的可能性。从财务的角度来说，风险指无法达到预期报酬的可能性。

在市场经济条件下，进行投资决策所涉及的各个因素可能是已知、确定的，即没有风险和不确定的问题。但在实践中往往对未来情况并不十分明了，有时甚至连各种情况发生的可能性的大小也并不清楚。

在投资决策中，根据对各个因素未来情况的掌握程度，可以把投资决策分为如下三种类型。

第一，确定性的投资决策，是指各个因素的未来情况确定不变的投资决策。如购买政府发行的国库券，利息收益到期肯定可以实现，这就属于确定性投资。

第二，风险性的投资决策，是指各个因素的未来情况不能完全确定，但未来情况发生的可能性——概率为已知的投资决策。如购买某上市公司的股票，已知该公司的股票在经济繁荣、一般、萧条时的收益率分别为 16%、12%、5%；另根据有关资料分析，认为近期经济繁荣、一般、萧条的概率分别为 30%、60%、10%，这种投资就属于风险性投资。

第三，不确定性的投资决策，是指各个因素的未来情况不能完全确定，或各种情况发生的可能性也不清楚的投资决策。如投资于金矿开发工程，如金矿开发顺利可获得 250% 的收益率，如勘探开发不顺利则将发生亏损，投资收益率为 -80%；至于能否顺利勘探和开发，可能性有多大事先很难预料，这种投资就属于不确定性投资。

一般来说，各种长期投资方案中都有一些不确定性的因素，而完全的确定性投资方案是很少见的。不确定性投资决策，是因为对各种情况出现的可能性不清楚，无法加以计量的投资决策。在实践中，如对不确定性投资方案中的各种情况出现的可能性人为估计概率，就能将不确定性投资决策转化为风险性的投资决策。所以，在财务管理中对风险和不确定性并不做严格区分，而统称为风险。

二、风险的类别

关于风险的分类，学术界尚无统一的说法。金融界依据《巴塞尔协议》常把风险分为市场风险、信用风险、操作风险三类。国资委在《中央企业全面风险管理》中把风险分为战略风险、市场风险、运营风险、财务风险、法律风险，也可以能否为企业带来盈利等机会为标准，将风险分为纯粹风险(只有带来损失一种可能性)和机会风险(带来损失和盈利的可能性并存)。从公司财务管理的角度分类，风险一般有以下两种方式。

(一) 市场风险和公司特有的风险

从个别投资主体的角度来看，风险分为市场风险和公司特有的风险。

1. 市场风险

市场风险是指那些影响所有公司的因素引起的风险，如战争、经济衰退、通货膨胀、国家税收政策变动等。这类风险涉及所有投资对象，不能通过多元化投资来分散，因此又称为不可分散风险或系统风险。市场风险的特征如下：

(1) 它是由宏观因素引起的。经济方面，如利率、现行汇率、通货膨胀、宏观经济政策与货币政策、能源危机、经济周期循环等；政治方面，如政权更迭、战争冲突等；社会方面，如体制变革、所有制改革等。

(2) 它对市场上所有公司都产生影响，无法通过分散投资来加以消除。由于系统风险是个别企业或行业所不能控制的，是社会、经济政治大系统内的宏观因素所造成的，它影响着绝大多数企业的运营，所以无论如何选择投资组合都无济于事。

2. 公司特有的风险

公司特有的风险是指发生于个别公司的特有事件造成的风险，又称非系统风险或可分散风险。它只对某个行业或个别公司产生影响，通常是由某一特殊的因素引起。例如，公司的工人罢工，新产品开发失败，失去重要的销售合同，诉讼失败等。这类事件是随机发生的，因而可以通过多元化投资来分散。公司特有风险的主要特征如下：

(1) 它是由特殊因素引起的，如企业的管理问题、内控问题等。

(2) 它只影响部分行业或公司，可通过分散投资来加以消除。由于这类风险是由个别企业或行业引起的，是非系统性的，因此可通过投资的多样化来化解非系统风险。

(二) 经营风险和财务风险

从公司本身来看，风险分为经营风险和财务风险。

1. 经营风险

经营风险是指生产经营的不确定性带来的风险，它是任何商业活动都有的，也叫商业风险。在企业生产经营中，由于企业内部和外部的各项因素具有不确定性，会造成企业营业利润的波动。这些因素主要包括市场销售的波动、成本费用的波动、生产技术的不稳定、新产品研究开发的成败、经济周期和国家宏观调控政策的变动或不可预知的自然灾害等。总之，凡是导致企业营业利润发生变动的各项因素的不确定性，就是经营风险。

2. 财务风险

财务风险是指因借款而增加的风险，是筹资决策带来的风险，也叫筹资风险。企业借款后无论盈利与否都需要支付利息、到期归还本金，否则可能导致企业破产。产生财务风险的根源在于举债融资后，预期实现的总资产收益率是否大于债务利率。当预期实现的总资产收益率大于债务的利率时，资产获取的收益补偿债务利息后尚有剩余，能够增加归属于股东的剩余收益，又由于举债融资相对较少地使用了股东的资本，故此时净资产收益率或每股收益会提高；但是当总资产收益率不足以补偿债务利率时，意味着需要使用股东资本补偿一部分利息，净资产收益率或每股收益就会相应降低，这种债务可能提高也可能降低净资产收益率或每股收益的作用，称为财务杠杆，其不确定性称为财务风险。财务风险只是加大了经营风险，没有经营风险就没有财务风险。

三、单项资产风险的衡量

(一) 概率

在经济活动中,某一事件在相同的条件下可能发生也可能不发生,这类事件称为随机事件。概率就是用来表示随机事件发生可能性大小的数值。通常把必然发生的事件的概率定为 1,把不可能发生的事件的概率定为 0。而一般随机事件的概率介于 0 与 1 之间。概率越大就表示该事件发生的可能性越大。如果把某一事件所有可能的结果都列示出来,对每一结果给予一定的概率,便可构成概率的分布。

A 项目和 B 项目概率分布如表 3-1 和图 3-1 所示。

表 3-1 A 项目和 B 项目预期报酬率

经济情况	发生概率	A 项目预期报酬率	B 项目预期报酬率
繁荣	0.3	90%	20%
正常	0.4	15%	15%
衰退	0.3	−60%	10%

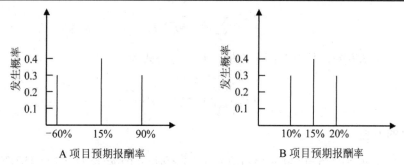

图 3-1 A 项目和 B 项目预期报酬率分布图

风险程度与概率分布有密切的关系。概率分布越集中,实际可能的结果就会越接近预期收益,实际收益率低于预期收益率的可能性就越小,投资的风险程度也就越小;反之,概率分布越分散,投资的风险程度也就越大。为了清晰地观察到概率分布的离散程度,可根据概率分布表绘制概率分布图进行分析。由图 3-1 可知 A 项目的风险高于 B 项目。

概率分布有两种类型:一种是不连续的(离散的)概率分布,即概率分布在几个特定的随机变量点上,概率分布图形成几条个别的直线曲线覆盖的平面;另一种为连续的分布,即概率分布是连续型的。

(二) 预期收益

如果只看表 3-1,A 项目和 B 项目是不太好选择的,但根据某一事件的概率分布情况可以计算出预期收益。预期收益又称收益期望值,它是用概率为权数计算出来的收益加权平均数,是加权平均的中心值。其计算公式为

$$\bar{k} = \sum_{i=1}^{n}(p_i \times k_i)$$

式中，$\bar{k}$ 为报酬率的预期值；p_i 为第 i 种结果出现的概率；k_i 为第 i 种结果出现后的预期报酬率；n 为所有可能结果的数目。

因此，A 项目和 B 项目的预期收益分别为

$$\bar{k}_A = 0.3 \times 90\% + 0.4 \times 15\% + 0.3 \times (-60\%) = 15\%$$
$$\bar{k}_B = 0.3 \times 20\% + 0.4 \times 15\% + 0.3 \times 10\% = 15\%$$

(三) 离散程度

预期收益是指该投资项目可能得到的平均收益值，并不能反映项目的风险程度。就 A 项目来讲其预期收益是 15%。但是经济状况较好，市场繁荣时，收益为 90%，偏离 75%；经济状况一般时，收益为 15%；经济状况萧条时，收益为–60%，则偏离–75%(即–60%–15%)。计算各种收益的可能值与预期值的偏离程度，即离散程度指标，可以反映风险的大小。衡量绝对风险的离散程度指标有方差(σ^2)和标准差(σ)。方差的计算公式为

$$\sigma^2 = \sum_{i=1}^{n}(k_i - \bar{k})^2 \times p_i$$

标准差也叫均方差，是方差的平方根，其计算公式为

$$\sigma = \sqrt{\sum_{i=1}^{n}(k_i - \bar{k})^2 \times p_i}$$

A 项目的方差

$$\sigma_A^2 = (90\% - 15\%)^2 \times 0.3 + (15\% - 15\%)^2 \times 0.4 + (-60\% - 15\%)^2 \times 0.3 = 33.75\%$$

B 项目的方差

$$\sigma_B^2 = (20\% - 15\%)^2 \times 0.3 + (15\% - 15\%)^2 \times 0.4 + (10\% - 15\%)^2 \times 0.3 = 0.15\%$$

A 项目的标准差

$$\sigma_A = \sqrt{33.75\%} = 58.09\%$$

B 项目的标准差

$$\sigma_B = \sqrt{0.15\%} = 3.87\%$$

需要说明的是，方差和标准差只能用于比较预期收益相同的多项投资的风险程度。方差和标准差越大，离散程度越大，风险也就越大；反之亦然。从计算结果看，A、B 两个项目预期收益相同，但 A 项目的方差和标准差均大于 B 项目，说明其绝对风险高于 B 项目。

(四) 标准离差率

当多个项目预期收益不同时，需要使用相对数指标"标准离差率"衡量风险的大小。

标准离差率(V)公式表示为

$$V = \sigma/\bar{k}$$

则表 3-1 中 A 项目和 B 项目的标准离差率为

$$V_A = 58.09\%/15\% = 387.3\%$$

$$V_B = 3.87\%/15\% = 25.8\%$$

从计算结果看，A 项目风险高于 B 项目。

(五) 风险报酬

标准离差率可以代表投资者所冒风险的大小，反映投资者所冒风险的程度，但它还不是投资风险的收益率，我们必须把它转化为相应的收益率，才能把投资项目的风险与收益联系起来。标准离差率转化为收益率的基本要求是：所冒的风险程度越大，要求的收益率也应该越高，从理论上讲，投资的风险收益应该与反映风险大小程度的标准离差率成正比例关系。收益的标准离差率要转化为投资的风险收益率需借助于一个参数，即风险报酬系数(风险报酬斜率)。风险和报酬的基本关系可用公式表示为

期望投资报酬率＝无风险报酬率＋风险报酬率

即　　　　　$K = R_f + R_r$

风险报酬率＝风险报酬系数×标准离差率

即　　　　　$R_r = b \times V$

式中，K 为期望投资报酬率；R_f 为无风险报酬率；R_r 为风险报酬率；b 为风险报酬系数；V 为标准离差率。

风险和报酬的关系如图 3-2 所示。此图中风险报酬系数即为直线的斜率，它取决于投资者对风险的态度，即投资者的风险偏好。如果投资者愿意冒险，风险报酬斜率就小，所要求的风险溢价不大；如果投资者不愿冒险，风险报酬斜率就大，所要求的风险溢价就比较大。

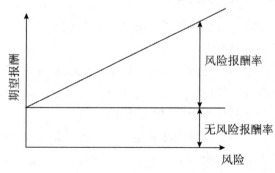

图 3-2　风险与报酬的关系

风险报酬系数的确定方法有以下几种。

(1) 根据以往同类项目的有关数据确定。根据以往同类投资项目的投资收益率、无风险收益率和标准差率等历史资料，可以求得风险报酬斜率。

【例3-1】某公司进行某项投资，历史上同类投资项目的投资收益率为12%，无风险收益率为8%，收益的标准离差率为40%，根据公式可计算为

$$12\% = 8\% + b \times 40\%$$
$$b = 0.1$$

(2) 由企业领导或有关专家确定。如拟考虑的投资项目缺乏同类项目的历史资料，不能采用上述方法计算，则可根据主观的经验加以确定。一般可以由企业领导，如总经理、财务经理等研究确定，也可由企业组织有关专家确定。这时风险报酬率的确定在很大程度上取决于企业对风险的态度，比较敢于冒风险的企业，往往把风险报酬率定得较小。

(3) 由国家有关部门组织专家确定。国家财政、银行、证券等管理部门可组织有关方面的专家，根据各行业的条件和有关因素，确定各行业的风险报酬率。这种风险报酬率可由有关部门定期颁布，供投资者参考。

应当指出，风险价值计算的结果具有一定的假定性，并不十分客观、精确。研究投资风险价值原理，关键是要在进行投资决策时，树立风险价值观念，认真权衡风险与收益的关系，选择有可能避免风险、分散风险，并获得较多收益的投资方案，以提高企业的经济效益。

第二节 投资组合的风险与收益

一、投资组合理论

1952年3月，美国经济学家哈里·马柯维茨(Harry M. Markowitz)发表了《证券组合选择》的论文，成为现代证券投资组合理论的开端。马柯维茨对风险和收益进行了量化，建立的是均值方差模型，提出了确定最佳资产组合的基本模型。

假设所有投资者都是风险的回避者，即若在具有相同回报率的两个证券之间进行选择，任何投资者都会选择风险小的。马柯维茨从对收益和风险的定量出发，系统地研究了投资组合的特性，从数学上解释了投资者的避险行为，并提出了投资组合的优化方法。一个投资组合是由组成的各证券及其权重所确定的，因此投资组合的预期收益率是其组合中各证券预期收益率加权平均数，但组合风险却不是组合中各证券风险的加权平均数。投资组合的风险是由其收益率的方差或标准差来定义的，这些统计量是描述收益率围绕其平均值变化的程度，如果变化剧烈则表明收益率有很大的不确定性，即风险较大。马柯维茨的研究结论表明投资组合的方差与组合中各证券的方差、权重以及各证券间的协方差有关，而协

方差与任意两证券的收益率相关系数成正比。相关系数越小，其协方差就越小，投资组合的总体风险也就越小。因此，选择不相关的证券应是构建投资组合的目标。另外，增加证券可以降低投资组合的风险。

投资者在进行证券投资时，一般并不把所有的资金都投资于一种证券，而是同时持有多种证券，形成一个投资组合。中外许多国家的法律都规定银行、共同基金、退休基金、保险公司，以及其他一些金融机构，都必须持有分散投资的组合。即使个人投资者，通常也会持有证券组合，而不是投资于一个公司的股票或债券。在这种情况下，对于投资者来说，个别股票的涨跌并不重要，重要的是整个投资组合的风险与报酬。当然，在分析证券组合的风险和报酬时还必须考虑个别证券对整个投资组合的风险和报酬的影响。

二、投资组合收益的计算

若干种股票组成的投资组合，其收益是这些股票收益的加权平均数，但其风险不是这些股票风险的平均风险，故投资组合能降低风险。

投资组合的预期收益率，就是组成资产组合的各种资产的预期收益率的加权平均数，其权数等于各种资产在整个组合中所占的价值比例，即

$$E(R_P) = \sum_{i=1}^{n} \omega_i \times E(R_i)$$

式中，$E(R_P)$ 为预期收益率；$E(R_i)$ 为第 i 种资产的预期收益率；为 $_i$ 第 i 种资产在整个组合中所占的价值比值。

【例 3-2】某人投资 100 万元购买 A、B 和 C 三种股票形成一个投资组合，其中，A 股票投资 30 万元，B 股票投资 50 万元，C 股票投资 20 万元，三种股票的预期收益率分别为 5%、12%和 20%，计算该投资组合的预期收益率是多少？

$$E(R_P) = 5\% \times \frac{30}{100} + 12\% \times \frac{50}{100} + 20\% \times \frac{20}{100} = 11.5\%$$

三、投资组合风险的衡量

投资组合的风险可以使用组合收益率的方差进行衡量。下面分两项资产组合和 n 项资产组合进行分析。

(一) 两项资产组合的风险

两项资产组合收益率的方差可表达为

$$\sigma_p^2 = \omega_1^2 \sigma_1^2 + \omega_2^2 \sigma_2^2 + 2\omega_1 \omega_2 \rho_{1,2} \sigma_1 \sigma_2$$

式中，σ_p 为资产组合的标准差，衡量资产组合的风险；$\rho_{1,2}\sigma_1\sigma_2$ 为两项资产的协方差；σ_1 和 σ_2 为组合中两项资产的标准差；ω_1 和 ω_1 为组合中两项资产所占的价值比例；$\rho_{1,2}$ 为反映两项资产

收益率的相关程度，即两项资产收益率之间相对运动的状态，称为相关系数。理论上，相关系数处于区间[–1,1]内。

(1) 当 $\rho_{1,2}=1$ 时，表明两项资产的收益率具有完全正相关的关系，即它们的收益率变化方向和变化幅度完全相同。这时，$\sigma_p^2=(\omega_1\sigma_1+\omega_2\sigma_2)^2$，即 σ_p^2 达到最大。由此表明，组合的风险等于组合中各项资产风险的加权平均值。换而言之，当两项资产的收益率完全正相关时，两项资产的风险完全不能互相抵消，所以这样的资产组合不能降低任何风险。

完全正相关的投资组合示例

(2) 当 $\rho_{1,2}=-1$ 时，表明两项资产的收益率具有完全负相关的关系，即它们的收益率变化方向完全相反和变化幅度完全相同。这时，$\sigma_p^2=(\omega_1\sigma_1-\omega_2\sigma_2)^2$，即 σ_p^2 达到最小，甚至可能是零。当两项资产的收益率具有完全负相关时，两者之间的风险可以充分地相互抵消，甚至完全消除，因而由这样的资产组成的组合就可以最大限度地抵消风险。

完全负相关的投资组合示例

(3) 在实际投资中，两项资产的收益率具有完全正相关或完全负相关关系的情况几乎是不可能的。绝大多数资产两两之间都具有不完全的相关关系，即相关系数小于 1 且大于 –1(多数情况下大于零)。因此，会有 $0<\sigma_p<(\omega_1\sigma_1+\omega_2\sigma_2)$，即资产组合的标准差小于组合中各资产标准差的加权平均，因此资产组合才可以分散风险。

【例3-3】现有 A、B 两种证券构成的投资组合。A 证券的预期收益率为 12%，方差是 0.012 1；B 证券的预期收益率为 20%，方差是 0.09。如两种证券收益率的相关系数为 0.6，投资比例为 4：6，则该投资组合的预期收益率、方差和标准差分别为多少？

组合的预期收益率 $E(R_p)=12\%\times 0.4+20\%\times 0.6=16.8\%$

组合方差 $\sigma_p^2=0.4^2\times 0.012\,1+0.6^2\times 0.09+2\times 0.4\times 0.6\times\sqrt{0.012\,1}\times\sqrt{0.09}\times 0.6$
$=0.044$

组合标准差 $\sigma_p^2=\sqrt{0.044}=0.21$

(二) n 种证券投资组合的风险

n 种证券投资组合的方差为

$$\sigma_p^2=\sum_{i=1}^n\sum_{j=1}^n W_iW_j\sigma_{ij}$$

可见，σ_p^2 构成 $n\times n$ 阶矩阵，称为投资组合的协方差矩阵。当 $i=j$ 时，σ_{ij} 就是第 i 种证券的方差；$i\neq j$ 时，σ_{ij} 是 i、j 证券之间的协方差。n 种证券投资组合的个体方差总数是 n，则个体协方差总数是 n^2-n，因此当投资组合中资产数量增加时，协方差项比方差项更重要，即投资组合的风险更多地受组合中资产收益率的协方差影响，而各资产本身的风险变得不重要。

投资组合的方差矩阵

抛开复杂的计算过程，实际上投资组合中包括的资产数量越多，组合风险将随之降低，但这种风险分散效应逐渐减弱，如图 3-3 所示。

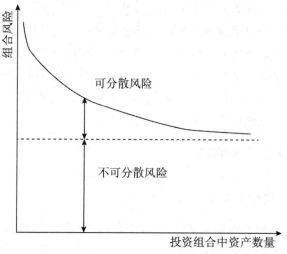

图 3-3　投资组合风险分散效应

能通过投资组合被消除的风险称为可分散风险(非系统风险或公司特有风险)，而不能被消除的则称为不可分散风险(系统风险或市场风险)。当投资组合中资产数量足够大时，则能将可分散的风险全部分散掉。在实务操作中一般组合中包含 20 种左右的资产时，大部分的可分散风险将被消除。而不可分散风险始终存在，所以需要对其进行计量并要求相应的回报。不可分散风险采用 β 系数进行衡量。

第三节　资本资产定价模型

一、资本资产定价模型理论的渊源

资产定价理论源于马柯维茨的资产组合理论。1952 年，哈里·马柯维茨在《金融杂志》上发表的题为《投资组合的选择》的博士论文是现代金融学的第一个突破，他在该文中确定了最小方差资产组合集合的思想和方法，开创了对投资管理的先河，奠定了投资理论发展的基石，这一理论的提出标志着现代投资理论的诞生。在此后的岁月里，经济学家们一直在利用量化方法不断丰富和完善组合管理的理论和实际投资管理方法，并成为投资学的主流理论。

资本资产定价模型(capital asset pricing model，CAPM)是由威廉·夏普、约翰·林特纳和简·莫辛(Jan Mossin，1966 年)根据马柯维茨最优资产组合选择的思想分别提出来的。

现代投资组合理论指出非系统风险是可以通过投资组合来消除的，所以可分散风险并不能要求进行补偿。但即使投资组合中包含了所有市场的股票，系统风险亦不会因投资组合而消除，因此需要对系统风险进行补偿，遵循风险越大要求的收益越高的基本原则。要对系统风险进行补偿就必须先衡量系统风险的程度。

资本资产定价模型的目的是协助投资人决定资本资产的价格，即在市场均衡时，证券要求报酬率与证券的市场风险间的线性关系。系统风险用 β 系数来衡量；资本资产指股票、债券等有价证券。CAPM 所考虑的是系统风险对证券要求报酬率的影响，其已假定投资人可通过完全多元化的投资来分散可分散的非系统风险，故此时只有无法分散的风险才是投资人所关心的，也只有这些风险可以获得补偿。

二、资本资产定价模型的假设

(一) 资本资产定价模型基本假设

CAPM 是建立在马柯维茨模型基础上的，马柯维茨模型的假设自然包含在其中：

(1) 投资者希望财富越多越好，效用是财富的函数，财富又是投资收益率的函数，因此可以认为效用为收益率的函数。

(2) 投资者事先知道投资收益率的概率分布为正态分布。

(3) 投资风险用投资收益率的方差或标准差标识。

(4) 影响投资决策的主要因素为期望收益率和风险两项。

(5) 投资者都遵守主宰原则，即同一风险水平下，选择收益率较高的证券；同一收益率水平下，选择风险较低的证券。

(二) 资本资产定价模型附加假设

CAPM 还具有以下附加假设条件：

(1) 可以在无风险折现率 R 的水平下无限制地借入或贷出资金。

(2) 所有投资者对证券收益率概率分布的看法一致，因此市场上的效率边界只有一条。

(3) 所有投资者具有相同的投资期限，而且只有一期。

(4) 所有的证券投资可以无限制地细分，在任何一个投资组合里可以含有非整数股份。

(5) 买卖证券时没有税赋及交易成本。

(6) 所有投资者可以及时免费获得充分的市场信息。

(7) 不存在通货膨胀，且折现率不变。

(8) 投资者具有相同预期，即他们对预期收益率、标准差和证券之间的协方差具有相同的预期值。

上述假设表明：第一，投资者是理性的，而且严格按照马柯维茨模型的规则进行多样化的投资，并将从有效边界的某处选择投资组合；第二，资本市场是完全有效的市场，没有任何摩擦阻碍投资。

三、资本资产定价模型及变量解释

资本资产定价模型是根据风险与收益对等的基本原理建立的,即必要收益率等于无风险收益率加上风险收益率,投资者所冒的风险越大,要求的超过无风险收益率的额外收益率(风险收益率)就越高。

资本资产定价模型为

$$R_i = R_f + \beta(R_m - R_f)$$

式中,R_i 为某种资产的必要收益率;R_f 为无风险收益率;β 为证券的 β 系数;R_m 为市场平均收益率;$R_m - R_f$ 为市场风险溢价。

1. 无风险收益率

无风险收益率 R_f,是指在资本市场上可以获得的风险极低的投资机会的收益率。通常将各种类型的政府债券作为这种投资机会的典型代表,由此将政府债券的收益率看作无风险收益率。收益率与投资时间和期限密切相关,政府债券的利率也是随发行时的资本市场状况和期限的长短而变化的。为此,应在资本市场上选择与投资期限相近的政府债券收益率作为无风险收益率。

2. 市场平均收益率

市场平均收益率 R_m,指市场上所有资产组合所形成的市场组合的收益率水平。通常以股票价格指数替代市场组合平均收益率 R_m。因为股票价格指数的收益率变动剧烈,在实际计算中采用一个较长的时间段(一般为 10 年)内的平均股票价格指数收益作为 R_m 的参考值。

3. β 系数

β 系数是用以度量一项资产系统风险的指标,是用来衡量一种证券或一个投资组合相对市场组合的波动性的一种风险评估工具。简单地讲,β 系数是某项资产的系统风险相当于市场组合系统风险的倍数。因为市场组合中资产数量足够多,所以非系统风险可完全分散掉,但系统风险仍然存在,市场组合的 β 系数为 1。

如某资产的 β 系数等于 1,则该资产的系统风险等于市场风险;如某资产的 β 系数大于 1,则该资产的系统风险大于市场风险;如某资产的 β 系数小于 1,则该资产的系统风险小于市场风险。假设一个股票的 β 系数是 1.5,就意味着其系统风险是市场组合风险的 1.5 倍,或是当市场组合收益率上升 10%时,该股票价格则上升 15%;而市场组合收益率下降 10%时,股票的价格亦会下降 15%。

β 系数可以通过统计分析同一时期市场每天的收益情况以及单个股票每天的价格收益来计算出的。1972 年,经济学家费雪·布莱克、迈伦·斯科尔斯等在他们发表的论文《资本资产定价模型:实例研究》中,通过研究 1931 年到 1965 年纽约证券交易所股票价格的变动,证实了股票投资组合的收益率和它们的 β 系数间存在着线性关系。但在实务中,并不需要财务人员或投资者自己去计算证券的 β 系数,一些证券咨询机构会定期公布证券的 β

系数值。

4. 必要收益率

必要收益率 R_i，是根据资本资产定价模型测算出的，即投资者冒风险进行投资所要求的最低收益水平。它是由无风险收益率和风险收益率两部分组合，其中风险收益率与风险程度(β系数)和市场风险溢价(R_m-R_f)相关。从资本资产定价模型可以看出，当β值处于较高位置时，投资者便会因为股票的投资风险高，相应提升股票的预期回报率。举个例子，如果一个股票的β值是2.0，无风险收益率是3%，市场平均收益率是7%，那么市场风险溢价就是4%(即7%–3%)，股票风险溢价为8%(即2×4%)，则股票的必要收益率为11%(8%+3%，即股票的风险溢价加上无风险收益率)。

资本资产定价模型是市场均衡模型，在市场均衡的情况下，投资的必要收益率等于预期收益率。此外，资本资产定价模型也适用于投资组合，其中投资组合的β系数(β_p)是单个证券β系数的加权平均数。

$$\beta_p = \sum_{i=1}^{n} x_i \beta_i$$

【例3-4】 如A、B、C三种股票的β系数分别为1.94、0.81、0.05。无风险收益率为5%，市场组合收益率为10%。计算A、B、C三种股票的必要收益率各为多少？

A股票的必要收益率为

$$5\% + 1.94 \times (10\% - 5\%) = 14.7\%$$

B股票的必要收益率为

$$5\% + 0.81 \times (10\% - 5\%) = 9.05\%$$

C股票的必要收益率为

$$5\% + 0.05 \times (10\% - 5\%) = 5.25\%$$

【例3-5】 接上题，如某人持有一个投资于A、B、C三种股票所形成的投资组合，三种股票的投资比重分别为0.5、0.2、0.3。计算投资组合的β系数和投资组合的必要收益率是多少？

$$\beta = 0.5 \times 1.94 + 0.2 \times 0.81 + 0.3 \times 0.05 = 1.15$$
$$R = 5\% + 1.15 \times (10\% - 5\%) = 10.75\%$$

四、资本资产定价模型的优点与缺陷

(一) 资本资产定价模型的优点

资本资产定价模型最大的优点在于简单、明确。它把任何一种风险证券的价格都划分为三个因素：无风险收益率、系统风险和谐、市场风险的价格，并把这三个因素有机结合在一起。

资本资产定价模型的另一优点在于它的实用性。它使投资者可以根据系统风险而不是总风险来对各种竞争报价的金融资产做出评价和选择。这种方法已经被金融市场上的投资者广为采纳,用来解决投资决策中的一般性问题。

(二) 资产定价模型的缺点

资本资产定价模型也不是尽善尽美的,它本身存在着一定的局限性,具体表现在如下几方面。

首先,资本资产定价模型的假设前提是难以实现的。比如,假设之一是市场处于完善的竞争状态。但是,实际操作中完全竞争的市场是很难实现的,"做市"时有发生。再如,假设投资者的投资期限相同且不考虑投资计划期之后的情况。但是,市场上的投资者数目众多,他们的资产持有期间不可能完全相同,而且现在进行长期投资的投资者越来越多,所以假设也就变得不那么现实了。此外,假设投资者可以不受限制地以固定的无风险利率借贷,这一点也是很难办到的。最后,假设市场无摩擦。但实际上,市场存在交易成本、税收和信息不对称等问题。还有关于理性人假设和一致预期假设也是不实际的。显然,这两个假设也只是一种理想状态。

其次,资本资产定价模型中的 β 值难以确定。某些证券由于缺乏历史数据,其 β 值不易估计。此外,由于经济的不断发展变化,各种证券的 β 值也会产生相应的变化,因此,依靠历史数据估算出的 β 值对未来的指导作用也要打折扣。

总之,由于存在上述的局限性,金融市场学家仍在不断探求比资本资产定价模型更为准确的资本市场理论。目前,已经出现了另外一些颇具特色的资本市场理论(如套利定价模型)。

思 考 题

1. 如何理解风险的含义。
2. 什么是系统风险?什么是非系统风险?其各自具有什么特征?
3. 衡量单项资产风险的指标有哪些?如何使用这些指标对多种资产的风险程度进行比较?
4. 简述风险报酬系数的三种决定方法。
5. 投资组合收益的影响因素有哪些?
6. 投资组合风险的影响因素有哪些?
7. 完全正相关和完全负相关的投资组合对风险的分散效用是如何的?
8. 什么是 β 系数?其表明何种风险的大小?
9. 从资本资产定价模型来看,影响资产必要收益的因素有哪些?
10. 资本资产定价模型的优缺点是什么?

案 例 讨 论

中信泰富"豪赌"酿成巨大亏空

2008年10月20日,中信泰富发出盈利预警,称公司为降低西澳洲铁矿项目面对的货币风险，签订若干杠杆式外汇买卖合约而引致亏损，实际已亏损 8.07 亿港元。至 2008 年 10 月 17 日，仍在生效的杠杆式外汇合约按公平价定值的亏损为 147 亿港元。换言之，相关外汇合约导致已变现及未变现亏损总额为 155.07 亿港元。

事件发生后，集团财务董事张立宪和财务总监周志贤辞去董事职务，中国香港证监会和交易所对中信泰富进行调查，范鸿龄离任港交所董事、证监会收购及合并委员会主席、收购上诉委员会和提名委员、强制性公积金计划管理局主席，直至调查终止。中信集团高层人士对中信泰富在外汇衍生品交易中巨亏逾 105 亿港元极为不满，认为荣智健应对监管疏忽承担责任，可能对中信泰富董事会进行大改组。

而中信泰富的母公司中信集团也因此受到影响。全球最大的评级机构之一的穆迪投资者服务公司将中信集团的长期外币高级无抵押债务评级从 Baa1 下调到 Baa2，基础信用风险评估登记从 11 下调到 12；标准普尔将中信集团的信用评级下调至 BBB-待调名单；各大投行也纷纷大削中信泰富的目标价。摩根大通将中信泰富评级由"增持"降至"减持"，目标价削 72%至 10 港元；花旗银行将中信泰富评级降到"沽出"，目标价大削 76%至 6.66 港元；高盛将其降级为"卖出"，目标价大削 60%至 12.5 港元；美林维持中信泰富跑输大市评级，目标价削 57%到 10.9 港元。

除此之外，中信泰富的投资者纷纷抛售股票。一家香港红筹股资金运营部总经理表示："此事对于在港上市的中资企业群体形象破坏极大，对于我们也是敲了一记警钟。"

据了解，这起外汇杠杆交易可能是因为澳元的走高而引起的。中信泰富在澳大利亚有一个名为 SINO-IRON 的铁矿项目，该项目是西澳最大的磁铁矿项目。这个项目总投资约 42 亿美元，很多设备和投入都必须以澳元来支付。整个投资项目的资本开支，除目前的 16 亿澳元之外，在项目进行的 25 年期内，还将在全面营运的每年度投入至少 10 亿澳元，为了降低项目面对的货币风险，中信泰富签订若干杠杆式外汇买卖合约。

中信泰富签订了 3 份累计股票期权式的杠杆式合约，以对冲澳元及人民币升值影响，其中美元合约占绝大部分。按上述合约，中信泰富须接取的最高现金额为 94.4 亿澳元。但问题在于，这种合约的风险和收益完全不对等。所签合约中最高利润只有 5 150 万美元，但亏损则无底。合约规定，每份澳元合约都有最高利润上限，当达到这一利润水平时，合约自动终止。所以在澳元兑美元汇率高于 0.87 时，中信泰富可以赚取差价，但如果该汇率低于 0.87，却没有自动终止协议，中信泰富必须不断以高汇率接盘，理论上亏损可以无限大。

另外，杠杆式外汇买卖合约本质上属于高风险金融交易，中信泰富对杠杆式外汇买卖合约的风险评估不足。将中信泰富一步步推向崖下的是一款以澳元累计目标的杠杆外汇合约，即变种累计股票期权。

造成以上后果的原因为内部监控的失效：

首先，授权审批控制失效。中信泰富 2008 年 10 月 20 日宣布，由于发生了上述外汇风险事件，集团财务董事张立宪和财务总监周志贤已辞去董事职务，2008 年 10 月 20 日起生效。莫伟龙于同日起被委任为集团财务董事。荣智健表示，上述合约的操作者对潜在的最大风险没有正确评估，相关责任人亦没有遵守公司的对冲保值规定，在交易前甚至没得到公司主席的授权。此外，持有中信泰富 29%股权的母公司——中国中信集团，同意为其安排 15 亿美元备用信贷，利息和抵押品方面按一般商业条件进行。

其次，信息披露的控制存在重大缺陷。对外信息披露制度对重大信息的范围、内容、投资者利益等存在缺陷，发现问题 6 个星期之后才对外公布，做法令人惊讶，显示出其内部监管存在漏洞，并且质疑中信泰富实际负责公司财务的并非是已经辞职的张立宪和周志贤，而是公司主席荣智健的女儿荣明方。

中国人民大学法学院教授叶林认为，"证券法"对于上市公司信息披露的要求是准确、及时、全面，其中"及时"最难做到。他分析说，中信泰富所做炒汇行为和其主业不同，属于非正常交易。既然是从事外汇期货，就要锁定风险，签订合约之初就要发布公告，说明"存在"潜在的风险。而且在澳元下跌时，公司应该止损，已造成的亏损算也能够算出来。正是由于中信泰富迟迟不公布亏损，才遭到投资者的指责。

最后，风险管理没有集中。标普分析师认为："中信泰富的风险控制及内部管理问题严重，未来发展战略也需要重新检讨；而风险管理没有集中，也是中信集团乃至多数中资企业一直以来的隐患。"

(资料来源：冯宗智. 前车之鉴：风险管理五大失败案例[J]. 新智囊，2009(2).)

讨论题目：

1. 风险的来源有哪些？哪些可以分散？哪些不能分散？
2. 如何进行风险管理？
3. 中信泰富投资失败的原因是什么？

第四章

证券估值

学习目标

通过本章的学习要求学生:
- 了解债券、股票的基本要素和分类
- 掌握债券和股票的估值方法
- 运用债券和股票的估值方法进行债券和股票投资决策

第一节 债券估值

债券由于其具有风险相对低、收益相对稳定等特点,正逐渐成为人们广泛投资的证券之一。作为债券投资者,需要掌握债券的估值方法,以便做出正确的投资决策。

一、债券的基本要素

债券是政府、金融机构、工商企业等组织向投资者发行的、承诺按一定利率定期支付利息并到期偿还本金的一种有价证券。债券是发行人与投资者之间的债权债务凭证,债券的发行人即债务人,债券的购买者即债权人。

债券虽然分类繁多,但在内容上债券均需包含一些共同的基本构成要素:债券面值、票面利率和到期期限。

(一) 债券面值

债券面值是指债券的票面价值,是发行人在债券到期日后向债券持有人偿还的金额,也是发行人向债券持有人按期支付利息的计算依据。

债券面值可以与债券发行价格不同,债券发行价格小于债券面值称为折价发行,债券发行价格等于债券面值称为平价发行,债券发行价格大于债券面值称为溢价发行。

(二) 票面利率

票面利率是债券发行时规定的利息率,债券发行人将按票面利率与债券面值的乘积计算应支付给债券持有人的利息。债券票面利率的确定受多种因素影响,如银行利率、发行人资信状况、偿还期限、计息方式,以及资金供求状况等。

多数债券的票面利率在债券的持有期间不变,即为固定利率债券,也有些债券在发行时没有确定的票面利率,而是规定利率水平按某一标准(如国债利率或银行存款利率)的变化而同方向调整,即为浮动利率债券。

债券的票面利率一般用年利率百分比表示,债券的利息支付可以为每一年、每半年或三个月支付一次,也可以在债券到期时一次支付。到期一次支付利息的债券,其利息一般按单利计算,而年内分期付息的债券,其利息按复利计算。

(三) 到期期限

债券的到期期限是债券上注明的发行人偿还债券本金的期限,即债券发行日与到期日之间的时间间隔。债券的到期期限有长有短,长的可能达到几十年,短的可以是几个月。通常,债券的到期期限越长,其风险也越大。

二、债券的分类

按照不同的分类标准,债券可以划分为不同的类别。

(一) 按债券发行主体划分

按发行主体不同,债券可分为政府债券、公司债券、金融债券。

政府债券是政府为筹集资金而发行的债券,主要有中央政府债券、地方政府债券。其中,中央政府债券又称为国债,是最主要的政府债券,国债的信誉好、风险小,又称为"金边债券"。公司债券是企业依据法定程序发行的债券,公司债券的风险通常高于政府债券。金融债券是由银行或非银行金融机构发行的债券,是一种特殊企业组织发行的公司债券。

(二) 按债券到期期限长短划分

按到期期限长短,债券可分为短期债券、长期债券和永续债券。

短期债券是到期期限在一年以内的债券。长期债券是到期期限超过一年的债券,通常长期债券的风险高于短期债券。

永续债券是指没有明确到期时间或期限非常长(一般超过30年)的债券,其实质是一种介于债权和股权之间的融资工具。大部分永续债带有赎回条款或续期选择权,发行人拥有在条款约定的某一个时间段按照某种价格赎回债券的权利或选择债券续期权,大多数发行人设置了3年、5年甚至10年的赎回期或续期选择权,表示为"3+n"或"5+n"等,代表债券存续每满 3 年或 5 年发行人拥有一次赎回权或续期选择权。同时，永续债券一般还会设置票面利率重置和跳升机制，若发行人选择不赎回债券或选择债券续期，永续债券票面利率会相应上升以弥补投资者的潜在风险和损失。此外，永续债券还可设置利息递延支付权，原则上永续债券利息可以无限次递延，因此永续债券也被视为"债券中的股票"，永续债券可以计入发行人的权益资本，而不用记为负债。然而，上海证券交易所和深圳证券交易所均明确规定，公开发行可续期公司债券和可续期企业债券，其累计计入权益的债券余额不得超过公司最近一期末净资产的 40%。

(三) 按债券的付息方式划分

按付息方式不同，债券可分为零息债券(贴现债券)、固定利率债券和浮动利率债券。

零息债券即贴现债券，是指债券券面上不附有息票，在票面上不规定利率，发行时按一定的折扣率，以低于债券面值的价格发行，到期按面值支付本息的债券。固定利率债券是指在债券发行时确定票面利率并按此利率向债券持有人支付利息的债券，该利率在债券偿还期内固定不变。浮动利率债券是指票面利率随市场利率变化而调整的债券，其利率一般是市场基准利率加一定的利差来确定，浮动利率债券往往为中长期债券。

当然，债券还有其他的分类标准，如按计息方式分为单利计息债券和复利计息债券；按是否可转换为公司股票分为可转换债券和不可转换债券；按债券形态可分为实物债券、凭证式债券和记账式债券；按是否有财产担保分为抵押债券和信用债券等。

三、债券的估值方法

投资者购买债券，需要确定债券的价值，以便做出合理的投资判断。以下将介绍几种债券的价值估算模型。

(一) 一般债券估值模型

债券的价值是其未来现金流的现值，债券的未来现金流包括债券定期支付的利息和到期偿还的本金。因此，按复利计息的一般债券价值估算模型为

$$V_b = \sum_{t=1}^{n} \frac{I}{(1+k)^t} + \frac{M}{(1+k)^n}$$

$$V_b = I \times \text{PVIFA}_{k,n} + M \times \text{PVIF}_{k,n}$$

式中，V_b 为债券价值；I 为债券年利息；M 为债券面值；k 为投资者要求的必要报酬率；n 为付息期数；PVIF 为 1 元的复利现值。

【例 4-1】某公司债券面值为 1 000 元，债券的票面利率为 6%，期限为 3 年，复利计息且每年计息一次。如果市场利率为 8%，则该债券的市场价值是多少？

$$V_b = 1\,000 \times 6\% \times \text{PVIFA}_{8\%,3} + 1\,000 \times \text{PVIF}_{8\%,3}$$
$$= 1\,000 \times 6\% \times 2.577\,1 + 1\,000 \times 0.793\,8$$
$$= 948.42(元)$$

根据上述计算可知,该债券的市场价值为 948.42 元。

(二) 贴现债券估值模型

贴现债券即零息债券,债券持有期间没有利息支付,到期偿还本金。这类债券的未来现金流只有到期支付的面值,其估值模型为

$$V_b = \frac{M}{(1+k)^n} = M \times \text{PVIF}_{k,n}$$

相关字母代表的含义与第一种模型相同。

【例 4-2】某公司发行贴现债券,债券面值为 1 000 元,期限为 3 年。如果市场利率为 10%,则该债券的价格为多少时,投资者才会购买?

$$\begin{aligned} V_b &= 1\,000 \times \text{PVIF}_{10\%,3} \\ &= 1\,000 \times 0.751\,3 \\ &= 751.3(\text{元}) \end{aligned}$$

该贴现债券的价格只有低于 751.3 元时,投资者才会购买。

(三) 一次性还本付息且单利计息债券的估值模型

一次性还本付息且单利计息的债券,其未来现金流为到期支付的面值和全部期限的利息,其价值计算模型为

$$V_b = \frac{M + M \times i \times n}{(1+k)^n}$$

或

$$V_b = (M + M \times i \times n) \times \text{PVIF}_{k,n}$$

相关字母代表的含义与第一种模型相同。

【例 4-3】某公司拟投资 ABC 公司发行的利随本清的公司债券,该债券面值为 1 000 元,债券票面利率为 8%,期限为 3 年,单利计息。当前市场利率为 6%,ABC 公司债券价格为多少时,公司才能购买?

$$\begin{aligned} V_b &= (1\,000 + 1\,000 \times 8\% \times 3) \times \text{PVIF}_{6\%,3} \\ &= (1\,000 + 1\,000 \times 8\% \times 3) \times 0.839\,6 \\ &= 1\,041.10(\text{元}) \end{aligned}$$

ABC 公司债券价格低于 1 041.10 元时,公司才能购买。

(四) 计息期短于一年的债券估值模型

有些债券一年内计息多次,这类债券的价值计算模型为

$$V_b = \sum_{t=1}^{mn} \frac{I/m}{(1+k/m)^t} + \frac{M}{(1+k/m)^{mn}}$$

$$V_b = \frac{I}{m} \times \text{PVIFA}_{k/m,mn} + M \times \text{PVIF}_{k/m,mn}$$

式中，m 为一年内计息次数。其他字母代表的含义与第一种模型相同。

【例4-4】某公司债券面值为1 000元，债券的票面利率为6%，期限为3年，复利计息且每半年计息一次。如果市场利率为8%，则该债券的市场价值是多少？

$$\begin{aligned} V_b &= \frac{1\,000 \times 6\%}{2} \times \text{PVIFA}_{8\%/2,3\times2} + 1\,000 \times \text{PVIF}_{8\%/2,3\times2} \\ &= 30 \times \text{PVIFA}_{4\%,6} + 1\,000 \times \text{PVIF}_{4\%,6} \\ &= 30 \times 5.242\,1 + 1\,000 \times 0.790\,3 \\ &= 947.56(元) \end{aligned}$$

该债券的市场价值为947.56元。

四、债券投资收益率

(一) 债券投资收益率的计算

债券投资收益率是指投资者购买债券后持有债券期间的收益率，是按复利计息的报酬率，是使债券未来现金流入的现值等于债券购买价格时的贴现率，即

$$P = I \times \text{PVIFA}_{k,n} + M \times \text{PVIF}_{k,n}$$

$$P_0 = I \times \text{PVIFA}_{k,n} + P_1 \times \text{PVIF}_{k,n}$$

式中，P_0 为债券购买价格；P_1 为债券卖出价格，若债券到期，则债券卖出价格即为面值 M；n 为债券持有时间；I 为债券利息。此公式贴现率 k 即为债券的投资收益率。

【例4-5】金鑫公司于2019年1月1日购买了ABC公司发行的债券，债券面值为1 000元，票面利率为8%，债券期限为3年，复利计息并且每年12月31日付息一次，该债券折价发行，发行价格为980元，该公司拟持有债券到期，计算该债券的投资收益率为多少？

$$980 = 1\,000 \times 8\% \times \text{PVIFA}_{k,3} + 1\,000 \times \text{PVIF}_{k,3}$$

求解上述方程的贴现率需使用"试误法"。

用 $k=8\%$ 试算：

$$\begin{aligned} &1\,000 \times 8\% \times \text{PVIFA}_{8\%,3} + 1\,000 \times \text{PVIF}_{8\%,3} \\ &= 1\,000 \times 8\% \times 2.577\,1 + 1\,000 \times 0.793\,8 \\ &= 1\,000(元) \end{aligned}$$

计算的贴现结果为1 000元，大于债券价格980元，需提高贴现率继续试算。

用 $k=9\%$ 试算：

$$\begin{aligned} &1\,000 \times 8\% \times \text{PVIFA}_{9\%,3} + 1\,000 \times \text{PVIF}_{9\%,3} \\ &= 1\,000 \times 8\% \times 2.531\,3 + 1\,000 \times 0.772\,2 \\ &= 974.70(元) \end{aligned}$$

计算的结果为974.70元,小于债券价格980元。

由此可以判断,债券的投资收益率应在8%~9%之间,用插值法即可计算k,有

$$k = 8\% + \frac{1\,000 - 980}{1\,000 - 974.48} \times (9\% - 8\%) = 8.78\%$$

公司投资该债券的收益率为8.78%,不等于票面利率。

如果该债券平价发行,即债券的发行价格等于债券面值1 000元,则债券的投资收益率为:

$$1\,000 = 1\,000 \times 8\% \times PVIFA_{k,3} + 1\,000 \times PVIF_{k,3}$$

用$k=8\%$试算:

$$1\,000 \times 8\% \times PVIFA_{8\%,3} + 1\,000 \times PVIF_{8\%,3}$$
$$= 1\,000 \times 8\% \times 2.577\,1 + 1\,000 \times 0.793\,8$$
$$= 1\,000(元)$$

计算的贴现结果等于发行价格1 000元,债券的投资收益率为8%,等于债券票面利率。

(二) 影响债券投资收益率的因素

由债券投资收益率的计算模型可知,债券投资收益率的影响因素有债券购买价格、债券卖出价格、债券票面利率和债券持有期间。四个因素中任何一个因素发生变化均会引起债券投资收益率的变化。例如,若债券卖出价格、债券票面利率和债券持有期间不变,债券购买价格下降(上升),则债券投资收益率上升(下降);若债券购买价格、债券票面利率和债券持有期间不变,债券卖出价格上升(下降),则债券投资收益率上升(下降)。实际上,影响债券价格的主要因素是市场利率和债券票面利率的比较,债券发行后其票面利率若固定不变,则市场利率是影响债券价格的主要因素,也是影响债券投资收益率的主要因素。

五、债券投资的特点

债券作为重要的投融资工具,具有如下特点。

(1) 偿还性。债券一般都规定有偿还期限,债券发行人必须按照约定条件偿还本金并支付利息。

(2) 流通性。债券是一种有价证券,一般可以在债券市场上自由转让流通。

(3) 安全性。债券通常规定有固定利率,收益比较稳定,风险较小。同时,在公司破产时,债券持有人为公司债权人,享有优先于股东对公司剩余资产的索取权。

(4) 收益性。债券的收益性表现在两个方面:一是债券持有人可以获得定期的利息收益;二是债券持有人可以利用债券价格变动获得买卖价差收益。

六、债券的优缺点

(一) 债券投资的优点

正是由于债券具有偿还性、流通性、安全性、收益性等特点,债券投资的优点主要表

现在如下几个方面。

(1) 风险比较低。债券投资属于债权性投资，债券投资者可以定期获得利息收入并且到期收回本金。政府债券有国家财力保障，其本金安全性比较高，可视为无风险证券。公司债券的投资者享有优先于股东的求偿权，即当公司破产清算时，优先于股东分得公司剩余资产，其本金损失的可能性小于股东。

(2) 收入比较稳定。债券一般标有固定的票面利率，债券发行人必须按照约定条件支付利息。因此，正常情况下，债券投资者可以获得稳定的利息收入。

(3) 流动性比较强。政府债券和许多大公司发行的债券一般可以在金融市场上自由转让，通常流动性较好。

(二) 债券投资的缺点

债券投资的缺点主要表现在如下两个方面。

(1) 购买力风险较大。债券面值和票面利率通常在债券发行时确定，如果通货膨胀率比较高，市场利率升高，债券价格下跌，债券本金和利息的购买力下降，因此债券投资对抗通货膨胀的能力较差。

(2) 没有经营管理权。债券投资者是债权人，只能按约定的条件获得利息并到期收回本金，无权影响和控制债券发行人的生产经营活动。

第二节 股票估值

股票的价值也是股票持有者获得未来现金流的现值，但是股票的未来现金流往往很难估算，这就给股票价值估算带来了困难。为更清晰地理解股票估值模型，以下将简单介绍股票的一些基本知识。

一、股票的构成要素

(一) 股票价格

股票价格是股票在市场上的交易价格，可分为开盘价、收盘价、最高价、最低价、中间价等，股票价格由于受多种因素影响而出现波动，股票价格的波动具有很大不确定性，有可能给投资者带来损失。股票价格波动的不确定性越大，股票投资的风险越大。

(二) 股票价值

股票本质上只是拥有所有权的凭证，其本身没有价值，股票价值在于股票的持有人享有获得公司的分红和派息等经济利益和参与公司经营管理等权利，股票投资通常是为了未来能获得一定的现金流入。

股票价值是指股票未来现金流入的现值，又称为"股票的内在价值"。股票的未来现金流入主要有两个部分：股票持有期的股利和股票出售时的收入，股票持有人能够获得的现金流入越大，股票价值常常越高。

(三) 股票面值

股票面值是股份公司在所发行的股票票面上标明的票面金额，主要用以表明每一张股票所包含的资本数额，也可作为股份公司首次公开发行定价的依据。股票发行价格一般高于其面值，在二级市场上的股票价格与其面值没有什么关系。我国上海证券交易所和深圳证券交易所的股票面值均为1元，即每股1元。

(四) 股利

股息和红利合称为股利，属于公司的税后利润分配，股利通常为现金股利和股票股利。现金股利也称派现，是以现金货币形式发放给股东的股利；股票股利也称送红股，是以按所持股票一定比例转赠本公司股票给股东，例如"10送1"，即每持有10股送1股。公司股利的发放主要受公司盈利水平、股利政策等因素影响。

二、股票的分类与投资

股票主要分为普通股和优先股。普通股是股份公司发行的在经营管理、盈利和财产分配上无特别权利的股份，是最基本的股份形式，也是发行量最大、最为重要的股票。目前，在我国上海证券交易所和深圳证券交易所交易的股票均为普通股。优先股的股息事先固定，一般与公司经营状况无关，而且可以优先于普通股股东领取股息，当公司经营不善而进行破产清算时，优先股股东也可以先于普通股股东分配公司剩余财产。但是，优先股股东不能参与公司分红，没有选举权和被选举权，不能借助表决权对公司经营施加影响。因此，普通股投资和优先股投资的风险和收益不同，普通股投资风险较大，但其收益相对也较高。

可见，普通股投资一方面可为公司带来股利收入和买卖价格收入，另一方面可参与所投资公司的经营管理，如果所持股份达到控股程度，还可以达到控制其经营管理的目的。因此，公司可以根据股票投资目的选择适当的股票投资策略。如果公司股票投资的目的仅仅是获得股利收入和股票买卖价差收入，则公司可以进行分散化组合投资；如果公司股票投资的目的是控制被投资公司，则公司需采取集中持股策略。优先股投资只能获得固定的股息收入和买卖价差收入等经济利益。

三、股票估值方法

(一) 优先股估值方法与收益率的计算

1. 优先股估值方法

优先股价值是其未来现金流入的现值。由于优先股的股息固定，长期持有的优先股其未来现金流入为一系列固定的股息收入，它实际上是永续年金，因此优先股的价值是永续年金的现值。优先股的价值估算模型为

$$V_p = \frac{D_p}{k_p}$$

式中，V_p 为优先股价值；D_p 为优先股股利；k_p 为投资者所要求的必要报酬率。

【例 4-6】 某公司发行优先股，优先股股利为每股 2 元，市场上相似优先股投资者要求的必要报酬率为 10%，计算该优先股的价格为多少时，投资者才会购买？

$$V_p = \frac{D_p}{k_p} = \frac{2}{10\%} = 20(元)$$

该公司优先股的价格低于 20 元时，投资者才会购买。

2. 优先股的投资收益率

根据优先股价值估算模型，优先股的投资收益率计算公式为

$$k_p = \frac{D_p}{P_p}$$

式中，P_p 为优先股价格；D_p 为优先股股利；k_p 为优先股收益率。

【例 4-7】 市场上 ABC 公司发行的优先股价格为每股 25 元，该优先股的股利为每股 3 元。华美公司拟购买该公司优先股，计算华美公司的收益率为多少？

$$k_p = \frac{D_p}{P_p} = \frac{3}{25} = 12\%$$

华美公司购买 ABC 公司优先股，其收益率为 12%。

> **注意**：优先股也存在溢价发行的情况。

【例 4-8】 ABC 公司拟发行优先股筹资，优先股的面值为每股 10 元，每股股利为面值的 15%，优先股的发行价格为每股 12 元，投资者购买该优先股的收益率为多少？

$$k_p = \frac{D_p}{P_p} = \frac{10 \times 15\%}{12} = 12.5\%$$

投资者购买该公司优先股，其收益率为 12.5%。

(二) 普通股估值方法与投资收益率的计算

普通股的价值为其未来现金流入的现值,普通股的未来现金流入主要有两部分:一是公司分配给普通股股东的股利;二是普通股未来出售的价格收入。由于普通股的股利不确定,普通股的价值估算相对比较复杂,以下将介绍几种普通股的价值估算模型。

1. 短期持有、未来准备出售的股票估值模型

短期持有、未来准备出售的股票其现金流入为股票持有期的股利收入和股票出售时的收入,此时股票估值模型为贴现现金流模型(DCF 模型),即

$$V = \sum_{t=1}^{n} \frac{D_t}{(1+k)^t} + \frac{P_n}{(1+k)^n}$$

式中,V 为股票价值;P_n 为股票未来出售时预计的价格;D_t 为第 t 期的股利;k 为投资者要求的必要报酬率;n 为预计持有股票期数。

由于股票未来出售时的价格估算比较困难,该模型的应用存在某些问题,也导致该模型难以实现广泛使用。

2. 长期持有、股利稳定不变的股票估值模型

长期持有的股票其未来现金流入为公司每年发放的股利,而且该股利每年固定不变。这样,长期持有、股利稳定不变的股票价值实际上为永续年金的现值,与优先股价值估算模型相同,即

$$V = \frac{D}{k}$$

式中,V 为股票的价值;D 为股票稳定不变的股利;k 为投资者所要求的必要报酬率。

3. 长期持有、股利稳定增长的股票估值模型

长期持有的股票其未来现金流为公司每年发放的股利,而且该股利稳定增长,即股利增长率不变。假设本年预期股利为 D_1,股利稳定增长率为 g,股票价值为未来每年发放股利的现值之和,则长期持有、股利稳定增长的股票估值模型为

$$V = \frac{D_1}{1+k} + \frac{D_1(1+g)}{(1+k)^2} + \frac{D_1(1+g)^2}{(1+k)^3} + \cdots + \frac{D_1(1+g)^n}{(1+k)^{n+1}}$$

式中,V 为股票的价值;D_1 为本年预期股利;g 为股利稳定增长率;k 为投资者要求的必要报酬率;n 为股票的持有期限。

如果 $k>g$,$n\to\infty$ 时,则以上方程变为

$$V = \frac{D_1}{k-g}$$

如果上年股利为 D_0,股利固定增长率为 g,则股票价值模型为

$$V = \frac{D_0(1+g)}{k-g}$$

【例 4-9】温迪公司拟购买 ABC 公司股票并准备长期持有，ABC 公司上年宣布发放股利每股 0.25 元，ABC 公司股利预计每年按 8%的增长率稳定增长，综合考虑 ABC 公司的风险后温迪公司确定投资该公司股票的必要收益率为 10%。请问 ABC 公司股票价格为多少时，温迪公司才能购买？

$$V=\frac{D_0(1+g)}{k-g}=\frac{0.25\times(1+8\%)}{10\%-8\%}=13.5(元)$$

ABC 公司股票价格在 13.5 元以下时，温迪公司才会购买。

4. 长期持有、股利超常增长的股票估值模型

有些公司，如高新技术公司，往往经历初期超常增长后再呈现稳定增长，从而公司股利常常也是初期几年超常增长，然后再稳定增长。长期持有股票的价值为未来股利流入的现值之和，因此长期持有、股利超常增长的股票估值分为三个步骤：

(1) 计算股利超常增长时期的股利现值之和，即

$$\sum_{t=1}^{m}\frac{D_t}{(1+k)^t}$$

式中，D_t 为第 t 期的股利；k 为投资者要求的必要报酬率；m 为股利超常增长的期数。

(2) 计算股利稳定增长时期的股利现值，即

$$\frac{D_m(1+g)}{k-g}\times\text{PVIF}_{k,m}$$

式中，D_m 为第 m 期的股利；g 为股利稳定增长率；k 为投资者要求的必要报酬率。

(3) 将第(1)步计算的现值与第(2)步计算的现值进行加总，即

$$V=\sum_{t=1}^{m}\frac{D_t}{(1+k)^t}+\frac{D_m(1+g)}{k-g}\times\text{PVIF}_{k,m}$$

下面将举例说明上述股票价值的计算过程。

【例 4-10】赛威公司拟长期投资 ABC 公司股票，假设 ABC 公司是一家正处于高速成长期的高新技术公司，ABC 公司上年已发放股利，每股 1.2 元，预计公司未来 5 年高速增长期间股利稳定增长率为 30%，5 年高速增长期后公司股利将保持 8%的固定增长率，在股票市场上同类公司的市场报酬率为 16%。请问 ABC 公司股票价格最高为多少时，赛威公司将会购买？

ABC 公司的股票价值计算分三步进行：

(1) 计算股利超常增长时期的股利现值之和，即

$$\frac{1.2\times(1+30\%)}{1+16\%}+\frac{1.2\times(1+30\%)^2}{(1+16\%)^2}+\frac{1.2\times(1+30\%)^3}{(1+16\%)^3}+\frac{1.2\times(1+30\%)^4}{(1+16\%)^4}+\frac{1.2\times(1+30\%)^5}{(1+16\%)^5}=8.56(元)$$

(2) 计算股利稳定增长时期的股利现值之和，即

$$\frac{1.2\times(1+30\%)^5\times(1+8\%)}{16\%-8\%}\times0.476\ 1=28.64(元)$$

(3) 将第 1 步计算的现值与第 2 步计算的现值相加，即

$$V=8.56+28.64=37.20(元)$$

即 ABC 公司股票的价格低于 37.20 元时，赛威公司才会购买。

5. 市盈率模型

根据市盈率(P/E)的计算公式，有

$$P/E=\frac{每股市价}{每股盈余}=\frac{P}{\text{EPS}}$$

式中，P/E 为市盈率；P 为公司每股股价；EPS 为公司每股盈余。

这样，公司股票的价值(或价格)就可以用市盈率模型进行估算，只是这时市盈率为行业市盈率，即

$$V=\text{行业 }P/E\times\text{EPS}$$

【例 4-11】假设 ABC 公司目前的每股盈余为 1.5 元，经测算 ABC 公司生产经营所在行业的平均市盈率为 40 倍，计算 ABC 公司的股票价值。

$$V=\text{行业 }P/E\times\text{EPS}=40\times1.5=60(元)$$

即 ABC 公司的股票价值为每股 60 元。

6. 普通股投资收益率的计算

股票投资的收益是指从股票购入到股票出售为止整个股票持有期间的收入，主要由股利和买卖价差(即资本利得)组成，股票投资的收益主要取决于所投资股份公司的经营业绩和股票市场价格变化，当然也与投资者的经验和技巧等有关。

可依据普通股估值模型计算普通股的投资收益率，即计算估值模型中投资者的必要报酬率。例如，长期持有、股利稳定增长的股票其投资收益率为

$$k=\frac{D_1}{P}+g$$

式中，k 为股票投资收益率；D_1 为预期下一年的每股股利；P 为股票每股价格；g 为股利稳定增长率。

【例 4-12】假设 ABC 公司股票目前的市场价格为每股 50 元，该公司上年已发放股利每股 0.5 元，预计该公司股利稳定增长率为 5%，如果购买该公司股票，其投资收益率为多少？

$$k=\frac{D_1}{P}+g=\frac{0.5\times(1+5\%)}{50}+5\%=6.05\%$$

即购买 ABC 公司股票的收益率为 6.05%。

可见，股票投资者可根据股票估值模型或股票收益率模型进行股票投资决策。如果根据投资者必要收益率计算的股票价值高于或等于股票当前的市场价格，则该股票值得投资；反之，如果根据投资者必要收益率计算的股票价值低于股票当前的市场价格，则该股票不值得投资。相应地，如果以市场价格为依据计算的股票投资收益率低于投资者的必要收益率，则该股票不值得投资；反之，如果股票投资收益率高于或等于投资者要求的必要收益率，则该股票可以购买。

四、普通股投资的优缺点

相对于债券投资，普通股投资的风险和收益均较高，以下将简单介绍普通股投资的优缺点。

(一) 普通股投资的优点

1. 普通股投资的收益较高

股票投资的收益主要来源于股利和资本利得(即买卖价差)。一方面，股票投资意味着成为股份公司的股东，公司盈余在支付债务利息等固定成本后，剩余部分全部为股东享有，只要公司资产的收益率大于债务利息率，股票投资者就可以从债务资本创造的超额收益中获益；另一方面，虽然股票价格频繁变动，但从长期来看，绩优股的价格大多呈现较大幅度上涨，能为投资者带来较多的资本利得收入，股票投资只要选择恰当，投资者往往能获得较高的收益率。同时，如果股票投资达到控股水平，投资者一般还能获得控制权收益。

2. 普通股投资的购买力风险低

普通股投资的收益不固定。一方面，普通股的股利不固定，在通货膨胀率较高时，由于物价普遍上涨，股份公司的盈利会相应增加，从而股利也会相应增加；另一方面，股票价格变动频繁，股票投资的资本利得不固定，在通货膨胀时期物价上涨，资产价格趋于上涨，股票价格也趋于上涨。因此，相对于固定收益率证券，收益不固定的普通股投资能在一定程度上降低投资者的购买力风险。

3. 普通股投资的流动性强

股票市场交易活跃，投资者很容易在股票市场上进行股票买卖，因此普通股投资的流动性很强。

4. 普通股投资能在一定条件下获得控股权

普通股股东拥有被投资公司所持股份的表决权，如果普通股股东持股达到一定的比例时，普通股股东将会拥有控股权，能够影响被投资公司的经营决策，也可对被投资公司实施有效监督。

(二) 普通股投资的缺点

普通股投资的最大缺点在于投资的风险高。普通股投资的高风险源于以下原因：
(1) 股票投资成为股东后，不管公司经营状况好坏，股东不能要求退股，即股东不能要求公司偿还投资本金，股东只能在股票市场上转让，这样股票投资的本金安全没有保障。

(2) 普通股股东的公司盈利的分配权和公司资产的求偿权均居最后。一方面，公司盈余首先支付债务的利息、优先股的股息等，剩余的部分才能供普通股股东分配。如果没有剩余，则普通股股东就没有盈利分配，普通股投资的股利收入很不确定；另一方面，如果公司经营不善而破产清算，公司资产清偿债务和优先股投资等后剩余部分才属于普通股股东，因此股票投资的原始投资一般很难得到全部补偿，甚至可能出现一无所有的情况。

(3) 普通股股票价格受多种外部因素影响，非常不稳定。一般地，宏观经济状况和经济政策等经济因素、政治因素、投资者的心理预期、公司的经营绩效情况及风险状况等，均会影响股票市场价格，导致股票价格波动频繁，甚至出现"过山车"似的大幅度变动，使股票投资的资本利得收入很不确定，增加了股票投资的风险。

(4) 股票投资的收益不确定。股票投资的收益主要来源于股利收入和资本利得收入，其中股利的多少取决于公司的盈利状况，而资本利得收入取决于公司股票的市场价格，收入的多少无法律保证，股票投资收益风险显然大于诸如债券等固定收益证券。

思 考 题

1. 债券的基本要素有哪些？债券的分类如何？
2. 债券投资的优缺点表现在哪些方面？
3. 股票的构成要素有哪些？股票的分类如何？
4. 股票投资的优缺点表现在哪些方面？

案 例 讨 论

甲拟进行证券投资，现有 A、B、C 三种债券和 A、B、C 三种股票可供选择。已知国库券的收益率为 4%，市场平均风险收益率为 8%。债券和股票相关情况如下。

债券 A：目前价格为 1 020 元，面值为 1 000 元，票面利率为 6%，每半年支付一次利息(投资后立即可以收到一次利息)，到期还本并支付最后一次利息，债券期限为 5 年，已经发行 3 年，甲打算持有到期。

债券 B：为可转换债券，目前价格为 1 100 元，面值为 1 000 元，票面利率为 5%，债券期限为 5 年，已经发行 2 年，到期一次还本付息，购买 2 年后每张债券可以转换为 20 股普通股，预计可以按每股 60 元的价格售出，甲投资者打算 2 年后转股并出售。

债券 C：为纯贴现债券，面值为 1 000 元，5 年期，已经发行 3 年，到期一次还本，目前价格为 900 元，甲打算持有到期。

股票 A：最近支付的股利为每股 2 元，预计第一年股利为 2.5 元，根据中介机构估计，该股票以后每年股利固定增长 4%，目前每股市价 25 元，股票 β 系数为 1.2。

股票 B：最近支付的股利为每股 2 元，根据中介机构估计，预计未来两年股利每年增长 5%，从第 3 年开始固定为每股 3 元，目前每股市价 30 元，股票 β 系数为 1.6。

股票 C：最近支付的股利为每股 3 元，根据中介机构估计，预计以后每年股利固定降低 1%，目前每股市价 40 元，股票 β 系数为 0.8。

讨论题目：

1. 计算债券 A、债券 B、债券 C 的投资收益率。
2. 甲如果想投资债券，他应该选择哪种债券？
3. 假如甲购买股票 A、股票 B、股票 C 三种股票各 100 股，计算甲投资组合的收益率。
4. 请分别评价股票 A、股票 B、股票 C 三种股票的投资价值，并向甲提出你的投资建议。
5. 评述债券投资和股票投资的特点。

第五章

筹 资 方 式

学习目标

通过本章的学习要求学生：
- 了解企业主要的筹资渠道和筹资方式
- 了解筹资的主要分类方法
- 了解吸收直接投资筹资方式的优缺点
- 掌握普通股筹资的优缺点
- 掌握长期银行借款的信用条件和银行借款筹资的优缺点
- 掌握债券发行价格的影响因素和发行债券筹资方式的优缺点
- 掌握融资租赁筹资方式下租金的确定方法
- 结合实际，学会分析选择适合企业的筹资方式

第一节 筹资方式概述

一、筹资的目的与要求

筹资活动是企业生存与发展的前提条件，没有资金，企业将难以生存，更谈不上发展。所谓筹资，就是指企业根据其生产经营、对外投资等方面的需要，通过筹资渠道和资本市场，从外部有关单位或个人以及企业内部筹措和集中所需资金的一项财务活动。从企业资金运动的过程和财务活动的内容来看，筹资活动是企业财务管理工作的起点，关系到企业生产经营活动的正常开展和经营成果的获得，因此企业应当科学合理地进行筹资活动。

(一) 筹资的目的

企业筹资应当服务于企业的整体目标，其具体目的是满足企业正常的生产经营活动需要，主要表现在以下几个方面。

1. 满足企业设立的需要

新企业的设立，必须有相应的资金作为支持，用于购建厂房、购买机器设备、购买原材料以及开办费的支付等。因此，资金的筹集是新企业设立的前提和必要保证。

2. 满足生产经营的需要

在企业设立并开始正常的生产经营活动后，筹资活动便作为企业经常性的财务活动而存在。企业生产经营主要有两方面的要求：一是满足简单再生产的资金需要，如正常生产经营中原材料的购进、职工薪酬等的支付；二是满足扩大再生产的资金需要，如新产品的研究与开发、新的经营领域的开拓、对外兼并等。筹资活动必须为这些资金需要提供保障。

3. 满足资本结构调整的需要

资本结构是指企业各种资金筹集来源的构成和比例关系。资本结构的调整是企业出于降低筹资风险、减少资本成本等方面的考虑而对资本与负债之间的比例关系进行的调整。

(二) 筹资的要求

筹资的目的是满足企业生产经营和调整资本结构等的需要，这一目的要求企业在进行筹资的过程中应当满足以下基本要求。

1. 筹资与投资相结合，提高筹资的效益

筹资的最终目的和效益需要通过投资得以实现，也就是筹资是为了投资，因此企业需要按照投资的要求，科学、合理地预测资金的需要量，做到筹资量与资金需要量之间的平衡。同时，需要考虑投资活动在时间上的需要，科学测算企业未来现金流入与流出，确定合理的投放时间，防止因筹资不足影响企业生产经营活动的正常开展，也要尽量避免因筹资过剩而造成资金闲置，降低筹资效益。

2. 认真选择筹资渠道与方式，力求降低资本成本

企业的筹资有多种筹资渠道与方式，不同的筹资渠道与方式，其资本成本和财务风险也各不相同。因此，企业在筹资时需要对各种筹资渠道与筹资方式进行比较、选择，以便确定最适合企业的筹资渠道与筹资方式，降低资本成本。

3. 合理安排资本结构，正确运用负债经营

企业筹集的资本主要包括自有资本和负债资本两类，自有资本和负债资本的成本、风险各不相同。因此企业在筹资时，需要使自有资本和负债资本保持合理的结构关系，既要防止负债过多，增大企业的财务风险；又要有效地利用负债经营，提高权益资本的收益水平。

4. 认真分析研究筹资环境，提高环境适应能力

筹资环境是指影响企业筹资活动的各种因素的集合，包括金融市场、金融政策等金融市场因素，宏观经济政策、经济周期等经济环境因素，以及相关的法律法规构成的法律环

境。企业在筹资活动过程中，必须清楚地认识企业所处的筹资环境状况，正确预测环境的发展变化，只有这样，才能有效地筹集所需资金，增强企业筹资的适应能力。

二、筹资渠道与方式

(一) 筹资渠道

筹资渠道是指企业筹集资金的来源和通道，体现着企业所筹集资金的源泉和性质。在现阶段，我国企业的筹资渠道主要有以下几种。

1. 国家财政资金

国家财政资金是指国家以财政拨款、国有资产入股等形式向企业投资的资金。它是我国国有企业主要的资金来源。

2. 银行信贷资金

银行信贷资金是指商业银行和政策性银行贷放给企业使用的资金。这是目前我国企业最主要的一种资金来源。

3. 非银行金融机构资金

非银行金融机构是指各种从事金融业务的非银行机构，如信托投资公司、证券公司、保险公司、融资租赁公司、企业集团的财务公司等。非银行金融机构资金实力不如商业银行，但由于其资金供应比较方便灵活，而且可以提供多种特定的服务，已经成为企业资金的重要来源。

4. 其他企业资金

其他企业或非营利组织如各种基金会、各社会团体等，在组织生产经营活动或其他业务活动过程中，有一部分资金暂时闲置或长期闲置。企业之间的相互投资和短期商业信用，使其他企业资金也成为企业资金的一项重要来源。

5. 职工和居民资金

职工和居民资金是指企业职工和城乡居民闲置的消费资金。随着社会经济的发展，人民生活水平不断提高，职工和居民的节余货币作为"游离"于银行和非银行金融机构之外的社会资金，可用于对企业的投资。

6. 企业自留资金

企业自留资金是指企业内部形成的资金，包括从税后利润中提取的公积金和未分配利润，以及通过折旧方式形成的折旧准备金。这些资金的特点是无须通过一定的方式去筹集，而是直接由企业内部自动生成或转移。

(二) 筹资方式

筹资方式是指企业筹集资金所采取的具体形式。筹资渠道是一种客观存在，而筹资方式则属于企业的主观能动行为。如何选择适宜的筹资方式并进行有效组合，以降低资本成本，提高筹资效益，是企业筹资管理的重要内容。

目前我国企业的筹资方式主要有吸收直接投资、发行股票、留存收益、银行借款、发行债券、融资租赁、商业信用七种。

(三) 筹资来源与筹资方式的对应关系

筹资渠道解决的是资金来源问题，筹资方式解决的是资金取得方式的问题，两者之间既有联系，又有一定区别。一定的筹资方式可能只适用于某一特定的筹资渠道，但同一筹资渠道的资金往往可以采取不同的筹资方式进行筹集。筹资渠道与筹资方式之间的对应关系如表 5-1 所示。

表 5-1 筹资渠道与筹资方式的关系

筹资渠道 \ 筹资方式	吸收直接投资	发行股票	银行借款	发行债券	融资租赁	商业信用	留存收益
国家财政资金	√	√	—	—	—	—	—
银行信贷资金	—	—	√	—	—	—	—
非银行金融机构资金	√	√	√	√	√	—	—
其他企业资金	√	—	—	—	—	√	—
职工和居民资金	√	√	—	√	—	—	—
企业自留资金	—	—	—	—	—	—	√

三、筹资的分类

企业所筹集的资金按照不同的标准可以进行不同的分类。

(一) 权益资本和债务资本

按照所筹资本的性质不同，分为权益资本和债务资本。

1. 权益资本

权益资本也称主权资本或自有资本，是企业依法筹集并长期拥有、自主支配的资金。其特点是：其所有权属于企业的所有者，所有者可以凭此参与企业的经营管理、取得收益并承担一定的责任；企业在经营期间可以长期占用，所有者无权以任何方式抽回资本，企业也没有还本付息的压力。本部分资金主要通过发行股票、吸收直接投资和内部留存等方式筹集。

2. 债务资本

债务资本也称负债资本或借入资本，是企业依法取得并依约使用、按期偿还的资金。其特点是：企业只能在约定的时期内享有使用权，并负有按期还本付息的责任；债权人有权按期索取利息、要求到期还本，但不能参与企业的经营管理，也不承担企业的经营风险。本部分资金主要依靠银行借款、发行债券、融资租赁、商业信用等方式筹集。

(二) 长期资本和短期资本

按照所筹资本的时间长短不同，分为长期资本和短期资本。

1. 长期资本

长期资本是指使用期限在一年以上的资金，主要用于厂房设备等更新、新产品的开发与推广等，一般需要几年或几十年才能收回。长期资本占用期限长、对企业短期经营的影响较小，但成本相对较高，投资风险较大。

2. 短期资本

短期资本是指使用期限在一年以内的资金，主要用于维持日常生产经营活动，主要投资于现金、应收账款、存货等。短期资本的占用期限短、对企业短期经营的影响大，但资本成本相对较低。

除了上述两种常见的分类方式以外，还可以按照所筹资本的来源不同，分为内部资本和外部资本；按照是否通过中介机构进行筹资，分为直接筹资和间接筹资等。

其他筹资分类方式

第二节 股权筹资

企业的全部资金按其权益归属，可以分为股权资金和债权资金。股权资金代表了企业所有者对企业享有的权益，债权资金则代表了企业债权人对企业享有的权益。股权资金与债权资金的主要区别有：

(1) 债权资金需要按期偿还，股权资金无须偿还，属于企业的"永久性资金"。

(2) 债权资金需按期支付利息，并且利息通常是固定的，但债权人不能参加企业的税后利润分配，且不参加企业的经营决策；股权资金无须支付固定的报酬，所有者通过参加税后利润的分配及参与企业的决策实现权益。

(3) 企业清算时，债权资金具有优先清偿权。

股权筹资的方式主要有吸收直接投资、发行普通股和利用留存收益等。

一、吸收直接投资

(一) 吸收直接投资的含义

吸收直接投资是指企业按照"共同投资、共同经营、共担风险、共享利润"的原则直接吸收国家、法人、个人投入资金的一种筹资方式。吸收直接投资与发行股票、留存收益都是企业筹集自有资金的重要方式，发行股票要有股票作为媒介，而吸收直接投资则无须公开发行证券。吸收直接投资中的出资者都是企业的所有者，他们对企业具有经营管理权。企业经营状况好、盈利多，各方可按出资比例分享利润；但如果企业经营状况差，连年亏损甚至被迫破产清算，出资者则要在其出资的限额内按出资比例承担损失。

(二) 吸收直接投资的种类

1. 国家投资、法人投资与个人投资

按照吸收直接投资的主体，分为国家投资、法人投资与个人投资。

(1) 国家投资，是指有权代表国家投资的政府部门或者机构以国有资产投入企业，这种情况下形成的资本叫国有资本。吸收国家投资是国有企业筹集自有资金的主要方式之一。根据《企业国有资本与财务管理暂行办法》的规定，国家对企业注册的国有资本实行保全原则。企业在持续经营期间，对注册的国有资本除依法转让外，不得抽回，并且以出资额为限承担责任。吸收国家投资一般具有以下特点：①产权归属国家；②资金的运用和处置受国家约束较大；③在国有企业中采用比较广泛。

(2) 法人投资，是指法人单位以其依法可以支配的资产投入企业，这种情况下形成的资本叫法人资本。吸收法人投资一般具有以下特点：①发生在法人单位之间；②以参与企业利润分配为目的；③出资形式灵活多样。

(3) 个人投资，是指社会个人或本企业内部职工以个人合法财产投入企业，这种情况下形成的资本称为个人资本。吸收个人投资一般具有以下特点：①参加投资的人员较多；②每人投资的数额相对较少；③以参与企业利润分配为目的。

2. 吸收现金投资、吸收实物投资与吸收无形资产投资

按照投资者的出资形式，分为吸收现金投资、吸收实物投资与吸收无形资产投资。

(1) 吸收现金投资。以现金出资是吸收直接投资中一种最为重要的出资方式。有了现金，便可获取其他物质资源。因此，企业应尽量动员投资者采用现金方式出资。吸收直接投资中所需投入现金的数额，取决于投入的实物、工业产权之外尚需多少资金来满足建厂的开支和日常周转需要。

(2) 吸收实物投资。以实物出资就是投资者以厂房、建筑物、设备等固定资产和原材料、商品等流动资产所进行的投资。一般来说，企业吸收的实物应符合以下条件：①确为企业科研、生产、经营所需；②技术性能比较好；③作价公平合理。实物出资所涉及的实物作价方法应按国家的有关规定执行。

(3) 吸收无形资产投资。吸收无形资产投资具体又可以包括以工业产权出资和以土地使用权出资。

以工业产权出资是指投资者以专有技术、商标权、专利权等无形资产所进行的投资。一般来说，企业吸收的工业产权应符合以下条件：①能帮助研究和开发出新的高科技产品；②能帮助企业生产出适销对路的高科技产品；③能帮助改进产品质量、提高生产效率；④能帮助企业大幅度降低各种消耗；⑤作价比较合理。

企业在吸收工业产权投资时应特别谨慎，进行认真的可行性研究。因为以工业产权投资实际上是把有关技术资本化，把技术的价值固定化；而技术具有时效性，因其不断老化而导致价值不断减少甚至完全丧失，风险较大。

投资者也可以用土地使用权来进行投资。土地使用权是按有关法规和合同的规定使用

土地的权利。企业吸收土地使用权投资应符合以下条件：①企业科研、生产、销售活动所需要的；②交通、地理条件比较适宜；③作价公平合理。

(三) 吸收直接投资的程序

企业吸收其他单位或个人的直接投资，一般要遵循如下步骤，如图 5-1 所示。具体程序可扫描右侧二维码获取。

吸收直接投资的程序

步骤1 确定筹资数量 ⇒ 步骤2 物色投资单位 ⇒ 步骤3 协商投资事项 ⇒ 步骤4 签署投资协议 ⇒ 步骤5 取得所筹集的资金

图 5-1 吸收直接投资的程序

(四) 吸收直接投资的优缺点

1. 吸收直接投资的优点

(1) 吸收直接投资所筹集资本属于权益资本，能提高企业的资信和借款能力。

(2) 能尽快形成生产能力。吸收直接投资可以直接获取投资者先进的设备和先进技术，有利于尽快形成生产能力。

(3) 财务风险较低。吸收直接投资可以根据企业的经营状况向投资者支付报酬，企业经营状况好，可以向投资者多支付一些报酬，而经营状况不好，就可以不向投资者支付报酬或少支付报酬，比较灵活，因此财务风险较小。

2. 吸收直接投资的缺点

(1) 筹资成本较高。因为吸收直接投资向投资者支付报酬时，其计算依据是企业实现利润的多少和投资者的出资数额，因此吸收直接投资通常需要负担较高的筹资成本。

(2) 容易分散公司的控制权。吸收直接投资方式筹集的资金，投资者一般都要求获得与投资数量相适应的经营管理权，因此如果外部投资者的投资较多，则投资者会有相当大的管理权，甚至会对企业实行完全控制。

(3) 不容易交易。由于吸收直接投资没有证券作为媒介，产权明晰程度较差，因此不便于产权的交易。

二、发行普通股

股票是股份有限公司发行的、用以证明投资者的股东身份和权益并据以获得股利的一种可转让的书面证明。

(一) 股票的性质

(1) 法定性。股票是经过国家主管部门核准发行的，具有法定性。

(2) 收益性。投资者凭持有的股票，有权按公司章程从公司领取股息和分享公司的经营红利，股票持有者还可以利用股票获取差价和保值。

(3) 风险性。认购股票必须承担一定的风险，因为股票的盈利要随着股份有限公司的经营状况和盈利水平上下浮动,并且受到股票交易市场的行情影响。

(4) 参与性。股东有权出席股东大会,选举公司的董事会,参与公司的经营决策,权利大小取决于其持有的股票份额的多少。

(5) 无期限性。在股份有限公司的存续期间,股票是一种无期限的法律凭证,它反映着股东与股份有限公司之间的比较稳定的经济关系。

(6) 可转让性。股票是流通性很高的证券,股票可以在股票市场上作为买卖对象和抵押品随时转让。

(7) 价格波动性。股票的波动性是指股票价格经常与股票面值不一致。

(二) 股票的种类

根据不同标准,可以对股票进行不同的分类。

1. 普通股和优先股

按照股东享有的权利和义务不同,分为普通股和优先股。

(1) 普通股。普通股股票是公司发行的代表着股东享有平等的权利、义务,不加特别限制,股利不固定的股票。普通股是最基本的股票。通常情况下,股份有限公司只发行普通股。

普通股权利和义务的特点是:①普通股股东享有公司的经营管理权;②普通股股利分配在优先股之后进行,并依公司盈利情况而定;③公司解散清算时,普通股股东对公司剩余财产的请求权位于优先股之后;④公司增发新股时,普通股股东具有认购优先权,可以优先认购公司所发行的股票。

(2) 优先股。优先股股票是较普通股有某些优先权利同时也有一定限制的股票。其优先权利表现在:①优先获得股利,优先股股利的分发通常在普通股之前,而且其股利率是固定的;②优先分配剩余财产,当公司解散、破产时,优先股的剩余财产求偿权虽位于债权人之后,但位于普通股之前。但是,优先股股东在股东大会上无表决权,在参与公司经营管理上受到一定的限制,仅对涉及优先股权利的问题有表决权。

优先股属于主权资金,优先股股东的权利与普通股股东有相似之处,两者的股利都是在税后利润中支付,而不能像债券利息那样在税前列支,但同时其股利固定,又具有一些债券的特征。

2. 记名股票和无记名股票

按照股票票面是否记名,分为记名股票和无记名股票。

(1) 记名股票。记名股票是在股票票面上记载股东的姓名或名称的股票,股东姓名或名称要记入公司的股东名册。记名股票一律用股东本名,其转让、继承要办理过户手续。

(2) 无记名股票。无记名股票是在股票票面上不记载股东的姓名或名称的股票,股东姓名或名称也不记入公司的股东名册,公司只记载股票数量、编号及发行日期。无记名股票的转让、继承无须办理过户手续,即实现股权的转移。

《中华人民共和国公司法》(以下简称《公司法》)规定,公司向发起人、国家授权投资的机构、法人发行的股票,应当为记名股票。对社会公众发行的股票,可以为记名股票,也可以为无记名股票。

另外,股票还可以按照其他标准进行分类,如按照股票票面是否有金额,分为有面值股票和无面值股票;按照发行对象和上市地区,分为A股、B股、H股、N股和S股。

其他股票
分类方式

(三) 股票发行

1. 股票发行的要求和条件

股份有限公司发行股票主要分为设立发行和增资发行。设立发行是指设立股份有限公司时,为募集资本而进行的股票发行,它是股份有限公司首次发行股票。增资发行是指股份有限公司成立后因增加资本的需要而进行的股票发行,它是股份有限公司在首次发行股票以后又发行新股票的行为。股份有限公司发行股票必须满足一定的要求与条件。

(1) 发行股票的一般要求。不论是设立发行还是增资发行均应满足以下要求:①股票发行必须公开、公平、公正,每股面额相等,同股同权,同股同利;②同次发行的股票,每股认购条件和价格相同;③股票发行价格可以等于票面金额,也可以超过票面金额,但不得低于票面金额。也就是说,股票可以平价发行或溢价发行,但不得折价发行。

(2) 设立发行股票的条件。股份有限公司首次发行股票时,不仅应满足上述的一般要求,还需要满足以下条件:①发起人认缴和向社会公开募集的股本达到法定资本最低限额,即1 000万元;②发起设立的,需由发起人认购公司应发行的全部股份;③募集设立的,发起人认购的股份不得少于公司股份总数的35%,其余股份向社会公开募集;④发起人应有5人以上,其中过半数在中国境内有住所;国有企业改建为股份有限公司的,发起人可以少于5人,但应当采取募集设立方式;⑤发起人以工业产权、非专利技术作价出资的,金额不得超过股份有限公司注册资本的20%。

(3) 增资发行股票的条件。股份有限公司为增加资本而发行新股票时,除应满足一般要求外,还需要满足以下条件:①前一次发行的股份已募足,并间隔1年以上;②公司最近3年连续盈利,并可向股东支付股利;公司以当年利润分派新股,不受此限;③公司最近3年财务会计文件无虚假记载;④公司预期利润率可达同期银行存款利率。

2. 股票发行的程序

1) 设立发行股票的程序

(1) 发起人认足股份,交付出资。采用发起设立方式,发起人须认购公司发行的全部股份。采用募集设立方式,发起人至少应认购公司应发行股份的35%。发起人可以用现金出资,也可以用实物、工业产权、非专利技术、土地使用权等作价出资。以现金出资的,应及时缴纳股款;以其他资产作价出资的,应依法办理财产权的转移手续。

发起设立方式下,直接转到下面第(6)步。

募集设立方式下,还需经过下面第(2)~(5)步,然后进入第(6)步。

(2) 提出募集股份的申请。在募集设立方式下,发起人应向国务院证券管理部门递交募股申请，并报送相关文件，主要包括批准设立公司的文件、公司章程、经营估算书、发起人姓名或名称、认购股份数、出资种类及验资证明、招股说明书、代收股款银行的名称及地址、承销机构名称及有关协议。

国务院证券管理部门审查后，对符合《公司法》规定条件的，予以批准；否则不予批准。

对已做出的批准，如发现不符合《公司法》规定的，应予撤销。尚未募集股份的，停止募集；已经募集的，认股人可以按照所缴股款并加算银行同期存款利息，要求发起人返还。

(3) 公告招股说明书，制作认股书。募股申请获得批准后，发起人应向社会公告招股说明书，并制作认股书。招股说明书应附有发起人制作的公司章程，并载明发起人认购的股份数、每股的票面金额和发行价格、无记名股票的发行总数、认股人的权利义务、本次募股的起止期限，以及逾期未募足时认股人可撤回所认股份的说明。认股书应当载明招股说明书所列事项，由认股人填写所认股数、金额、认股人住所，并签名、盖章。

(4) 签订承销协议和代收股款协议。向社会公开募集股份，应当由依法设立的证券经营机构承销，签订承销协议，并同银行签订代收股款协议。

(5) 招认股份，缴纳股款。股份募足后，发起人应当委托法定机构进行验资，出具验资证明。

(6) 选举董事会、监事会。发起设立方式下，发起人在交付出资后，选举董事会和监事会。募集设立方式下，发起人应在股份募足后30天内主持召开创立大会，选举董事会和监事会。创立大会应有代表股份总数半数以上的认股人出席方可举行。创立大会除选举董事会和监事会以外，还负责审议发起人关于公司筹办情况的报告，通过公司章程，对公司的设立费用进行审核，对发起人用于抵作股款的财产的作价进行审核，如果发生不可抗力或经营条件发生重大变化直接影响公司设立，创立大会也可做出不设立公司的决议。

(7) 办理公司设立登记。由董事会向公司登记机关报送设立公司的批准文件、公司章程、验资证明等文件，申请设立登记。公司登记机关对符合《公司法》规定条件的，予以登记，发给营业执照；否则不予登记。

(8) 交割股票。公司登记成立后，即向股东交付股票。

2) 增资发行新股的程序

(1) 做出发行新股的决议。公司发行新股，应由股东大会做出决议，决议包括新股种类及数额、新股发行价格、新股发行的起止日期、向原有股东发行新股的种类及金额等内容。

(2) 提出发行新股的申请。股东大会做出发行新股的决议后，由董事会向国务院授权的部门或省级人民政府申请批准。属于向社会公开募集的，须经国务院证券管理部门批准。

(3) 公告招股说明书，制作认股书。公司经批准向社会公开募集新股时，必须公告新股招股说明书和财务会计报表及附属明细表，并制作认股书。

(4) 签订承销协议。公司向社会公开募集新股时，应当由依法设立的证券经营机构承销，签订承销协议。

(5) 招认股份，缴纳股款，交割股票。

(6) 改选董事、监事，办理变更登记。

公司发行新股募足股款后，由于股份增加、股份比例结构变动，应立即召开股东大会，对董事、监事进行增额性改选。然后，公司必须向公司登记机关办理变更登记，并向社会公告。变更登记事项主要包括本次实际发行新股的股数及金额、发行新股后变更的股东名册、经改选的公司董事和监事名单等。

3. 股票发行方式、销售方式和发行价格

1) 股票发行方式

股票发行方式是指公司发行股票的途径，主要有以下两类：

(1) 公募发行。公募发行是指公司公开向社会发行股票。我国股份有限公司采用募集方式设立时以及向社会公开募集新股时，就属于公募发行。

(2) 私募发行。私募发行是指公司不公开向社会发行股票，只向少数特定的对象直接发行。我国股份有限公司采用发起方式设立时以及不向社会公开募集新股时，即属于私募发行。

2) 股票销售方式

股票销售方式是指公司向社会公募发行股票时所采取的销售方法，主要包括如下两类：

(1) 自销。自销是指发行公司自己直接将股票销售给认购者。这种销售方式可由公司直接控制发行过程，并且节省发行费用；但是筹资时间较长，并要由公司承担全部发行风险。

(2) 承销。承销是指发行公司将股票的销售业务委托给证券经营机构代理。这种销售方式是发行股票普遍采用的方式。我国《公司法》规定，股份有限公司向社会公开发行股票，必须与依法设立的证券经营机构签订承销协议，由证券经营机构承销。承销又分为包销和代销两种具体方式。包销是根据承销协议商定的价格，由证券经营机构一次性全部购进发行公司公开募集的全部股票，然后以较高的价格出售给社会的认购者。对发行公司来说，包销的方式可以及时筹足资本，免于承担发行风险(股份未募足的风险由承销商承担)；但是股票以较低的价格出售给承销商会损失部分溢价。代销是证券经营机构仅替发行公司代售股票，不承担股份未募足的风险，并由此获取一定的佣金。对发行公司而言，代销方式下股票销售价格较高，但是筹资速度较慢，并且要自己承担发行风险。

3) 股票发行价格

股票发行价格是公司将股票出售给投资者的价格，也就是投资者认购股票时所支付的价格。股票价格的确定非常重要，发行价格过高，可能导致发行失败；发行价格过低，可能会导致资本筹集不足，同时也损害原有股东的利益。因此，合理确定发行价格是保证发行成功的关键。

我国《公司法》规定，同次发行的同种类股票，每股的发行条件和价格应当相同；任何单位或者个人所认购的股份，每股应当支付相同价额。

如果是初次公开发行股票，股票价格的确定相对复杂。初次公开发行股票的价格确定涉及公司账面价值、经营业绩、发展前景、股票发行数量、行业特点、股票当前市场状况、市场投资者的价格接受底线等因素。从实践来看，国际通行的定价方式主要有两种：

(1) 累积订单方式。累积订单方式的基本做法是：首先由承销团与发行公司确定定价区间，通过市场促销征集每个价位上的需求量，然后分析需求数量分布，由主承销商与发行公司确定最终发行价格。

累积订单方式在美、英等国证券市场使用较为普遍，这与其投资者结构中机构投资者所占比重较大是分不开的。美国证券市场上重要的机构投资者大都是以证券市场作为主要业务活动领域，运作相对规范，对证券市场熟悉。这些机构投资者经常参与新股发行，对不同特点的发行公司的投资价值判断比较准确。

(2) 固定价格方式。固定价格方式的基本做法是：在公开发行前先由承销商与发行公司商定固定的股票发行价格，然后根据该价格进行公开发售。

固定价格方式是新股发行中比较简单的一种，通常在新兴市场中比较常用，如马来西亚、新加坡等国家，或者用于发行量比较小的股票。

总的来看，累积订单方式是目前新股发行定价中使用较多的方式；而且各国证券监管机构往往根据本国证券市场的实际情况，将不同定价方式结合使用。在我国，中国证监会于2004年12月公布了《关于首次公开发行股票实行询价制度若干问题的通知》及配套文件《股票发行审核标准备忘录第18号——对首次公开发行股票询价对象条件和行为的监管要求》，对新股定价实行询价制度，在性质上看属于累积订单方式。

通知中所称的询价对象是指符合中国证券监督管理委员会规定条件的证券投资基金管理公司、证券公司、信托投资公司、财务公司、保险机构投资者和合格境外机构投资者，以及其他经中国证监会认可的机构投资者。

4) 股票询价

按照规定，发行申请经证监会核准后，发行人应公告招股意向书，开始进行推介和询价。询价分为初步询价和累计投标询价两个阶段。发行人及其保荐机构应通过初步询价确定发行价格区间，通过累计投标询价确定发行价格。

(1) 初步询价。发行人及其保荐机构应向不少于20家询价对象进行初步询价，并根据询价对象的报价结果确定发行价格区间及相应的市盈率区间。

询价对象应在综合研究发行人内在投资价值和市场状况的基础上独立报价，并将报价依据和报价结果同时提交保荐机构。初步询价和报价均以书面形式进行。

公开发行股数在4亿股(含4亿股)以上的，参与初步询价的询价对象应不少于50家。

(2) 累计投标询价。发行价格区间确定后，发行人及其保荐机构应在发行价格区间内向询价对象进行累计投标询价，并应根据累计投标询价结果确定发行价格。符合该通知规定的所有询价对象均可参与累计投标询价。

5) 股票发行价格

发行价格区间、发行价格及相应的发行市盈率确定后，发行人及其保荐机构应将其分别报中国证监会备案并公告；发行价格确定依据应同时备案及公告。

股票发行价格通常有等价、时价、中间价三种：

(1) 等价就是以股票票面金额为发行价格。

(2) 时价就是以公司原发行股票的现行市场价格为基准确定增发新股的价格。

(3) 中间价就是以时价和等价的中间值来确定股票的发行价格。

按等价发行股票又叫平价发行。按时价或中间价发行股票，发行价格既可能高于面额也可能低于面额。高于面额发行叫溢价发行，低于面额发行叫折价发行。我国只允许溢价或平价发行，不允许折价发行。

(四) 股票上市

股票上市，指的是股份有限公司公开发行的股票经批准在证券交易所进行挂牌交易。经批准在交易所上市交易的股票则称为上市股票。按照国际通行做法，非公开募集发行的股票或未向证券交易所申请上市的非上市证券，应在证券交易所外的店头市场上流通转让；只有公开募集发行并经批准上市的股票才能进入证券交易所流通转让。

1. 股票上市的条件

公司公开发行的股票进入证券交易所挂牌买卖(即股票上市)，须受严格的条件限制。《中华人民共和国证券法》(以下简称《证券法》)规定，股份有限公司申请其股票上市，必须符合下列条件：

(1) 股票经国务院证券监督管理机构核准已公开发行；

(2) 公司股本总额不少于3 000万元；

(3) 公司发行的股份达到公司股份总数的25%以上；公司股本总额超过4亿元的公开发行的比例为10%以上；

(4) 公司最近3年无重大违法行为，财务会计报告无虚假记载。

证券交易所可以规定高于上述规定的上市条件，并报国务院证券监督管理机构批准。

2. 股票上市的暂停与终止

1) 股票上市的暂停

我国《证券法》规定，上市公司有下列情形之一的，由证券交易所决定暂停其股票上市交易：

(1) 公司股本总额、股权分布等发生变化不再具备上市条件；

(2) 公司不按照规定公开其财务状况，或者对财务会计报告做虚假记载，可能误导投资者；

(3) 公司有重大违法行为;
(4) 公司最近3年连续亏损;
(5) 证券交易所上市规则规定的其他情形。

2) 股票上市的终止

而在发生下列情形之一时,由证券交易所决定终止其股票上市交易:

(1) 公司股本总额、股权分布等发生变化不再具备上市条件,在证券交易所规定的期限内仍不能达到上市条件;
(2) 公司不按照规定公开其财务状况,或者对财务会计报告做虚假记载,且拒绝纠正;
(3) 公司最近3年连续亏损,在其后一个年度内未能恢复盈利;
(4) 公司解散或者被宣告破产;
(5) 证券交易所上市规则规定的其他情形。

3. 股票上市的影响

通过股票上市,能够给公司带来一系列的有利影响,包括:通过股票上市,公司可以有更多的机会从证券市场上筹集资金,有助于公司改善财务状况;通过股票上市,公司可以采用出让股票而不是付现金的方式对其他企业进行收购,有助于公司收购其他公司;通过股票上市,每日每时的股市行情是对公司客观的市场估价,因此可以利用股票市场对公司进行客观评价,同时公司也可以利用股票作为对员工进行有效的激励;当然,股票上市还可以提高公司知名度,吸引更多顾客。

但是,股票上市也会给公司带来不利的影响。首先,公司上市需要承担较高的费用,包括资产评估费用、注册会计师费用、律师费用、材料印刷费用、登记费用、股票销售费用等,加大了公司的财务负担;其次,公司上市后,需要将公司关键的经营情况向社会公众公开,失去隐私权;再次,股票价格不仅仅受公司经营业绩的影响,还会受到其他因素的干扰,这些干扰因素的存在可能使股票价格歪曲公司的实际经营状况;最后,公司上市后,股权分散,容易造成管理上的困难。

(五) 普通股筹资的优缺点

1. 普通股筹资的优点

(1) 发行普通股所筹集资本属于权益资本,能提高企业的资信和借款能力。普通股股本是公司偿还债务的基本保障,因此发行普通股筹资可以提高公司的信用价值,并为使用更多的债务资金提供强有力的支持。

(2) 财务风险较低。发行普通股筹集的资金是权益性资金,是永久性资金,不需要偿还,没有还本的压力;同时发行普通股的代价是支付股利,而股利的支付受公司盈利情况和股利政策等因素的影响,没有固定利息负担,因此,普通股筹资的财务风险较低。

(3) 筹资限制较少。利用优先股或债券筹资,通常有许多限制,这些限制往往会影响公司经营的灵活性,而利用普通股筹资则没有这种限制。

2. 普通股筹资的缺点

(1) 筹资成本较高。一般来说，普通股筹资的成本要大于债务资金，因为股利要从净利润中支付，而债务资金的利息可以在税前扣除。另外，普通股的发行费用也比较高。

(2) 容易分散公司的控制权。利用普通股筹资，出售了新的股票，引进了新的股东，容易导致公司控制权的分散。

第三节 负债筹资

负债筹资是指通过负债筹集资金。负债是企业一项重要的资金来源，几乎没有一家企业是只靠自有资本，而不运用负债就能满足资金需要的。负债筹资是与普通股筹资性质不同的筹资方式。与后者相比，负债筹资的特点表现为：筹集的资金具有使用上的时间性，需要到期偿还；不论企业经营好坏，需要固定支付债务利息，从而形成企业固定的财务负担；但其资本成本一般比普通股筹资成本低，并且不会分散投资者对企业的控制权。

负债筹资的主要方式有长期借款、发行债券、融资租赁、短期借款、商业信用及短期融资券等。其中本章只介绍长期筹资方式的内容，短期借款、商业信用和短期融资券属于短期资金筹集，将在第八章中介绍。

一、长期借款

长期借款是指企业向银行或其他非银行金融机构借入的使用期限超过 1 年的借款，主要用于构建固定资产和满足长期流动资金占用的需要。

(一) 长期借款的种类

长期借款的种类很多，企业可以根据自身的情况和各种借款条件选用。我国目前各金融机构的长期借款主要有：

(1) 按照用途，分为基本建设借款、更新改造借款、科技开发和新产品试制借款等。

(2) 按照提供借款的机构，分为政策性银行借款、商业银行借款等。此外，企业还可以从信托投资公司取得实物或货币形式的信托投资贷款，从财务公司取得各种中长期借款等。

(3) 按照有无担保，分为信用贷款和抵押贷款。信用借款指不需要企业提供抵押品，仅凭其信用或担保人信誉而发放的贷款。抵押贷款指要求企业以抵押品作为担保的贷款。长期贷款的抵押品常常是房屋、建筑物、机器设备、股票、债券等。

(二) 长期借款筹资的程序

企业向金融机构借款，一般需要经过以下步骤，如图 5-2 所示。具体程序可扫描右侧二维码获取。

长期借款筹资程序

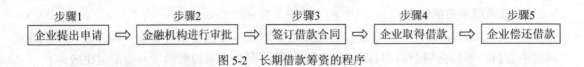

图 5-2 长期借款筹资的程序

(三) 长期借款的保护性条款

由于长期借款的期限长、风险大，按照国际惯例，银行通常对借款企业提出一些有助于保证贷款按时足额偿还的条件。这些条件写进贷款合同中，形成了合同的保护性条款。

1. 一般性保护条款

一般性保护条款应用于大多数借款合同，但根据具体情况会有不同内容，主要包括：①规定借款公司应保持的最低流动资金净额和最低流动比率，其目的在于保持借款公司资金的流动性和偿债能力；②限制包括支付现金股利等在内的现金流动，其目的在于限制现金外流；③限制资本支出规模，其目的在于保持公司资金的流动性；④限制公司举借其他长期债务，其目的在于防止其他债权人取得对公司资产的优先求偿权。

2. 例行性保护条款

例行性保护条款作为例行常规，在大多数借款合同中都会出现，主要内容包括：①借款公司定期向银行提交财务报表，以便于银行及时掌握公司的财务状况；②正常情况下不准出售较多资产，其目的在于保持公司的正常生产经营能力；③如期纳税和清偿其他债务，防止被罚款而造成现金流失；④避免以资产作为其他债务的担保或抵押，以避免过重的负担；⑤禁止贴现应收票据或出售应收账款，避免或有负债；⑥限制租赁固定资产的规模，防止公司以此摆脱对资本支出和负债的约束。

3. 特殊性保护条款

特殊性保护条款针对某些特殊情况出现在部分借款合同中，主要包括：贷款专款专用；不准公司投资于短期内不能收回资金的项目；限制高级职员的薪金和奖金总额；要求公司主要领导人在合同有效期间担任领导职务；要求公司主要领导人购买人身保险等。

(四) 长期借款筹资的优缺点

1. 长期借款筹资的优点

(1) 筹资速度快。与发行股票、债券相比，长期借款筹资不需要证券发行前的准备、印刷等程序，一般所需的时间比较短，程序较为简单，可以迅速获得资金。

(2) 借款弹性大。在借款前，公司根据当时的资本需要与银行商定借款的时间、数量、条件等内容；在借款期间，若公司的财务状况发生变化，也可以与银行进行再协商，变更借款条件。因此，借款筹资对公司而言具有较大的灵活性。

(3) 借款成本低。利用长期借款筹资，借款利息可以在税前支付，可以减少公司实际负担的利息费用，因此比股票筹资的成本要低很多。与债券相比，借款利率通常比债券利率低，而且由于借款是公司和银行之间直接商定，可以大大减少交易成本，因此借款筹资成本比债券筹资成本要低。

(4) 可以发挥财务杠杆作用。无论公司盈利多少，银行只收取固定的利息，而更多的收益则为借款公司所拥有。

2. 长期借款筹资的缺点

(1) 筹资风险较高。借款通常有固定的利息负担和固定的偿付期限，在公司经营不佳时，可能产生不能偿付的风险，甚至引起破产。

(2) 限制性条款较多。这些条款可能会限制公司的经营活动，影响公司今后的筹资和投资能力。

(3) 筹资数量有限。长期借款是借款公司向特定银行申请使用贷款，而不像债券、股票是面向社会公开筹资，因此不能像债券、股票那样一次筹集到大笔资金，无法满足公司生产经营活动大规模的资金需求。

二、发行债券

债券是公司为筹集资本而发行的，承诺在一定期限内按约定利率向债权人还本付息的有价证券。通过发行债券筹集资金是公司重要的筹资方式之一。

(一) 债券的种类

1. 按照是否记名，可以分为记名债券和无记名债券

记名债券是指在债券上注明债权人姓名，同时在发行公司的债权人名册上登记的债券。转让记名债券时，除要交付债券外，还要在债券上背书和在公司债权人名册上更换债权人姓名。

无记名债券是指债券票面上未注明债权人姓名，也不用在债权人名册上登记债权人姓名的债券。无记名债券的转让可立即生效，无须背书，因而比较方便。

2. 按照能否转换为公司股票，可以分为可转换债券和不可转换债券

可转换债券是指在一定时期内，可以按规定的价格或一定比例，由持有人自由地选择转换为普通股的债券。

不可转换债券是指不可以转换为普通股的债券。

3. 按照有无担保，可以分为信用债券和抵押债券

信用债券又称为无担保债券，它没有特定的资产做担保，完全凭借发行公司的信用，因此只有信用良好的公司才可以发行此类债券。

抵押债券是指公司以某种资产作为担保发行的债券。根据担保品的不同，又可分为不动产抵押债券、抵押信托债券和设备信托债券。不动产抵押债券的担保财产一般是不动产；抵押信托债券一般是以实际资产以外的证券资产作为担保品；设备信托债券一般是为购买大型设备而发行的，借款人只有在偿还债券之后才能取得设备的所有权。

其他的债券分类方式可扫描右侧二维码了解。

其他债券分类方式

(二) 债券发行的条件

企业发行债券必须遵守《公司法》《证券法》等相关法规的规定。在《证券法》中规定，发行公司债券必须具备下列条件：股份有限公司的净资产额不低于 3 000 万元，有限责任公司的净资产额不低于 6 000 万元；累计债券总额不超过公司净资产额的 40%；最近 3 年平均可分配利润足以支付公司债券 1 年的利息；筹集的资金投向符合国家产业政策；债券的利率不得超过国务院限定的水平；国务院规定的其他条件。

公开发行公司债券筹集的资金，必须用于核准的用途，不得用于弥补亏损和非生产性支出。

另外，《证券法》还规定有下列情形之一的，不得再次发行公司债券：前一次发行的公司债券尚未募足的；对已发行的公司债券或其他债务有违约或延期支付利息的事实，且仍处于继续状态的；违反本法规定，改变公开发行公司债券所募集资金的用途。

(三) 债券发行的程序

企业发行债券，一般需要通过以下步骤，如图 5-3 所示。具体程序可扫描右侧二维码获取。

债券发行程序

图 5-3　债券发行的程序

(四) 债券的发行价格

债券的发行价格是债券发行时使用的价格，即投资者购买债券时所支付的价格。债券发行价格的高低，取决于以下四个因素。

(1) 债券票面价值，即债券面值。债券售价的高低，从根本上取决于面值大小，但面值是企业将来归还的数额，而售价是公司现在收到的数额。如果不考虑利息因素，从资金时间价值考虑，企业应按低于面值的售价出售，即按面值进行贴现收取债券价款。

(2) 债券利率。债券利率是公司在债券发行期内付给债券购买者的利息，债券利率越高，则售价也越高。

(3) 市场利率。市场利率是衡量债券利率高低的参照指标，与债券售价成反比例关系。

(4) 债券期限。债券发行价格的起止日期越长，则风险越大，售价越低。

公司债券的发行价格通常有三种：平价、溢价和折价。平价指以债券的票面金额作为发行价格；溢价指以高出债券票面金额的价格为发行价格；折价指以低于债券票面金额的价格为发行价格。这是因为债券利率是参照市场利率制定的，市场利率经常变动，而债券利率一经确定就不能变更。在从决定债券发行，到债券开印，一直到债券出售的一段时间里，如果市场利率较之前有变化，就要靠调整发行价格(溢价或折价)来调节债券购销双方的利益。

从资金时间价值来考虑,债券发行价格由两部分组成:①债券到期还本面额的现值;②债券各期利息的现值。以分期付息、到期还本的债券为例,其计算公式为

发行价格=债券各期利息的现值 + 债券面值的现值

用字母表示如下

$$P = I \times PVIFA_{k,n} + F \times PVIF_{k,n}$$

式中,P 为债券的发行价格;I 为债券的各期利息;F 为债券面值;k 为债券发行时的市场利率或投资人要求的必要报酬率;n 为债券的期限。

【例 5-1】某公司发行面值 1 000 元的债券,债券票面利率为 10%,期限为 5 年,每年付息一次,到期还本。

(1) 发行时市场利率为 10%

该公司决定发行债券时,是根据市场利率 10%来确定债券利率的,到债券出售时,如市场利率没有变化,即与债券利率一致,则可按票面价值出售债券。债券发行价格可计算如下:

$$P = 1\,000 \times 10\% \times PVIFA_{10\%,\,5} + F \times PVIF_{10\%,\,5}$$
$$= 100 \times 3.790\,8 + 1\,000 \times 0.620\,9$$
$$= 1\,000(元)$$

这就是说,该公司到期还本的现值和每年支付利息的现值合计为 1 000 元,所以债券出售应得 1 000 元。

(2) 发行时市场利率为 12%

如果债券出售时,市场利率上升到 12%,此时再按债券票面利率 10%支付给债券持有人利息,债券持有人就要受到损失,因此要使债券出售价格低于票面价值,给债券持有人以补偿。债券发行价格计算如下:

$$P = 1\,000 \times 10\% \times PVIFA_{12\%,\,5} + F \times PVIF_{12\%,\,5}$$
$$= 100 \times 3.604\,8 + 1\,000 \times 0.567\,4$$
$$= 927.88(元)$$

这就是说,按市场现行利率 12%计算,该公司到期还本的现值和每年支付利息的现值合计为 927.88 元,所以债券发行价格应降为 927.88 元。

(3) 发行时市场利率为 8%

如果债券出售时,市场利率下降到 8%,此时再按债券票面利率 10%支付给债券持有人利息,债券发行公司就要受到损失,因此要使债券出售价格高于票面价值,给债券发行公司以补偿。债券发行价格计算如下:

$$P = 1\,000 \times 10\% \times PVIFA_{8\%,\,5} + F \times PVIF_{8\%,\,5}$$

$$=100\times3.9927+1000\times0.6806$$
$$=1079.87(元)$$

这就是说，按市场现行利率8%计算，该公司到期还本的现值和每年支付利息的现值合计为1 079.87元，所以债券发行价格应升为1 079.87元。

需要注意的是，以上计算是以债券每年支付利息为前提的，如果债券到期付息或单利计息，则计算结果将有所不同。

(五) 债券筹资的优缺点

1. 债券筹资的优点

(1) 资金成本较低。债券的利息通常比股票的股利低，而且债券的利息按规定是在税前支付，发行公司可以享受减税利益，因此公司实际负担的债券成本明显低于股票成本。

(2) 保证控制权。债券持有人无权参与公司的管理决策，因此公司发行债券不会像增发股票那样可能分散股东对公司的控制权。

(3) 可以发挥财务杠杆作用。债券利息率固定，不论企业盈利多少，债券持有人只收取固定的利息，而更多的利润可分配给股东，增加财富，或留归企业用以扩大经营。

2. 债券筹资的缺点

(1) 筹资风险较高。债券有固定的到期日，并需定期支付利息，利用债券筹资要承担还本付息的义务，在企业经营不景气时，向债券持有人还本付息会进一步加大企业的困难，甚至导致企业破产。

(2) 限制条件多。发行债券的契约中往往规定一些限制条款，这种限制比优先股及长期借款要严格得多，这可能会影响企业的正常发展和以后的筹资能力。

(3) 筹资数额有限。利用债券筹资在数量上有一定限度，当公司的负债超过一定程度后，债券筹资的成本会迅速上升，有时甚至难以发行。

三、融资租赁

(一) 融资租赁的含义和特点

1. 融资租赁的含义

租赁是指资产的所有者(出租人)授予另一方(承租人)使用资产的专用权并获取租金报酬的一种合约。目前租赁主要有经营租赁和融资租赁两种类型。

融资租赁是由租赁公司按照承租人的要求购买资产，并在契约或合同规定的较长期限内提供给承租人使用的信用性业务。承租人采用这种租赁方式的主要目的是融通资金，因此融资租赁是承租企业筹集长期债权性资金的一种特殊方式。

2. 融资租赁的特点

融资租赁的特点主要有：

(1) 一般由承租人向出租人提出正式申请，由出租人融通资金引进承租人所需资产，然后再租给承租人使用。

(2) 租期较长。融资租赁的租期一般为租赁资产使用寿命的一半以上。

(3) 租赁合同比较稳定。在融资租赁期限内,承租人必须连续支付租金,除非经双方同意,中途不得退租。这样既能保证承租人长期使用资产,又能保证出租人在基本租期内收回投资并获得一定收益。

(4) 租赁期满后,可选择以下办法处理租赁资产:将资产作价转让给承租人;由出租人收回;延长租期续租。

(5) 在租赁期内,出租人一般不提供维修和保养资产方面的服务。

(二) 融资租赁的形式

融资租赁按业务的不同特点,可以细分为如下三种具体形式:

1. 直接租赁

直接租赁是指承租人直接向出租人租入所需要的资产,并付出租金。直接租赁的出租人主要是制造厂商、租赁公司。除制造厂商外,其他出租人是从制造厂商处购买资产出租给承租人。

2. 售后回租

根据协议,企业将某项资产卖给出租人,再将其租回使用。采用这种租赁形式,出售资产的企业可以获得一笔相当于售价的资金,同时仍然可以使用资产。在此期间,该企业要支付租金,并失去资产的所有权。从事售后回租的出租人为租赁公司等金融机构。

3. 杠杆租赁

杠杆租赁要涉及承租人、出租人和资金出借者三方当事人。从承租人的角度看,这种租赁与其他租赁形式并没有区别,同样是按合同规定,在基本租赁期内定期支付定额租金,取得资产的使用权。但对出租人却不同,出租人只出购买资产所需的部分资金(如20%),作为自己的投资;另外以该资产作为担保向资金出借者借入其余资金(80%)。因此,他既是出租人又是借款人,同时拥有对资产的所有权,既收取租金又要偿付债务。如果出租人不能按期偿还借款,那么资产的所有权就要转归资金出借者。

(三) 融资租赁的程序

不同的租赁业务,具体程序会有所不同。下面以最典型的直接租赁业务为例,介绍其基本程序,如图 5-4 所示。具体程序可扫描右侧二维码获取。

融资租赁程序

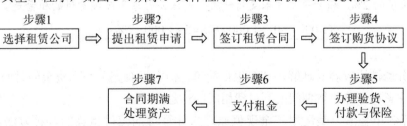

图 5-4 融资租赁的程序

(四) 融资租赁租金的确定

在融资租赁方式下,承租人必须按合同规定支付租金。租金的数额和支付方式会对承租人未来的财务状况产生直接影响,因此是租赁筹资的重要依据。

1. 租金的决定因素

在确定租金时,一般要考虑以下因素:

(1) 租赁资产的购置成本,包括资产的买价、运杂费和途中保险费等。

(2) 预计租赁资产的残值。

(3) 利息费用,指租赁公司为承租人购置资产进行融资而发生的利息费用。

(4) 租赁手续费,包括租赁公司承办租赁资产发生的营业费用以及一定的利润。

(5) 租赁期限。一般而言,租赁期限的长短不仅影响租金总额,而且也影响每期租金的数额。

(6) 租金的支付方式。租金的支付方式主要按以下标准分类:第一,按支付的间隔时间长短分为年付、半年付、季付和月付;第二,按在期初或期末支付,分为先付租金和后付租金;第三,按每次支付的数额是否相等,分为等额支付和不等额支付。在实际中租金支付方式大多为后付等额年金。一般而言,租金支付次数越多,每次支付的数额就越小。

2. 确定租金的方法

租金的计算方法很多,名称也不统一。目前国际上流行的租金计算方法主要有平均分摊法、等额年金法、附加利率法、浮动利率法等。我国融资租赁业务中,主要采用平均分摊法和等额年金法。

(1) 平均分摊法,是指先以商定的利息率和手续费率计算租赁期间的利息和手续费,然后连同资产成本按支付次数平均的方法。

在这种方法下,每次支付的租金应按下式进行计算:

$$R = \frac{(C-S) + I + F}{N}$$

式中,R 为每次支付的租金;C 为租赁资产的购置成本;S 为租赁资产的预计残值;I 为租赁期间的利息费用;F 为租赁期间的手续费;N 为租赁期间租金的支付次数。

【例 5-2】某公司 2019 年 1 月 1 日从租赁公司租入一套设备,价值 1 000 万元,租期 5 年,预计租赁期满时残值为 30 万元,归租赁公司所有。年利率为 9%,以单利计息;租赁手续费为设备价值的 2%,租金每年年末支付一次。则该公司每年应该支付的租金是多少?

$$R = \frac{(1\,000 - 30) + 1\,000 \times 9\% \times 5 + 1\,000 \times 2\%}{5} = 288(万元)$$

平均分摊法比较容易理解,计算也很简单,但它没有充分考虑资金的时间价值因素。同时需要注意在计算租赁期间的利息费用时的计息方式。

(2) 等额年金法,是运用年金现值原理来计算每期应付租金的一种方法。在这种方法中，通常将利率和手续费率综合加以考虑，确定一个租赁费率，作为计算年金的贴现率。如果租金为每期期末支付，则根据后付年金现值的计算公式，可以推导出每期租金的公式为

$$R = \frac{PV}{PVIFA_{i,n}}$$

式中，R 为每次支付的租金；PV 为等额租金的现值或租赁资产的购置成本；$PVIFA_{i,n}$ 为年金现值系数；i 为租赁费率；n 为租赁期间租金的支付次数。

【例5-3】某公司2019年1月1日从租赁公司租入一套设备，价值1 000万元，租期5年，预计租赁期满时残值为30万元，到期设备归承租公司所有。租赁费率(贴现率)为12%，租金每年年末等额支付一次。则该公司每年应该支付的租金为

$$R = \frac{PV}{PVIFA_{i,n}} = \frac{1\,000}{PVIFA_{12\%,5}} = \frac{1\,000}{3.604\,8} = 277.41(万元)$$

需要注意的是：如果上例中租赁是在期初支付，则需要按照预付年金计算各期租金。

(五) 融资租赁筹资的优缺点

1. 融资租赁筹资的优点

(1) 筹资速度快。因为租赁是筹资与资产购置同时进行，可以缩短资产购进、安装时间，尽快形成生产能力。

(2) 限制条件少，增加了筹资的灵活性。租赁筹资可以避免长期借款、债券筹资等所附加的限制性条款，从而为公司经营活动提供了更大的弹性空间。

(3) 设备淘汰风险小。科技的进步使得资产更新周期日益缩短，而多数租赁协议规定此种风险由出租人承担，承租人因此可以避免部分风险。

(4) 财务风险小。由于租金是在整个租期内分摊，不用到期归还大量资金，这样就会适当减少不能偿付的风险，降低了财务风险。

2. 融资租赁筹资的缺点

(1) 租赁成本较高。尽管租赁没有明显的利息成本，但出租人所获得的报酬隐含在租金当中。一般而言，许多租赁的租金(包括隐含报酬)要高于债券利息，其租金总额通常要高于资产价值30%左右。

(2) 丧失资产的残值。租赁期满，除非承租人购买资产，否则其残值一般归出租人所有，这也是承租人的一种机会损失。

(3) 难以改良资产。未经出租人同意，承租人不得擅自对租赁资产加以改良。

第四节 混合筹资

混合筹资，是指既具有某些股权性资金的特征又具有某些债权性资金的特征的资金筹集方式。混合筹资的常见方式有发行可转换债券、发行优先股和发行认股权证等。

一、可转换债券

(一) 可转换债券的概念

所谓可转换证券，是指可以转换为普通股股票的证券，主要包括可转换债券和可转换优先股。可转换债券和可转换优先股具有很多共同之处，而可转换债券的应用比较广泛，因此在此只介绍可转换债券。

可转换债券，又称可转换公司债券，是指发行人依照法定程序发行，在一定期间内依据约定的条件可以转换成股份的公司债券。

(二) 可转换债券的要素

可转换债券的要素是指构成可转换债券基本特征的必要因素，它们表明可转换债券与不可转换债券(普通债券)的区别。

1. 标的股票

可转换债券对股票的可转换性，实际上是一种股票期权或股票选择权，它的标的物就是可以转换成的股票。可转换债券的标的股票一般是其发行公司自己的股票，但也有其他公司的股票，如可转换债券发行公司的上市子公司的股票。

2. 转换价格

可转换债券发行之时，明确了以怎样的价格转换为普通股，这一规定的价格就是可转换债券的转换价格(也称转股价格)，即转换发生时投资者为取得普通股每股所支付的实际价格。按照我国《可转换公司债券管理暂行办法》的规定，上市公司发行可转换债券的，以发行可转换公司债券前1个月股票的平均价格为基准，上浮一定幅度作为转换价格；重点国有企业发行可转换公司债券的，以拟发行股票的价格为基准，折扣一定比例作为转换价格。

3. 转换比率

转换比率是债权人通过转换可获得的普通股股数。可转换债券的面值、转换价格和转换比率之间存在下列关系，即

$$转换比率 = \frac{债券面值}{转换价格}$$

4. 转换期

转换期是指可转换债券转换为股份的起始日至结束日的期间。可转换债券的转换期可

以与债券的期限相同,也可以短于债券的期限。例如,某种可转换债券规定只能从其发行一定时间之后(如发行若干年之后)才能行使转换权,这种转换期称为递延转换期,短于其债券期限。还有的可转换债券规定只能在一定时间内(如发行日后的若干年之内)行使转换权,超过这一段时间转换权失效,因此转换期也会短于债券的期限,这种转换期称为有限转换期。超过转换期后的可转换债券,不再具有转换权,自动成为不可转换债券(普通债券)。

5. 赎回条款

赎回条款是可转换债券发行企业可以在债券到期日之前提前赎回债券的规定。赎回条款包括下列内容:

(1) 不可赎回期。不可赎回期是可转换债券从发行时开始,不能被赎回的那段时间。例如,某债券的有关条款规定,该债券自发行日起 2 年之内不能由发行公司赎回,则债券发行日后的前 2 年就是不可赎回期。设立不可赎回期的目的,在于保护债券持有人的利益,防止发行企业滥用赎回权,强制债券持有人过早转换债券。不过,并不是每种可转换债券都设有不可赎回条款。

(2) 赎回期。赎回期是可转换债券的发行公司可以赎回债券的期间。赎回期安排在不可赎回期之后,不可赎回期结束之后,即进入可转换债券的赎回期。

(3) 赎回价格。赎回价格是事前规定的发行公司赎回债券的出价。赎回价格一般高于可转换债券的面值,两者之差为赎回溢价。赎回溢价随债券到期日的临近而减少。

(4) 赎回条件。赎回条件是对可转换债券发行公司赎回债券的情况要求,即需要在什么样的情况下才能赎回债券。赎回条件分为无条件赎回和有条件赎回。无条件赎回是在赎回期内发行公司可随时按照赎回价格赎回债券。有条件赎回是对赎回债券有一些条件限制,只有在满足了这些条件之后才能由发行公司赎回债券。

发行公司在赎回债券之前,要向债券持有人发出通知,要求他们在将债券转换为普通股与卖给发行公司(即由发行公司赎回)之间做出选择。一般而言,债券持有人会将债券转换为普通股。可见,设置赎回条款是为了促使债券持有人转换股份,因此又被称为加速条款;同时也能使发行公司避免市场利率下降后,继续向债券持有人支付较高的债券票面利率而蒙受损失;或限制债券持有人过分享受公司收益大幅度上升所带来的回报。

6. 回售条款

回售条款是在可转换债券发行公司的股票价格达到某种恶劣程度时,债券持有人有权按照约定的价格将可转换债券卖给发行公司的有关规定。回售条款具体包括回售时间、回售价格等内容。设置回售条款,是为了保护债券投资人的利益,使他们能够避免遭受过大的投资损失,从而降低投资风险。合理的回售条款,可以使投资者具有安全感,因而有利于吸引投资者。

7. 强制性转换条款

强制性转换条款是在某些条件具备之后,债券持有人必须将可转换债券转换为股票,无权要求偿还债券本金的规定。设置强制性转换条款,在于保护可转换债券顺利地转换成股票，实现发行公司扩大权益筹资的目的。

(三) 可转换债券筹资的优缺点

1. 可转换债券筹资的优点

(1) 筹资成本低。可转换债券给予债券持有人以优惠价格转换公司股票的机会，因此其利率低于同一条件下的不可转换债券的利率，降低了公司的筹资成本。此外，在可转换债券转换为普通股时，公司无须另外支付筹资费用，又节约了股票的筹资成本。

(2) 便于筹集资金。可转换债券一方面可以使投资者获得固定利息；另一方面又向其提供了进行债权投资或股权投资的选择权，因此对投资者具有较大的吸引力，有利于债券的发行，便于资金的筹集。

(3) 有利于稳定股票价格和减少对每股收益的稀释。由于可转换债券规定的转换价格一般高于其发行时的公司股票价格，因此在发行新股或配股时机不佳时，可以先发行可转换债券，然后通过转换实现较高价位的股权筹资。这样，一来不至于因为直接发行新股而进一步降低公司股票市价；二来因为可转换债券的转换期较长，即使在将来转换股票时，对公司股价的影响也较温和，从而有利于稳定公司股票。

可转换债券的转换价格高于其发行时的股票价格，转换成的股票数量会减少，相对而言就降低了因为增发股票对公司每股收益的稀释度。

(4) 可以减少筹资中的利益冲突。由于日后会有相当一部分投资者将其持有的可转换债券转换成普通股，发行可转换债券不会太多地增加公司的偿债压力，所以其他债权人对此的反对较小，受其他债务的限制性约束较少。同时，可转换债券持有人是公司的潜在股东，与公司之间有较大的利益趋同性，有利于减少冲突。

2. 可转换债券筹资的缺点

(1) 股价上扬的风险。虽然可转换债券的转换价格高于其发行时的股票价格，但如果转换时股票价格大幅度上扬，公司只能以较低的固定转换价格换出股票，便会降低公司股权筹资额。

(2) 财务风险。发行可转换债券后，如果公司业绩不佳，股价长期低迷，或虽然公司业绩尚可，但股价随大盘下跌，债券持有人没有如期转换，则会增加公司偿还债务的压力，加大公司的财务风险。特别是在签订有回售条款的情况下，公司短期内集中偿还债务的压力会更明显。

(3) 丧失低息优势。可转换债券转换成普通股后，其原有的低利息优势不复存在，公司将要承担较高的普通股成本，从而导致公司的综合资本成本上升。

二、优先股

(一) 优先股的特征

优先股是一种混合性证券，在某些方面类似于普通股，其他方面则类似于债券。其主要特征如下。

(1) 优先分配股利，且股利固定。优先股的股利分配在普通股之前，而且数额是固定的，这一点和债券类似；但其股利支付没有强制性，即使不支付股利，也不会造成违约，从而不会使公司面临破产。

(2) 优先分配剩余财产。在公司清算时，优先股股东的资产求偿权优先于普通股股东，但次于公司债权。

优先股试点管理办法

(二) 优先股的种类

1. 累积优先股与非累积优先股

累积优先股是指在任何营业年度内未支付的股利可以累积起来，由以后年度的盈利一起支付的优先股股票。当公司的营业状况不好，无力支付固定股利时，可将股利累积起来，当公司的营业状况好转时再补发这些股利。一般而言，一个公司只有把所欠的优先股股利全部支付以后，才能支付普通股股利。

非累积优先股是仅按当年利润分配股利而不予累积支付的优先股股票。显然非累积优先股不利于保护该类股票持有人的权益，因此累积优先股比非累积优先股具有更大的吸引力。

2. 参与优先股与非参与优先股

参与优先股是指优先股股东不仅能获取固定股利，而且还有权与普通股股东一同参加公司剩余利润的分配。其中，全部参与优先股股东有权与公司普通股股东等额分享公司剩余利润；部分参与优先股股东只能在规定限额内参与公司剩余利润的分配。

非参与优先股是指只能领取固定股利，不能参与公司剩余利润分配的优先股。

此外，优先股还可以采用其他的分类标准进行分类，如可转换优先股与不可转换优先股，可赎回优先股与不可赎回优先股，有表决权优先股与无表决权优先股。

其他优先股分类方式

(三) 优先股筹资的优缺点

1. 优先股筹资的优点

(1) 股利支付既固定又具有一定的灵活性。优先股股利的支付是固定的，但与债券不同的是，其股利支付具有一定的灵活性，在公司财务状况不佳时，可以暂时不支付股利，从而不会过分加大公司的财务压力。

(2) 可以保持普通股股东的控制权。因为大部分优先股股东没有投票权或者只有有限的投票权，因此发行优先股一般不会稀释原有普通股股东的控制权。

(3) 没有到期日，不用偿还本金。从本质上来说，优先股提供的资金是属于公司的"权益资金"，是不需要偿还的；对于可赎回优先股，公司可以根据需要赎回，使得使用这笔资金更具有弹性，有助于公司合理安排资金调度和资本结构。

(4) 属于自有资金,增强了公司的借债能力。发行优先股扩大了公司权益基础,可增强公司的信誉,提高公司的负债能力。

2. 优先股筹资的缺点

(1) 优先股的筹资成本较高。优先股股利是以税后利润支付的,因而不能获得税收上的好处,所以其成本一般高于债券的成本。

(2) 发行优先股的限制较多。发行优先股通常有许多限制条件,例如对普通股股利支付上的限制、对公司负债筹资的限制等。

(3) 优先股的股利支付可能使公司形成财务负担。虽然公司可以不支付优先股股利,但公司股东一般都希望能支付股利,因此,只要条件允许,公司都会尽量支付股利。当公司经营状况不好时,股利会成为公司一项较重的财务负担,有时还会加大公司的财务风险。

三、认股权证

(一) 认股权证的概念、特征与种类

1. 认股权证的概念

认股权证是由公司发行的一种凭证,它规定其持有者有权在规定期限内,以特定价格购买发行公司一定数量的股票。从本质上看,认股权证是以股票或其他某种类型证券为标的物的一种长期买进期权,期权的买方为投资者,卖方为发行公司。

2. 认股权证的特征

(1) 认股权证是给予持有者的一种期权,持有人既可以在将来实施这种权利,也可以不实施这种权利。

(2) 认股权证经常和公司的其他证券,通常是长期债券一起发行,以增加这些证券对投资者的吸引力。如当公司准备发行利率较低的长期债券时,往往伴随着认股权证的发行,目的是刺激投资者购买这些证券。

(3) 可分离性。一般情况下,认股权证同原有的债券或股票是可以分离的,即它发行以后可以与其他基础证券脱离,具有独立的价值,可以在证券市场上单独进行交易。

(4) 认股权证持有人一般不具有参与公司分配的权利,也没有对公司的控制权和投票权,对公司的资产和收入也没有要求权。

3. 认股权证的种类

(1) 按允许购买的期限长短分类,可将认股权证分为长期认股权证和短期认股权证。短期认股权证的认股期限一般在 90 天以内;长期认股权证的认股期限通常在 90 天以上,更有长达数年或永久。

(2) 按认股权证的发行方式分类,可将认股权证分为单独发行认股权证和附带发行认股权证。依附于债券、优先股、普通股或短期票据发行的认股权证,为附带发行认股权证。单独发行认股权证是指不依附于公司债券、优先股、普通股或短期票据而单独发行的认股

权证。

(3) 按认股权证认购数量的约定方式，可将认股权证分为备兑认股权证和配股权证。备兑认股权证是每份备兑证按一定比例含有几家公司若干股股票。配股权证是确认老股东配股权的证书，它按照股东持股比例定向派发，赋予其以优惠价格认购公司一定份数的新股。

(二) 认股权证筹资的优缺点

1. 认股权证筹资的优点

(1) 为公司筹集额外的资金。认股权证不论是单独发行还是附带发行，大多都为发行公司筹得一笔额外资金。

(2) 促进其他筹资方式的运用。单独发行的认股权证有利于将来发售股票，附带发行的认股权证可以促进其所依附证券的发行效率。而且由于认股权证具有价值，附认股权证的债券票面利率和优先股利率通常较低。

2. 认股权证筹资的缺点

(1) 稀释普通股收益。当认股权证执行时，提供给投资者的股票是新发行的股票，而并非二级市场的股票，这样当认股权证行使时，普通股股份增多，每股收益下降。

(2) 容易分散企业的控制权。由于认股权证通常伴随债券一起发售，以吸引投资者，当认股权证行使时，企业的股权结构会发生变化，稀释了原有股东的控制权。

思 考 题

1. 企业有哪些筹资渠道？可以采用哪些筹资方式筹集资金？
2. 权益资金的筹集主要有哪几种方式？负债资金的筹集主要有哪几种方式？
3. 企业筹资有哪几种主要分类方式？
4. 吸收投入资本筹资方式的优缺点是什么？
5. 什么是股票？其主要性质是什么？股票有哪几种分类方式？
6. 股票发行方式、销售方式和发行价格有哪几种？普通股筹资的优点及缺点是什么？
7. 长期借款有哪几种类型？长期借款筹资的优点及缺点是什么？
8. 什么是债券？债券有哪几种分类方式？债券发行价格如何确定？债券筹资的优缺点是什么？
9. 融资租赁有哪几种方式？融资租赁的租金的构成内容及其确定方式是什么？融资租赁筹资的优缺点是什么？
10. 可转换债券的要素包括哪些？可转换债券筹资的优点及缺点是什么？
11. 何谓优先股？优先股有哪些分类方式？优先股筹资的优点及缺点是什么？
12. 认股权证的特点是什么？认股权证有哪些分类方式？认股权证筹资的优点及缺点是什么？

案例讨论

东方汽车制造公司是一个多种经济成分并存、具有法人资格的大型企业集团。公司现有58个生产厂家，还有物资、销售、进出口、汽车配件4个专业公司，1个轻型汽车研究所和1所汽车工业学院。公司现在急需1亿元的资金用于"七五"技术改造项目。为此，总经理赵广文于1988年2月10日召开由生产副总经理张伟、财务副总经理王超、销售副总经理李立、某信托投资公司金融专家周明、某研究中心经济学家吴教授、某大学财务学者郑教授组成的专家研讨会，讨论该公司筹资问题。下面是他们的发言和有关资料。

总经理赵广文首先发言，他说："公司'七五'技术改造项目经专家、学者的反复论证已被国务院于1987年正式批准。这个项目的投资额预计为4亿元，生产能力为4万辆。项目改造完成后，公司的两个系列产品的各项性能可达到国际20世纪80年代的先进水平。现在项目正在积极实施中，但目前资金不足，准备在1988年7月筹措1亿元资金，请大家讨论如何筹措这笔资金。"

生产副总经理张伟说："目前筹集的1亿元资金，主要是用于投资少、效益高的技术改造项目。这些项目在2年内均能完成建设并正式投产，到时将大大提高公司的生产能力和产品质量，估计这笔资金在投产后3年内可完全收回。所以应发5年期的债券筹集资金。"

财务副总经理王超提出了不同意见，他说："目前公司全部资金总额为10亿元，其中自有资金为4亿元，借入资金为6亿元，自有资金比率为40%，负债比率为60%，这种负债比率在我国处于中等水平，与世界发达国家如美国、英国等相比，负债比率已经比较高了。如果再利用债券筹集1亿元资金，负债比率将达到64%，显然负债比率过高，财务风险太大。所以不能利用债券筹资，只能靠发行普通股股票或优先股股票筹集资金。"

但金融专家周明却认为："目前我国金融市场还不完善，一级市场刚刚建立，二级市场尚在萌芽阶段，投资者对股票的认识尚有一个过程。因此，在目前条件下要发行1亿元普通股股票十分困难。发行优先股还可以考虑，但根据目前的利率水平和市场状况，发行时年股息率不能低于16.5%，否则无法发行。如果发行债券，因要定期付息还本，投资者的风险较小，估计以12%的年利息率便可顺利发行债券。"

来自某研究中心的吴教授认为："目前我国经济正处于繁荣时期，但党和政府已发现经济'过热'所造成的一系列弊端，正准备采取措施治理经济环境、整顿经济秩序。到时汽车行业可能会受到冲击，销售量可能会下降。在进行筹资和投资时应考虑这一因素，否则盲目上马，后果将是十分严重的。"

公司的销售副总经理李立认为："治理整顿不会影响公司的销售量。这是因为公司生产的轻型货车和旅行车，几年来销售情况一直很好，畅销全国29个省、市、自治区，市场上长时间供不应求。1986年全国汽车滞销，但公司的销售状况仍创历史最高水平，居全国领先地位。在近几年全国汽车行业质量评比中，轻型客车连续夺魁，轻型货车两年获第一名、一年获第二名。治理整顿可能会引起汽车滞销，但这只可能限于质次价高的非名牌产品，公司的几种名牌汽车仍会畅销不衰。"

财务副总经理王超补充说："公司属于股份制试点企业，执行特殊政策，所得税税率为35%，税后资金利润率为15%，准备上马的这项技术改造项目，由于采用了先进设备，投产后预计税后资金利润率将达到18%左右。所以这一技术改造项目仍应付诸实施。"

来自某大学的财务学者郑教授听了大家的发言后指出："以16.5%的股息率发行优先股不可行，因为发行优先股所花费的筹资费用较多，把筹资费用加上以后，预计利用优先股筹集资金的资金成本将达到19%，这已高出公司税后资金利润率，所以不可行。但若发行债券，由于利息可在税前支付，实际成本在9%左右。这时不宜发行较长时期的具有固定负担的债券或优先股股票，因为这样做会长期负担较高的利息或股息。所以应首先向银行筹措1亿元的技术改造贷款，期限为1年，1年以后再以较低的股息率发行优先股股票来替换技术改造贷款。"

财务副总经理王超听了郑教授的分析后，也认为按16.5%发行优先股，的确会给公司造成沉重的财务负担，但他不同意郑教授后面的建议。他认为，在目前条件下向银行筹措1亿元技术改造贷款几乎不可能；另外，通货膨胀在近1年内不会消除，要想消除通货膨胀，利息率有所下降，至少需要2年时间。金融专家周明也同意王超的看法，他认为1年后利息率可能还要上升，2年后利息率才会保持稳定或略有下降。

(资料来源：王化成. 财务管理教学案例[M]. 北京：中国人民大学出版社，2001.)

讨论题目：

1. 你认为总经理最后应该选择何种筹资方式？
2. 本案例对你有哪些启示？

第六章

筹 资 决 策

学习目标

通过本章的学习要求学生：
- 掌握资金需要量预测的方法(销售百分比法、资金习性法)
- 了解资本成本、杠杆原理、资本结构等基本概念
- 掌握个别资本成本、综合资本成本的计算
- 掌握经营杠杆系数、财务杠杆系数的计算
- 掌握资本结构确定的方法
- 结合实际，分析确定企业资本结构的选择

第一节 资金需求量预测

企业在筹资之前，应当采用一定的方法预测资金需求量，只有这样，才能使筹集的资金既能保证满足生产经营的需要，又不会有太多的闲置。企业资金需求量预测的方法有销售百分比法、资金习性预测法等。

一、销售百分比法

(一) 销售百分比法的基本原理

销售百分比法是根据销售收入与利润表和资产负债表项目之间的比率关系来预测资金需要量的一种方法。

资产负债表和利润表项目，根据其与销售收入的关系可以分为敏感项目和非敏感项目。所谓敏感项目，是指在短期内与销售收入的比例关系基本保持不变的项目；非敏感项目是

指在短期内不随销售收入的变动而变动的项目。通常，在短期内与企业的主要经营业务规模密切相关的项目往往是敏感项目，而短期内与主要经营业务规模没有直接关联的项目往往是非敏感项目。利润表中，敏感项目一般包括销售成本、销售税金及附加、营业费用和管理费用，所得税是以利润总额为基础进行计算得出的，主营业务利润、营业利润、利润总额和净利润这几个项目依据其他项目计算得出，其余为非敏感项目。资产中敏感项目一般包括货币资金、应收票据、应收账款、预付账款和存货，一些合计项目依据其他项目计算得来，其余项目为非敏感项目。应注意，某些非敏感资产在短期内虽然不随销售收入规模的变动而成比例变动，但会出现阶梯式跳跃。例如，当销售收入规模在一定范围内时，固定资产规模保持不变，但是当销售收入规模超过此范围时，就要考虑扩充固定资产规模，这种情况应单独考虑，即固定资产不再是典型的敏感项目或非敏感项目。负债中敏感项目一般包括应付票据、应付账款、预收账款、应交税金等，一些合计项目依据其他项目计算得来，其余为非敏感项目。所有者权益项目中，实收资本和资本公积一般是非敏感项目，盈余公积和未分配利润合称为留存收益，其每年增加额等于净利润乘以利润留存比例。

需要注意的是，敏感项目和非敏感项目的划分并不是绝对的，不同的企业，要根据各自企业的具体情况区分敏感项目和非敏感项目。

(二) 销售百分比法的基本步骤

采用销售百分比法进行资金需要量预测的基本步骤如下。

1. 预计利润表

预计利润表可用来预测留存收益，并为预计资产负债表、预测外部资金需要量提供依据。有关人员在了解基期利润表各项目与销售收入之间的关系的基础上，需要取得预测年度销售收入的预计数，并编制预测年度的预计利润表。

【例 6-1】某公司预计 2019 年度公司的销售收入可以达到 6 000 万元，根据 2018 年利润表中各项目的销售百分比关系，计算并编制 2019 年度的预计利润表，如表 6-1 所示。

表 6-1 2019 年度公司预计利润表

项　　目	2018 年度金额/万元	销售百分比/%	2019 年度预计金额/万元
销售收入	5 000	100	6 000
减：销售成本	2 700	54	3 240
销售费用	30	0.6	36
销售税金及附加	300	6	360
销售利润	1 970	39.4	2 364
减：管理费用	700	14	840
财务费用	50	1	60
利润总额	1 220	24.4	1 464
减：所得税	305	6.1	366
净利润	915	18.3	1 098

2. 预计留存收益

留存收益是公司内部的资金来源,它可以满足或部分满足公司的资金需要。只要公司有盈利并且不是全部支付股利,则留存收益会使股东权益自动增长。

【例 6-2】 接上例,假设该公司实施 70% 的固定股利支付率政策,则留存收益的增加额是多少?

$$留存收益的增加额 = 1\ 098 \times (1-70\%) = 329.4(万元)$$

3. 预计资产负债表

预计资产负债表的步骤如下:

(1) 收集基期资产负债表数据,确定敏感项目与非敏感项目,并计算敏感项目的销售百分比。

(2) 根据预测年度的预计销售收入资料,确定资产负债表项目的数额。

(3) 根据计算的留存收益数额,确定预计资产负债表中留存收益项目的数额。

【例 6-3】 2019 年度公司预计资产负债表,如表 6-2 所示。

表 6-2 2019 年度公司预计资产负债表

项 目	2018 年度金额/万元	销售百分比/%	2019 年度预计金额/万元
资产	—	—	—
货币资金	100	2	120
应收账款	1 000	20	1 200
存货	1 200	24	1 440
预付账款	250	5	300
长期投资	170	n	170
固定资产净值	1 700	n	1 700
资产总额	4 420	—	4 930
负债及所有者权益	—	—	—
短期借款	200	n	200
应付账款	550	11	660
应付费用	150	3	180
长期借款	1 400	n	1 400
负债合计	2 300	—	2 440
股本	1 800	n	1 800
留存收益	320	n	649.4
所有者权益合计	2 120	—	2 449.4
负债及所有者权益总额	4 420	—	4 889.4

4. 确定外部融资需求量

根据预计资产负债表的数据，可计算外部融资的需求量，即通过预计的资产总额，扣除预计的负债和所有者权益总额求得。

【例6-4】 接上例，计算该公司的外部融资需求量。

$$外部筹资需求量 = 预计资产总额 - 预计负债总额 - 预计所有者权益总额$$
$$= 4\,930 - 2\,440 - 2\,449.4$$
$$= 40.6(万元)$$

(三) 销售百分比法的简易方法

上述是按照资产、负债、所有者权益的总额进行计算的，而简易算法是按照资产、负债、所有者权益的增加额进行计算，即

$$\begin{aligned}外部融资需求量 &= 预计资产增加额 - 预计负债增加额 - 预计所有者权益增加额 \\ &= 资产增加额 - 负债自然增加额 - 留存收益增加额 \\ &= 敏感资产销售百分比 \times 新增销售额 - \\ &\quad 敏感负债销售百分比 \times 新增销售额 - \\ &\quad 计划销售净利率 \times 预计销售额 \times (1-股利支付率)\end{aligned}$$

【例6-5】 依然以[例6-1]中的资料为例，计算外部融资需求量。

$$新增销售额 = 6\,000 - 5\,000 = 1\,000(万元)$$
$$销售净利率 = 915 \div 5\,000 = 18.3\%$$
$$敏感资产销售百分比 = 2\% + 20\% + 24\% + 5\% = 51\%$$
$$敏感负债销售百分比 = 11\% + 3\% = 14\%$$
$$外部融资需求量 = 1\,000 \times 51\% - 1\,000 \times 14\% - 6\,000 \times 18.3\% \times (1-70\%) = 40.6(万元)$$

二、资金习性预测法

资金习性预测法是指根据资金习性预测未来资金需要量的方法。所谓资金习性，是指资金的变动与产销量(或业务量)变动之间的依存关系。按照资金习性，可以把资金分为不变资金、可变资金和混合资金。

不变资金，是指在一定的产销量范围内，不受产销量变动的影响而保持固定不变的那部分资金。也就是说，产销量在一定范围内变动，这部分资金保持不变。这部分资金包括：为维持营业而占用的最低数额的现金，原材料的保险储备，必要的成品储备，以及厂房、机器设备等固定资产占用的资金。

可变资金，是指随产销量的变动而同比例变动的那部分资金。它一般包括直接构成产品实体的原材料、外购件等占用的资金。

混合资金，是指虽然受产销量变化的影响，但不呈同比例变动的资金，如一些辅助材料所占用的资金。混合资金可采用一定的方法划分为不变资金和可变资金两部分。

资金习性预测法有两种形式：一种是根据资金占用总额同产销量之间的关系来预测资金需要量；另一种是采用先分项后汇总的方式预测资金需要量。

设产销量为自变量 x，资金占用量为因变量 y，它们之间的关系表达式为

$$y=a+bx$$

式中，a 为不变资金；b 为单位产销量所需变动资金。

(一) 高低点法

资金预测的高低点法是指根据企业一定期间资金占用的历史资料，按照资金习性原理和 $y=a+bx$ 直线方程式，选用最高收入期和最低收入期的资金占用量之差，同这两个收入期的销售额之差进行对比，先求 b 的值，然后代入原直线方程式，求出 a 的值，从而估计推测资金发展趋势。其计算公式为

$$b = \frac{y_{高} - y_{低}}{x_{高} - x_{低}}$$

$$a = y_{高} - bx_{高} \text{ 或 } a = y_{低} - bx_{低}$$

【例6-6】某企业历史上现金占用与销售收入之间的关系如表6-3所示。

表6-3 现金与销售收入变化资料

单位：万元

年　　度	销售收入(x)	现金占用(y)
2014	2 000	11
2015	2 400	13
2016	2 600	14
2017	2 800	15
2018	3 000	16

要求：如果2019年预计销售收入为2 900万元，试采用高低点法预测2019年所需现金数额。

根据资料可知，对应的高点、低点数据为(3 000，16)、(2 000，11)，则

$$b = \frac{16-11}{3\,000-2\,000} = 0.005$$

$$a = 16 - 0.005 \times 3\,000 = 1$$

或

$$a = 11 - 0.005 \times 2\,000 = 1$$

在预计销售收入为2 900万元时，所需资金为

$$y = 1 + 0.005 \times 2\,900 = 15.5(万元)$$

高低点法简单易懂，在企业资金变动趋势比较稳定的情况下，较为适宜。

(二) 回归直线法

回归直线法是根据若干期业务量和资金占用的历史资料，运用最小平方法原理计算不变资金和单位销售额变动资金的一种资金习性分析方法。

回归直线法计算公式的推导过程如下。

首先，将混合成本的基本公式 $y=a+bx$ 以合计数($\sum$)的形式表述得到

$$\sum y = na + b\sum x \tag{6-1}$$

将式(6-1)中的每一项分别乘以 x 得

$$\sum xy = a\sum x + b\sum x^2 \tag{6-2}$$

由式(6-1)求得

$$a = \frac{\sum y - b\sum x}{n} \tag{6-3}$$

再将式(6-3)代入式(6-2)得

$$b = \frac{n\sum xy - \sum x\sum y}{n\sum x^2 - (\sum x)^2} \tag{6-4}$$

再将式(6-4)代入式(6-1)后得

$$a = \frac{\sum x^2 \sum y - \sum x \sum xy}{n\sum x^2 - (\sum x)^2} \tag{6-5}$$

【例 6-7】根据[例 6-6]的资料，采用回归直线法预测资金需要量，如表 6-4 所示。

表 6-4 各年度现金占用与销售收入的资料

年 度	销售收入(x)	现金占用(y)	xy	x^2
2014	2 000	11	22 000	4 000 000
2015	2 400	13	31 200	5 760 000
2016	2 600	14	36 400	6 760 000
2017	2 800	15	42 000	7 840 000
2018	3 000	16	48 000	9 000 000
合计 $n=5$	12 800	69	179 600	33 360 000

$$b = \frac{5 \times 179\,600 - 12\,800 \times 69}{5 \times 33\,360\,000 - 128\,00^2} = \frac{14\,800}{2\,960\,000} = 0.005$$

代入式(6-3)或(6-5)得

$$a = \frac{69 - 0.005 \times 12\,800}{5} = 1$$

所以，资金方程为

$$y = 1 + 0.005x$$

当预计的销售收入为 2 900 万元时,预计资金量为

$$y=1+0.005\times 2\,900=15.5(万元)$$

从理论上讲,回归直线法是一种计算结果最为精确的方法,但这种方法的计算过程比较复杂。

第二节 资本成本

一、资本成本的概念

(一) 资本成本的含义

从广义上讲,公司筹集和使用任何短期资本和长期资本都要付出代价,即存在资本成本。但由于资本主要用于公司的长期投资决策和筹资决策,因此资本成本研究的重点是筹集和使用长期资本的成本。

所谓资本成本,是指企业为筹集和使用资金而付出的代价,也称为资金成本,包括筹资费用和使用费用两部分。

筹资费用是指企业在筹措资金过程中为获取资金而支付的费用,如发行股票或债券的印刷费用、宣传广告费用、律师费用、发行手续费用和银行借款手续费用等。筹资费用通常是在筹措资本时一次性支付,在资本的使用过程中不再发生,因此可以视为对筹资数额的一项扣除。

使用费用是公司占用资本所支付的费用,如向股东支付的股利、向债权人支付的利息等,使用费用是多次支付的,是资本成本的主要内容。

资本成本可以用绝对数表示,也可以用相对数表示。在财务管理中一般是用相对数来表示的,即表示为使用费用与实际筹资数额的比率。其通用的计算公式为

$$资本成本=\frac{每年的使用费用}{筹资数额-筹资费用}$$

(二) 资本成本的种类

资本成本有三种主要的表现形式,即个别资本成本、加权资本成本和边际资本成本。

1. 个别资本成本

个别资本成本是指公司所筹集的各种长期资本的成本。不同的资本形式具有不同的个别资本成本,公司长期资本由权益资本和债务资本两部分构成,其成本分别为权益资本成本和债务资本成本。

2. 加权资本成本

加权资本成本即所有资本的成本，它根据各种资本的个别资本成本以个别资本占全部资本的比重为权数进行加权平均计算，也称为综合资本成本。公司通过各种筹资渠道、采用多种方式进行筹资，个别资本成本反映的就是每一种资本形式的成本；而对于公司整体的资本成本水平，就需要通过计算公司各种不同资本的加权资本成本来加以反映。

3. 边际资本成本

边际资本成本是指资本每增加一个单位而增加的成本。个别资本成本和加权资本成本是公司过去筹集或目前正在使用的资本的成本。随着时间的推移或筹资条件发生变化，尤其是随着筹资规模的变化，个别资本成本和加权资本成本都要发生变化。因此，公司在未来追加筹资时，还需要考虑新筹集资本的成本，这就需要计算边际资本成本。

二、资本成本的作用

资本成本是企业财务管理的重要概念，它的作用主要表现在如下几个方面。

1. 资本成本是企业筹资决策的主要依据

资本成本的高低是决定筹资活动的首要因素，因为不同的资金来源和筹资方式下，资本成本各不相同，为了提高筹资效果，就必须分析各种筹资方式下资本成本的高低，并进行合理配置，使企业的资本成本最低。

(1) 个别资本成本是比较各种筹资方式优劣的一个尺度。企业筹集长期资金一般有多种方式可供选择，如长期借款、发行债券、发行股票等。这些长期筹资方式的个别成本是不一样的，资本成本的高低可以作为比较各种筹资方式优劣的一个依据。

(2) 加权资本成本是企业进行资本结构决策的基本依据。企业的全部长期资本通常是采用多种筹资方式组合构成的，这种长期筹资组合往往有多个方案可供选择。加权资本成本的高低就是比较各个筹资组合方案，做出资本结构决策的基本依据。

(3) 边际资本成本是比较选择追加筹资方案的重要依据。企业为了扩大生产经营规模，增加经营所需资金或增加对外投资，往往需要追加筹集资本。在这种情况下，边际资本成本是比较选择各个追加筹资方案的重要依据。

2. 资本成本是评价投资项目、比较投资方案的重要标准

一个投资项目只有投资报酬率高于资本成本时，该项投资才是有利可图的。因此，可以将资本成本视为最低报酬率，作为分析投资项目可行性、选择投资项目的取舍标准。

(1) 在采用净现值指标进行投资决策时，常以资本成本为贴现率。当净现值大于等于零时，投资项目可行；当净现值小于零时，投资项目不可行。因此，采用净现值指标评价投资项目时，离不开资本成本。

(2) 采用内部收益率指标进行投资决策时，一般以资本成本作为基准率，即只有当投资项目的内部收益率高于资本成本时，投资项目才可行，反之，投资项目不可行。因此，通常将资本成本作为是否采用投资项目的取舍率，是比较、选择投资方案的主要标准。

3. 资本成本是衡量企业经营业绩、制订激励报酬计划的基准

如果企业经营的利润高于资本成本，就应当认为经营得好，对相关人员给予适当激励；反之，应当认为经营不善，必须加以改进，并对责任人进行一定惩罚。

三、个别资本成本

(一) 债务成本

1. 长期借款的资本成本

长期借款的资本成本包括借款利息、借款手续费。由于借款利息允许从税前利润中扣除，从而具有抵减企业所得税的作用，因此在计算长期借款资本成本时，长期借款每期的用资费用应是考虑抵税因素后的利息。长期借款资本成本的计算公式为

$$长期借款资本成本 = \frac{借款利息 \times (1-所得税率)}{借款金额 \times (1-筹资费率)}$$

即

$$K_l = \frac{I \times (1-T)}{L \times (1-F_l)} = \frac{R_l \times (1-T)}{1-F_l}$$

式中，K_l 为长期借款的资本成本；L 为长期借款本金；R_l 为长期借款的利率；I 为长期借款利息；F_l 为长期借款的手续费率；T 为所得税率。

【例 6-8】某企业取得长期借款 200 万元，年利率为 6%，期限 3 年，每年付息一次，到期一次还本，借款手续费率为 0.5%，所得税率为 25%，则该项长期借款的资本成本为多少？

$$K_l = \frac{200 \times 6\% \times (1-25\%)}{200 \times (1-0.5\%)} = 4.52\%$$

或

$$K_l = \frac{6\% \times (1-25\%)}{1-0.5\%} = 4.52\%$$

由于长期借款的筹资费用主要是借款手续费，一般数额很小，可以忽略不计。这时，长期借款的成本可按下式计算，即

$$K_l = R_l(1-T)$$

2. 债券的资本成本

长期债券与长期借款都属于债权性资金，其资金成本的计算非常相似，但需要注意以下几点：首先，债券的筹资费用包括律师费等申请过程中发生的费用，印刷费等制作过程中发生的费用，以及证券公司手续费等销售过程中发生的费用。这些费用一般比较高，因而不能忽略不计。其次，债券的发行价格有溢价、平价、折价之分，因而筹资额不一定是债券面值。

长期债券资本成本的计算公式为

$$债券资本成本 = \frac{债券利息 \times (1-所得税率)}{债券筹资额 \times (1-筹资费率)}$$

即
$$K_b = \frac{I_b \times (1-T)}{B \times (1-F_b)}$$

式中，K_b 为债券的资本成本；B 为债券发行价格；I_b 为债券利息；F_b 为债券的筹资费率；T 为所得税率。

【例6-9】某公司发行面值为1 000元，期限为4年，票面利率为10%的债券10 000张，每年付息到期还本，债券筹资费率为发行价格的3%，公司所得税税率为25%。试分别计算发行价格为1 000元、1 100元和920元时债券的资本成本为多少？

(1) 当债券发行价格为1 000元时

$$K_b = \frac{1\,000 \times 10\% \times (1-25\%)}{1\,000 \times (1-3\%)} = \frac{75}{970} = 7.73\%$$

(2) 当债券发行价格为1 100元时

$$K_b = \frac{1\,000 \times 10\% \times (1-25\%)}{1\,100 \times (1-3\%)} = \frac{75}{1\,067} = 7.03\%$$

(3) 当债券发行价格为920元时

$$K_b = \frac{1\,000 \times 10\% \times (1-25\%)}{920 \times (1-3\%)} = \frac{75}{892.4} = 8.40\%$$

(二) 权益资本的成本

1. 优先股的资本成本

优先股每期的股利通常是固定的，这与债权性资金类似。但是优先股股利是从税后利润中支付，不具有抵税作用，这与债权性资金不同。因此，优先股的资本成本计算公式为

$$优先股资本成本 = \frac{优先股每年股利}{优先股筹资数额 \times (1-筹资费率)}$$

即
$$K_p = \frac{D_p}{P \times (1-F_p)}$$

式中，K_p 为优先股的资本成本；P 为优先股的发行价格；D_p 为优先股的各年股利；F_p 为优先股的筹资费率。

【例6-10】某公司发行一批优先股，每股发行价格为10元，筹资费率为4%，每年股利为每股1.2元。试计算优先股的资本成本为多少？

$$K_p = \frac{1.2}{10 \times (1-4\%)} = \frac{1.2}{9.6} = 12.5\%$$

2. 普通股的资本成本

普通股与优先股同属股权性资金，股利都不能抵税。但与优先股不同的是，普通股各年的股利不一定相等。

普通股资本成本的计算思路通常有如下三种：

1) 股利折现模型

运用股利折现模型计算普通股资本成本，因具体的股利政策而有所不同，其中比较典型的是固定股利政策和固定增长股利政策。

(1) 固定股利政策下的股利折现模型。如果公司采用固定股利政策，那么公司每年派发的股利相等，此时普通股与优先股类似，股利相当于永续年金。这种情况下，普通股资本成本的计算公式与优先股一样，即

$$普通股资本成本 = \frac{普通股每年股利}{普通股筹资数额 \times (1-筹资费率)}$$

即

$$K_s = \frac{D}{P \times (1-F_s)}$$

式中，K_s 为普通股的资本成本；P 为普通股发行价格；D 为普通股的各年股利；F_s 为普通股的筹资费率。

(2) 固定增长股利政策下的股利折现模型。如果公司采用固定增长股利政策，即每年股利与上年相比的增长率相等，此时普通股资本成本的计算公式为

$$普通股资本成本 = \frac{普通股第一年股利}{普通股筹资数额 \times (1-筹资费率)} + 股利增长率$$

即

$$K_s = \frac{D_1}{p \times (1-F_s)} + g$$

式中，D_1 为普通股第一年股利；g 为股利增长率。

【例 6-11】某公司发行一批普通股，每股售价 16 元，筹资费率为 6%。公司有两套股利支付方案：一是每年派发相等的现金股利，每股 1.5 元；二是第一年派发每股 0.6 元的现金股利，以后每年增长 5%。试计算两种股利政策下普通股的资本成本为多少？

① 每年派发相等股利时

$$K_s = \frac{1.5}{16 \times (1-6\%)} = 9.97\%$$

② 股利固定增长时

$$K_s = \frac{0.6}{16 \times (1-6\%)} + 5\% = 8.99\%$$

2) 资本资产定价模型

由于筹资者的资本成本实际上就是投资者的投资收益率，因此可以借用计算投资收益率的资本资产定价模型来计算筹资的资本成本。其计算公式为

$$K_c = R_f + \beta(R_m - R_f)$$

式中，R_f 为无风险报酬率；β 为股本的 β 系数；R_m 为市场平均收益率。

【例 6-12】某公司发行的普通股的 β 系数为 1.5，市场平均收益率为 10%，无风险收益

率为 4%。试计算公司普通股的资本成本是多少？

$$K_c = 4\% + 1.5 \times (10\% - 4\%) = 13\%$$

3) 债券投资报酬率加股票投资额外风险报酬率

一般而言，普通股投资的风险高于债券投资，因此普通股投资的必要报酬率通常高于债券的必要报酬率。于是，普通股投资必要报酬率可以在债券投资必要报酬率的基础上加上普通股投资高于债券投资的额外风险报酬率。相应地，普通股资本成本就等于债券资本成本加上普通股额外风险报酬率。

$$K_c = R_b + R_p$$

式中，R_b 为债券资本成本；R_p 为股票超过债券的额外风险报酬率。

【例 6-13】某公司发行普通股一批，该公司已发行的债券的资本成本为 8%。经分析，该股票高于债券的额外风险报酬率为 4%。试计算公司普通股的资本成本是多少？

$$K_c = 8\% + 4\% = 12\%$$

3. 留存收益的资本成本

留存收益是由企业税后利润形成的，包括盈余公积和未分配利润，它们与优先股、普通股一样属于股权性资金。从表面上看，留存收益并不需要公司花费专门的代价，但是实际上，留存收益从最终归属上看是属于普通股股东，可以理解为普通股股东对企业的再投资。因此，普通股股东要求留存收益应该与普通股具有相同的报酬率。于是，留存收益的资本成本与普通股资本成本的计算相同，唯一的区别在于留存收益没有筹资费用。

【例 6-14】某公司留存收益额总数为 1 500 万元，该公司股票的每股市场价格为 12 元，刚刚支付的每股股利为 0.6 元，已知该公司股利的增长率为 4%。试计算公司留存收益的资本成本是多少？

$$K_e = \frac{0.6 \times (1 + 4\%)}{12} + 4\% = 9.2\%$$

四、综合资本成本

企业通过不同的方式从不同的来源取得资金，其成本各不相同。要进行正确的筹资和投资决策，不仅需要计算个别资本成本，还需要计算确定全部资本的综合资本成本。综合资本成本又称加权资本成本，它是以各种长期资金所占比重为权数，对个别资本成本进行加权平均计算得来的。其计算公式为

$$K_w = \sum_{j=1}^{n} K_j W_j$$

式中，K_w 为加权平均资本成本；K_j 为第 j 种个别资本成本；W_j 为第 j 种个别资本占全部资本的比重。

由综合资本成本的计算公式可以知道，综合资本成本由两个因素决定：一是各种长期

资金的个别资本成本;二是各种长期资金所占比重,即权数。各种长期资金权数的确定,需要选择一定的价值基础。常见的价值基础有如下三种:

(1) 账面价值基础。账面价值基础是指根据各种长期资金的账面金额来确定各自所占的比例。这种基础的优点是数据可以从会计资料中直接取得。其缺点是账面价值反映的是过去的情况,当资金的市场价值脱离账面价值较多时,选择账面价值作为基础会影响各种资金比例的客观性,进而影响综合资本成本的合理性。

(2) 市场价值基础。市场价值基础是指股票、债券等有市场价格的资金根据其市场价格确定所占比重。这种基础的优点是真实客观。其不足之处是证券市场价格经常波动,不易确定;另外,市场价值基础反映的现在的情况,未必适用于未来的筹资来源。

(3) 目标价值基础。目标价值基础是指股票、债券等根据预计的未来目标市场价值确定所占比重,这种基础体现了期望的目标资本结构的要求,能适用于筹措新资的需要,弥补了账面价值基础和市场价值基础的不足。但是,资金的目标价值很难客观地选定。

【例 6-15】某公司各种长期资金的账面价值、市场价值和目标价值,以及个别资本成本的资料如表 6-5 所示。分别按账面价值基础、市场价值基础和目标价值基础计算该公司的综合资本成本。

表 6-5 公司价值与个别资本成本

单位:万元

资金种类	个别资本成本	账面价值	市场价值	目标价值
长期借款	5.4%	800	800	1 000
长期债券	6.8%	1 400	1 800	2 000
优先股	10%	600	800	1 000
普通股	13%	2 000	4 000	5 000
留存收益	12%	1 200	2 400	3 000
合计	—	6 000	9 800	12 000

注:留存收益市场价值与账面价值之比等于普通股市场价值与账面价值之比。

不同权重基础下的综合资本成本计算如表 6-6 所示。

表 6-6 不同权重基础下的综合资本成本计算

资金种类	个别资本成本	账面价值		市场价值		目标价值	
		权重	资本成本	权重	资本成本	权重	资本成本
长期借款	5.4%	13.3%	0.718 2%	8.2%	0.442 8%	8.3%	0.448 2%
长期债券	6.8%	23.3%	1.584 4%	18.4%	1.251 2%	16.7%	1.135 6%
优先股	10%	10%	1%	8.2%	0.82%	8.3%	0.83%
普通股	13%	33.4%	4.342%	40.8%	5.304%	41.7%	5.421%
留存收益	12%	20%	2.4%	24.4%	2.928%	25%	3%
合计	—	100%	10.044 6%	100%	10.746%	100%	10.834 8%

五、边际资本成本

边际资本成本是指企业追加筹资的资金成本。一般来说,企业不可能以某一固定的资金成本来筹措无限的资金,当筹集的资金超过一定限度时,资本成本将会有所变化。因此,企业在未来追加筹资时,应当更多地关注新筹措资金的成本,即边际资本成本。

当企业的追加筹资只采取某一种筹资方式时,边际资本成本的确定与个别资本成本的确定方法相同。

在筹资数额较大或目标资本结构既定的情况下,追加筹资往往需要通过多种筹资方式的组合来实现。这时的边际资本成本是新筹措的各种资金的加权资本成本,各种资本的权数应以目标资本结构来确定。

下面通过一个例题来说明边际资本成本确定的基本步骤。

【例6-16】某公司现有资本1亿元,其资本结构为:长期借款占20%,公司债券占30%,普通股占50%。公司为扩大经营规模,拟追加筹资5 000万元。边际资本成本的确定步骤如下:

第一步,确定拟追加筹资的资本结构。一般情况下,企业应根据现有资本结构与目标资本结构之间的差距,确定拟追加筹资的资本结构。本例中假设公司认为目前的资本结构较为合理,可以作为目标资本结构。因此,追加筹资的资本结构与目前资本结构一致,即长期借款占20%,公司债券占30%,普通股占50%。

第二步,预测各种追加筹资的个别资本成本。随着企业规模的变化,企业的筹资能力也将发生变化,加上市场状况的变化,各种追加筹资的个别资本成本不是一成不变的,需要进行事先的预测。本例中预测的个别资本成本情况如表6-7所示。

表6-7 企业筹资数额与资本成本

资金来源	资本结构	筹资数额	资本成本
长期借款	20%	100万元以下	5%
		100万~500万元	6%
		500万元以上	7%
长期债券	30%	240万元以下	8%
		240万~600万元	9%
		600万元以上	10%
普通股	50%	800万元以下	11%
		800万~1 500万元	12%
		1 500万元以上	13%

第三步,计算筹资总额分界点。所谓筹资总额分界点,是指公司的边际资本成本发生变化之前能够筹集到的资金数额。由于每种筹资方式在一定的资本成本下筹资的数额总是有限的,超过一定数额后其资本成本必然发生变化。在目标资本结构确定的情况下,每种筹资方式的数额变动必然对应着筹资总额的变动。因此,需要注意的是某种筹资方式的限额对应筹资总额的何种水平,超过这一水平,意味着个别资本成本的上升,也必然对应着边际资本成本的提高,具有明显的分界特征,所以称为筹资总额的分界点。

筹资总额分界点的计算公式为

$$筹资分界点 = \frac{某一特定成本筹措的该项新资本的限额}{该项资本在资本结构中的比重}$$

本例中,筹资总额分界点的计算如表6-8所示。

表6-8 筹资分界点计算表

资金来源	资本结构	筹资数额	资本成本	筹资总额分界点
长期借款	20%	100万元以下	5%	100÷20%=500
		100万~500万元	6%	500÷20%=2 500
		500万元以上	7%	—
长期债券	30%	240万元以下	8%	240÷30%=800
		240万~600万元	9%	600÷30%=2 000
		600万元以上	10%	—
普通股	50%	800万元以下	11%	800÷50%=1 600
		800万~1 500万元	12%	1 500÷50%=3 000
		1 500万元以上	13%	—

以长期借款为例,当筹资数额在100万元以内时,其资本成本为5%,而在资本结构中,长期借款的比重为20%,这表明在长期借款成本由5%上升到6%之前,企业可以筹集到500万元的资本;当筹集的长期借款总额超过100万元但低于500万元时,也就是筹资总额超过500万元而低于2 500万元时,长期借款的资本成本就要上升到6%。其他筹资总额分界点的计算原理与此相同。

第四步,计算边际资本成本。根据筹资总额分界点的计算,可以得出追加筹资总额按边际资本成本分界的范围。

最后,应分别计算各段筹资范围内追加筹资总额的边际资本成本,如表6-9所示。

表6-9 筹资范围的边际资本成本计算表

序号	筹资总额范围	资本来源	资本结构	资本成本	边际资本成本
1	500万元以内	长期借款	20%	5%	1.0%
		长期债券	30%	8%	2.4%
		普通股	50%	11%	5.5%
		边际资本成本总额			8.9%
2	500万~800万元	长期借款	20%	6%	1.2%
		长期债券	30%	8%	2.4%
		普通股	50%	11%	5.5%
		边际资本成本总额			9.1%
3	800万~1 600万元	长期借款	20%	6%	1.2%
		长期债券	30%	9%	2.7%
		普通股	50%	11%	5.5%
		边际资本成本总额			9.4%

(续表)

序 号	筹资总额范围	资本来源	资本结构	资本成本	边际资本成本
4	1 600万~2 000万元	长期借款	20%	6%	1.2%
		长期债券	30%	9%	2.7%
		普通股	50%	12%	6.0%
		边际资本成本总额			9.9%
5	2 000万~2 500万元	长期借款	20%	6%	1.2%
		长期债券	30%	10%	3.0%
		普通股	50%	12%	6.0%
		边际资本成本总额			10.2%
6	2 500万~3 000万元	长期借款	20%	7%	1.4%
		长期债券	30%	10%	3.0%
		普通股	50%	12%	6.0%
		边际资本成本总额			10.4%
7	3 000万元以上	长期借款	20%	7%	1.4%
		长期债券	30%	10%	3.0%
		普通股	50%	13%	6.5%
		边际资本成本总额			10.9%

公司的边际资本成本随着追加筹资金额的增加会逐渐上升。一般而言，边际投资报酬率会随着投资规模的上升而逐渐下降。只有当边际资本成本低于边际投资报酬率时，筹资才是合理的，投资也才有利。因此，公司可以将不同筹资范围内的边际资本成本与不同投资规模内的边际投资报酬率相比较，以选择有利的投资机会和合理的筹集金额。

第三节 杠杆原理

一、基本概念及原理

(一) 成本习性

所谓成本习性，也称成本性态、成本特性，是指在相关范围内，成本总额的变动与业务量之间的依存关系。这里，业务量既可以是生产量、销售量、劳务量、工时量等绝对量，也可以是百分比或比率等相对量。业务量的不同计量单位在一定条件下可以相互换算。具体使用什么计量单位应视管理需要和现实可能而定。

成本按其性态进行分类的方法对企业管理很有益，它可以使管理者掌握成本与产销量变动的规律性，进而分析计算有关指标，为企业正确的经营决策和控制活动提供有价值的数据。

按成本与产销量的依存关系通常可以把成本分为固定成本、变动成本和混合成本。

固定成本是指其成本总额在一定期间和一定业务量范围内不随业务量变动的成本。固定成本一般包括房屋设备租赁费、保险费、广告费、固定资产折旧费、管理人员薪金、职工培训费、办公费、差旅费、新产品研究开发费等。固定成本具有以下两个特征：一是固定成本总额的不变性，即固定成本不随业务量的变动而变动；二是单位固定成本的反比例变动性，由于固定成本总额不变，因此单位产品负担的固定成本就会随业务量的变动成反比例变动。

变动成本是指在一定条件下，其总额随业务量成正比例变化的那部分成本，如直接材料、直接人工、制造费用内随业务量成正比例变动的物料用品费、燃料动力费，以及按销量支付的销售人员佣金、装运费、包装费和按产量计提的固定资产折旧费等。变动成本具有以下两个特征：一是变动成本总额的正比例变动性，即变动成本随业务量成正比例变动；二是单位变动成本的不变性，即单位变动成本不受业务量增减变动的影响而保持不变。

混合成本又称为半变动成本，它是指那些既含有固定成本又含有变动成本的成本项目，如水费、电费、维修费、电话费等。混合成本与业务量的关系比较复杂，按照混合成本变动趋势不同，又可分为标准式混合成本、阶梯式混合成本、曲线式混合成本、递延式混合成本。

从以上分析可知，成本按习性可以分为变动成本、固定成本和混合成本三类，但混合成本又可以进一步按特定方法分为变动部分和固定部分，这样总成本实际上就是由固定成本和变动成本组成。总成本习性模型可以表示为

$$TC = F + VC = F + V \cdot Q$$

式中，TC 为总成本；F 为固定成本总额；VC 为变动成本总额；V 为单位变动成本；Q 为业务量(如产销量)。

(二) 边际贡献

边际贡献又称作贡献毛益或创利额，它是指销售收入减去变动成本后的余额，它除了以边际贡献总额(M)表示外，还有单位边际贡献(CM)和边际贡献率(CMR)两种形式。

单位边际贡献是指产品销售单价减去单位变动成本后的差额；边际贡献率是指边际贡献总额占销售收入的百分比或单位边际贡献与单价的百分比。

计算边际贡献指标，其作用在于可以提供一个企业或一种产品的盈利能力情况。因为利润=收入−变动成本−固定成本=边际贡献−固定成本，所以当边际贡献等于固定成本时企业不亏不盈，当边际贡献大于固定成本时，企业盈利；当边际贡献小于固定成本时，企业亏损。

在相关范围内，固定成本具有不变性，当企业的或一种产品的固定成本为已知数时，便可通过企业或产品边际贡献的大小判断企业或产品的盈亏情况。

(三) 息税前利润

息税前利润是指企业支付利息和交纳所得税前的利润。其计算公式为

息税前利润=销售收入总额−变动成本总额−固定成本

=(销售单价−单位变动成本)×产销量−固定成本

=边际贡献总额−固定成本

若以 EBIT 表示息税前利润，则上式可以表示为

$$EBIT = S - VC - F = M - F$$

显然，不论利息费用的习性如何，上式的固定成本和变动成本中不包括利息费用因素。息税前利润也可以用利润总额加上利息费用求得。

二、杠杆原理在财务管理中的作用

自然科学中的杠杆原理，是指通过杠杆的作用，只用一个比较小的力量便可以产生较大的效果。财务管理中的杠杆原理，则是指由于固定成本(包括生产经营方面的固定成本和财务方面的固定费用)的存在，当业务量发生比较小的变动时，收益会产生比较大的变化。具体而言，这种杠杆作用包括经营杠杆、财务杠杆和联合杠杆。

(一) 经营杠杆

1. 经营杠杆的含义

经营风险是指由于经营上的原因导致的风险，即未来的息税前利润(EBIT)的不确定性。经营风险因具体行业、具体企业及具体时期而异。市场需求、销售价格、成本水平、对价格的调整能力、固定成本等因素的不确定性都会影响经营风险。

经营风险受固定成本影响，是因为在其他条件不变的情况下，产销量的增加虽然不会改变固定成本总额，但会降低单位固定成本，从而提高单位利润，使息税前利润的增长率大于产销量的增长率。反之，产销量的减少会提高单位固定成本，降低单位利润，使息税前利润的下降率也大于产销量的下降率。如果不存在固定成本，所有成本都是变动的，那么，边际贡献就是息税前利润，这时的息税前利润变动率就同产销量变动率完全一致。这种由于固定成本的存在而导致息税前利润变动率大于产销量变动率的杠杆效应，称为经营杠杆。由于经营杠杆对经营风险的影响最为综合，因此，常被用来衡量经营风险的大小。

2. 经营杠杆的计量

只要企业存在固定成本，就存在经营杠杆效应的作用。对经营杠杆的计量最常用的指标是经营杠杆系数，或称经营杠杆度。经营杠杆系数是指息税前利润变动率相对于产销量变动率的倍数。计算公式为

$$经营杠杆系数 = \frac{息税前利润变动率}{产销量变动率}$$

经营杠杆系数的简化公式为

$$经营杠杆系数 = \frac{基期边际贡献总额}{基期息税前利润}$$

或
$$\text{DOL} = \frac{M}{\text{EBIT}}$$

式中，DOL 为经营杠杆系数；M 为基期边际贡献总额；EBIT 为基期息税前利润。

【例 6-17】 某公司的收入、成本、利润变动情况的相关资料如表 6-10 所示，试计算该公司 2019 年的经营杠杆系数。

表 6-10　某公司的收入、成本、利润变动情况

单位：万元

项　目	2018 年	2019 年	变　动　额	变　动　率
销售收入	2 000	2 400	400	20%
变动成本	1 200	1 440	240	20%
边际贡献	800	960	160	20%
固定成本	400	400	0	0
息税前利润	400	560	160	40%

根据经营杠杆系数的计算公式可得

$$经营杠杆系数 = \frac{40\%}{20\%} = 2$$

以上计算是按照经营杠杆系数的理论计算公式计算得出的，利用该计算公式的前提条件是：必须获得变动前后的有关资料。这样一来计算就比较麻烦，而且无法预测未来的经营杠杆系数。可将计算公式简化，以基准年度的数据资料为基础进行计算

$$\text{DOL} = \frac{800}{400} = 2$$

从计算结果可以看到，两个计算公式的结果完全一致。因此，根据简化计算公式也可以预测 2020 年的经营杠杆系数，即

$$\text{DOL}_{2020} = \frac{960}{560} = 1.71$$

需要注意的是，简化公式的运用，必须以前后年度固定成本水平一致为前提。也就是说，前后期的固定成本数额相等。

3. 经营杠杆与经营风险的关系

引起企业经营风险的主要原因是市场需求和成本等因素的不确定性，经营杠杆本身并不是利润不稳定的根源。但是，经营杠杆扩大了市场和生产等不确定因素对利润的影响。而且，经营杠杆系数越高，利润变动越剧烈，企业的经营风险就越大。一般来说，在其他因素一定的情况下，固定成本越高，经营杠杆系数越大，企业经营风险也就越大。其关系可表示为

$$经营杠杆系数 = \frac{基期边际贡献总额}{基期息税前利润}$$

或

$$经营杠杆系数 = \frac{(基期单价 - 基期单位变动成本) \times 基期销售量}{(基期单价 - 基期单位变动成本) \times 基期销售量 - 基期固定成本}$$

从上式可以看出，影响经营杠杆系数的因素包括产品销售数量、产品销售价格、单位变动成本和固定成本总额等因素。经营杠杆系数将随固定成本的变化呈同方向变化，即在其他因素一定的情况下，固定成本越高，经营杠杆系数越大。同理，固定成本越高，企业经营风险也越大。如固定成本为零，则经营杠杆系数等于1。

在影响经营杠杆系数的因素发生变动的情况下，经营杠杆系数一般也会发生变动，从而产生不同程度的经营杠杆和经营风险。由于经营杠杆系数影响着企业的息税前利润，从而也就制约着企业的筹资能力和资本结构。因此，经营杠杆系数是资本结构决策的一个重要因素。

控制经营风险的方法有增加销售额、降低产品单位变动成本、降低固定成本比重。

(二) 财务杠杆

1. 财务杠杆的含义

财务风险，也称筹资风险，是指企业在经营活动过程中与筹资有关的风险，尤其是指在筹资活动中利用财务杠杆可能导致企业权益资本收益下降的风险，甚至可能导致企业破产的风险，主要表现为丧失偿债能力的可能性和股东每股收益(EPS)的不确定性。

在资本总额及其结构既定的情况下，企业需要从息税前利润中支付的债务利息通常是固定的。当息税前利润增大时，每1元盈余所负担的固定财务费用(如利息、融资租赁租金等)就会相对减少，就能给普通股股东带来更多的盈余；反之，每1元盈余负担的固定财务费用就会相对增加，就会大幅度减少普通股的盈余。这种由于固定财务费用的存在而导致普通股每股收益变动率大于息税前利润变动率的杠杆效应，称为财务杠杆。

2. 财务杠杆的计量

只要在企业的筹资方式中有固定财务费用支出的债务，就会存在财务杠杆效应。但不同企业财务杠杆的作用程度不是完全一致的，为此需要对财务杠杆进行计量。对财务杠杆计量的主要指标是财务杠杆系数。财务杠杆系数是指普通股每股收益的变动率相当于息税前利润变动率的倍数，计算公式为

$$经营杠杆系数 = \frac{每股收益变动率}{息税前利润变动率}$$

影响企业财务杠杆系数的因素包括息税前利润、企业资金规模、企业的资本结构、固定财务费用水平等多个因素。财务杠杆系数将随固定财务费用的变化呈同方向变化，即在其他因素一定的情况下，固定财务费用越高，财务杠杆系数越大。同理，固定财务费用越高，企业财务风险也越大；如果企业固定财务费用为零，则财务杠杆系数为零。

【例 6-18】 假设有甲、乙两家公司，它们的资本规模、息税前利润相等，息税前利润的增长率也相同，不同的只是资本结构。甲公司资本全部来源于普通股，而乙公司的资本中普通股与债务各占50%。有关资料如表6-11所示。

表 6-11 不同资本结构下每股收益情况

时间	项目	甲	乙
2018 年	普通股发行在外的股数/股	20 000	10 000
	普通股股本(每股面值 10 元)	200 000	100 000
	债务(年利率 8%)	0	100 000
	资本总额	200 000	200 000
	息税前利润	40 000	40 000
	债务利息	0	8 000
	利润总额	40 000	32 000
	所得税(税率 25%)	10 000	8 000
	净利润	30 000	24 000
	每股收益	1.5	2.4
2019 年	息税前利润增长率	20%	20%
	增长后的息税前利润	48 000	48 000
	债务利息	0	8 000
	利润总额	48 000	40 000
	所得税(税率 25%)	12 000	10 000
	净利润	36 000	30 000
	每股收益	1.8	3
	每股收益增长额	0.3	0.6
	每股收益增长率	20%	25%

根据公式计算的财务杠杆系数如下。

甲公司：20%÷20%=1

乙公司：25%÷20%=1.25

与经营杠杆系数相同，上述计算公式是理论计算公式，采用该计算公式计算财务杠杆系数，必须以获得变动前后的每股收益和息税前利润资料为前提。

同样，财务杠杆系数也可以采用基期数据为基础进行计算，此时的计算公式为

$$财务杠杆系数 = \frac{基期息税前利润}{基期息税前利润 - 基期利息}$$

$$DFL = \frac{EBIT}{EBIT - I}$$

式中，DFL 为财务杠杆系数；EBIT 为基期息税前利润；I 为基期利息。

前例中，采用基期数据计算的财务杠杆系数如下。

甲公司：$\frac{40\ 000}{40\ 000 - 0} = 1$

乙公司：$\frac{40\ 000}{40\ 000 - 8\ 000} = 1.25$

从计算结果可以看出，当利润增长时，乙公司每股收益的增长幅度大于甲公司的增长幅度；当然，当利润减少时，乙公司每股收益减少得也更快。因此，公司息税前利润较多，增长幅度较大时，适当地利用负债性资金发挥财务杠杆的作用，可增长每股收益，使股票价格上涨，增加企业价值。

3. 财务杠杆与财务风险的关系

由于财务杠杆的作用，当息税前利润下降时，税后利润下降得更快，从而给企业股权资本所有者造成财务风险。财务杠杆会加大财务风险，企业举债比重越大，财务杠杆效应越强，财务风险越大。

控制财务风险的方法有：控制负债比率，即通过合理安排资本结构，适度负债使财务杠杆利益抵消风险增大所带来的不利影响。

(三) 联合杠杆

1. 联合杠杆的含义

由于存在固定生产经营成本，产生经营杠杆效应，使得销售变动对息税前利润有扩大的作用；同样，由于存在固定的财务费用，产生了财务杠杆效应，使得息税前利润对普通股每股收益有扩大的作用。如果两种杠杆共同起作用，那么，销售的细微变动就会使每股收益产生更大的变动。

联合杠杆，也称为复合杠杆、总杠杆，就是指由于固定生产经营成本和固定财务费用的共同存在而导致的普通股每股收益变动率大于销售变动率的杠杆效应。

2. 联合杠杆的计量

只要企业同时存在固定生产经营成本和固定财务费用等，就会存在联合杠杆的作用。对联合杠杆计量的主要指标是联合杠杆系数。联合杠杆系数是指普通股每股收益变动率相对于销售变动率的倍数。其计算公式为

$$联合杠杆系数 = \frac{普通股每股收益变动率}{销售变动率}$$

联合杠杆系数与经营杠杆系数、财务杠杆系数之间的关系为

$$联合杠杆系数 = 经营杠杆系数 \times 财务杠杆系数$$

3. 联合杠杆与企业风险的关系

企业的联合杠杆系数越大，每股收益的波动幅度就越大。由于联合杠杆作用使普通股每股收益大幅度波动而造成的风险，称为联合风险。联合风险直接反映企业的整体风险，在其他因素不变的情况下，联合杠杆系数越大，联合风险越大；联合杠杆系数越小，联合风险越小。

需要注意的是，联合杠杆反映了经营杠杆与财务杠杆之间的关系，即为了达到某一联合杠杆系数，经营杠杆系数和财务杠杆系数可以有多种不同组合。在维持总风险一定的情况下，企业可以根据实际情况，选择不同的经营风险和财务风险组合，实施企业的财务管理策略。

第四节 资本结构

一、资本结构概述

(一) 资本结构的概念

资本结构是指企业各种资金的构成及其比例关系。在企业筹资管理活动中，资本结构有广义和狭义之分。广义的资本结构是指企业全部资本的构成及其比例关系，它不仅包括长期资本，还包括短期资本，主要指短期债务资本。而狭义的资本结构仅指企业各种长期资本的构成及其比例关系，尤其是长期的股权资本与债务资本之间的构成及其比例关系。在狭义资本结构下，短期债务资本作为营运资本进行管理。

本章所指的资本结构是指狭义的资本结构。

(二) 最佳资本结构

资本结构是企业筹资决策的核心问题。企业应当综合有关影响因素，运用适当的方法确定最佳资本结构，并在以后追加筹资中继续保持。

所谓最佳资本结构，是指在特定条件下，使公司筹资的加权平均资本成本最低、企业价值最大的资本结构。

二、影响资本结构的因素

企业的资本结构，需要企业综合考虑自身所处的经济、金融环境，以及企业所处行业等相关因素后进行决策。具体而言，这些影响因素包括如下几项。

(一) 企业的销售状况

如果企业的销售比较稳定，其获利能力也相对稳定，此时企业负担固定财务费用的能力也就相对较强。

(二) 企业资产结构

企业的资产结构选择应当与风险和期限相互配合。一般而言，长期资产的收益和风险都高于流动资产。因此，长期资产比重较高的企业往往更多地采用风险较低的永久性资金——股权性资金；而流动资产比重较高的企业则可能较多地采用风险较高、期限相对较短的债权性资金。

(三) 企业的财务状况

企业获利能力越强、财务状况越好、变现能力越强，就越有能力负担财务上的风险，其举债筹资就越有吸引力。

(四) 企业所处的行业特征

不同的行业有不同的行业特征，其资本结构也有很大区别。筹资决策时必须考虑本企业所处行业的特征，以确定最佳资本结构。

(五) 企业的成长周期

企业在发展初期，对资金的需求较大，同时也往往具有较高的成长率，但由于信息不对称的原因，企业价值容易被低估，此时外部负债筹资较难，更多地通过权益资本进行筹资。

(六) 政府的税收政策

由于负债具有税收屏蔽效应，因此，所得税率高的公司的负债权益比可以相应较高，以充分利用债务产生的税收屏蔽效应。

(七) 利率水平的变动趋势

如果财务管理人员认为利息率暂时较低，但不久的将来可能上升，企业可大量举债长期债务，从而在若干年内把利率固定在较低的水平上。

(八) 投资者和管理人员的态度

如果一个企业股权较为分散，企业所有者并不担心控制权旁落，因而会更多地采用发行股票的方式筹集资金。反之，企业如果被少数股东控制，为了保证少数股东的绝对控制权，多采用优先股或负债方式筹集资金。喜欢冒险的财务管理人员，可能会安排较高的负债比例；而稳健的财务管理人员则会较少地使用负债。

(九) 贷款人和信用评级机构的影响

一般而言，大部分贷款人都不希望企业的负债比例太大。同样，如果企业债务太多，信用评级机构可能会降低企业的信用等级，从而影响企业的筹资能力。

三、资本结构决策方法

我们知道，负债筹资和权益筹资是企业获取资本的主要方式，而利用这两种筹资方式各有好处。利用负债资金具有双重作用，适当的负债可以降低企业的资本成本，但当企业负债比率太高时，会带来较大的风险。而利用权益资金，虽然风险较小，但是会提高企业的资本成本。因此，企业必须权衡财务风险和资本成本的关系，确定合理的资本结构。资本结构决策的基本目标是确定最佳资本结构。

确定资本结构的方法有比较资本成本法、每股收益分析法和公司价值分析法。

(一) 比较资本成本法

比较资本成本法决策的基本依据是综合资本成本最小的资本结构是最佳资本结构。该方法的基本思路是：决策前先拟定若干个备选方案，分别计算各方案的综合资本成本，根据综合资本成本的高低来确定最佳资本结构。

以比较资本成本法进行资本结构决策时，具体可以分为初始资本结构决策和追加资本结构决策两种情况。

1. 初始资本结构决策

在初始资本结构决策时，企业根据需要筹资的数额，拟定若干筹资方案，然后直接计算这些方案的综合资本成本并比较其高低，据此做出决策。

【例 6-19】某企业成立时，拟筹资 500 万元，现拟定了三个筹资方案，有关资料如表 6-12 所示。

表 6-12 不同筹资方案资料

单位：万元

筹资方式	方案一 金额	方案一 资本成本	方案二 金额	方案二 资本成本	方案三 金额	方案三 资本成本
长期借款	100	6%	100	6%	80	5.5%
债券	100	7%	200	8%	170	7.5%
普通股	300	12%	200	14%	250	13.0%
合计	500	—	500	—	500	—

要求：分别测算三个筹资方案的综合资本成本，并据此确定最佳资本结构。

解：不同筹资方案的综合资本成本如表 6-13 所示。

表 6-13 不同筹资方案的综合资本成本

筹资方式	方案一 权重	方案一 资本成本	方案二 权重	方案二 资本成本	方案三 权重	方案三 资本成本
长期借款	20%	1.2%	20%	1.2%	16%	0.88%
债券	20%	1.4%	40%	3.2%	34%	2.55%
普通股	60%	7.2%	40%	5.6%	50%	6.50%
合计	100%	9.8%	100%	10.0%	100%	9.93%

根据计算结果，三个筹资方案的综合资本成本分别为 9.8%、10%和 9.93%。方案一的综合资本成本最低，因此应采用方案一进行筹资。也就是说，方案一的资本结构是最佳资本结构。

2. 追加资本结构决策

企业在持续的生产经营过程中，由于扩大业务或对外投资的需要，有时需要追加筹资。因追加筹资以及筹资环境发生变化，企业原有的资本结构就会发生变化，而且原定的最佳资本结构也未必仍是最优的。因此，企业应在资本结构的不断变化中寻求最佳结构，保持资本结构的最优化。

一般而言，按照最佳资本结构的要求，选择追加筹资方案的决策可以有两种方法：一种方法是直接测算比较各备选追加筹资方案的边际资本成本，从中选择最优筹资方案。选用此种方法，前提条件是追加筹资方案对原有资本结构下的综合资本成本不会产生影响。另一种方法是将备选追加筹资方案与原有资本结构汇总，重新测算在追加筹资情况下各汇总资本结构的综合资本成本，比较确定最佳资本结构。第一种方法的计算与初始资本结构决策的计算方法相同，这里不再说明。下面举例说明第二种情况下的计算。

【例 6-20】某公司原有资产 1 000 万元，其中，长期债券 400 万元，票面利率为 8%；优先股 100 万元，年股息率为 11%；普通股 500 万元，预计 2019 年每股股息为 2.6 元，股价为 20 元，并且股息以 2% 的速度递增。该公司计划再筹集资金 500 万元，有 A、B 两个筹资方案可供选择。

A 方案：发行 500 万元债券，票面利率为 10%。由于负债增加，股东要求股息增长速度为 5%。

B 方案：发行 300 万元债券，票面利率为 9%；发行 200 万元股票，预计每股股息为 3.3 元，股价为 33 元，年股利以 4% 的速度递增。

企业适用所得税率为 25%，筹资费忽略不计。计算 A、B 方案的加权平均资金成本并评价其优劣。

解：原方案各种筹资方式的资本成本如表 6-14 所示。

表 6-14 原方案资本成本计算

筹资方式	金额	个别资本成本	综合资本成本
债券	400	8%×(1−25%)=6%	2.4%
优先股	100	11%	1.1%
普通股	500	$\frac{2.6}{20}+2\%=15\%$	7.5%
合计	1 000	—	11%

由于追加筹资后，普通股的增长率、每股股息、每股市价等因素发生变化，普通股的资本成本发生变化，因此原有的资本成本已经没有意义，需要重新计算综合资本成本。对于债券等负债资金而言，新增债券的利率不会影响原有债券的利率，因此当出现不同利率的债券时，作为不同的筹资方式各自计算资本成本；而普通股则不同，根据"同股同权、同股同利"的原则，普通股只能采用一种计算方法，因此当新增筹资影响原有普通股时，只能按照追加筹资后的普通股资料重新计算其资本成本，并据此计算追加筹资后的综合资本成本。因此本例中 A、B 方案的资本成本计算方法如表 6-15、表 6-16 所示。

表 6-15 A 方案的综合资本成本

筹资方式	金额	个别资本成本	综合资本成本
债券	400	8%×(1−25%)=6%	1.602%
优先股	100	11%	0.737%
普通股	1 000	$\frac{2.6}{20}+5\%=18\%$	11.988%
合计	1 500	—	14.327%

表 6-16　B 方案的综合资本成本

筹资方式	金额	个别资本成本	综合资本成本
原债券	400	8%×(1−25%)=6%	1.602%
新债券	300	9%×(1−25%)=6.75%	1.35%
优先股	100	11%	0.737%
普通股	700	$\frac{3.3}{33}+4\%=14\%$	6.524%
合计	1 500	—	10.213%

根据计算结果可知，A 方案、B 方案的综合资本成本分别为 14.327%和 10.213%，因为 B 方案的综合资本成本较低，所以应当选择 B 方案进行筹资。

(二) 每股收益分析法

资本结构合理与否可以通过每股收益的变化来衡量，能提高每股收益的资本结构是合理的；反之则不够合理。因此每股收益分析法就是通过对不同资本结构下每股收益的比较分析，从而选择最佳资本结构的方法。

每股收益分析法可以分为如下两种情况进行分析。

第一种情况是在销售额、息税前利润等相关资料已知的情况下，直接计算各资本结构的每股收益并进行比较分析，以此确定最佳资本结构。

【例 6-21】某公司现有资本结构为：长期负债 2 000 万元，利率为 6%；普通股 5 000 万元，面值 10 元。公司准备追加筹资 3 000 万元，有两种筹资方案：第一种方案是发行债券 3 000 万元，利率为 8%；第二种方案是按面值发行普通股 300 万股。预计追加筹资后的息税前利润为 800 万元，公司所得税税率为 25%。试分别测算两个筹资方案的每股收益并确定最佳方案。

债券筹资与普通股筹资后的收益情况如表 6-17 所示。

表 6-17　债券筹资与普通股筹资后的收益情况

单位：万元

项目	发行债券后	发行普通股后
息税前利润	800	800
减：债务利息	360	120
税前利润	440	680
减：所得税	110	170
税后利润	330	510
普通股股数/万股	500	800
每股收益	0.66	0.637 5

通过计算可以看到，采用发行债券方式追加筹资后的每股收益高于发行股票方式追加筹资后的每股收益，因此应采用发行债券方式追加筹资。

每股收益分析法的第二种情况是销售额或息税前利润不确定,不能直接计算出每股收益,此时需要通过计算每股收益的无差别点进行分析。

所谓每股收益的无差别点,指每股收益不受融资方式影响的销售额或息税前利润水平。根据每股收益无差别点,可以分析判断在什么样的销售额或息税前利润水平下适合采用何种资本结构。

每股收益无差别点可以通过计算得出,即每股收益 EPS 的计算公式为

$$\text{EPS} = \frac{(S-\text{VC}-F-I)(1-T)}{N} = \frac{(\text{EBIT}-I)(1-T)}{N}$$

式中,N 为普通股股数。

在每股收益无差别点上,无论是采用负债融资,还是采用权益融资,每股收益都是相等的,若以 EPS_1 代表负债融资,以 EPS_2 代表权益融资,则

$$\text{EPS}_1 = \text{EPS}_2$$

$$\frac{(S_1 - \text{VC}_1 - F_1 - I_1)(1-T)}{N_1} = \frac{(S_2 - \text{VC}_2 - F_2 - I_2)(1-T)}{N_2}$$

在每股无差别点上,$S_1 = S_2$,则

$$\frac{(S - \text{VC}_1 - F_1 - I_1)(1-T)}{N_1} = \frac{(S - \text{VC}_2 - F_2 - I_2)(1-T)}{N_2}$$

能使上述条件公式成立的销售额(S)为每股收益无差别点销售额。每股收益无差别点也可以用息税前利润表示,即

$$\frac{(\text{EBIT} - I_1)(1-T)}{N_1} = \frac{(\text{EBIT} - I_2)(1-T)}{N_2}$$

上例也可以通过无差别点的方式加以计算、分析:

$$(\text{EBIT}-360) \times (1-25\%)/500 = (\text{EBIT}-120) \times (1-25\%)/800$$

$$\text{EBIT} = 760(\text{万元})$$

当预期的息税前利润(销售额)大于无差别点时,应采用负债筹资;当预期的息税前利润(销售额)小于无差别点时,应采用权益筹资;在无差别点上,负债筹资和权益筹资没有区别。上例中,预期的息税前利润 800 万元大于无差别点的息税前利润 760 万元,所以应采用债券方式筹资。

(三) 公司价值分析法

以上以每股收益的高低作为衡量标准对筹资方式进行选择,但这种方法的缺陷在于没有考虑风险因素。从根本上讲,财务管理的目标在于追求公司价值的最大化或股价最大化,然而只有在风险不变的情况下,每股收益的增长才会直接导致股价的上升,实际上经常是随着每股收益的增长,风险也加大。如果每股收益的增长不足以补偿风险增加所需的报酬,

尽管每股收益增加，股价仍会下降，所以说到底，公司的最佳资本结构应当是可使公司的总价值最高，而不一定是每股收益最大的资本结构。同时，在公司总价值最大的资本结构下，公司的资本成本也是最低的。

公司的市场总价值 V 应等于其股票的总价值 S 加上债券总价值 B，即

$$V=S+B$$

为简化起见，假设债券的市场价值等于它的面值，则股票的市场价值可通过下式计算，即

$$S=\frac{(EBIT-I)(1-T)}{K_s}$$

式中，K_s 为权益资本成本。

K_s 用资本资产定价模型计算为

$$K_s=R_s=R_f+\beta(R_m-R_f)$$

式中，R_s 为本公司股票必要报酬率，即作为股票资本成本；R_f 为无风险报酬率；R_m 为所有股票市场报酬率；β 为本公司股票 β 系数。

而公司的资本成本，则应用加权平均资本成本(K_w)来表示，公式为

加权平均资本成本=税前债务资本成本×债务额占总资本比重×(1−所得税率)+权益资本成本×股票额占总资本比重

或

$$K_w=K_b\times\left(\frac{B}{V}\right)\times(1-T)+K_s\times\left(\frac{S}{V}\right)$$

式中，K_b 为税前的债务资本成本。

【例 6-22】某公司目前的长期资金均为普通股，账面价值为 1 000 万元。公司认为这种资本结构不合理，没能发挥财务杠杆的作用，准备通过发行债券的方式购回部分普通股，实现资本结构的优化。公司预计每年的息税前利润为 300 万元，公司所得税税率为 40%，市场收益率为 10%，无风险收益率为 6%。经测算，在不同负债规模下的成本如表 6-18 所示。

表 6-18 不同负债规模下的成本

单位：万元

负债价值	负债利率	普通股 β 值	普通股资本成本
0	—	1.10	10.4%
200	7%	1.25	11%
400	7%	1.35	11.4%
600	8%	1.60	12.4%
800	9%	1.90	13.6%
1 000	10%	2.25	15%

注：10.4%=$R_f+\beta(R_m-R_f)$=6%+1.10×(10%−6%)，其他计算同理。

解：根据上述资料测算不同负债规模下的企业价值和综合资本成本，测算结果如表 6-19 所示。

表 6-19 企业价值、综合资本成本计算表

单位：万元

负债价值	普通股价值	企业价值	负债资本成本	普通股资本成本	综合资本成本
0	1 730.77	1 730.77	—	10.4%	10.40%
200	1 560.00	1 760.00	4.2%	11.0%	10.23%
400	1 431.58	1 832.58	4.2%	11.4%	9.83%
600	1 219.35	1 819.35	4.8%	12.4%	9.89%
800	1 005.88	1 805.88	5.4%	13.6%	9.97%
1 000	800.00	1 800.00	6.0%	15.0%	10.00%

普通股价值计算举例如下：

$$(300-400\times 7\%)\times(1-40\%)\div 11.4\%=1\,431.58(万元)$$

综合资本成本计算举例如下：

由 $K_w = K_b \times (\dfrac{B}{V}) \times (1-T) + K_s \times (\dfrac{S}{V})$ 可得

K_w=4.2%×(400/1 832.58)+11.4%×(1 431.58/1 832.58)=0.92%+8.91%=9.83%

从计算结果可知，该公司在没有长期负债的情况下，企业价值等于普通股市场价值，为 1 730.77 万元，而普通股的资本成本就是公司的综合资本成本，为 10.4%。随着公司利用长期债券替换普通股，企业价值开始增加，综合资本成本开始下降，当长期负债数额达到 400 万元时，公司价值最大，为 1 832.58 万元，此时综合资本成本也最小，为 9.83%。之后随着负债数额的增加，公司价值开始下降，而资本成本开始增加。因此，公司最佳的负债规模应当是 400 万元。

思 考 题

1. 用销售百分比法进行资金需求量预测的基本原理是什么？
2. 用资金习性法预测资金需求量的基本原理是什么？具体包括哪几种方法？
3. 何谓资本成本？资本成本有哪几种表现形式？其作用是什么？
4. 何谓经营杠杆？经营杠杆如何表达？
5. 何谓财务杠杆？财务杠杆如何表达？
6. 何谓资本结构？最佳资本结构的标准是什么？
7. 确定最佳资本结构时需要考虑哪些因素？
8. 最佳资本结构的确定有哪几种方法？

案 例 讨 论

百宝公司是一个成立于 2017 年初的玩具公司，公司注册资本 100 万元，由甲、乙、丙、丁四位股东各出资 25 万元。在公司经营中，甲主管销售，乙主管财务，丙主管生产和技术，

丁主管人事和日常事务。经过3年的经营，到2019年年末，公司留存收益为60万元，权益金额增加为160万元。公司产品打开了销路，市场前景看好，于是决定扩大经营规模。扩大经营规模需要投入资金。于是四人召开会议，讨论增加资金事宜。

甲首先汇报了销售预测情况，如果扩大经营规模，2020年玩具的销售收入将达到50万元，以后还将以10%的速度增长。

丙提出，扩大经营规模需要增加一条生产线。增加生产线后，变动经营成本占销售收入的比率不变，仍然为50%，每年的固定经营成本将由7万元增加到10万元。

丁提出，增加生产线后，需要增加生产和销售人员。

四人根据上述情况，进行了简单的资金预测，测算出公司大约需要增加资金40万元。

甲建议四人各增资10万元，出资比例保持不变。丙和丁提出出资有困难，建议吸纳新股东，新股东出资40万元，权益总额变为200万元，五人各占20%的权益份额。乙提出可以考虑向银行借款，他曾与开户行协商过，借款利率大约为6%。甲和丙认为借款有风险，而且需要向银行支付利息，从而损失一部分收益。

(资料来源：王化成. 企业财务学[M]. 北京：中国人民大学出版社，2005.)

讨论题目：

假设你是乙，你决定说服甲、丙、丁通过向银行借款来增加资金。

1. 解释负债经营的概念，说明"用他人的钱为自己赚钱"的道理。
2. 提出财务杠杆原理，解释财务杠杆收益与财务杠杆风险。
3. 如果公司采纳了借款方案，利用2020年的相关预测数据测算公司2021年的财务杠杆系数。
4. 假设公司所得税税率为40%，试利用2020年和2021年的预测数据测算2021年的财务杠杆系数。测算结果与第3步中的测算结果是否相同？
5. 解释资本结构的概念，说明合理的资本结构的重要性。
6. 根据对公司扩大经营规模后2020年相关数据的预测，测算吸收新股东和向银行借款两种筹资方式下，平均每个股东所能获得的净利润。以此判断哪种筹资方式更优。
7. 假设将每个股东的出资视为一股，试计算两种筹资方式下的每股利润无差别点。进一步解释在预测情况下两种筹资方式的优劣。

第七章

项目投资决策

学习目标

通过本章的学习要求学生：
- 了解投资的概念、作用、分类和投资程序
- 理解、掌握项目计算的构成
- 理解、掌握项目现金流量的构成与计算方法
- 理解、掌握动态指标的折现率选择
- 理解、掌握各种评价指标
- 运用评价指标对新建项目和更新改造项目等进行决策

第一节 项目投资决策概述

一、投资的概念

投资是指企业为了在未来取得收益，而向一定对象投放资金的行为。如企业购建厂房、购买机器设备或购买债券、股票等有价证券，都是企业将资金进行投放使用的行为。投资对企业具有重要意义，只有通过投资，企业才能实现价值增值。因此，在市场经济环境中，如何选择投资项目，如何控制投资风险，是每一个企业都必须慎重考虑的问题，在企业进行每一项投资决策前都必须进行科学地分析和认真地研究，只有这样才能最大限度地避免投资决策失误。

二、投资的分类

(一) 直接投资和间接投资

按投资与生产经营的联系程度,分为直接投资和间接投资。

直接投资是指把资金直接投放于企业的生产经营性资产,以便获取收益的投资行为。如企业购置设备和厂房、收购和兼并其他企业等,其实质是资本所有者和资本使用者合二为一,体现出资产所有权和资产经营权的统一。同时,投资主体能有效地控制各类资本的使用,并能实施全过程的管理。

间接投资是企业将资金投放于证券(债券、股票)等金融资产,以获取股利或利息收入。间接投资的投资人只能按规定收取利息或红利,但一般不能直接干预和有效控制投入资本的运用状况,其实质是资本所有者和资本使用者分离,体现出资产所有权和资产经营权的分离。间接投资又称为证券投资。随着我国证券市场的逐步完善,企业间接投资将大大增加。

(二) 短期投资和长期投资

按投资收回的时间,分为短期投资和长期投资。

短期投资是指投资期限在一年或一年以内的投资,主要表现在对现金、应收账款、存货、短期有价证券等流动资产的资金投入。短期投资的期限短,回收速度相对较快。

长期投资则是指投资期限超过一年的投资,主要表现在对厂房、机器设备等固定资产的投资。因为长期投资涉及的时间期限较长,所以在进行投资决策时一般需要考虑货币的时间价值。

(三) 对内投资和对外投资

按投资的方向,分为对内投资和对外投资。

对内投资又称内部投资,是指企业将资金投向企业内部,购置企业生产经营所需要的资产。

对外投资是指将企业资金以现金、实物、无形资产等方式,或者以购买股票、债券等有价证券的方式向其他单位的投资。

一般而言,对内投资都是直接投资,对外投资主要是间接投资,也可能是直接投资。

(四) 独立项目投资、相关项目投资和互斥项目投资

按投资项目之间的相互关系,分为独立项目投资、相关项目投资和互斥项目投资。

独立项目投资是指在进行投资决策时,互相分离、互不排斥的项目投资。如企业打算更新一台专用机器设备和购置一辆运输汽车,这两项投资之间没有关联性,彼此互相独立,并不存在相互比较和选择的问题。企业既可以全部不接受,也可以接受其中一个。

相关项目投资是指投资彼此存在相互关联性,一项投资需要依赖其他投资项目才能进行。如企业准备增加一条新生产线,原有厂房无法容纳新生产线,需要进行新厂房投资,

则进行新厂房投资和生产线投资属于相关项目投资。

互斥项目投资是指互相排斥的项目投资，即选择一种项目，就会自动排斥其他项目，多个项目中只能选择其中一个。如企业新办公大楼的地址有三个地方可供选择，但只能选择其中之一。

因为证券投资的决策方法在第四章已经进行了介绍，本章主要介绍对内直接投资的决策方法。本章所涉及的对内直接投资是一种以特定项目为对象，直接与新建项目或更新改造项目有关的长期投资行为，下面将其简称为项目投资。项目投资具有投入资金量大、建设周期长、回收速度慢、投资风险大的特点，因此企业对项目投资必须采用特定的方法进行决策，以期实现企业的投资目标，提升企业竞争力。

三、项目投资的基本程序

(一) 选择投资领域和投资对象

进行项目投资首先应该根据企业的整体发展战略、中长期投资计划和外部投资环境等选择投资领域和投资对象。

(二) 拟订投资方案

在确定投资领域和对象后，需要拟定出投资方案，投资方案可以包括多个符合企业发展的方案，这样可供企业进行比较选择。

(三) 投资方案的可行性评价

投资方案的可行性评价包括投资环境、市场、技术和生产等方面的可行性分析与评价，在上述几方面具备可行性的基础上，再对其财务可行性做出总体评价。对每一方案进行可行性评价后需要撰写评价报告。

(四) 投资方案的比较与选择

对各方案的可行性评价报告需要进行再评价。再评价一般是专家对可行性评价报告的分析方法进行再评估，避免不必要的错误。再评价完成后，需要对可供选择的多个投资方案进行比较和选择，选择满足企业要求的投资方案。

(五) 投资方案的实施

投资方案选定后，要按照投资方案编制更详细的投资计划，包括投资资金的筹集计划，每一项具体投资的时间、数额等，然后企业投资部门严格按具体计划实施。

(六) 投资实施的监控

在投资方案的执行过程中，也需要对投资项目进行实时监控，注意原来做出的投资决策是否合理、是否正确。一旦出现新的情况，就要随时根据变化的情况做出新的评价和调整,可能涉及扩张投资、延迟投资或放弃投资的情况。

(七) 投资项目的事后评价

在投资项目完成后,企业可根据投资的实际情况与原有预期进行比较,分析存在的差异,找出相关影响因素,为日后其他投资分析的科学决策积累经验,提供参考依据。

第二节 项目投资现金流量分析

一、项目计算期的构成

项目计算期是进行投资项目决策时使用的一个非常重要的概念,它是指投资项目从投资建设开始到最终清理结束整个过程的全部时间,包括建设期(s)和经营期(p)。其中,建设期是指从项目资金正式投入开始到项目建成投产为止所需要的时间,建设期第一年的年初称为建设起点,建设期最后一年的年末称为建议期期末或投产日。项目从投产日开始到项目最终清理报废所经历的时间称为经营期,经营期一般与主要固定资产的使用寿命相同。项目计算期最后一年的年末称为终结点,假定项目最终报废或清理均发生在终结点(更新改造除外)。

项目计算期、建设期和经营期之间的关系如下:

$$项目计算期(n) = 建设期(s)+运营期(p)$$

项目计算期的构成如图 7-1 所示。

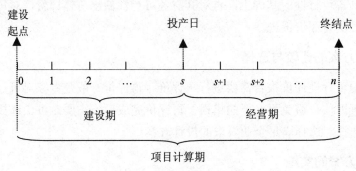

图 7-1 项目计算期示意图

【例 7-1】某企业拟投资新建一个项目,在建设起点开始时一次性投入资金 800 万元,经过 2 年建设后完工投产,主要固定资产的预计使用寿命为 8 年。根据上述资料,分析项目的建设期、经营期和项目计算期。

建设期为 2 年,经营期为 8 年。

项目计算期=2+8 =10(年)

二、项目现金流量的组成

估算投资项目的现金流量是进行项目投资决策的基础。所谓现金流量,是指投资项目在其计算期内因资金循环而引起的现金流入和现金流出的数量。这里的"现金"是广义的现金,不仅包括各种货币资金,还包括项目需要投入的企业拥有的非货币资源的变现价值。例如,一个投资项目需要使用企业原有的厂房、设备和原材料等,则相关的现金流量是指它们的变现价值,而不是其账面价值。现金流量包括现金流入量、现金流出量和现金净流量三个具体概念。

(一) 现金流入量

现金流入量是指投资项目所引起的企业现金收入的增加额。项目的现金流入量主要包括以下几方面内容。

(1) 营业收入。营业收入是指项目投产后每年实现的全部营业收入。为简化核算,假定正常经营年度内,每期发生的赊销额与回收的应收账款大致相等。营业收入是经营期主要的现金流入量项目。

(2) 固定资产的余值。固定资产的余值是指投资项目的固定资产在终结报废时的净残值收入,如果中途转让出售则为其取得的变价净收入。

(3) 回收垫支的流动资金。回收流动资金是指投资项目结束时,收回原来投放在各种流动资产上的营运资金。

(4) 其他现金流入量。如项目获取的补贴收入,固定资产更新时出售原有固定资产取得的变现净收入等。

(二) 现金流出量

现金流出量是指投资项目所引起的企业现金流出的增加额。项目的现金流出量主要包括以下几方面内容。

(1) 建设投资。建设投资包括项目的固定资产投资(固定资产的购置成本或建造成本、运输成本、安装成本等)、无形资产投资和开办费投资。

(2) 垫支的流动资金。垫支的流动资金是指投资项目建成投产后为开展正常经营活动而投放在流动资产(存货、应收账款等)上的营运资金。

(3) 付现成本。付现成本又称经营成本,是指在经营期内为满足正常生产经营而需用现金支付的成本。它是生产经营期内最主要的现金流出量。项目运营期内的总成本按是否需要支付现金分为付现成本和非付现成本。非付现成本主要指固定资产的折旧和无形资产的摊销。

(4) 各种税款。项目投资运营后需依法缴纳各种税款,包括增值税(销项)、消费税、所得税等。为了简化起见,后面的分析主要考虑所得税。

(5) 其他现金流出量。

(三) 现金净流量

现金净流量(net cash flow，NCF)或称净现金流量，是指投资项目某年现金流入量与现金流出量的差额。因为货币时间价值的存在，必须使用某年的现金流入量与同年的现金流出量之差计算现金净流量。当流入量大于流出量时，净流量为正值；反之，净流量为负值。

净现金流量具有两个基本特征：①无论是在项目的经营期还是在建设期都存在净现金流量；②项目计算期不同阶段的现金净流量数量特征不同。一般而言，建设期内的净现金流量小于或等于零；在经营期内和终结点上的净现金流量则多为正值。

净现金流量按是否考虑所得税分为税前净现金流量和税后净现金流量两种形式。在税前净现金流量的基础上，直接扣除调整所得税即可求得税后净现金流量。如未特殊说明，本书中项目投资决策涉及的均为税后净现金流量。

除了从现金流量的方向分析现金流量的构成外，还可以从现金流量产生的时间来分析现金流量的构成。

现金流量按产生的时间分类

三、项目现金净流量的计算

下面以新建项目为例介绍项目现金净流量的计算方法。在实务中项目现金净流量根据其特点不同，可以分为初始现金净流量、营业现金净流量、终结现金净流量三部分来分析。

1. 初始现金净流量的计算

新建投资项目建设期内发生的初始现金净流量可按以下公式计算：

$$建设期某年现金净流量(NCF_t) = -该年原始投资额(t=0,1,2,\cdots,s, s \geqslant 0)$$

式中，原始投资额包括项目的建设投资和垫支的流动资金；s 为建设期年数。

由上式可见，当建设期 s 不为零时，建设期净现金流量的数量特征取决于其投资方式是分次投入还是一次投入。

【例7-2】某企业拟新建一条生产线，建设期为 1 年，经营期为 5 年。在建设起点投入固定资产 100 万元，建设期末垫支流动资金 20 万元，则该项目建设期现金净流量是多少？

$$NCF_0 = -100(万元)$$
$$NCF_1 = -20(万元)$$

2. 营业现金流量的计算

与建设期内发生的项目初始现金流量相比，经营期现金净流量的计算更复杂一些，主要有以下三种形式。

(1) 直接法。直接法是根据现金净流量的概念，使用某年现金流入量与现金流出量的差额计算当年现金净流量。经营期现金流量的构成包括营业收入、付现成本和各种税款，其中营业收入为现金流入，付现成本和税款为现金流出。为简化起见，各种税款中只考虑所得税。因此，经营期现金净流量的计算公式为

$$经营某年现金净流量(NCF_t) = 营业收入 - 付现成本 - 所得税$$

【例 7-3】 接[例 7-2]的资料,新的生产线在经营期内每年营业收入为 130 万元,付现成本为 60 万元,所得税为 12.5 万元,则该项目在经营期各年的现金净流量是多少?

$$NCF_{2-6}= 130–60–12.5=57.5(万元)$$

(2) 间接法。间接法是根据经营期的会计利润进行调整从而得到现金净流量。会计利润在计算时,扣除了折旧、摊销等非付现成本,但非付现成本并不发生现金流出,所以需要在会计利润的基础上加回。计算公式为

经营某年现金净流量(NCF_t)=税后净利润+非付现成本

税后净利润=(营业收入−总成本)×(1−所得税税率)

上式中的总成本是不含财务费用的总成本,主要包括当年支付现金的付现成本和非付现成本。付现成本包括外购原材料、燃料和动力费用,工资费,修理费等,但不包括当年的利息支出。非付现成本包括固定资产折旧和无形资产的摊销等。"税后净利润"并非会计意义上的净利润,严格地讲是"息前税后利润",即在估算项目经营期现金流量时,不考虑筹资产生的利息支出问题,即便现实中利息支出对企业而言是一项现金流出,但从项目实体自身的角度讲,并不将利息作为现金流出。

【例 7-4】 利用[例 7-2]和[例 7-3]的资料,固定资产使用寿命与经营期一致,采用直线法折旧,预计净残值为 0。所得税税率为 25%,则该项目在经营期各年的现金净流量是多少?

$$固定资产年折旧额=100÷5=20(万元)$$

$$经营期年总成本(不含财务费用)=60+20=80(万元)$$

$$经营期年息税前利润=130–80=50(万元)$$

$$税后净利润=50×(1–25\%)=37.5(万元)$$

$$NCF_{2-6}= 37.5+20=57.5(万元)$$

(3) 直接考虑税后收入和税后成本。由于所得税的存在,项目的营业收入和付现成本都应该考虑其税后金额作为经营现金净流量的组成部分。折旧和摊销等非付现成本则具有抵减所得税的作用,其抵税数额成为项目的现金流入。因此,经营期现金净流量可按下列公式计算,即

经营某年现金净流量(NCF_t)

=营业收入×(1−税率) −付现成本×(1−税率)+非付现成本×税率

【例 7-5】 利用[例 7-2]和[例 7-3]的资料,固定资产使用寿命与经营期一致,采用直线法折旧,预计净残值为 0。所得税税率为 25%,则该项目在经营期各年的现金净流量是多少?

$$固定资产年折旧额=100÷5=20(万元)$$

$$NCF_{2-6}= 130×(1–25\%)–60×(1–25\%)+20×25\%=57.5(万元)$$

3. 终结现金流量的计算

终结点上的现金净流量主要是固定资产净残值收入(此处为简化起见,假设会计估计的折旧相关问题与税法规定完全相同)、收回垫支的流动资金,以下简称回收额。

终结点现金净流量(NCF_n)=固定资产净残值收入+收回垫支的流动资金

值得注意的是,项目计算期的第 n 期期末,既会产生经营现金净流量,又会产生终结现金净流量,一般在计算第 n 期期末现金净流量(NCF_n)时,需将两部分进行加总。

【例 7-6】利用[例 7-2]和[例 7-3]的资料,垫支的流动资金于终结点收回。则该项目在终结点上的现金净流量是多少?

$$NCF_6 = 20(万元)$$

第 6 年末现金净流量由经营现金净流量和回收额两部分组成,故该生产线各年现金流量如下:

$$NCF_0 = -100(万元)$$
$$NCF_1 = -20(万元)$$
$$NCF_{2-5} = 57.5(万元)$$
$$NCF_6 = 57.5 + 20 = 77.5(万元)$$

【例 7-7】某公司因业务发展的需要,准备购入一套设备。现有甲、乙两个方案可供选择。甲方案需投资 200 000 元,使用寿命为 5 年,采用直线法折旧,5 年后设备无残值,5 年中每年销售收入为 150 000 元,每年的付现成本为 80 000 元。乙方案需投资 180 000 元,使用寿命也为 5 年,5 年后有净残值收入 20 000 元,采用直线法折旧,5 年中每年的销售收入为 140 000 元,付现成本第一年为 60 000 元,以后随着设备陈旧,逐年将增加修理费 8 000 元,另需垫支流动资金 10 000 元,流动资金于设备报废时收回。假设公司所得税税率为 25%,两个方案均不考虑建设期,设备安装调试后立即投入生产。

要求:计算两个方案各年的现金净流量。

甲方案现金净流量:

$$NCF_0 = -200\ 000(元)$$
$$每年折旧 = 200\ 000 \div 5 = 40\ 000(元)$$
$$NCF_{1-5} = 150\ 000 \times (1-25\%) - 80\ 000 \times (1-25\%) + 40\ 000 \times 25\% = 62\ 500(元)$$

乙方案现金净流量:

$$NCF_0 = -(180\ 000 + 10\ 000) = -190\ 000(元)$$
$$每年折旧 = (180\ 000 - 20\ 000) \div 5 = 32\ 000(元)$$
$$NCF_1 = 140\ 000 \times (1-25\%) - 60\ 000 \times (1-25\%) + 32\ 000 \times 25\% = 68\ 000(元)$$

其他各年现金净流量的计算同理,只是 NCF_5 除了经营现金流还需加上终结产生的回收额。

甲、乙两方案现金流量的计算过程可分别用表 7-1 和表 7-2 列示。

表 7-1 甲方案现金流量表

单位：元

时间(t)	0	1	2	3	4	5
初始现金流量						
固定资产投资	−200 000	—	—	—	—	—
垫支流动资金						
营业现金流量						
营业收入		150 000	150 000	150 000	150 000	150 000
付现成本		80 000	80 000	80 000	80 000	80 000
折旧	—	40 000	40 000	40 000	40 000	40 000
息税前利润		30 000	30 000	30 000	30 000	30 000
所得税		7 500	7 500	7 500	7 500	7 500
净利润		22 500	22 500	22 500	22 500	22 500
营业现金净流量		62 500	62 500	62 500	62 500	62 500
终结现金流量						
固定资产残值	—	—	—	—	—	—
收回流动资金						
各年现金净流量	−200 000	62 500	62 500	62 500	62 500	62 500

表 7-2 乙方案现金流量表

单位：元

时间(t)	0	1	2	3	4	5
初始现金流量						
固定资产投资	−180 000	—	—	—	—	—
垫支流动资金	−10 000					
营业现金流量						
营业收入		140 000	140 000	140 000	140 000	140 000
付现成本		60 000	68 000	76 000	84 000	92 000
折旧	—	32 000	32 000	32 000	32 000	32 000
息税前利润		48 000	40 000	32 000	24 000	16 000
所得税		12 000	10 000	8 000	6 000	4 000
净利润		36 000	30 000	24 000	18 000	12 000
营业现金净流量		68 000	62 000	56 000	50 000	44 000
终结现金流量						
固定资产残值	—	—	—	—	—	20 000
收回流动资金						10 000
各年现金净流量	−190 000	68 000	62 000	56 000	50 000	74 000

四、估算项目现金流量应注意的问题

在估算项目的现金流量时，应遵循的基本原则是：只有增量现金流量才是与项目相关的现金流量。所谓增量现金流量，是指接受或拒绝某个投资项目后所引起的现金流量的变动部分。由于采纳某个投资项目引起的现金流入增加额,才是该项目的现金流入;同理,某个投资项目引起的现金流出增加额,才是该项目的现金流出。为了正确计算投资项目的增量现金流量,需要注意以下几个问题。

(一) 正确区分决策相关成本和决策无关成本

决策相关成本是指与特定决策项目有关的、在分析评价时必须考虑的成本因素,如差额成本、未来成本、机会成本、重置成本等。决策无关成本则是指与特定决策项目无关的、在分析评价时不必考虑的成本因素,如沉没成本、过去成本、账面成本等。进行现金流量估算不需要考虑非相关成本,如企业5年前购置的土地原价为500万元,现准备对这块土地进行开发利用,无论企业采取什么方案开发利用这块土地,5年前的购置成本都属于过去成本、沉没成本,与决策无关,在分析时不必考虑。

(二) 充分考虑机会成本

在投资决策中,如果选择了某一投资项目而放弃其他投资项目,其他投资项目可能取得的收益就是本项目的机会成本。机会成本不是会计意义上的"成本",它不会实际发生支出或费用,而是一种失去的潜在收益,尽管没有实际发生,但在决策时必须要考虑。如企业5年前购置的价值500万元的土地,现在有两种利用方案:一种是在土地上修建厂房进行生产,另一种是将土地出售,售价为900万元。如果企业选择修建厂房,就不能出售土地,从而失去了获得900万元收益的机会,因此放弃的900万元收益就是选择修建厂房的机会成本。企业在分析修建厂房投资方案时应将900万元作为原始投资的现金流出量。

(三) 考虑对企业其他部门的影响

采纳一个项目后,该项目可能对公司内部其他部门造成有利或不利的影响,分析时需要考虑。要注意该投资项目与其他部门之间到底是竞争关系,还是互补关系。竞争关系的投资项目会降低现金流量,互补关系的投资项目会增加现金流量。如企业正考虑开发一种新产品,新产品投入市场后,可能会与企业现有产品形成竞争,降低现有产品的销量,那么单纯地将新产品的销售额作为项目现金流入量是不恰当的,必须将它对现有产品减少的销售额考虑在内,通过增量销售额来预测现金流量。

(四) 对净营运资金的影响

净营运资金是指增加的经营性流动资产与增加的经营性流动负债之差。一个新项目投产后,存货和应收账款等流动资产的需求会随之增加,同时应付账款等流动负债也会增加。这些与项目相关的新增流动资产与流动负债的差额即净营运资金应计入项目现金流量。当投资项目结束时,公司将与项目有关的存货出售,应收账款变为现金,应付账款和应付费用也随之偿付,净营运资金又恢复到原有水平。通常,在投资分析时假定开始投资时需要追加净营运资金,而当项目终结时又收回净营运资金。

第三节 项目投资决策指标

项目投资具有资金量大、回收时间长、投资风险高的特点,一旦决策失误会给企业带来严重的经济损失,因此必须采取客观、科学的手段和方法对投资项目进行财务可行性评价。项目财务可行性评价的核心是评价指标的计算与分析。

项目投资决策指标根据是否考虑货币时间价值,可分为非贴现现金流量指标(静态评价指标)和贴现现金流量指标(动态评价指标)两大类。

一、非贴现现金流量指标

非贴现现金流量指标又称静态评价指标,指标的计算没有考虑货币时间价值因素,主要包括静态投资回收期和投资报酬率。

(一) 静态投资回收期

静态投资回收期,简称回收期(payback period,PP),是指以投资项目经营现金净流量抵偿原始投资额所需要的全部时间。通常用年表示。它分为"包括建设期的回收期"和"不包括建设期的回收期"两种形式。

根据项目经营现金净流量的数量特征,静态投资回收期的计算分为以下两种方法。

1. 每年经营现金净流量相等

如果项目投产后前若干年(假设为 m 年),每年的经营现金净流量相等,且相等的经营现金净流量累计和大于原始投资额,即 $m \times$ 投产后 m 年内每年相等的现金净流量(NCF)$\geqslant$ 原始投资额,则可利用下面的公式计算静态投资回收期。

$$静态投资回收期 = \frac{原始投资额}{每年相等的经营现金净流量}$$

式中得到的静态投资回收期是不包括建设期的回收期,如果计算包括建设期的回收期,还需要再加上建设期的年限。

【例 7-8】 利用[例 7-7]的数据,计算甲方案的静态投资回收期。

解: 甲方案每年经营现金净流量相等,均为 62 500 元,且 5 年累计和大于原始投资额 200 000 元。计算方式如下:

$$不包括建设期的投资回收期 = 200\,000 \div 62\,500 = 3.2(年)$$
$$包括建设期的投资回收期 = 3.2 + 0 = 3.2(年)$$

2. 每年经营现金净流量不相等

每年经营现金净流量不相等时,需要将各年的现金净流量进行逐年累计,"累计现金净流量"为零的年限即为静态投资回收期。其公式为

静态投资回收期=最后一项为负值的累计净现金流量对应的年数+最后一项为负值的累计净现金流量绝对值÷下一年度净现金流量

式中得到的静态投资回收期是包括建设期的投资回收期，同样可以减去建设期的年限，得到不包括建设期的回收期。

【例7-9】 利用[例7-7]的数据，计算乙方案的静态投资回收期。

乙方案现金净流量数据如表7-3所示。

表7-3 乙方案累计现金净流量表

单位：元

时间(t)	0	1	2	3	4	5
各年现金净流量	−190 000	68 000	62 000	56 000	50 000	74 000
累计现金净流量	−190 000	−122 000	−60 000	−4 000	46 000	120 000

解：根据表格中的数据计算如下：

$$包括建设期的投资回收期 = 3 + 4\,000 \div 50\,000 = 3.08(年)$$

$$不包括建设期的投资回收期 = 3.08 - 0 = 3.08(年)$$

静态投资回收期反映了收回原始投资额的时间，其值越小，收回原始投资的时间越短，方案就越有利。只有静态投资回收期指标小于或等于基准投资回收期的投资项目才具有财务可行性。如果多个项目都具有财务可行性，那么静态投资回收期最短的方案为最优方案。

静态投资回收期的优点是计算简单，容易理解，能够直观地反映原始投资的返本期限，可以直接利用回收期之前的净现金流量信息。但缺点是没有考虑货币时间价值因素和回收期满后继续发生的净现金流量，不能正确反映投资方式不同对项目的影响。因此，一般将其作为项目决策的辅助指标。

（二）投资报酬率

投资报酬率(return on investment，ROI)是投资项目的年平均净利润占原始投资额的百分比，反映了投资项目的年平均投资报酬率。

$$投资报酬率 = \frac{年平均净利润}{原始投资额} \times 100\%$$

【例7-10】 利用[例7-7]的数据，计算甲、乙两个方案的投资报酬率。

解：根据以上资料计算投资报酬率。

$$甲方案的投资报酬率 = \frac{22\,500}{200\,000} \times 100\% = 11.25\%$$

$$乙方案的投资报酬率 = \frac{\dfrac{36\,000 + 30\,000 + 24\,000 + 18\,000 + 12\,000}{5}}{190\,000} \times 100\% = 12.63\%$$

投资项目的投资报酬率越高越好，只有投资报酬率指标大于或等于基准收益率指标的投资项目才具有财务可行性。如果多个项目都具有财务可行性，那么投资报酬率最大的方案为最优方案。

投资报酬率的优点是计算简单，容易理解；缺点是没有考虑货币时间价值因素，不能正确反映建设期长短及投资方式和回收额的有无等条件对项目的影响，分子、分母的计算口径的可比性差，分子无法直接利用现金净流量信息。

二、贴现现金流量指标

贴现现金流量指标又称动态评价指标，指标的计算需要考虑货币时间价值因素，主要包括净现值、现值指数、内部收益率。

(一) 净现值

净现值(net present value，NPV)是指在项目计算期内，按一定折现率计算的各年现金净流量现值的代数和。

净现值的计算公式为

$$NPV = \sum_{t=0}^{n} \frac{NCF_t}{(1+i)^t} = \sum_{t=0}^{n} NCF_t \times PVIF_{i,t}$$

式中，NPV 为净现值；n 为项目计算期；NCF_t 为第 t 年的现金净流量；$PVIF_{i,t}$ 为第 t 年、折现率为 i 的复利现值系数。

计算机技术的广泛运用，使复杂的决策指标计算变得简单。净现值也可以通过计算机的专业软件进行计算。如在 Excel 环境下，通过插入财务函数"NPV"，并根据计算机系统的提示，正确地输入已知的基准折现率和电子表格中的现金净流量，就可求得净现值。

【例 7-11】 利用[例 7-7]的数据，假定企业的资本成本为 10%，计算甲、乙两个方案的净现值。

解：根据以上资料计算净现值。

甲方案的净现值为：

$$NPV_甲 = 62\,500 \times PVIFA_{10\%,5} - 200\,000 = 62\,500 \times 3.790\,8 - 200\,000 = 36\,925(元)$$

乙方案的净现值为：

$$NPV_乙 = 68\,000 \times PVIF_{10\%,1} + 62\,000 \times PVIF_{10\%,2} + 56\,000 \times PVIF_{10\%,3} + 50\,000 \times PVIF_{10\%,4} + 74\,000 \times PVIF_{10\%,5} - 190\,000$$

$$= 68\,000 \times 0.909\,1 + 62\,000 \times 0.826\,4 + 56\,000 \times 0.751\,3 + 50\,000 \times 0.683\,0 + 74\,000 \times 0.620\,9 - 190\,000 = 45\,225(元)$$

净现值是投资项目决策时常用的指标。对单一方案而言，如果投资项目的净现值大于或等于零，项目具有财务可行性；如果投资项目的净现值小于零，则项目不具有财务可行性。在多个互斥方案的决策中,应选择净现值为正且最大的方案作为最优决策方案。

在上例中,由于购置设备的两个方案只能选择其中之一,所以甲方案和乙方案是互斥方案,而乙方案的净现值更大,所以应选择乙方案。

净现值的优点有:一是综合考虑了货币时间价值,能较合理地反映投资项目的真正经济价值;二是考虑了项目计算期内的全部现金净流量,体现了流动性与收益性的统一;三是考虑了投资风险,因为折现率的大小与风险大小有关,风险越大,折现率就越高。但该指标的缺点也非常明显。首先,净现值不能反映投资项目的实际收益率水平;其次,净现值是绝对值,当各项目原始投资额不等时,不便于各项目进行比较;最后,净现值的折现率在选择确认上存在一定困难,从而影响项目的可行性分析。

(二) 现值指数

现值指数(profitability of index,PI)又称获利指数或现值比率,是指项目投产后按一定折现率计算的经营期内各年现金净流量的现值合计与原始投资现值合计的比值。

现值指数的计算公式为

$$PI = \frac{\sum_{t_1=s+1}^{n} NCF_{t_1} \times PVIF_{i,t_1}}{\sum_{t_2=0}^{s} NCF_{t_2} \times PVIF_{i,t_2}}$$

对单一方案而言,现值指数大于或等于1,方案具有财务可行性;现值指数小于1,则方案不具财务可行性。如多个方案是独立的,不存在互斥关系,在企业资金允许的情况下,选择现值指数均大于或等于1的方案。如多个方案互斥,则应以净现值最大的方案为最优方案。因为在项目资金允许的情况下,净现值考虑了资金的应计利息,净现值最大的方案意味着能最大限度地增加企业价值。

【例7-12】利用[例7-7]的数据,假定企业的资本成本为10%,计算甲、乙两个方案的现值指数。

解:两个方案的现值指数计算方式如下。

甲方案的现值指数为:

$PI_{甲} = 62\,500 \times PVIFA_{10\%,\,5} \div 200\,000 = 62\,500 \times 3.790\,8 \div 200\,000 = 1.18$

乙方案的现值指数为:

$PI_{乙} = (68\,000 \times PVIF_{10\%,\,1} + 62\,000 \times PVIF_{10\%,\,2} + 56\,000 \times PVIF_{10\%,\,3} + 50\,000 \times PVIF_{10\%,\,4} + 74\,000 \times PVIF_{10\%,\,5}) \div 190\,000$

$= (68\,000 \times 0.909\,1 + 62\,000 \times 0.826\,4 + 56\,000 \times 0.751\,3 + 50\,000 \times 0.683\,0 + 74\,000 \times 0.620\,9) \div 190\,000 = 1.24$

现值指数的优点是考虑了货币的时间价值,是一个相对数,有利于在初始投资额不同的投资方案之间进行对比。其缺点是现值指数与净现值一样,都不能反映投资项目的实际收益率水平,其值受折现率选择的影响。

(三) 内部收益率

内部收益率(internal rate of return,IRR)又称内含报酬率,是使投资项目的净现值等于零的折现率,它实际上反映了投资项目的真实报酬。内部收益率满足下列等式:

$$\sum_{t=0}^{n} \text{NCF}_t \times \text{PVIF}_{\text{IRR},t} = 0$$

内部收益率的计算比净现值和现值指数更复杂,具体分为如下两种情况。

1. 经营期(含终结点)各年现金净流量相等,全部投资均于建设起点一次投入,建设期为零

经营期(含终结点)各年现金净流量相等,第 1 至第 n 期每期现金净流量属于普通年金。由此可以得到下列公式,即

$$\text{NCF}_{1\text{-}n} \times \text{PVIFA}_{\text{IRR},n} - 原始投资总额 = 0$$

此时,内部收益率具体计算的步骤如下:

(1) 计算年金现值系数 $\text{PVIFA}_{\text{IRR},n}$。

$$\text{PVIFA}_{\text{IRR},n} = \frac{原始投资额}{经营期每年相等的现金净流量}$$

(2) 查年金现值系数表,在项目计算期 n 内,找出与上述年金现值系数最相近的两个年金现值系数及其对应的折现率,确定内部收益率的范围。

(3) 根据邻近的折现率和相关年金现值系数,用插值法求出内部收益率。

【例 7-13】 利用[例 7-7]的数据,计算甲方案的内部收益率。

解: 因为甲方案全部投资均于建设起点一次投入,建设期为零,经营期每年现金净流量相等,终结点没有现金流量,满足上述方法的基本条件,所以按公式可以得到

$$62\ 500 \times \text{PVIFA}_{\text{IRR}甲,5} - 200\ 000 = 0$$

$$\text{PVIFA}_{\text{IRR}甲,5} = 200\ 000 \div 62\ 500 = 3.2$$

查年金现值系数表,当 $n=5$ 时,查到与 3.2 最相近的两个年金现值系数分别为 3.274 3 和 3.199 3,对应的折现率分别为 16%和 17%。

用插值法计算:

$$\frac{\text{IRR}_甲 - 16\%}{17\% - 16\%} = \frac{3.2 - 3.274\ 3}{3.199\ 3 - 3.274\ 3}$$

则

$$\text{IRR}_甲 = 16.99\%$$

2. 经营期内各年现金净流量不相等,或存在建设期

若投资项目在经营期内各年现金净流量不相等、建设期不为零或原始投资额是在建设

期内分次投入的情况下，不能采用上述简便方法，必须按定义公式采用"逐次测试法"，计算使净现值等于零的折现率，得到内部收益率。其计算步骤如下。

(1) 首先估计一个折现率，并按此折现率计算净现值。如果净现值大于零，说明方案的实际内部收益率大于预计的折现率，应提高折现率再进一步测试；如果净现值小于零，说明方案本身的报酬率小于预计的折现率，应降低折现率再进行测算。如此反复，经过多次测试，得到使净现值由正到负或由负到正且接近零的两个折现率。

(2) 根据上述两个相邻的折现率，用插值法求出方案的内部收益率。

由于逐步测试法是一种近似方法，因此相邻的两个折现率不能相差太大(一般要求不越过5%)，否则误差会很大。

【例7-14】利用[例7-7]的数据，计算乙方案的内部收益率。

解：因为乙方案经营期每年现金净流量不等，所以只能采用逐步测试法。

当 $i=10\%$，$NPV_z=45\,225(元)$

所以应提高折现率，再进行测试。

令 $i=18\%$，计算乙方案的净现值可得 $NPV_z=4\,375.4(元)$

令 $i=20\%$，计算乙方案的净现值可得 $NPV_z=-4\,020(元)$

用插值法计算：

$$\frac{IRR_z - 18\%}{20\% - 18\%} = \frac{0 - 4\,375.4}{-4\,020 - 4\,375.4}$$

$$IRR_z = 19.04\%$$

对单一方案而言，内部报酬率大于或等于企业的资本成本或必要报酬率时具有财务可行性。如多个方案是独立的，不存在互斥关系，在企业资金允许的情况下，选择内部收益率均大于或等于企业的资本成本或必要报酬率的方案。如多个方案互斥，与现值指数决策一样，仍应以绝对值指标净现值作为决策标准。

内部收益率的优点：它是一个动态相对量指标，既考虑了货币时间价值，又能从动态的角度直接反映投资项目的实际报酬率，不受折现率高低的影响，比较客观。该指标的缺点是手工计算过程比较复杂。但在Excel环境下，通过使用财务函数"IRR"也可以快速得到项目的内部收益率。

(四) 贴现现金流量指标之间的关系

对同一项目利用三种贴现现金流量指标进行评价，会得出完全相同的结论。净现值、现值指数和内部收益率指标间存在以下数量关系：

当 $NPV>0$ 时，$PI>1$，$IRR>$ 预定折现率；

当 $NPV=0$ 时，$PI=1$，$IRR=$ 预定折现率；

当 $NPV<0$ 时，$PI<1$，$IRR<$ 预定折现率。

三种指标中，净现值为绝对量指标，现值指数和内部收益率为相对数指标。在计算净现值和现值指数时，折现率都是事先已知，而内部收益率的计算本身与折现率的高低没有关系。因此折现率的选择会影响净现值和现值指数决策的正确性。折现率一般可选择企业自身的资本成本、行业加权平均资本成本、企业投资的机会成本等。无论选择哪种折现率，都要注意折现率的高低需要体现项目的风险，风险越大，选择的折现率越高。

对多个方案，使用净现值、现值指数和内部收益率进行决策时，可能会出现矛盾。

【例7-15】某企业打算进行投资，有 A 方案和 B 方案可供选择，两个方案的相关数据如表 7-4 所示。

表 7-4 A 方案和 B 方案现金流量与决策指标数据

指标	年度	A 方案	B 方案
初始现金流量 营业现金流量	0	−100 万元	−30 万元
	1	50 万元	16 万元
	2	50 万元	16 万元
	3	50 万元	16 万元
资本成本		10%	
净现值(NPV)		24.35 万元	9.79 万元
现值指数(PI)		1.24	1.33
内部收益率(IRR)		23.38%	27.76%

从表 7-4 可以看出，如果用净现值作为决策标准，A 方案优于 B 方案。而如果用现值指数和内部收益率作为决策标准，则 B 方案优于 A 方案。

净现值和内部报酬率有时会产生差异，主要是因为：①初始投资不一致，一个项目的初始投资大于另一个项目的初始投资；②现金流量的时间不一致，一个在最初几年流入较多，另一个在最后几年流入较多。尽管这两种情况使两者产生差异，但引起差异的原因是共同的，即净现值的计算假定项目产生的现金流量重新投资会产生相当于企业资本成本的收益率，而内部收益率的计算却假定项目现金流入量重新投资产生的收益率与此项目特定的内部收益率相同。

净现值和现值指数在计算时采用的是相同折现率，产生差异的原因是初始投资不同。因为净现值是用经营期每年现金流量现值减去原始投资现值，而现值指数是用经营期每年现金流量现值除以原始投资现值，所以评价结果可能会产生矛盾。

当指标出现矛盾并资金无限制的条件下，应以净现值为决策标准，因为净现值越大越有利于增加企业价值。

第四节 固定资产投资决策指标运用

一、寿命期限不等的项目投资决策

前面的项目投资决策指标可以运用于项目的可行性决策,但如果项目的计算期不同,就不能直接比较各项目的净现值、内部报酬率和现值指数等指标。为了使投资项目的各种指标具有可比性,必须将不同项目的计算期进行统一,在相同的期间内来进行比较决策。下面举例说明。

【例7-16】某公司有 A 和 B 两个投资项目,由于资金的限制,只能选择其中一个进行投资。A 项目原始投资额为 200 000 元,项目无建设期,经营期为 5 年,5 年后项目终结且无残值收入。项目投产后,每年产生净现金流量 70 000 元。B 项目原始投资额为 250 000 元,项目无建设期,经营期为 10 年,10 年后项目终结且无残值收入。项目投产后,每年产生净现金流量 58 000 元。假设公司资本成本为 14%,该公司应该选择哪个项目进行投资?

解:两个项目的净现值计算如下:

$$NPV_A = 70\ 000 \times PVIFA_{14\%,\ 5} - 200\ 000$$
$$= 70\ 000 \times 3.433\ 1 - 200\ 000$$
$$= 40\ 317(元)$$
$$NPV_B = 58\ 000 \times PVIFA_{14\%,\ 10} - 250\ 000$$
$$= 58\ 000 \times 5.216\ 1 - 250\ 000$$
$$= 52\ 533.8(元)$$

B 项目净现值大于 A 项目净现值,所以选择 B 项目进行投资。

但这种分析是不全面的,因为没有考虑两个项目计算期的不同。为了使指标的对比更具科学性、合理性,必须将净现值转换为相同计算期的净现值进行比较,或者是对两个项目的年均净现值进行比较。对寿命期限不同的项目,一般采用最小公倍数法和年均净现值法。

(一) 最小公倍数法

最小公倍数法也称方案重复法,是将各方案计算期的最小公倍数作为比较方案的计算期,进而调整有关指标,并据此进行多方案比较决策的一种方法。

对于上例中公司的 A 项目和 B 项目来说,它们的最小公倍数为 10 年。由于 B 项目的净现值本来就是按 10 年计算的,所以无须重新调整。只需对 A 项目净现值进行调整计算。

调整 A 项目净现值时,可以采取两种方式:

第一,将项目计算期内各年现金净流量进行重复计算,直到与最小公倍数计算期相等;然后再计算净现值;最后根据调整后的净现值指标进行方案的比较决策。

第二,直接计算项目原计算期内的净现值,再按照最小公倍数原理分别对其折现,并求出代数和，最后根据调整后的净现值指标进行方案的比较决策。

下面主要介绍第二种方式。

A 项目 10 年期的净现值 = 第 0 年投资的净现值 + 第 5 年末投资的净现值 × $PVIF_{14\%,5}$

$= 40\,317 + 40\,317 \times 0.519\,4$

$= 61\,257.65(元)$

比较 A 和 B 两个项目 10 年内的净现值。因为 A 项目 10 年内的净现值大于 B 项目 10 年内的净现值，所以公司应选择用 A 项目。

在某些情况下，计算两个项目的计算期相差很大，按最小公倍数所确定的计算期往往很长。例如，一个项目的寿命周期为 9 年，另一个项目的寿命是 13 年，那么最小公倍数是 117 年，通过最小公倍数法统一计算期进行决策是非常麻烦的。为了克服最小公倍数法的缺点，一般采用年均净现值法。

(二) 年均净现值法

年均净现值法是把项目的净现值转化为项目每年的平均净现值。年均净现值最大的方案为最优方案。

年均净现值的计算公式为

$$ANPV = \frac{NPV}{PVIFA_{i,n}}$$

式中，ANPV 为项目年均净现值；NPV 为项目净现值；$PVIFA_{i,n}$ 为以公司资本成本为折现率、项目计算期为期限的年金现值系数。

依然以[例 7-16]为例，A 项目和 B 项目的年均净现值计算如下：

$ANPV_A = 40\,317 \div PVIFA_{14\%,5}$

$= 40\,317 \div 3.433\,1$

$= 11\,743.61(元)$

$ANPV_B = 52\,533.8 \div PVIFA_{14\%,10}$

$= 52\,533.8 \div 5.216\,1$

$= 10\,071.47(元)$

从结果可以看出，A 项目的年均净现值比 B 项目高，所以公司应选用 A 项目。

年均净现值法的结果与最小公倍数法计算结果相比较，两者的结论是一致的。

二、固定资产更新改造决策

固定资产更新决策是企业项目投资决策的一项重要内容。一般将继续使用旧设备和用新设备看成两个互斥方案。很明显，与继续使用旧设备相比，使用新设备有利于节约营运成本，提高资源效率。但新设备的购置需要投入更多的资金。因此，企业需要首先科学分析两个方案的现金净流量，再运用投资决策指标得出客观、合理的结论。

(一) 更新改造项目现金流量的计算

1. 初始现金流量的计算

与新建项目相比，固定资产更新决策中初始现金流量的计算要复杂一些。为了简化起见，在此假设固定资产更新不存在建设期，不考虑流动资金垫支问题。

在进行更新决策现金流量估算时，需特别注意理解以下几方面：

(1) 旧设备原始购置成本是已经发生的支出，属于沉没成本，不对现金流量产生影响。

(2) 如果选择使用新设备替代旧设备，旧设备可以进行变卖，其变现净收入是现金流入量。但如果选择继续使用旧设备，则放弃了取得变卖旧设备的变现净收入，成为继续使用旧设备的机会成本，可以将变现净收入作为继续使用旧设备的初始投资额(现金流出)。

(3) 旧设备变卖时所产生的变现净收入与税法规定的残值可能产生差异，从而产生营业外收入或支出，进而对所得税产生影响，所以进行更新决策必须考虑旧设备变现损失抵税或变现收益纳税的影响。所得税是现金流出，抵减所得税是现金流入，但由于继续使用旧设备，无法获得旧设备变现净收入和变现净损失抵税。因此，丧失的旧设备变现净损失抵税是继续使用旧设备的现金流出。

继续使用旧设备的初始现金流量：

$$NCF_0 = -旧设备变现净收入 - 旧设备变现损失抵税(+变现收益纳税)$$

使用新设备的初始现金流量：

$$NCF_0 = -新设备原始投资额$$

2. 营业现金流量的计算

与新建项目相比，固定资产更新决策中营业现金净流量的计算与新建项目比较相似，仍然可以采用直接法、间接法和直接考虑税后收入与成本三种方法进行计算。为了简化过程，下面只列出一种计算方法，其他方法可参考新建项目。

继续使用旧设备的营业现金流量：

$$NCF_{1-n} = 继续使用旧设备的年营业收入 - 继续使用旧设备的年付现成本 \\ - 继续使用旧设备的年所得税$$

使用新设备的营业现金流量：

$$NCF_{1-n} = 使用新设备的年营业收入 - 使用新设备的年付现成本 - 使用新设备的年所得税$$

3. 终结现金流量的计算

固定资产更新决策中终结现金净流量的计算也与新建项目比较相似。

继续使用旧设备的终结现金流量：

$$NCF_n = 继续使用旧设备的固定资产净残值收入$$

使用新设备的终结现金流量：

$$NCF_n = 使用新设备的固定资产净残值收入$$

与新建项目相同，更新改造项目的计算期第 n 期期末，既会产生营业现金净流量，又会产生终结现金净流量，一般在计算新设备和继续使用旧设备的第 n 期期末现金净流量（NCF_n）时，需将两部分进行加总。

如果继续使用旧设备和使用新设备的年限是相同的，还可以计算两个项目的差额现金净流量（ΔNCF_{0-n}），即将新设备各年的现金净流量减去同年的旧设备的现金净流量。

(二) 固定资产更新决策方法

计算出继续使用旧设备和使用新设备替代旧设备两个方案的现金净流量后，需要采用一定的方法进一步进行更新决策。固定资产更新决策的方法一般有两种。

1. 新、旧设备继续使用年限相同

如果新、旧设备继续使用年限相同，可以将继续使用旧设备和使用新设备看成是两个备选方案，通过计算两个方案的差额现金流量，使用差额净现值法进行决策。当更新改造项目的差额净现值大于 0 时，使用新设备，否则使用旧设备。当然也可以直接通过比较两个方案净现值大小进行决策。

【例 7-17】某公司正在考虑用一台新设备代替已使用 3 年，估计还可使用 5 年的旧设备，以减少成本、增加收益。旧设备原购置成本为 120 万元，预计残值为 12 万元。如果现在出售旧设备变现净收入为 70 万元。继续使用旧设备每年可取得营业收入 60 万元，支付付现成本 30 万元。该公司现准备用一台新设备来代替原有的旧设备，新设备购置成本为 100 万元，估计可使用 5 年，预计残值为 10 万元，使用新设备后，每年营业收入为 80 万元，付现成本为 40 万元。假定该公司的资本成本为 10%，所得税率为 25%，新、旧设备均采用直线法计提折旧，折旧方法和预计残值均与税法的规定相同。

要求：(1) 计算更新设备与继续使用旧设备每年的差额净现金流量（ΔNCF_{0-5}）。

(2) 计算差额净现值，并决定是否应该替换旧设备。

解：(1) 采用各种方式的现金净流量如下。

更新设备各年的差量净现金流量：

旧设备每年折旧额=(120−12)÷8=13.5(万元)

旧设备已提折旧额=13.5×3=40.5(万元)

旧设备账面余值=120−40.5=79.5(万元)

旧设备变现净损失=79.5−70=9.5(万元)

旧设备变现净损失抵税=9.5×25%＝2.375(万元)

继续使用旧设备各年的现金净流量：

NCF_0=−70−2.375=−72.375(万元)

NCF_{1-4}= 60×(1−25%)−30×(1−25%)+13.5×25%=25.875(万元)

$NCF_5 = 25.875+12=37.875(万元)$

新设备每年折旧额=$(100-10)÷5=18(万元)$

使用新设备各年的现金净流量：

$NCF_0 = -100(万元)$

$NCF_{1-4}=80×(1-25\%)-40×(1-25\%)+18×25\%=34.5(万元)$

$NCF_5=34.5+10=44.5(万元)$

使用新设备和继续使用旧设备各年的差额现金净流量：

$\Delta NCF_0 = -100-(-72.375) = -27.625(万元)$

$\Delta NCF_{1-4}=34.5-25.875=8.625(万元)$

$\Delta NCF_5=44.5-37.875=6.625(万元)$

(2) 差额净现值

$\Delta NPV = 8.625×PVIFA_{10\%,4} + 6.625×PVIF_{10\%,5} - 27.625 = 3.83(万元)$

因为差额净现值大于0，所以应使用新设备替代旧设备。

2．新、旧设备继续使用年限不相同

如果新、旧设备继续使用年限不相同，无法计算两方案的差额现金流量或直接比较净现值，此时可分别计算两个方案的年均净现值，选择年均净现值大的方案作为最优方案。如果设备更新不改变企业的生产能力，不增加企业的现金流入量，更新决策现金流量主要是现金流出量(少量残值收入可以看成是现金流出的抵减)，因此还可通过计算两个方案的平均年成本，选择平均年成本较低的方案作为最优方案。

【例 7-18】某公司正在考虑用一台新设备代替旧设备。新设备与旧设备的生产能力相同，即每年营业收入产生的现金流量相同。新、旧设备均采用直线法折旧，折旧方法和预计净残值均与税法规定相同；假定公司的资本成本为10%，所得税率为25%。其他资料如表7-5所示。

表7-5 更新改造设备相关资料

单位：万元

项目	旧设备	新设备
账面原值	1 800	1 500
预计使用年限	8	10
尚可使用年限	6	10
目前变现价值	1 000	1 500
每年付现成本	500	480
预计净残值	200	100

要求：分别计算两个方案的平均年成本，确定公司是否应进行更新改造。

解：旧设备每年折旧额=$(1 800-200)÷8=200(万元)$

旧设备年折旧额抵税=$200×25\%=50(万元)$

旧设备账面余值=1 800–200×2=1 400(万元)
旧设备变现净损失=1 400–1 000=400(万元)
旧设备变现净损失抵税=400×25%=100(万元)
旧设备年税后付现成本=500×(1–25%)=375(万元)

继续使用旧设备现金流量数据如表7-6所示。

表7-6 继续使用旧设备现金流量表

单位：万元

项目	现金流量	时间	现值系数	现值
旧设备变现价值	–1 000	0	1	–1 000.00
旧设备变现净损失抵税	–100	0	1	–100.00
年税后付现成本	–375	1～6	4.355 3	–1 633.24
折旧抵税	50	1～6	4.355 3	217.77
净残值收入	200	6	0.564 5	112.90
合计				–2 402.57

旧设备的平均年成本=2 402.57÷PVIFA$_{10\%, 6}$=551.64(万元)
新设备每年折旧额=(1 500–100)÷10=140(万元)
新设备年折旧额抵税=140×25%=35(万元)
新设备年税后付现成本=480×(1–25%)=360(万元)

使用新设备现金流量数据如表7-7所示。

表7-7 使用新设备现金流量表

单位：万元

项目	现金流量	时间	现值系数	现值
新购买成本	–1 500	0	1	–1 500.00
年税后付现成本	–360	1～10	6.144 6	–2 212.06
折旧抵税	35	1～10	6.144 6	215.06
净残值收入	100	10	0.385 5	38.55
合计				–3 458.45

新设备的平均年成本=3 458.45÷PVIFA$_{10\%, 6}$=562.84(万元)

因为使用新设备的平均年成本大于继续使用旧设备的平均年成本，所以应继续使用旧设备，不应该更新。

三、缩短建设期决策

在企业实务中，对于存在建设期的项目，可以通过缩短建设期提前收回经营现金流量，从而获利货币时间价值上的收益。但缩短建设期则需要投入更多的人力、物力和财力，即会加大项目的原始投资额。所以在具体决策时，企业也需要运用一定的投资决策分析方法展开决策。企业应该将正常建设期和缩短建设期两个方案视为两个互斥方案，当两个项目建设期差别不大时,可以直接比较两个方案的净现值,选择净现值大的方案作为最优方案。而如果两个方案的项目建设期差别较大时,则需要进一步测算两个方案的年均净现值,从而得出结论。

【例7-19】A项目正常建设期为4年,每年年初投资100万元,共投资400万元。经营期10年,第5年到第14年每年营业现金净流量为200万元。现在可以加大投资额,将建设期缩短为2年,但每年年初需要投资250万元,共投资500万元,建设完工后项目经营每年营业现金净流量保持不变。假设不考虑固定资产的残值和营运资金垫资,企业要求的必要收益率为16%,试分析企业是否应该缩短建设期。

解:正常建设期下项目的净现值:

$$NPV=200\times PVIFA_{16\%,10}\times PVIF_{16\%,4}-100\times(PVIFA_{16\%,3}+1)$$
$$=200\times 4.833\,2\times 0.552\,3-100\times(2.245\,9+1)=209.29(万元)$$

缩短建设期下项目的净现值:

$$NPV=200\times PVIFA_{16\%,10}\times PVIF_{16\%,2}-250\times PVIF_{16\%,1}-250$$
$$=200\times 4.833\,2\times 0.743\,2-250\times 0.862\,1-250=252.88(万元)$$

从以上净现值结果看,缩短建设期对企业更有利。

如果进一步计算两个方案的年均净现值,则:

$$正常建设期下项目的年均净现值=\frac{209.29}{PVIFA_{16\%,14}}=38.28(万元)$$

$$缩短建设期下项目的年均净现值=\frac{252.88}{PVIFA_{16\%,12}}=48.66(万元)$$

因为两个项目建设期相关不大,所以得出了净现值决策相同的结论。

第五节 风险环境下的投资决策

前面的分析过程中,我们都假设项目的现金流量是确定的,即现金收支的金额大小和其发生的时间是确定的。但实际上风险是客观存在的,任何投资项目都可能存在风险,项目未来现金流量总会具有某种程度的不确定性。如果项目面临的不确定性和风险比较大,不考虑风险问题,会使投资决策失误,因此有必要进一步讨论风险环境下的投资决策问题。

投资风险分析的常用方法是风险调整折现率法和肯定当量法。

一、风险调整折现率法

风险调整折现率法是最常用的投资风险分析方法。风险调整折现率法的基本思想是对于高风险的项目采用较高的折现率去计算净现值,然后根据净现值来进行决策。其基本公

式为

$$调整后的净现值 = \sum_{t=0}^{n} \frac{预期现金净流量}{(1+风险调整折现率)^t}$$

如前所述，上式中的风险调整折现率应该根据项目的风险程度来进行换算。

在第三章中提到

$$K = R_f + b \times V$$

式中，K 为期望投资报酬率，即风险调整折现率；R_f 为无风险报酬率；b 为风险报酬系数；V 为标准离差率，即风险程度的表示。

如果已知 R_f，为了确定 K 的值，需要先确定 V 和 b 的值。

下面通过举例，说明如何计量投资项目的风险程度 V、风险报酬系数 b，以及如何采用风险调整折现率法来进行决策。

【例7-20】某企业的无风险报酬率为 6%，现在投资一个项目，有 A、B 两个互斥方案，相关资料如表 7-8 所示。

要求：采用风险调整折现率法进行决策。

表 7-8 A 方案和 B 方案各年现金净流量与概率

单位：万元

项目计算期	A 方案		B 方案	
	现金净流量(NCF_i)	概率(P_i)	现金净流量(NCF_i)	概率(P_i)
0	(8 000)	1.0	(6 000)	1.0
1	4 000	0.3	2 500	0.2
	3 000	0.6	3 000	0.5
	2 000	0.1	1 000	0.3
2	5 000	0.4	3 000	0.3
	4 000	0.5	4 000	0.6
	3 000	0.1	2 000	0.1
3	4 000	0.3	2 600	0.2
	3 000	0.4	3 000	0.4
	1 000	0.3	1 500	0.4

解：计算方案风险程度：

(1) 计算两个方案各年现金净流量的期望值。

$$\overline{NCF_t} = \sum_{i=1}^{n} NCF_i \times P_i$$

(2) 计算反映各年现金净流量离散程度的标准差。

$$\sigma_t = \sqrt{\sum_{i=1}^{n}(NCF_i - \overline{NCF_t})^2 \times P_i}$$

(3) 计算标准离差率。标准差越大，说明现金净流量的风险越大；反之，风险越小。但标准差是一个绝对值，不便于比较期望值不同的方案风险的大小。因此，还需计算标准离差率。

$$V_t = \frac{\sigma_t}{\overline{NCF_t}}$$

两个方案的相关数据如表 7-9 所示。

表 7-9　A 方案和 B 方案各年现金净流量期望值、标准离差和标准离差率

单位：万元

方案	指标	年度			
		0	1	2	3
A 方案	现金净流量的期望值($\overline{NCF_t}$)	-8 000	3 200	4 300	2 700
	现金净流量的标准差(σ_t)	0	600	640	1 187
	现金净流量的标准离差率(V_t)	0	18.75%	14.88%	43.96%
B 方案	现金净流量的期望值($\overline{NCF_t}$)	-6 000	2 300	3 500	2 320
	现金净流量的标准差(σ_t)	0	872	671	685
	现金净流量的标准离差率(V_t)	0	37.91%	19.17%	29.53%

(4) 计算综合标准离差率。上面的计算结果只反映了项目某一年的风险大小，为了衡量项目的综合风险，还需计算综合的标准离差率。标准离差率的计算公式为

$$V = \frac{D}{EPV}$$

式中，D 为综合标准离差。其计算公式为

$$D = \sqrt{\sum_{t=1}^{n} \frac{\sigma_t^2}{(1+i)^{2t}}}$$

EPV 为各年现金净流量期望值的现值之和。其计算公式为

$$EPV = \sum_{t=1}^{n} \frac{\overline{NCF_t}}{(1+i)^t}$$

A 方案：

$$D_A = \sqrt{\frac{600^2}{(1+6\%)^2} + \frac{640^2}{(1+6\%)^4} + \frac{1\ 187^2}{(1+6\%)^6}} = 1\ 280(万元)$$

$$EPV_A = \frac{3\ 200}{(1+6\%)} + \frac{4\ 300}{(1+6\%)^2} + \frac{2\ 700}{(1+6\%)^3} = 9\ 113(万元)$$

$$V_A = \frac{1\,280}{9\,113} = 0.140\,5$$

B 方案:

$$D_B = \sqrt{\frac{872^2}{(1+6\%)^2} + \frac{671^2}{(1+6\%)^4} + \frac{685^2}{(1+6\%)^6}} = 1\,168(万元)$$

$$EPV_B = \frac{2\,300}{(1+6\%)} + \frac{3\,500}{(1+6\%)^2} + \frac{2\,320}{(1+6\%)^3} = 7\,233(万元)$$

$$V_B = \frac{1\,168}{7\,233} = 0.161\,5$$

确定风险报酬系数:

风险报酬系数 b 反映了风险程度的变化对风险调整折现率影响的大小,其数值的大小可以根据历史资料用高低点法或直线回归法求出,也可以由企业领导或有关专家根据经验数据确定。

假设行业同类项目的风险报酬系数为 0.2,则 A、B 两个方案的风险调整折现率分别为

$$K_A = 6\% + 0.2 \times 0.140\,5 = 8.81\%$$

$$K_B = 6\% + 0.2 \times 0.161\,5 = 9.23\%$$

根据风险调整折现率计算 A 方案和 B 方案的净现值:

由净现值的计算公式 $NPV = \sum_{t=0}^{n} \frac{\overline{NCF_t}}{(1+K)^t}$ 得

$$NPV_A = \frac{3\,200}{(1+8.81\%)} + \frac{4\,300}{(1+8.81\%)^2} + \frac{2\,700}{(1+8.81\%)^3} = 8\,669(万元)$$

$$NPV_B = \frac{2\,300}{(1+9.23\%)} + \frac{3\,500}{(1+9.23\%)^2} + \frac{2\,320}{(1+9.23\%)^3} = 6\,819(万元)$$

考虑了风险价值后,A 方案的净现值大于 B 方案的净现值,在企业投资额允许的情况下,应选择净现值大的方案,即选择 A 方案进行投资,因为这样可以最大限度地增加企业的价值。

风险调整折现率法对风险大的项目采用较高的折现率,对风险小的项目采用比较低的折现率,便于理解,在实务中被广泛运用。但是这种方法把时间价值和风险价值混淆在一起,采用单一的折现率同时完成风险调整和时间调整,这意味着风险随着时间的推移而加大,可能与事实不符,夸大了远期现金流量的风险。因此该方法在理论上受到了批评。

二、肯定当量法

肯定当量法的基本思想是先将有风险的现金净流量调整为无风险的现金净流量,然后用无风险的折现率去计算净现值,并据此进行决策。其基本公式为

$$NPV = \sum_{t=0}^{n} \frac{a_t \times NCF_t}{(1+i)^t}$$

式中，a_t 为第 t 年现金净流量的肯定当量系数；NCF_t 为第 t 年的有风险的现金净流量期望值；i 为无风险的折现率，一般使用国库券利率。

肯定当量系数 a_t，是将有风险的、不肯定的 1 元现金流量期望值转化成使投资者满意的肯定的金额系数，它可以把各年不肯定的现金流量换算成肯定的现金流量。其计算公式为

$$a_t = \frac{\text{肯定的现金净流量}}{\text{不肯定的现金净流量期望值}}$$

在实际工作中，肯定当量系数是一个经验系数，它是在估计项目风险程度的基础上凭借经验确定的。项目风险大小通过标准差率来表示，方案标准差率越大，说明该项目的风险越大，将其不肯定的现金净流量换算为肯定的现金净流量的数额就相对较小；反之亦然。所以，标准差率越小，其相对应的肯定当量系数越大；标准差率越大，其相对应的肯定当量系数越小。标准差率与肯定当量系数的对应关系如表 7-10 所示。

表 7-10　标准差率与肯定当量系数的对应关系

标准差率 V	肯定当量系数 a_t
0～0.07	1.0
0.08～0.15	0.9
0.16～0.23	0.8
0.24～0.32	0.7
0.33～0.42	0.6
0.43～0.54	0.5
0.55～0.70	0.4
……	……

【例 7-21】目前的无风险折现率为 6%。公司有 A 和 B 两个投资项目，相关资料如表 7-11 所示。

表 7-11　A 项目和 B 项目现金净流量与肯定当量系数

金额单位：万元

年份	现金净流量	肯定当量系数	现金净流量	肯定当量系数
	A 项目		B 项目	
0	-2 700	1.0	-2 000	1.0
1	1 600	0.6	800	0.9
2	1 600	0.5	800	0.8
3	1 600	0.4	800	0.6
4	1 600	0.3	800	0.5
5	1 600	0.2	800	0.3

要求：采用肯定当量法来评价 A、B 两个项目的优劣。

解：不考虑现金净流量的风险程度，两个项目的净现值分别为

$NPV_A = 1\,600 \times PVIFA_{6\%,\,5} - 2\,700 = 1\,600 \times 4.212\,4 - 2\,700 = 4\,039.84$(万元)

$NPV_B=800×PVIFA_{6\%, 5}-2\,000=800×4.212\,4-2\,000=1\,369.92$(万元)

如不考虑风险，从净现值的大小看，A 项目明显优于 B 项目。

如考虑现金净流量的风险程度，采用肯定当量法，需要将含有风险的现金净流量先调整为不含风险的现金净流量，然后再使用无风险折现率计算项目的净现值。

A 项目和 B 项目调整后的净现值如表 7-12 所示。

表 7-12　A 项目和 B 项目调整后的净现值

年份	现金净流量		肯定当量系数		肯定现金流量		现值系数 (6%)	调整后现值	
	A 项目	B 项目	A 项目	B 项目	A 项目	B 项目		A 项目	B 项目
0	−2 700	−2 000	1.0	1.0	−2 700	−2 000	1	−2 700	−2 000
1	1 600	800	0.6	0.9	960	720	0.943 9	906.14	679.61
2	1 600	800	0.5	0.8	800	640	0.890 0	712.00	569.60
3	1 600	800	0.4	0.6	640	480	0.839 6	537.34	403.01
4	1 600	800	0.3	0.5	480	400	0.792 1	380.21	316.84
5	1 600	800	0.2	0.3	320	240	0.747 3	239.14	179.35
调整后的净现值	A 项目							74.83	
	B 项目							148.41	

经过调整后，B 项目净现值大于 A 项目，说明考虑风险后 B 项目更好。由此可见，如果不进行调整，就可能使企业决策失误。

风险调整折现率法是通过调整净现值公式中的分母来考虑风险因素。肯定当量法是通过调整净现值公式中的分子来考虑风险因素，它克服了风险调整折现率法将资金时间价值与风险价值混在一起的缺陷，但合理地确定肯定当量系数是一件困难的事情。

从实务上看，经常应用的是风险调整折现率法，主要原因是风险调整折现率比肯定当量系数容易估计。此外，大部分财务决策都使用投资报酬率来决策，调整折现率更符合人们的习惯。

在风险环境下，除了前面所述的风险调整折现率和肯定当量法外，还有决策树法、敏感性分析、场景概况分析及蒙特卡洛模拟分析等方法，在此不再一一讲解。但可以知道的是，任何投资都可能存在风险，因此在未来收益不确定的情况下需要充分考虑风险问题，否则就会使决策产生失误。

思 考 题

1. 项目投资的项目计算期是如何构成的？
2. 新建投资项目的现金流量是如何构成的？
3. 进行项目投资决策时为什么使用现金流量而不是利润？
4. 项目投资决策中的静态评价指标有哪些？各指标有什么优缺点？
5. 项目投资决策中的动态评价指标有哪些？各指标有什么优缺点？

6. 在各种指标发生矛盾冲突时，应如何选择？
7. 在决策分析中，如何考虑项目的投资风险问题？

案例讨论

科飞特有限责任公司是一家生产和销售化工产品的企业，为扩大生产能力，目前正准备新建一条生产线。经过深入的调查研究，营销部门、生产部门、人力资源部门等相关职能部门对新建生产线的有关数据进行了详细预测，最后由财务部门进行了汇总。经分析，有关资料如下。

新生产线拟需2年建成，第3年年初可以投产使用。初始固定资产投资需要600万元，分两次投入。第1年年初投入400万元，第2年年初投入200万元。第3年年初正式投产时还需垫支流动资金30万元，流动资金在生产线报废结束时可如数收回。生产线投产后预计可使用10年，10年后净残值率为8%。生产线投产后，每年可生产和销售系列化工产品，销售收入750万元，年经营成本415万元，其中原材料费用240万元、工资费用100万元、管理费用(不包括折旧)40万元、销售费用35万元。

财务部门对公司目前的资金情况进行了分析，发现如果要进行新生产线的投资，除可以运用自有资金330万元外，还必须要向银行借入长期借款400万元，按公司的财务状况和信用程度，预计借款利率为6%，借款期限预计5年。从现在起5年后，每年支付利息，到期一次偿还本金。在分析了项目资金来源后，财务部认为本公司合理的加权平均资金成本为14%。

公司不享受税收优惠政策，所得税税率为25%。

讨论题目：
1. 请估算该公司新生产线每年的税后现金流量。
2. 请用恰当的投资决策指标对该公司新生产线的财务可行性进行分析。
3. 你认为该公司在进行新生产线的财务可行性分析中还需要考虑哪些因素？这些因素会对项目可行性造成什么影响？

第八章

营运资金管理

学习目标

通过本章的学习要求学生：
- 了解营运资金相关概念及营运资金的持有政策
- 掌握现金管理的相关概念及最佳现金持有量的确定方法
- 掌握应收账款管理的相关概念及信用政策制定
- 掌握存货管理的相关概念及存货经济订货模型
- 掌握流动负债筹资方式与相关成本计算

第一节 营运资金管理概述

营运资金管理主要包括流动资产的管理及流动资金的筹集，重点在于确定流动资产的最佳持有量。

一、营运资金的概念

营运资金，又称营运资本，其概念有广义和狭义之分。广义的营运资金，即总营运资金，是指企业投放在流动资产的资金，包括现金、有价证券、应收账款、存货等流动资产。狭义的营运资金，即净营运资金，是指企业流动资产与流动负债的差额，体现企业的短期财务活动。通过营运资金分析，可以了解企业的资产流动性、流动资产的变现能力和短期偿债能力。

(一) 流动资产

流动资产是指在一年以内或一个营业周期以内变现或运用的资产，主要包括：现金(及现金等价物)、短期投资、应收账款、预付账款、存货等,是企业全部资产中流动性最强的部分,但也是企业资产中收益性较弱的部分。

企业流动资产一般会呈现频繁波动。例如,一家企业采取均衡生产策略,如每月生产量相同,但其产品销售呈现季节性,当产量大于销量时企业存货增加,而当销量大于产量时企业存货减少,企业存货出现波动。同时,企业的其他流动资产也会发生波动,当新增信用销售大于客户现金支付时应收账款增加,反之应收账款减少;企业销售产品获得现金流入时,企业现金增多,企业购买材料等引起现金流出时,企业现金减少。

尽管企业流动资产波动频繁,但企业流动资产不可能趋于零,企业总是要持有一定数量的现金、应收账款和存货等。因此,流动资产可分解为两部分:永久性流动资产和波动性流动资产。其中,永久性流动资产代表企业持有流动资产(包括现金、应收账款、存货等)的最低水平,波动性流动资产代表企业流动资产(包括现金、应收账款、存货等)中随季节性波动的部分。

(二) 流动负债

流动负债是指在一年或超过一年的一个营业周期内需偿还的债务,具体包括短期借款、应付票据、应付账款、应付工资、应付税金等项目,具有成本低、偿还期限短、风险大的特点。

根据流动负债的形成情况,流动负债可分为自发性流动负债和临时性流动负债。自发性流动负债是指产生于公司正常的持续经营活动中,不需要正式安排,由于结算程序的原因自然形成的流动负债。通常,在公司生产经营过程中,由于法定结算程序的原因,有一部分应付款项的支付时间晚于其形成时间,这部分已经形成但尚未支付的款项便成为公司的自发性流动负债,如应付账款、应付工资、应付税金等。临时性负债是指公司因临时的资金需求而人为安排的流动负债,由公司财务人员根据公司短期资金的需求状况确定,如短期银行借款等。

二、营运资金的特点

营运资金主要指流动资产或净流动资产(流动资产减去流动负债后的余额)。营运资金一般具有以下特点。

1. 周期时间短

公司投放于流动资产上的资金,通常会在一年或一个营业周期内收回,公司的流动负债也需在一年或一个营业周期内偿还,流动资产和流动负债周转一次所需时间较短。公司营运资金周转不灵会严重地影响公司的持续经营。

2. 变现能力强

公司流动资产中的现金、银行存款本身就可随时用于支付、偿债等,不存在变现问题,而非现金形态的流动资产如存货、短期有价证券投资、应收账款等往往也能很快变现。流动资产的易变现性对于公司应对临时性、突发性的资金需求有重要意义。

3. 财务风险小

由于流动资产周转快、变现快、流动性强,拥有更多的流动资产会增强公司的短期偿债能力,在一定程度上可降低公司财务风险。

4. 数量波动频繁

公司流动资产和流动负债容易受公司内外部因素的影响,在数量上往往会发生很大波动,公司需要有效地预测和控制流动资产和流动负债的波动幅度,防止其对公司生产经营产生不利影响。

5. 筹资来源多样化

营运资金的筹资渠道多种多样,营运资金的需求问题既可通过长期筹资方式解决,也可通过短期筹资方式解决,而长期筹资方式和短期筹资方式又都存在多种可供选择的具体筹资方式。

流动资产流动性强,在一定程度上可降低公司财务风险,但流动资产的收益性普遍较弱。如果公司持有流动资产过多,公司资产的流动性强,但会增加公司的财务负担,减少公司盈利;如果公司持有的流动资产过少,公司资产的盈利性强,但流动性弱,很容易出现资金周转不灵的情况,会影响公司的持续经营。因此,公司流动资产需维持合理的水平,营运资金管理的主要内容就在于确定流动资产的最佳持有水平,既要确保公司流动资产能满足公司正常生产经营的需要,又需保证公司能按时按量地偿还各种到期债务。

三、营运资金的持有政策与融资策略

营运资金的持有政策,即流动资产的持有政策,主要分析流动资产持有量的问题。

(一) 流动资产的特点

相对于长期投资、固定资产、无形资产等非流动性资产,流动资产具有以下特点。

1. 流动性强

流动资产通常能在一年或一个营业周期内收回,周转速度很快,同时流动资产很容易变现,变现能力强,即流动资产的流动性强,可方便公司应付短期资金突发需求,在一定程度上降低公司的财务风险。

2. 收益性弱

流动资产中现金不能产生任何收益,银行存款的利息收入很低,占用在应收账款、存货等项目的资金也难以直接为公司创造价值,短期证券投资的收益一般低于长期证券投资的收益。

可见,公司流动资产的持有量会影响公司资产的流动性,影响短期偿债能力,进而给公司造成风险,同时流动资产的持有量过大也会影响公司的收益性。

(二) 流动资产持有量对公司风险和收益的影响

流动资产的持有量会影响公司风险和收益,不同的流动资产持有量体现了不同的风险和收益关系。

一方面，公司流动资产持有量较多，表明公司拥有的现金(及银行存款)、应收账款、存货等流动资产相对较多。这样，公司可以按时支付一些流动负债和即将到期的长期负债，及时供应原材料并准时向客户提供产品与服务，能够应付突发的短期资金需求，从而保证公司生产经营的正常进行，公司的经营风险较小。然而，流动资产的收益一般低于长期资产，公司资产规模一定的情况下，流动资产持有量过多，意味着公司长期资产偏少，公司的收益能力通常偏低。

另一方面，公司流动资产的持有量较少，即公司在流动资产上占用的资金较少，如果资产规模一定，则意味着公司拥有的长期资产较多，公司的收益能力提高。但是较少的现金、较低的存货储备会降低公司资产的流动性，降低公司短期债务的偿还能力和支付能力，有可能造成信用损失、原材料供应中断、产品供给不足等经营风险。

可见，公司流动资产的持有量应适当，流动资产持有量过多或过少均可能对公司造成不利影响。公司在生产、销售计划确定的情况下，可以准确制定现金预算计划，把作为资金应用的流动资产和作为资金来源的流动负债在期限上连接起来，以便公司在最低的流动资产水平上实现顺利经营，找到流动资产在理论上的最佳持有量，实现收益与风险的最佳结合。然而，在公司实际生产经营实践中，由于普遍存在经营的不确定性，公司的很多内外部环境不能准确预测，理论上最佳的现金持有量在现实中很难实现。

(三) 营运资金的持有政策

公司流动资产的持有量往往与销售规模相关，根据流动资产与销售额之间的数量关系，流动资产的持有政策可分为三种：宽松的持有政策、适中的持有政策和紧缩的持有政策。

1. 宽松的持有政策

流动资产的宽松持有政策，又称保守的持有政策，该政策意味着在一定的销售水平下公司持有较多的流动资产，即公司拥有较多的现金、短期有价证券、存货等，不能按时偿还到期债务的风险小，并且公司也为可能的不确定性预留了大量资金，公司经营风险大大降低。但是，由于流动资产的收益率低，流动资产占用的资金多容易造成公司收益能力低下。因此，流动资产的宽松持有政策的特点是低风险、低收益。

2. 适中的持有政策

流动资产的适中持有政策要求在一定的销售水平下公司保持适中的流动资产水平，即公司拥有的现金、短期有价证券、存货等流动资产既不过多也不过少，恰好能满足公司到期债务支付和日常生产经营的需要，风险和收益维持在适中的水平。

3. 紧缩的持有政策

流动资产的紧缩持有政策，又称积极的持有政策，该政策意味着公司在一定的销售水平下保持较低的流动资产水平，即公司现金、短期有价证券、存货等流动资产的拥有量较低，公司收益能力增强。但是，公司面临由于资金不足而无法偿还到期债务或者由于存货不足而造成生产或销售中断等的可能性增大，公司风险较大。因此，流动资产的紧缩持有政策的特点是高风险、高收益。

公司在实际的生产经营中,可根据自身生产经营的特点和情况,选择适合自己的流动资产的持有政策。

(四) 营运资金的融资策略

一方面,公司资产可分为流动资产和非流动资产,而流动资产又可分为永久性流动资产和波动性流动资产,其中非流动资产和永久性流动资产属于公司长期性资金应用,波动性流动资产属于经常变化的短期资金应用。另一方面,公司资金来源于负债和权益,负债包括流动负债和长期负债,而流动负债又可分为自发性流动负债和临时性流动负债,其中权益资本、长期负债、自发性流动负债可认为是公司长期性的资本来源,而临时性流动负债则属于公司临时安排的短期资本来源。根据公司资金应用和资金来源的期限结构匹配情况,融资策略可分为三种:保守型融资策略、配合型融资策略和激进型融资策略。

1. 保守型融资策略

保守型融资策略意味着只有部分的波动性流动资产由临时性流动负债筹集,剩余波动性流动资产、永久性流动资产和非流动资产均由自发性流动负债、长期负债、权益资本筹集,如图 8-1 所示。

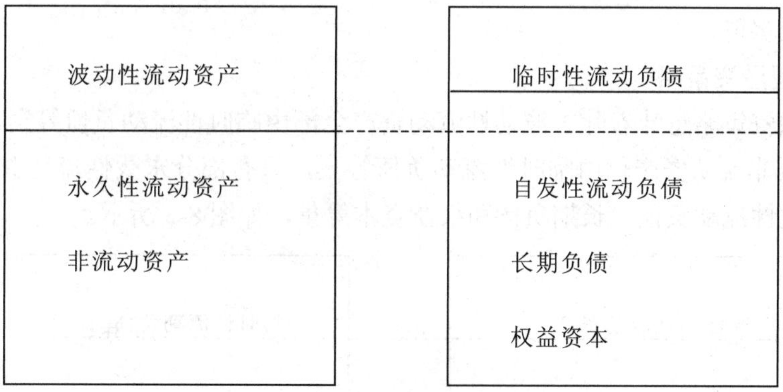

波动性流动资产	临时性流动负债
永久性流动资产 非流动资产	自发性流动负债 长期负债 权益资本

图 8-1 保守型融资策略

在保守型融资策略下,公司临时性流动负债较少,公司不能偿还到期债务的风险较低,但长期性资本较多,其资本成本往往高于临时性流动负债的短期资本,若公司处于生产淡季,则长期性资本闲置,仍需承担较高的长期性资本成本,这样会降低公司收益。因此,保守型融资策略的特点是低风险、低收益。

2. 配合型融资策略

配合型融资策略意味着公司资金的应用和资金的来源在期限结构上匹配,即波动性流动资产全部由临时性流动负债筹集,而永久性流动资产、非流动资产由自发性流动负债、长期负债和权益资本筹集,如图 8-2 所示。

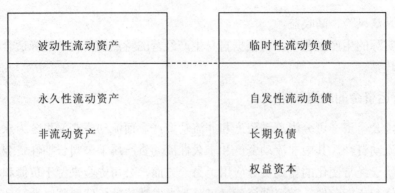

图 8-2 配合型融资策略

在配合型融资策略下，公司临时性的资金需要完全通过临时性流动负债融资解决，资金需求波动与短期融资安排一致。这样，当公司生产经营处于淡季时，不存在临时性流动负债，只需要在生产经营的旺季才举借临时性流动负债，不存在长期性资本的闲置浪费，而到期的临时性负债也可通过旺季销售产生的现金流来偿还。因此，配合型融资策略的特点是风险和收益适中。

但是，在公司实际生产经营中，由于面临的生产经营环境很不确定，要实现资金需求波动与短期融资安排一致几乎不太可能，因此配合型融资策略只是一种理想的状态，在现实中不太可能实现。

3. 激进型融资策略

激进型融资策略意味着除了波动性流动资产全部由临时性流动负债筹集，部分永久性流动资产甚至非流动资产也由临时性流动负债筹集，只有部分永久性流动资产和(或)非流动资产由自发性流动负债、长期负债和权益资本筹集，如图 8-3 所示。

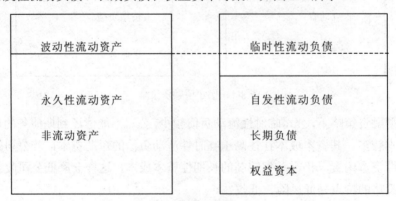

图 8-3 激进型融资策略

在激进型融资策略下，临时性流动负债较多，由于临时性流动负债的资本成本常常低于长期负债和权益资本，公司资本成本相对较低，公司收益提高。但是，临时性流动负债的期限较短，负债到期时如果公司仍维持长期性资金需要的状态，则需要举借新债或申请债务展期，公司筹资和还债的风险增大。因此，激进型融资策略的特点是高风险、高收益。

现实中，公司需要将营运资金的持有政策与营运资金的融资策略相互配合，实现风险和收益的平衡。一般地，低风险、低收益的宽松流动资产的持有政策与高风险、高收益的激进型融资策略相配合，或者高风险、高收益的紧缩流动资产的持有政策与低风险、低收益的保守型融资策略配合，可使公司总体上的风险和收益基本均衡。

第二节 现金管理

在崇尚"现金为王"的时代，现金管理的重要性更加凸显。现金不仅指库存现金，还包括银行存款等其他货币形态的资产。现金是公司流动性最强的资产，能够直接支付和偿还到期债务，但现金的收益性最弱，因此，现金管理就需要在流动性与收益性之间进行权衡选择，在保持其适度流动性的前提下，尽可能地提高其收益。

一、现金持有的动机

虽然现金的收益性最弱，但公司又必须持有一定数量的现金，公司持有现金的动机主要表现在如下几个方面。

(一) 交易性动机

交易性动机是指公司持有现金以便满足日常生产经营的交易需要，如购买材料、支付人工工资等。一般地，公司现金的流入和流出往往不同步，生产制造的产品常常不能马上转化为现金流入，而公司购买材料、支付工资则需要现金支持，只有保持一定的现金余额才能在公司现金支出大于现金收入时，不至于导致生产经营的中断。因此，公司基于购、产、销行为需要的现金，即为公司交易性现金动机。交易性动机的现金需要量与产销量水平正相关，即随着公司产销量规模的增大，公司交易性动机的现金需要量也会增加。

(二) 预防性动机

预防性动机是指公司持有现金以便应付意外的现金需求。公司生产经营的环境不确定，现金流入和现金流出也不确定，公司需持有一定数量的现金来应付一些意外事件和突发情况，并且保证公司生产经营的安全、顺利进行。公司预防性动机的现金需要量主要取决于三个因素：公司现金收支预测的准确程度、公司临时资金的筹集能力和公司愿意承担的风险程度。

(三) 投资(或投机)性动机

投资(或投机)性动机是指公司持有现金以便能够抓住报酬率较高的投资机会并从中获得较高的收益。在投资(或投机)机会较多的新兴市场中，公司投资(或投机)性现金持有量会增加。

当然，有时候公司持有现金是其被动的选择，如银行借款给公司时，出于对自身资金安全的考虑，往往会要求借款公司在银行账户中保留一定比例的存款余额。但是，公司持有现金大多是出于上述三方面动机的考虑，只是每一种动机的现金持有量在现实中难以确定。公司一笔现金余额往往可以服务于多个不同的动机需要。

二、现金成本

公司持有现金可以满足其交易性动机、预防性动机和投资(或投机)性动机，但也存在成本，现金的成本主要包括现金的持有成本、现金的转换成本和现金的短缺成本。

(一) 现金的持有成本

现金的持有成本是指现金管理成本和因为持有现金而牺牲的投资收益等，即现金的机会成本。其中，现金管理成本为固定的现金持有成本，一般与现金持有量无关；而现金的机会成本属于变动成本，与公司现金的持有量正相关，即公司现金持有量越大，现金的机会成本越高，公司的现金持有成本越高。

(二) 现金的转换成本

现金的转换成本是指现金与有价证券相互转换的成本。现金的转换成本包括依据交易额计算的交易费用，也含有依据证券变现次数计算的费用。一般情况下，现金的转换成本与现金转换的次数正相关，现金转换的次数越多，现金的转换成本越大。

(三) 现金的短缺成本

现金的短缺成本是指因为公司现金短缺而给公司带来的直接或间接损失。公司现金的持有量越多，出现现金短缺的可能性越小，现金短缺的成本越小；相反，公司现金持有量越少，出现现金短缺的可能性越大，现金短缺的成本也就越大。因此，公司的现金短缺成本与公司现金持有量负相关。

可见，公司持有现金可服务于其多种动机的需要，但公司的现金成本也不容忽视，基于资产流动性与收益性的平衡，公司需要确定最佳的现金持有量。

三、最佳现金持有量决策模型

公司现金管理的主要内容就是确定公司最佳的现金持有量，这也是公司现金预算编制的重要环节。公司最佳现金持有量的确定有多种方法，以下主要介绍三种方法。

(一) 成本分析模型

成本分析模型是分析预测现金相关成本，以现金相关成本总和最小而确定现金最佳持有量的一种方法。成本分析模型确定最佳现金持有量时，现金相关成本只包括公司持有一定数量的现金而产生的机会成本及短缺成本，不考虑现金的管理费用以及转换成本。

持有现金的机会成本是因为公司持有现金而牺牲的投资收益，与现金持有量成正比例变动关系，即

$$机会成本=现金持有量×机会成本率$$

现金的短缺成本是因为公司现金短缺而造成的损失，与现金持有量成反比例变动关系。

因此，使得现金的机会成本与短缺成本之和最低时的现金持有量即为公司最佳的现金持有量。

【例 8-1】 ABC 公司财务经理提出了 A、B、C 三种可供选择的现金持有方案，三种现金持有方案的相关资料如表 8-1 所示。

表 8-1 公司备选现金持有方案的相关资料

项目	现金持有量	机会成本率	短缺成本
A	150 万元	10%	30 万元
B	250 万元	10%	8 万元
C	350 万元	10%	0

根据表 8-1 中现金持有方案的相关资料，可计算每一种现金持有方案的成本，计算结果如表 8-2 所示。

表 8-2 公司现金持有备选方案的成本计算结果

项目	现金持有量	机会成本	短缺成本	相关总成本
A	150 万元	150×10%=15 万元	30 万元	15+30=45 万元
B	250 万元	250×10%=25 万元	8 万元	25+8=33 万元
C	350 万元	350×10%=35 万元	0	35+0=35 万元

可见，现金持有量分别为 150 万元、250 万元和 350 万元时，现金相关总成本分别为 45 万元、33 万元和 35 万元，即现金持有量为 250 万元时，相关总成本最低，ABC 公司最佳的现金持有量为 250 万元。

(二) 存货模型

确定最佳现金持有量的存货模型来源于存货的经济订货批量模型，其实质也是根据相关总成本最低来确定最佳现金持有量。1952 年，美国学者威廉·鲍摩尔(Willam Baumol)最早提出这一模型，又称为 Baumol 模型，在此模型中考虑的相关成本为现金持有的机会成本和与转换次数有关的固定转换成本，不考虑现金的短缺成本。

在存货模型中，假设现金的流入每隔一段时间发生一次，而现金的流出是在这段时间内均匀发生的。在此期间，公司所需现金可通过有价证券的变现来获得，如图 8-4 所示。

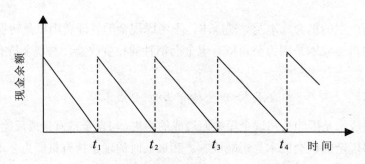

图 8-4 确定最佳现金持有量的存货模型

在图 8-4 中，假设公司在相同时间间隔(如一个月)内现金支出是均匀的，公司原有现金 N 元，到 t_1 时刚好用完，公司出售 N 元的有价证券补充现金，相同的时间间隔后到 t_2 时刚好用完，公司再出售 N 元的有价证券补充现金，如此反复。

存货模型考虑的相关成本是现金持有的机会成本和固定的转换成本。其中，现金持有的机会成本与现金持有量成正比例变动关系，即

$$机会成本 = \frac{N}{2} \times i$$

式中，N 为最佳现金持有量；i 为机会成本率，通常用有价证券的利息率来表示。

现金的转换成本与现金转换的次数相关，即

$$转换成本 = \frac{T}{N} \times b$$

式中，T 为一个周期内(如 1 年)的现金需求总量；N 为最佳现金持有量；b 为现金与有价证券转换的单次转换成本。

$$相关总成本 = 机会成本 + 转换成本$$

$$TC = \frac{N}{2} \times i + \frac{T}{N} \times b$$

式中，TC 为相关总成本。

相关总成本最低时的现金持有量为最佳的现金持有量，即

$$N = \sqrt{\frac{2Tb}{i}}$$

最低相关总成本为

$$TC = \sqrt{2Tbi}$$

【例 8-2】假设某公司全年现金需要量为 100 万元，现金与有价证券的转换成本为每次 8 000 元，有价证券的年利息率为 10%。该公司最佳现金持有量为多少？最低现金相关成本为多少？

根据存货模型，公司最佳现金持有量为

$$N = \sqrt{\frac{2Tb}{i}} = \sqrt{\frac{2 \times 100 \times 0.8}{10\%}} = 40(万元)$$

最低现金相关总成本为

$$TC = \sqrt{2Tbi} = \sqrt{2 \times 100 \times 0.8 \times 10\%} = 4(万元)$$

根据存货模型计算,该公司最佳现金持有量为 40 万元,最低相关总成本为 4 万元。

(三) 米勒—欧尔模型

米勒—欧尔(Miller-Orr)模型假设公司并不能准确地预测每日的现金收支情况,公司现金流量由外部因素决定,现金与有价证券之间可以自由地转换,从而据此确定最佳现金持有量的一种方法。

模型假设公司现金余额在上限(U)和下限(L)之间随机波动。当公司现金余额上升并超过上限水平时,公司应当将现金转化为有价证券,降低现金的实际持有水平;当公司现金余额下降并低于下限水平时,公司应该出售部分有价证券补充现金。在该模型中,假设公司每日现金流量服从正态分布,则现金余额的均衡点 Z^* 为

$$Z^* = L + \left(\frac{0.75b\sigma^2}{r}\right)^{\frac{1}{3}}$$

式中,L 为现金余额下限;b 为证券交易的成本;σ 为现金余额日标准差;r 为投资日收益率。

现金余额下限的确定受公司每日现金最低需要、公司管理人员的风险承受倾向等因素影响,现金余额的下限最低可确定为零。

现金余额的上限为

$$U^* = 3Z^* - 2L$$

可见,米勒—欧尔模型实际上是根据每日现金收支变化幅度(σ)、投资日收益率(r)和现金与有价证券相互转换的交易成本(b)来确定现金余额的均衡值和上下限的范围。

【例 8-3】ABC 公司的日现金余额标准差为 200 元,证券交易的成本为每次 150 元,投资的日收益率为 0.2‰,公司每日现金余额的最低需要为 0。用米勒—欧尔模型计算该公司的最佳现金持有量和现金持有量的最高上限分别为多少?

根据米勒—欧尔模型,公司的最佳现金持有量为

$$Z^* = L + \left(\frac{0.75b\sigma^2}{r}\right)^{\frac{1}{3}} = 0 + \left(\frac{0.75 \times 150 \times 200^2}{2/10\,000}\right)^{\frac{1}{3}} = 2\,823(元)$$

现金持有量的上限为

$$U^* = 3Z^* - 2L = 3 \times 2\,823 - 2 \times 0 = 8\,469(元)$$

该公司最佳现金持有量为 2 823 元,现金持有量的最高上限为 8 469 元。

四、现金的日常管理

公司除了编制现金的收支预算和确定最佳现金持有量以外,还需要加强现金的日常管理。公司的现金日常管理的策略主要有加速应收账款的收现、合理估计和利用现金"浮游量"、现金流入与流出的同步化等。

(一) 加速应收账款的收现

公司销售产品实现收入时,多数情况下并没有获得可自由支配的现金流入,因为公司的很多销售等交易往往采用信用销售的方式形成应收账款,而应收账款的收现又需经历支票、汇票和银行转账等方式实现,这些均需要时间完成。公司应当在不影响其产品销售的情况下,尽可能地加速应收账款的现金收回。这就需要采取两方面的措施:一方面,尽可能地采取现金折扣政策,鼓励客户尽早付款,加速应收账款的回收;另一方面,采取集中银行、锁箱系统等程序方法,尽量减少客户付款的邮寄时间,或者缩短公司收到客户票据与票据兑换之间的时间间隔,或者加快现金转存公司银行账户的过程等。当然,应收账款的收现过程中,有些时间是公司没有办法控制的,但还是有些程序的时间是可以通过一定方法尽量减少的,这就需要公司尽可能采取多种措施从不同的方面努力加速应收账款的收现。

(二) 合理估计和利用现金"浮游量"

由于公司支付、收款和银行转账业务之间存在一定的时滞,使公司账簿中记录的现金余额与银行账户中的现金余额不一致,出现现金浮游量。现金浮游量是指公司账簿中的现金余额与银行记录中的现金余额的差。如果公司能正确预测现金浮游量并加以合理的应用,可适当减少现金数量,节约大量现金。但是,需注意利用浮游量可能对供应商造成的不利影响,尽量避免破坏公司与供应商之间的关系。

(三) 现金的流入与流出同步化

公司现金的流入和流出往往很难准确预测,现金收支的不确定性使得公司为应付某些意外支付而不得不持有较多的现金,降低了资金的利用效率,造成资金的浪费。为尽量减少公司持有的现金余额,公司财务人员需提高预测和管理能力,力争使公司的现金流入和现金流出合理配置,实现现金流入和现金流出的同步化,使公司的现金余额降到最少,从而提高资金的利用效率和公司的盈利水平。

第三节 应收账款管理

应收账款是公司在正常的生产经营过程中,因销售商品或提供服务而形成的债权,是公司流动资产的重要组成部分。伴随着市场经济的发展和商业信用的扩张,应收账款越来越普遍,应收账款在公司资产中所占的比例也趋于增大,应收账款管理已成为公司营运资金管理的重要环节。

一、应收账款的作用

在激烈的市场竞争中,为稳定销售渠道、扩大商品销路、开拓并占领市场,降低产品的仓储费用、管理费用,增加销售收入,公司不得不面向客户采用信用销售政策,从而形成应收账款。在公司生产经营中,应收账款的作用主要表现在以下两个方面。

(一) 扩大销售

在日益激烈的市场竞争环境下,信用销售是扩大销售并占领市场获取销售收入的一种重要方式。公司的信用销售政策实际上包含两项交易:一是向客户销售产品;二是在信用期限内向客户提供资金。这样,公司提供的信用销售政策使客户在货款支付之前就可获得商品,相当于获得了短期融资资本,因此信用销售对客户十分有利,信用销售政策越宽松对客户越有利,客户在一般情况下都会选择赊购。可见,信用销售具有比较明显的促销作用,特别是在银根紧缩、市场萎缩、资金短缺等宏观经济疲软的环境下,信用销售的促销作用会更加凸显,而且信用销售对公司销售新产品、开拓新市场具有更重要的意义。

(二) 减少存货

公司对产成品存货的储存需要发生较多支出,如仓储费、管理费和保险费等,而产品赊销后转化为应收账款,可节约存货储存的相关支出。因此,公司应尽量减少产成品存货,当公司出现较多的产成品存货时,一般会采用更为优惠的信用销售政策来促销,将存货转化为应收账款,减少产成品存货,节约产品储存的相关支出。

二、应收账款的成本

虽然应收账款具有扩大销售、减少存货的作用,但公司持有应收账款也需要付出一定的成本。应收账款的成本主要表现在以下几个方面。

(一) 机会成本

应收账款相当于客户在一定期限内占用了公司资金,如果公司资金没有被应收账款占用,公司可将该项资金用于投资并获得收益,如购买有价证券获得利息、股息或资本利得收入。公司因为持有应收账款而牺牲的投资收益或其他收入,即为应收账款的机会成本。应收账款的机会成本率一般用有价证券的利息率来计算,应收账款的规模越大,机会成本越高。应收账款的机会成本为(假设一年按360天计算):

$$应收账款的机会成本 = \frac{赊销收入}{360} \times 平均收账期 \times 机会成本率$$

(二) 管理成本

应收账款的管理成本贯穿于应收账款形成的各个环节，主要包括以下几个方面：

(1) 客户资信情况的调查费用。赊销前，公司需要调查了解客户的资信状况，以便确定客户是否能够享受公司的信用销售政策，以及能够享受什么程度的信用销售政策等。

(2) 账簿记录的费用。对于交易频繁的客户，公司需设立单独的明细账簿记录，以便监控客户应收账款的支付情况。

(3) 收账费用。对于逾期应收账款，公司需要采用各种措施催促客户付款。

(4) 其他费用。

(三) 坏账损失成本

由于各种各样的原因，应收账款最终无法收回，形成坏账损失，即为应收账款的坏账损失成本。应收账款的坏账损失成本一般与应收账款的规模正相关，应收账款规模越大，坏账损失成本往往也越大。

(四) 现金折扣成本

为加速应收账款的回收，公司往往会给予提前付款的客户一定的现金折扣优惠，导致公司销售收入减少，从而形成应收账款的现金折扣成本。

三、应收账款管理的目标

应收账款对公司会产生有利影响，但也存在一定的成本。一方面，公司可以借助应收账款来促进销售、减少存货，扩大销售收入，提高产品的市场竞争力；另一方面，应收账款占用了公司资金，可能给公司带来资金周转困难，形成坏账损失的风险等。因此，公司应收账款管理需要权衡应收账款的收益与成本。

公司应收账款管理的目标是：根据公司的生产经营实际情况和客户的资信状况，制定科学合理的应收账款信用政策，既充分发挥应收账款扩大销售、增强竞争力的作用，又尽可能地降低应收账款的成本。只有当运用该信用政策所增加的销售盈利大于所增加的成本时，公司才能实施和推广该信用政策。同时，应收账款管理还要求对公司未来销售前景和市场情况进行预测和判断，以及对公司应收账款安全性进行调查，及时调整公司的应收账款信用政策。如果公司销售前景良好，应收账款的安全性高，则公司可适当放松应收账款的信用政策，以扩大销售，获得更多的盈利，反之则公司应制定严格的信用政策，或者针对不同客户调整公司的信用政策，在尽可能稳定销售收入的情况下尽量减少应收账款的损失成本。

四、应收账款的信用政策

应收账款的信用政策即应收账款的管理政策，是公司财务管理的一个重要组成部分。

公司应收账款管理的重点是制定科学合理的信用政策，包括信用标准、信用条件和收账政策三个组成部分。

(一) 信用标准

信用标准是公司决定授予客户信用的最低标准，也是公司对于可接受风险提供的一个基本判别标准，通常用预期的坏账损失率来表示。公司信用标准会对公司的收益与风险产生很大影响。如果公司的信用标准较严，只对信誉非常好、坏账损失率低的客户赊销，则会减少公司应收账款的坏账损失，减少公司应收账款的成本，但也可能不利于公司扩大销售，甚至可能使公司销售大量萎缩。相反，如果公司的信用标准较宽，虽然有利于扩大销售、减少存货，但应收账款的机会成本和坏账损失会相应增大，甚至可能得不偿失。因此，公司信用标准的制定需根据公司和客户的具体情况进行权衡。

公司信用标准的确定受多种因素影响，如信用品质、偿付能力、资本、抵押和经济状况等，公司需要充分考虑这些因素，并采用传统信用分析法、评分法等定性分析、定量分析或两者结合的方法确定公司合理的信用标准。

【例 8-4】ABC 公司当前的经营情况和信用政策如表 8-3 所示。

表 8-3 公司经营状况和信用政策

项 目	数 据
当前信用政策下的销售收入/元(假设全部为赊销)	1 500 000
当前信用政策下的应收账款平均余额/元	300 000
当前信用政策下的利润/元	375 000
当前信用标准(用预期坏账损失率表示)	10%
平均坏账损失率	5%
信用条件	40 天付清
平均收现期	50 天
应收账款的机会成本率	12%

公司财务人员经过研究后认为公司可以适当调整信用政策，并提出了两个方案，两个方案的预期经营情况如表 8-4 所示。假设信用标准改变后，公司销售利润率不变，应收账款的机会成本率为 12%。

表 8-4 公司信用政策的拟调整方案及其预期经营情况

方案一(比较严格的信用标准)	方案二(比较宽松的信用标准)
信用标准：只对那些预期坏账损失率低于 5% 的公司提供赊销	信用标准：对那些预期坏账损失率为 15% 的公司提供赊销
公司销售收入(赊销收入)：1 000 000 元	公司销售收入(赊销收入)：2 000 000 元
平均收现期：赊销收入的平均收现期变为 30 天	平均收现期：赊销收入的平均收现期为 75 天
平均坏账损失率：坏账损失率变为 3%	平均坏账损失率：赊销收入的坏账损失率为 6%

请问：ABC 公司是否要改变当前的信用标准？

公司信用标准改变后，其销售收入和应收账款的成本也发生了变化。因此，需要评价不同信用标准的优劣，以对是否改变信用标准做出决策。这样，需要计算不同信用标准的收益与成本，净收益高的信用标准对公司更有利；或者需要计算信用标准改变后新增的收益与新增的成本，只有新增收益大于新增成本时信用标准才值得改变。也就是说，需要计算以下项目的变化：

(1) 销售收入变化对销售利润的影响。
(2) 应收账款机会成本的变化。
(3) 坏账损失的变化。
(4) 包括收账费用在内的应收账款管理成本的变化(本例中没有涉及)。

ABC 公司三种信用标准下相关资料计算如表 8-5 所示。

表 8-5　ABC 公司三种信用标准的决策过程

单位：元

项目	当前信用标准	方案一	方案二
销售利润	375 000	250 000	500 000
机会成本	(1 500 000/360)×50×12% =25 000	(1 000 000/360)×30×12% =10 000	(2 000 000/360)×75×12% =50 000
坏账损失	1 500 000×5%=75 000	100 0000×3%=30 000	2 000 000×6%=120 000
应收账款成本	25 000+75 000=100 000	10 000+30 000=40 000	50 000+120 000=170 000
净收益	375 000–100 000=275 000	250 000–40 000=210 000	500 000–170 000=330 000

通过计算可知，方案二的净收益最大，ABC 公司应该改变信用标准，采用方案二的信用标准，即比较宽松的信用标准。

当然，还可通过计算信用标准改变后的增量项目来进行决策，计算结果如表 8-6 所示。

表 8-6　ABC 公司两种备选方案的决策过程

单位：元

项目	方案一	方案二
销售利润增加额	1 000 000×25%–375 000= –125 000	2 000 000×25%–375 000= 125 000
机会成本的增加额	[(1 000 000/360)×30–(1 500 000/360)×50]×12%= –15 000	[(2 000 000/360)×75–(1 500 000/360)×50]×12%=25 000
坏账损失的增加额	1 000 000×3%–1 500 000×5%= –45 000	2 000 000×6%–1 500 000×5%=45 000
应收账款成本的增加额	–15 000+(–45 000)= –60 000	25 000+45 000=70 000
净收益的增加额	–125 000–(–60 000)= –65 000	125 000–70 000=55 000

增量计算分析的结果依然表明，ABC 公司应该改变信用标准，应采用方案二的信用标准，即采用较为宽松的信用标准。

(二) 信用条件

信用条件是指公司赊销商品时给予客户延期付款的若干条件，主要包括信用期限、折扣期限和现金折扣。其中，信用期限是公司为客户规定的最长付款期限；折扣期限是公司为客户规定的可享受现金折扣的付款时间；现金折扣是在客户提前付款时给予的优惠。如账单上的"2/10，1/20，n/40"即为一项信用条件，它代表如果客户在 10 天内付款将可享受 2%的现金折扣，如果在 20 天内付款可享受 1%的现金折扣，40 天内全额付款，不能享受折扣。这里，公司的信用期限为 40 天，折扣期限为 10 天或者 20 天，现金折扣为 2%或者 1%。一般情况下，公司提供优惠的信用条件能够扩大销售，但也可能增大应收账款的成本，如增加应收账款的机会成本、坏账损失和现金折扣成本等。

同样，判断公司是否应该改变信用条件时，仍需依据的标准是信用条件改变后新增加收益是否大于新增加的成本，即净收益是否大于零。如果新增加的收益大于新增加的成本，净收益大于零，则改变信用条件对公司有利；反之，则公司不应该改变信用条件。

【例 8-5】ABC 公司拟改变信用条件，有两个方案可供选择，方案一和方案二的相关资料如表 8-7 所示。假设原信用条件下，ABC 公司的销售收入为 500 000 元。

表 8-7　ABC 公司两个备选方案相关资料

方　案　一	方　案　二
信用条件："n/40"	信用条件："2/20，n/40"
销售收入增加 100 000 元，销售利润率为 15%	销售收入增加 100 000 元，销售利润率为 15%
原销售收入的平均坏账损失率不变，新增销售收入的平均坏账损失率为 6%	原销售收入的平均坏账损失率不变，新增销售收入的平均坏账损失率为 5%
享受现金折扣的销售额占总销售收入的百分比为 0	享受现金折扣的销售额占总销售收入的百分比为 75%
新增应收账款的平均收现期为 50 天	新增应收账款的平均收现期为 30 天
机会成本率为 15%	机会成本率为 15%

判断公司是否需要改变信用条件，需计算信用条件改变对销售利润和各种相关成本的影响，两个备选方案的计算结果如表 8-8 所示。

表 8-8　ABC 公司两个备选方案的计算结果

单位：元

项　　目	方　案　一	方　案　二
销售利润的增加额	100 000×15%=15 000	100 000×15%=15 000
机会成本的增加额	(100 000/360)×50×15%=2 083	(100 000/360)×30×15%=1 250
坏账损失的增加额	100 000×6%=6 000	100 000×5%=5 000
现金折扣	0	(500 000+100 000)×75%×2%=9 000
应收账款成本增量	2 083+6 000+0=8 083	1 250+5 000+9 000=15 250
净收益的增加额	15 000−8 083=6 917	15 000−15 250=−250

由表 8-8 的计算结果可知，ABC 公司应改变信用条件，采用方案一的信用条件。

(三) 收账政策

收账政策是指客户违反信用条件，拖欠甚至拒付货款时公司所采取的收账策略与措施。如果公司采取积极的收账政策，则可以减少坏账损失等应收账款成本，但会增加收账费用；

如果公司采取消极的收账政策，虽然可以减少收账费用支出，但会增加坏账损失等应收账款成本。因此，收账政策制定同样要考虑成本效益原则，权衡收账费用增加与减少的坏账损失等应收账款成本之间的得失。

一般情况下，公司收账需要有合理的收账程序和追债方法，收账费用支出越多，坏账损失越小，但是收账费用与坏账损失之间不一定存在线性关系。通常，开始花费一些收账费用，坏账损失等应收账款成本小幅下降，收账费用增加，坏账损失等应收账款成本大幅度减少，但收账费用达到某一限度后再增加收账费用，坏账损失等应收账款成本也不会有明显的减少。收账费用的这一限度成为饱和点，如图8-5所示，F点即为收账费用的饱和点。

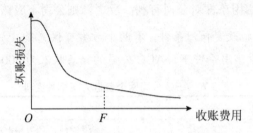

图8-5　收账费用与坏账损失的关系

【例8-6】假设ABC公司年销售收入为100万元(全部赊销)，收账政策对公司销售收入的影响不予考虑。该公司应收账款的机会成本为15%，两种不同收账政策的相关资料如表8-9所示。

表8-9　两种收账政策的相关资料

项　目	现行收账政策	建议采用的收账政策
年收账费用/元	15 000	40 000
应收账款平均收现期/天	50	30
应收账款平均坏账损失率	5%	3%

根据表8-9中的收账政策资料，可计算不同收账政策效果，如表8-10所示。

表8-10　ABC公司两种收账政策的效果比较

单位：元

项　目	现行的收账政策	建议采用的收账政策
年收账费用	15 000	40 000
年收账费用的增加额：40 000–15 000=25 000		
应收账款的机会成本	(1 000 000/360)×50×15%=20 833	(1 000 000/360)×30×15%=12 500
坏账损失	1 000 000×5%=50 000	1 000 000×3%=30 000
应收账款的总成本	20 833+50 000+15 000=85 833	12 500+30 000+40 000=82 500
应收账款成本的减少额：85 833–82 500=3 333		

可见，采用新的收账政策反而减少了应收账款的成本，故ABC公司应该改变收账政策，采用新的收账政策。

五、应收账款的日常管理

应收账款的管理贯穿应收账款形成与存在的整个过程中,对公司非常重要,如果应收账款管理不善,应收账款的机会成本、坏账损失等会很大,公司资金的周转减慢,资金使用效率下降,公司效益降低,甚至可能导致公司破产。

(一) 客户信用调查

应收账款管理的起点是对客户的信用情况进行调查,包括调查客户的付款历史、生产经营状况、偿债能力及财务实力等多方面,客户信用调查是确保应收账款质量的基础。

客户信用调查可采用直接调查、间接调查或者两种方法相结合。

1. 直接调查

对客户信用的直接调查需要公司派遣调查人员直接到客户单位并与客户接触,通过调查人员当面采访、询问、观看、记录等方式直接获得客户的信用资料。但是,直接调查获得客户信用资料的准确性和及时性一方面与调查人员的专业素质有关,另一方面也需要客户单位的配合,如果客户单位不合作,则公司调查人员很难获得完整、真实的信用信息资料。

2. 间接调查

间接调查不一定需要直接与客户单位接触,可通过对客户相关的原始记录和核算资料等的收集、加工整理、分析获得客户的信用情况。与客户信用相关的资料主要包含如下几个方面。

(1) 财务报表及其附注说明。如果客户单位为上市公司,客户的财务报表资料很容易获得;如果客户单位不是上市公司,可以要求客户单位提供近年财务报表资料或者从其他渠道获得客户财务报表资料。客户单位的财务报表资料是评估客户信用状况的基础,通过财务报表资料的整理分析,公司可以基本了解客户单位的偿债能力、盈利能力等财务状况。但是,需注意财务报告资料的真实性,最好能获得近期经过审计的财务报表资料。

(2) 信用评级机构的评级报告。许多国家都有专门的信用评估机构,信用评级机构会定期发布有关公司的信用评级报告,可以从相关的报刊等媒体资料中收集获得。我国目前存在三类信用评级机构:第一类是独立的社会评估中介机构,它们根据业务需要聘任相关专家参加评估,其评估具有独立性,不受行政干预和利益集团的控制,评估结果相对比较准确;第二类是政策性银行(如国家开发银行等)负责组织的评估机构,一般由银行相关人员和各部门专家进行评估;第三类是商业银行组织的评估机构,由商业银行组织人员对其客户信用进行评估,其目的在于确定贷款的安全性。

(3) 银行的往来资金情况及还款信用记录等。由于公司交易的结算一般是通过银行转账的方式进行的,银行是信用资料的一个重要记录,公司可以委托银行信用部门了解客户单位的银行往来资金和相关的贷款还款情况,以便从另一个侧面评估客户的信用状况。

(4) 其他相关资料。公司可以从工商注册部门、客户单位的上级管理部门、税务部门、证券交易部门等了解客户资金的注册情况,生产经营的历史、现状和趋势,税金缴纳情况等，重点关注客户单位是否存在相关不良历史记录。

(二) 客户信用评估

通过整理和分析所收集的客户信用资料，对客户信用情况进行评估。信用评估方法很多，这里主要介绍两种常见的方法：5C 评估法和信用评分法。

1. 5C 评估法

5C 评估法是重点依据客户 5 个方面的评估来评价客户信用的方法。这 5 个方面包括品德(character)、能力(capacity)、资本(capital)、抵押品(collateral)和状况(condition)，可依据这些核心方面的情况确定客户的信用等级。

(1) 品德因素是指客户是否愿意尽最大的努力来归还贷款，品德因素直接决定账款的回收速度和数量，是信用评估中的最重要因素之一。

(2) 能力是指客户的偿债能力，主要依据客户的经营规模和经营状况来评估。

(3) 资本是指客户单位的财务状况，由财务报表资料数据的相关财务比率的横向比较和纵向比较来判断。

(4) 抵押品是指客户能否为取得商业信用提供担保资产，如有担保资产，则应收账款的回收会有一定的保障。

(5) 状况是指一般的宏观经济状况对客户的影响情况，或某一地区的某些特殊情况对客户偿债能力的影响情况。

通过对上述 5 个方面的详细分析，可以基本判断客户的信用情况。

2. 信用评分法

信用评分法是对一系列定量或定性的财务比率和信用情况指标赋予分值，并根据指标的重要性进行加权平均，从而得出客户综合的信用分数，据此对客户信用状况进行评估。

(三) 监控应收账款

应收账款形成以后的监控非常重要，对应收账款的监控可帮助公司尽快发现信用政策方面的问题：如公司的信用标准是否合适，客户信用状况的评估是否准确，宏观经济状况的变化对客户信用的影响如何等。

应收账款的变化传递着重要信息，在任何情况下公司都应特别关注应收账款的变化。如果应收账款恶化，则警告并促使公司采取措施来阻止其进一步恶化；如果应收账款质量很好，平均收账期较短，则显示公司的信用政策可能有点保守，公司需考虑是否可以采用相对宽松的信用政策以充分发挥赊销促进销售的作用。

公司应收账款质量控制的起点是不向具有潜在风险的客户赊销商品，或者在可能的情况下采取有担保的赊销。对于已经发生的应收账款，公司需加强对应收账款的日常管理和监控，建立应收账款明细账，定期或不定期地检查客户应收账款的变化情况：是否突破了客户信用额度，是否有超过信用期限的应收账款存在等。及时了解账款的回收情况，根据客户偿还货款的不同情况采取相应措施。应收账款的日常管理和监控可采用账龄分析法、应收账款平均账龄的计算等方法。

1. 账龄分析法

账龄分析法指按照账龄将公司所有应收账款进行分类和分析，以了解每一类应收账款的总额和所占比例的情况，可比较清晰地刻画公司应收账款的质量情况。一般情况下，账龄分析表通常按照账龄可分为 0~30 天、30~60 天、60~90 天，以及 90 天以上应收账款分别显示。

当然，运用账龄分析表分析并判断公司应收账款质量时，公司需考虑其他因素对应收账款账龄的影响，如公司提供的信用条件变化、客户的付款习惯和公司最近的销售趋势。例如，如果公司延长客户的信用期限，账龄分析表中账龄较长的应收账款数额和比例可能会增大；如果公司付款速度加快，账款分析表中账龄较长的应收账款数额和比例会降低；如果当月的销售规模突然增加，账龄在 0~30 天的应收账款比例将会急剧增大。

2. 应收账款平均账龄的计算

除了利用应收账款的账龄分析表来分析和判断应收账款的质量以外，公司财务经理还需经常计算应收账款的平均账龄，以了解公司应收账款的还款速度。

应收账款的平均账龄是公司所有未清偿账款的平均账龄，一般可采用两种方法计算：

一种方法是计算所有单个未清偿的账单的加权平均账龄，计算使用的权重为单个账单占未清偿的应收账款总额的比例。

另一种方法即账龄分析法，按照账龄进行简化加权平均计算。具体地，账龄为 0~30 天的所有未清偿的应收账款其账龄为 15 天(即 0 天和 30 天的中点)，账龄为 30~60 天的应收账款其账龄为 45 天，账龄为 60~90 天的所有应收账款其账龄为 75 天，计算的权重为账龄 0~30 天、30~60 天、60~90 天的应收账款占所有未清偿应收账款的比例。

根据应收账款平均账龄的计算与分析，可以合理地判断公司信用政策是否恰当、是否需进行调整等。

(四) 催收超期账款

对于超过信用期限的账款，公司需针对不同超期账款采取不同的催收方式，对超期账款的催收策略是应收账款管理的重要内容。一般地，对于超出信用期限较短的客户，公司可暂时不予过多打扰，以免失去客户，但需给予必要的关注；对超出信用期限较长的客户，可通过打电话、发电子邮件等方式提醒客户及时付款；对超出信用期限很长的客户，特别是那些存在恶意超期可能的客户，需频繁催收，甚至可以借助法律诉讼的方式。

实际上，不管采用何种方式催收账款，都会或多或少地发生一些费用，即收账费用，因此账款的催收政策也需要在增加收账费用与减少应收账款机会成本、坏账损失等之间进行权衡，选择对公司最佳的收账政策，即应收账款成本最小的收账政策。

一般情况下，公司对超期账款的催收方式取决于应收账款的数额、超期的时限等，公司可采取的催收步骤大致如下。

1. 发电子邮件或信件

对于超出信用期限几天的账款，可以向客户发电子邮件或信件提醒。如果还是未能收到账款，需连续发电子邮件或信件催收，而且邮件或信件的措辞可以逐渐严厉和迫切。

2. 打电话

在发出几封邮件或信件以后，可以给客户打电话，了解客户超期付款的原因，以便协商找出解决问题的办法。

3. 个人拜访

公司可以派遣负责该客户的销售人员或者专职收款员亲自到客户单位拜访，要求客户付款。如果客户付款有困难，可以相互协商提出解决方法。

4. 收款机构

公司可以委托职业催收超期账款的机构向客户收款，这需要付出一定的委托收款费用。

5. 诉讼程序

对于数额较大的超出信用期限很长的账款，公司有必要采取法律诉讼的程序收回账款。

任何情况下，对超出信用期限的账款催收应遵从收益大于成本的原则，尽量以最小的成本获取最大的收益。

第四节 存货管理

存货是公司在日常生产经营中持有以备出售的产成品或商品，或者为了出售仍然处于生产中的在产品，或者在生产过程、劳务过程中消耗的材料、物料等，存货在公司生产经营的各个阶段存在并发挥着重要作用，在公司营运资金中占有相当大的比重，而且是流动资产中流动性最差的，因此存货的管理水平直接关系到公司的资金占用水平和资产经营效率，以及公司盈利能力。一方面，存货可保证或满足生产或销售的需要，或者出于价格成本的考虑，而整批购买物资；另一方面，过多的存货要占用较多资金，并且会增加公司包括仓储费、保险费、维护费、管理人员工资在内的各项开支。因此，存货管理的目标就是尽力在各种成本与存货效益之间做出权衡，达到成本和效益两者的最佳结合。

一、存货的功能与成本

公司存货的种类繁多，包括各类材料、商品、在产品、产成品等。公司持有存货可以确保生产和销售的顺利进行，但持有存货必然存在一定的成本支出。

(一) 存货的功能

存货的功能是指存货在生产经营过程中发挥的作用，主要表现在以下几个方面。

1. **储存必要的原材料和在产品，保证公司生产经营的正常进行**

为确保公司生产经营的顺利进行，必须适当地储备一些原材料。同时，存货在生产不均衡和商品供求波动时，还有助于缓解矛盾。因此，为保证生产经营的顺利进行，储存适当的存货是必需的。在产品的功能也基本相同。

2. **储存一定的产成品，确保销售的正常进行**

因为客户一般会批量采购以降低其采购成本和其他费用，此外，为达到运输上所需的最低批量要求也应组织批量发运，因此公司常常批量生产、批量销售。同时，为应付市场上可能的突发需求，公司也应适当储存一定数量的产成品。

3. **适当储存原材料和产成品，便于组织均衡生产，降低产品成本**

一般情况下，公司生产的产品的市场需求大多是不均衡的，如有些公司生产的产品为季节性产品，如果根据需求状况来组织生产，则在产品需求淡季公司生产能力可能闲置而得不到充分利用，在产品需求旺季公司又得组织超负荷生产，会使公司生产成本上升。为降低生产成本，实行均衡生产，就需要储存一定的产成品和原材料存货。

4. **留有各种存货的保险储备，可以防止意外情况造成的损失**

公司生产、销售和经营的各个阶段均可能发生意外情况，必要的存货保险储备可避免或减少损失，保证公司生产和销售经营的正常进行。

(二) 存货的成本

存货成本是指存货所耗费的总成本，是公司因为存货所发生的一切支出，主要有采购成本、订货成本、储存成本和缺货成本。

1. **采购成本**

存货的采购成本是购置存货的价格及相关运杂费。

$$采购成本 = 单位采购成本 \times 采购数量$$

$$单位采购成本 = (购买总价 + 相关运杂费) \div 采购数量$$

由于在一定范围内，单位采购成本一般是常数，所以在存货采购的批量决策中，采购成本通常属于决策无关成本；但当存货供应商为了扩大销售量，采用数量折扣等优惠条件进行销售时，采购成本就会成为决策相关成本。

2. **订货成本**

订货成本是公司为组织订货而发生的各种订购费用，包括办公费、水电费、折旧费等采购部门的一般性费用和差旅费、邮电费、检验费等采购业务费用。订货成本按是否与订货次数相关分为固定订货成本和变动订货成本。其中，固定订货成本与订货的次数无关，是采购部门的一般性费用支出；变动订货成本与订货的次数有关，如采购业务费用(如差旅费、邮电费等)。固定订货成本与存货决策无关，在订货时不予考虑，只有变动订货成本与存货决策相关，属于决策相关成本。

$$订货成本 = 固定订货成本 + 变动订货成本$$

$$变动订货成本 = 每次订货成本 \times 订货次数$$

3. 储存成本

储存成本是公司为储存存货而发生的各项费用，包括仓储费、按存货价值计价的保险费、陈旧报废损失、年度检查费和公司自设仓库发生的各种费用等付现成本，以及存货占用资金而发生的机会成本。

按是否与存货储存数量相关，储存成本可分为固定储存成本和变动储存成本。其中，固定储存成本与存货储存数量无关，如公司自设仓库的保管人员工资、仓库折旧费等；变动储存成本与存货储存数量有关，如保险费、破损费、存货的机会成本等，一般随着平均存货数量的增加而上升。固定储存成本与存货决策无关，属于存货决策的无关成本，只有变动储存成本与存货决策相关，属于存货决策的相关成本。

$$储存成本 = 固定储存成本 + 变动储存成本$$
$$变动储存成本 = 单位储存成本 \times 平均存货量$$

4. 缺货成本

缺货成本是指公司因存货供应中断而造成的损失，包括材料供应中断造成的停工损失、产成品库存缺货造成的拖延发货和丧失销售机会的损失等。缺货成本属于机会成本，一般难以准确估计。

如果生产性公司以紧急采购代用存货解决库存短缺问题，则缺货成本变现为紧急额外采购成本，紧急额外采购成本一般高于正常采购成本。

在公司管理不允许发生存货短缺的情况下，短缺成本属于存货决策无关成本；如果公司管理允许存货发生短缺，则短缺成本变成存货决策的相关成本。

二、经济订货批量

经济订货批量，又称经济批量，是指使一定时期内的存货订货成本和储存成本最低的每次订购存货的数量。

(一) 基本模型

经济订货批量的基本模型是基于以下假设提出来的：
(1) 公司能够及时补充存货，不允许缺货。
(2) 公司订购的存货集中到货，而不是陆续到货。
(3) 公司存货的需求量稳定，每天耗用均衡。
(4) 公司每次订购存货的单价不变。
(5) 公司现金充足，存货市场供应充足。

根据上述假设，存货经济订货批量如图 8-6 所示。

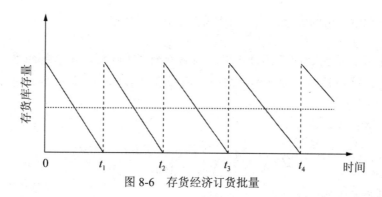

图 8-6　存货经济订货批量

基于经济订货批量模型的基本假设，采购成本和缺货成本为存货经济批量决策的无关成本，只需考虑订货成本和储存成本。订货成本与储存成本之和最小的订货批量即为经济订货批量。

订货成本与订货的次数有关，即

$$\text{TOC} = F \times \frac{A}{Q}$$

式中，TOC 为订货成本；F 为单次订货成本；A 为全年存货需要量；Q 为经济订货批量；A/Q 为订货次数。

储存成本与平均存货数量有关，即

$$\text{TCC} = C \times \frac{Q}{2}$$

式中，TCC 为储存成本；C 为单位储存成本；$Q/2$ 为平均存货数量。

相关总成本为订货成本和储存成本，即

$$\text{总成本} = \text{订货成本} + \text{储存成本}$$
$$\text{TIC} = \text{TOC} + \text{TCC}$$
$$\text{TIC} = F \times \frac{A}{Q} + C \times \frac{Q}{2}$$

式中，TIC 为总成本。

总成本最小，即订货成本与储存成本之和最小，则有

$$\frac{\text{dTIC}(Q)}{\text{d}Q} = -F \times \frac{A}{Q^2} + C \times \frac{1}{2} = 0$$

经济订货批量：$Q = \sqrt{\dfrac{2FA}{C}}$

总成本：$\text{TIC} = \sqrt{2FAC}$

订货周期：$\dfrac{360}{A/Q}$

经济订货批量占用的资金：$\dfrac{Q}{2} \times P$（P代表存货采购价格）

【例8-7】 某公司生产的产品每年需要某种材料6 400吨，该材料的单次订货成本为2 000元，单位储存成本为160元，则公司的经济订货批量、总成本、年订货次数及订货周期为多少？

公司的经济订货批量为：

$$Q = \sqrt{\dfrac{2FA}{C}} = \sqrt{\dfrac{2 \times 2\,000 \times 6\,400}{160}} = 400(吨)$$

经济订货批量总成本为：

$$\text{TIC} = \sqrt{2FAC} = \sqrt{2 \times 2\,000 \times 6\,400 \times 160} = 64\,000(元)$$

年订货次数为：

$$\dfrac{A}{Q} = \dfrac{6\,400}{400} = 16(次)$$

订货周期为：

$$\dfrac{360}{A/Q} = \dfrac{360}{6\,400/400} = 22.5(天)$$

(二) 有数量折扣的经济批量模型

现实中，许多供应商为鼓励大量订货一般会提供数量折扣，即根据订货数量给予价格上的折扣，订货数量越多，价格折扣越多。这时，订购存货的单价发生变化，采购成本成为存货决策的相关成本。有数量折扣的经济批量模型中，相关成本有采购成本、订货成本和储存成本。相关总成本最小，即采购成本、订货成本与储存成本之和最小的订货批量即为有数量折扣的经济订货批量。

【例8-8】 某公司生产产品需要某种原材料6 400吨，每次订货成本为2 000元，单位储存成本为160元，该种材料的单价为100元。如果一次订购量在500吨及以上，可享受2%价格的优惠，如果一次订购量在1 000吨以上，可享受3%的价格优惠。判断该公司的最佳订货批量为多少？

经济订货批量：

$$Q = \sqrt{\dfrac{2FA}{C}} = \sqrt{\dfrac{2 \times 2\,000 \times 6\,400}{160}} = 400(吨)$$

(1) 如果按照经济订货批量订货，则相关总成本为

$$2\,000 \times \dfrac{6\,400}{400} + 160 \times \dfrac{400}{2} + 100 \times 6\,400 = 704\,000(元)$$

(2) 如果单次订货量为500吨，则相关总成本为

$$2\,000 \times \dfrac{6\,400}{500} + 160 \times \dfrac{500}{2} + 100 \times (1-2\%) \times 6\,400 = 692\,800(元)$$

(3) 如果单次订货量为 1 000 吨，则相关总成本为

$$2\,000 \times \frac{6\,400}{1\,000} + 160 \times \frac{1\,000}{2} + 100 \times (1 - 3\%) \times 6\,400 = 713\,600\,(元)$$

可见，订货批量为 500 吨时，相关总成本最小，即该公司最佳订货批量为 500 吨。

（三）再订货点

由于存货订货指令发出后，需要一段时间才能到达公司，为确保生产经营的正常进行一般需提前订货。这样，在确定了公司的经济订货批量后，还需确定再订货点，即确定订购下一批存货时尚存的存货数量。

在提前订货的情况下，公司再次发出订货单时，尚有存货的库存量为

$$R = tn$$

式中，R 为再订货点；t 为正常订货提前期，即存货在途时间；n 为每日正常需要量。

在订货提前的情况下，只是再次发出订货单的时间提前，其他如经济订货批量、订货周期、订货次数等均不会发生变化，与基本模型相同。

【例 8-9】承接【例 8-7】，假设公司所需材料的在途时间一般为 5 天，试计算公司的再订货点。

$$该材料每天需要量 = 6\,400/360 = 17.78\,(吨)$$

$$R = tn = 5 \times 17.78 = 88.9\,(吨)$$

即该公司需在尚存存货 88.9 吨时再次发出订单。

实际上，上述再订货点的确定为理论值。在现实经济生活中，材料每天的需要量往往很难准确计算，而订购存货的在途时间也存在很大不确定性。因此，如果按照理论上的再订货点订货，一旦情况发生变化，公司存货出现短缺，很可能导致生产中断，造成损失。为避免存货短缺给公司带来损失，公司存货一般需要持有一定的安全储备。

（四）安全储备量

为防止或减少存货短缺造成的损失，建立安全储备往往很有必要。安全储备量的存在不会改变经济订货批量、订货周期、订货次数等，只是会影响再订货点，即订货提前期。此时，再订货点为

$$R = tn + S$$

式中，S 为安全储备量。

$$S = \frac{1}{2} \times (mr - nt)$$

式中，m 为预计日最大耗用；r 为最长订货提前期；t 为正常订货提前期，即存货在途时间；n 为每日正常需要量。

这样，包含保险储备的再订货点为

$$R = \frac{1}{2} \times (mr + nt)$$

三、存货的 ABC 管理

存货 ABC 分类管理是指按照一定的标准，如按照重要性程度将公司存货划分为 A、B、C 三类，对不同类别的存货分别实行按品种重点管理、按类别一般控制和按总量灵活掌握的存货管理方法。存货 ABC 分类管理方法最早由意大利经济学家巴雷特于 19 世纪提出，是一种使用比较广泛的方法。

用存货 ABC 分类管理方法，需要首先确定存货分类标准，主要有两个：金额标准和品种数量标准。其中，金额标准是最基本的分类标准，品种数量标准仅供参考。公司一般可以根据确定的存货分类标准，通过列表、计算、排序等具体步骤确定各品种存货所属类别，A 类为特别重要的存货，B 类为一般重要的存货，C 类为不重要的存货。存货 ABC 分类可以使公司分清主次，采取相应有效的措施进行管理和控制。

存货 ABC 分类管理方法一般有以下几个步骤：

(1) 计算每一种存货在一定时间内(一般为 1 年)的资金占用额。

(2) 计算每一种存货资金占用额占全部存货资金占用额的百分比，并按照大小顺序排序，编成表格。

(3) 根据公司预先确定的标准，把存货按照重要性分为 A、B、C 三类，其中最重要的存货划分为 A 类，一般存货划分为 B 类，不重要的存货划分为 C 类。

(4) 对 A 类存货进行重点管理和监控，对 B 类存货进行次重点管理，对 C 类存货只需进行一般管理。

这样，存货的管理更加主次分明、重点突出，可以有效地降低存货成本。

第五节 流动负债管理

企业的流动负债主要有短期借款、因商业信用产生的应付账款、应付票据、预收账款、短期融资券等。流动负债的期限较短，一般在 1 年以内，成本较低甚至为零，但流动负债项目条件变化多，形式比较复杂。因此，流动负债管理不仅需关注其类别和成本，也需考虑流动负债筹资对企业资金需求的影响。

一、短期借款管理

(一) 短期借款的含义及种类

1. 短期借款的含义

短期借款是指企业向银行或其他非银行金融机构借入的期限在 1 年以内的各种款项，主要用于满足企业流动资金周转的需要，包括生产(商品)周转借款、临时借款、结算借款等。

2. 短期借款的种类

我国目前的短期借款按照目的和用途分为若干种,主要有生产周转借款、临时借款、结算借款等。按照国际通行做法,短期借款还可按偿还方式的不同,分为一次性偿还借款和分期偿还借款;按利息支付方式的不同,分为收款法借款、贴现法借款和加息法借款;按借款有无担保,分为抵押借款和信用借款等。

(二) 短期借款的信用条件

1. 信用额度

信用额度是银行同意给予借款人的无担保贷款的最高限额。信用额度的有效期限通常为1年,但根据情况也可以超过1年。一般来说,企业在批准的信用额度内,可以随时使用银行借款。但是,银行并不承担必须提供全部信用额度的义务。如果企业信誉恶化,即使银行曾同意过按信用额度提供贷款,企业也可能得不到贷款,这时,银行不会承担法律责任。

2. 周转信贷协议

周转信贷协议是银行从法律上承诺向企业提供不超过某一最高限额的贷款协议。在协议的有效期内,只要企业借款总额不超过最高限额,银行必须满足企业任何时候提出的借款要求。企业享有周转信贷协议,通常要对贷款限额的未使用部分付给银行一笔承诺费。

【例8-10】某企业与银行商定的周转信贷额度为2 000万元,承诺费率为0.5%,借款企业在年度内实际使用了借款1 600万元,余额为400万元。则借款企业应向银行支付的承诺费是多少?

$$承诺费 = 400 \times 0.5\% = 2(万元)$$

3. 补偿性余额

补偿性余额是银行要求借款人在银行中保持按贷款限额或实际借款额的一定百分比(通常为10%~20%)计算的最低存款余额。从银行的角度讲,补偿性余额有助于银行降低贷款的风险,补偿其可能遭受的损失;但对于借款企业来说,补偿性余额则提高了借款的实际利率,加重了企业的利息负担。

在存在补偿性余额的情况下,借款实际利率的计算公式为

$$实际利率 = \frac{名义利率}{1 - 补偿性余额比例}$$

【例8-11】某企业按照年利率5%向银行借款200万元,银行要求的补偿性余额比例为10%,则该项借款的实际利率是多少?

$$实际利率 = \frac{5\%}{1-10\%} = 5.56\%$$

4. 借款抵押

银行向财务风险较大的企业或对其信誉不甚有把握的企业发放贷款,有时需要有抵押品担保,以降低自己蒙受损失的风险。短期借款的抵押品经常是借款企业的应收账款、存

货、股票、债券等。银行接受抵押品后，将根据抵押品的面值决定贷款金额，一般为抵押品面值的 30%～90%。这一比例的高低，取决于抵押品的变现能力和银行的风险偏好。抵押借款的成本通常高于非抵押借款，这是因为银行主要向信誉好的客户提供非抵押借款，而将抵押借款看成是一种风险投资，因此收取较高的利率；同时银行管理抵押借款要比管理非抵押借款困难，为此往往需另外收取手续费。

5. 偿还条件

贷款的偿还有到期一次偿还和在贷款期内定期(每月、每季)等额偿还两种方式。一般来说，企业不希望采用后一种偿还方式，因为这会提高借款的实际利率；而银行不希望采用前一种偿还方式，因为这会加重企业的财务负担，增加企业到期偿还贷款的风险，同时降低借款的实际利率。

(三) 借款利息的支付方式

1. 收款法

收款法又称为利随本清法，是在借款到期时向银行支付利息的方法。采用这种方法，借款的名义利率等于其实际利率。

2. 贴现法

贴现法是银行向企业发放贷款时，先从本金中扣除利息部分，到期时借款企业再偿还全部本金的一种计息方法。采用这种方法，企业可以利用的贷款额只有本金减去利息部分后的差额，因此其实际借款利率要高于名义利率。

贴现法下，其实际利率的计算公式为

$$实际利率 = \frac{名义利率}{1-名义利率}$$

【例 8-12】某企业从银行取得借款 100 万元，期限为 1 年，借款名义利率为 10%，采用贴现法付息，则其实际利率是多少？

$$实际利率 = \frac{10\%}{1-10\%} = 11.11\%$$

3. 加息法

加息法是银行发放分期等额偿还贷款时采用的利息收取方法。在分期等额偿还贷款的情况下，银行要将根据名义利率计算的利息加到贷款本金上，计算出贷款的本息和，要求企业在贷款期内分期偿还本息之和的金额。由于贷款分期均衡偿还，借款企业实际上只平均使用了贷款本金的半数，却要支付全额利息，这样，企业所负担的实际利率便高于名义利率大约 1 倍。

【例 8-13】某企业借入年利率为 12% 的贷款 200 万元，分 12 个月等额偿还本息，则该项借款的实际利率是多少？

$$实际利率 = \frac{200 \times 12\%}{200 \div 2} = 24\%$$

(四) 企业对银行的选择

随着金融信贷业的发展，可向企业提供贷款的银行和非银行金融机构增多，企业有可能在各贷款机构之间做出对本企业最为有利的选择。

选择银行时，重要的是要考虑适宜的借款种类、借款成本和借款条件。此外，还应考虑下列有关因素。

1. 银行对信贷风险的政策

通常，银行对其贷款风险有着不同的政策，有的倾向于保守，只愿承担较小的贷款风险；有的富于开拓，敢于承担较大的贷款风险。

2. 银行对企业的态度

不同银行对企业的态度各不一样。有的银行肯于积极为企业提供建议，帮助企业分析潜在的财务问题，有着良好的服务，乐于为具有发展潜力的企业发放大量贷款，在企业遇到困难时帮助企业渡过难关；也有的银行很少提供咨询服务，在企业遇到困难时一味为追偿贷款而施加压力。

3. 贷款的专业化程度

一些大银行设有不同的专业部门，分别处理不同类型、不同行业的贷款。企业与这些拥有丰富专业化贷款经验的银行合作，会更多地受益。

4. 银行的稳定性

稳定的银行可以保证企业的借款不致中途发生变故。银行的稳定性取决于它的资本规模、存款水平波动程度和存款结构。一般来说，资本雄厚、存款水平波动小、定期存款比重大的银行稳定性好；反之则稳定性差。

(五) 短期借款筹资的优缺点

1. 短期借款筹资的优点

(1) 筹资速度快。企业获得短期借款所需时间要比长期借款短得多，因为银行发放长期贷款前，通常需要对贷款企业进行全面的调查分析，花费时间较长。

(2) 借款弹性大。短期借款数额及借款时间弹性较大，企业可在需要资金时借入，在资金充裕时还款，便于企业灵活安排。

2. 短期借款筹资的缺点

(1) 筹资风险大。短期借款的偿还期短，在筹资数额较大的情况下，如企业资金调度不周，就有可能出现无力按期偿还本金和利息的情况，甚至被迫破产。

(2) 筹资成本较高。与其他短期筹资方式相比，短期借款的筹资成本较高，尤其是在补偿性余额等情况下，实际利率通常高于名义利率。

二、商业信用管理

商业信用是指商品交易中以延期付款或预收货款进行购销活动而形成的公司之间的借

贷关系。商业信用是公司之间由于商品和货款在时间上和空间上分离而形成的直接信用行为，是所谓的"自发性筹资"。由于它的形成与商品交易直接联系，手续简便，因此很容易成为公司短期资金的来源，是企业短期筹资的主要方式。

(一) 商业信用的表现形式

商业信用的表现形式主要有应付账款、应付票据和预收账款。

1. 应付账款

应付账款是企业购买货物暂未付款而欠对方的款项，即卖方允许买方在购货后一定时期内支付货款的一种形式。卖方利用这种方式促销，而对买方来说延期付款等于向卖方借用资金购进商品，可以满足短期的资金需要。

按照其是否支付代价，应付账款可以分为免费信用、有代价信用和展期信用。免费信用，即买方企业在规定的折扣期内享受折扣而获得的信用；有代价信用，即买方企业放弃折扣付出代价而获得的信用；展期信用，即买方企业超过规定的信用期推迟付款而强制获得的信用。

1) 应付账款的成本

倘若买方企业购买货物后在卖方固定的折扣期内付款，便可以享受免费信用，这种情况下，企业没有因为享受信用而付出代价。如果企业放弃折扣，在折扣期后付款，则企业便要承受因放弃折扣而造成的隐含利息成本。一般而言，放弃的隐含利息成本(放弃折扣成本)可通过以下公式求得

$$放弃折扣成本 = \frac{折扣率}{1-折扣率} \times \frac{360}{信用期-折扣期}$$

该公式表明，放弃折扣成本与折扣率的大小、折扣期的长短同方向变化，与信用期的长短反方向变化。

【例8-14】 某企业按 2/10，$n/30$ 的条件购入货物 100 000 元，如果企业选择在 10 天以后付款，则该企业放弃的折扣成本是多少？

$$放弃折扣成本 = \frac{2\%}{1-2\%} \times \frac{360}{30-10} = 36.73\%$$

2) 利用现金折扣的决策

在附有信用条件的情况下，因为获得不同信用要负担不同的代价，买方企业便要在利用哪种信用之间进行决策。一般来说：

(1) 如果能够以低于放弃折扣成本的利率借入资金，便应在现金折扣期内用借入资金支付货款，享受现金折扣。此时的放弃折扣成本是"成本"的概念，成本越小越好。

(2) 如果在折扣期内将应付账款用于短期投资，其所得投资收益率高于放弃折扣成本，则应放弃折扣而去追求更高的收益。此时，放弃折扣成本是"收益"的概念，收益越大越好。

(3) 如果企业因缺乏资金而欲展期付款，则需要在降低了的放弃折扣成本与展期付款可能带来的损失之间进行抉择。展期付款可能带来的损失主要是指企业因信誉恶化而丧失供应商乃至其他贷款人的信用，或日后招致更为苛刻的信用条件。

(4) 如果企业面对两家以上提供不同信用条件的卖方，应通过衡量放弃折扣成本的大小，选择信用成本最小或所获收益最大的一家。此时企业需要进行两次决策：首先，企业需要根据短期借款利率或短期投资收益率确定应当享受折扣还是放弃折扣；然后，在做出享受折扣或放弃折扣的基础上，根据收益最大或成本最小原则确定供应商。

2. 应付票据

应付票据是企业进行延期付款商品交易时开具的反映债权债务关系的商业汇票。根据承兑人的不同，商业汇票分为商业承兑汇票和银行承兑汇票两种，支付期最长不超过6个月。应付票据可以带息，也可以不带息。应付票据的利率一般比银行借款利率低，且不用保持相应的补偿性余额和支付协议费，所以应付票据的筹资成本低于银行借款成本。但是应付票据到期必须偿还，如若延期便要交付罚金，因而风险较大。

3. 预收账款

预收账款是卖方企业在交付货物之前向买方预先收取部分或全部货款的信用形式。对于卖方来说，预收账款相当于向买方借用资金后用货物偿还。预收账款一般用于生产周期长、资金需要量大的货物销售。

此外，企业往往还存在一些在非商品交易中产生，但亦为自发性筹资的应付费用，如应付职工薪酬、应交税金、其他应付款等。应付费用使企业受益在前、费用支付在后，相当于享用了收款方的借款，一定程度上缓解了企业的资金需要。应付费用的期限具有强制性，不能由企业自由斟酌使用，但通常不需要花费代价。

(二) 商业信用筹资的优缺点

商业信用筹资最大的优越性在于容易取得。首先，对于多数企业来说，商业信用是一种持续性的信贷形式，且无须正式办理筹资手续；其次，如果没有现金折扣或使用不带息票据，商业信用筹资不负担成本。其缺陷在于期限较短，在放弃现金折扣成本时所付出的成本较高。

三、短期融资券管理

(一) 短期融资券的含义与特征

1. 短期融资券的含义

短期融资券又称商业票据或短期债券，是由企业发行的无担保短期本票。在我国，短期融资券是指企业依照《短期融资券管理办法》的条件和程序在银行间债券市场发行和交易并约定在一定期限内还本付息的有价证券，是企业筹措短期(一年以内)资金的直接融资方式。

2. 短期融资券的特征

我国短期融资券具有以下特征：

(1) 发行人为非金融企业；
(2) 它是一种短期债券品种，期限不超过 365 天；
(3) 发行利率(价格)由发行人和承销商协商确定；
(4) 发行对象为银行间债券市场的机构投资者，不向社会公众发行；
(5) 实行余额管理，待偿还融资券余额不超过企业净资产额的 40%；
(6) 可以在全国银行间债券市场机构投资人之间流通转让。

(二) 短期融资券的种类

1. 经纪人代销的融资券和直接销售的融资券

按发行方式不同，短期融资券可分为经纪人代销的融资券和直接销售的融资券。

经纪人代销的融资券又称间接销售融资券，它是指先由发行人卖给经纪人，然后由经纪人再卖给投资者的融资券。经纪人主要有银行、投资信托公司、证券公司等。企业委托经纪人发行融资券，要先支付一定数额的手续费。根据我国《短期融资券管理办法》的规定，企业只能通过符合条件的金融机构销售融资券。

直接销售的融资券是指发行人直接销售给最终投资者的融资券。直接发行融资券的公司通常是经营金融业务的公司或自己有附属金融机构的公司，它们有自己的分支网点，有专门的金融人才，因此有自己组织推销工作的能力，从而节约了间接发行时付给证券公司的手续费。

2. 金融企业的融资券和非金融企业的融资券

按发行人的不同，短期融资券可分为金融企业的融资券和非金融企业的融资券。

金融企业的融资券主要是指由各大公司所属的财务公司、各种投资信托公司、银行控股公司等发行的融资券。

非金融企业的融资券是指那些没有设立财务公司的工商企业所发行的融资券。当前，我国市场上的短期融资券主要是这类企业发行的。

3. 国内融资券和国际融资券

按融资券的发行和流通范围不同，短期融资券可分为国内融资券和国际融资券。

国内融资券是一国发行者在其国内金融市场上发行的融资券。发行这种融资券一般只要遵循本国法律法规和金融市场惯例即可。

国际融资券是一国发行者在其本国以外的金融市场上发行的融资券。发行这种融资券，必须遵循有关国家的法律和国际金融市场上的惯例。

4. 贴现债券和付息债券

按付息方式不同，短期融资券可分为贴现债券和付息债券。

贴现债券是在发行时按票面金额扣除利息之后的余额出售给投资者，到期时按票面金额偿付。

付息债券是指在发行时按票面金额出售,到期支付本金和利息。

目前,我国市面上发行的短期融资券包含了以上两种类型。

(三) 短期融资券的发行

1. 短期融资券发行的条件

一般来说,只有实力雄厚、资信程度很高的大企业才有资格发行短期融资券。在我国,短期融资券的发行必须符合《短期融资券管理办法》中规定的发行条件。

2. 短期融资券的发行程序

企业发行短期融资券的程序,如图 8-7 所示。

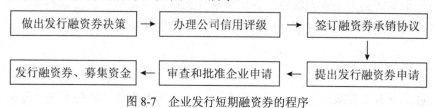

图 8-7 企业发行短期融资券的程序

(四) 短期融资券筹资的优缺点

1. 短期融资券筹资的优点

(1) 短期融资券的筹资成本较低。由于利用短期融资券筹集资金时,筹资者与投资者直接往来,绕开了银行中介,节约了一笔原应支付给银行的利息,因而短期融资券的利率较低。在西方,短期融资券的利率加上发行成本,通常要低于银行同期贷款利率。但在我国,由于目前短期融资券市场刚刚建立,还不十分完善,因而有时会出现短期融资券的利率高于银行借款利率的情况。

(2) 短期融资券筹资数额大。一般而言,银行不会向公司发放巨额的短期借款,因此,银行短期借款常常面临数额的限制;而发行短期融资券的数额往往较大,可以筹集更多的资金。

(3) 发行短期融资券可以提高企业信誉和知名度。由于能在货币市场上发行短期融资券的都是著名的大公司,因此一个公司如果能够发行自己的短期融资券,就说明该公司有较好的信誉;同时,随着短期融资券被广泛了解,发行公司的威望和知名度也会大大提高。

2. 短期融资券筹资的缺点

(1) 发行短期融资券筹资的风险比较大。短期融资券到期必须归还,一般不会有延期的可能。如果到期不归还,会对公司的信誉产生比较严重的影响,因而风险比较大。

(2) 发行短期融资券的弹性比较小。只有当公司的资金需求达到一定数量时才能使用短期融资券,如果数量较小,则会加大单位资金的筹资成本。另外,短期融资券一般不能提前偿还,即使公司资金比较充裕,也要到期才能还款。

(3) 发行短期融资券的条件比较严格。并不是任何公司都能够发行短期融资券,必须是信誉好、实力强、效益高的公司才能使用,而一些小企业或信誉不太好的企业则不可能利用短期融资券来筹集资金。

思考题

1. 什么是营运资金？简述营运资金的特点。
2. 简述营运资金的持有政策与融资策略。
3. 现金持有的动机有哪些？现金成本表现在哪些方面？
4. 应收账款的成本主要有哪些内容？简述信用政策的内容及其决策。
5. 简述存货管理的 ABC 分类管理。
6. 短期借款的信用条件有哪些？其信用条件如何影响短期借款实际利率？
7. 放弃现金折扣的成本受哪些因素影响？企业如何实施利用现金折扣的决策？

案例讨论

B 公司是一家已有数十年历史的工业企业，主要从事化工产品的研究与开发。公司规模虽然不大，但已研制和开发了一些用于商业和家庭的产品。其中有几个品种颇具特色，性能优良，使公司在当地小有声誉。近年来，公司产品销售额达数百万元。为了继续扩大产品销路，公司利用参加一些贸易展览的机会，展销自己的产品并取得了令人满意的结果。预测在未来 3 年内，公司的销售额将稳步逐年增长(见表 8-11)。

表 8-11 公司未来 3 年的销售额预测

单位：万元

年份	2019	2020	2021	2022
销售额	987	1 200	1 665	2 078

基于顾客对公司产品预先订货数量和大批量需求的增长，公司财务经理预测明年销售额将增加 40%以上，并且销售额在未来 3 年内会增加 1 倍以上。这些预测反映了公司产品在技术上的优势，意味着消费者对公司产品的优良性能和质量的认可。

面对产品需求的大幅度增长，在公司所能提供的有限资金的前提下，需要通过外部途径来筹措资金。公司财务经理对如何才能以最满意的方式筹集到资金没有把握。为此，他与有业务往来的银行接触，同银行部门进行了交谈。在未提出任何要求的情况下，银行信贷部门的人员表示，公司所能得到的优惠贷款利率为 15%，这比财务经理的预期高很多。财务经理担心其他渠道可能也难以筹集到足够资金，根据银行信贷人员的解释，市场不景气和银行部门较为严格的信贷标准是获得贷款困难的主要原因。

考虑到市场贷款的困难，财务经理向企业顾问进行咨询，共同列出了一些筹资途径来解决可能面临的资金短缺问题。

(1) 放弃商业信用中供应商所提供的折扣，利用信用条款中的最长付款时间。公司的大部分供应商所提供的信用条款为 2/10，$n/30$，还有一些供应商提供 1/10，$n/20$ 的信用条款。在一些情况下，公司也可获得 2/10，$n/45$ 的信用条款。在这方面，公司往往比较谨慎，不会把付款时间拖得太长，以免影响公司的信用等级。

(2) 为公司客户提供优惠的信用条款，以便缩短平均收账时间。目前公司给客户的信用政策为 $n/30$，财务经理提议将信用政策修改为 $3/10, n/30$。

(3) 将公司销售增长水平局限在能利用企业内部筹资满足资金需求的范围内。

(4) 吸引新投资者的资金投入。

财务经理认为，途径(3)和(4)并非满意的方案，但这两种筹资途径还是各有优点的。其中，公司销售年增长率应保持适度水平，以便在公司的控制范围内；引进新的投资者方面，财务经理相信通过选择也许会发现既能提供资金又能分担公司生产经营责任的合作伙伴。

公司顾问认为，途径(1)和(2)更值得考虑。他建议，一方面，可将公司的供应商们看成是一些小银行，每家均能为公司提供一定的信用优惠。虽然没有一家能为公司提供大量资金，但是总和会是一笔相当可观的数目，尤其是在能使更多供应商同意公司在 45 天内付款的前提下。另一方面，将公司的应收账款看成是对客户的一些小规模贷款，如果这些应收账款能提前收回，意味着公司会有更多的现金使用。将这两方面结合起来也许更有意义。

公司顾问还对公司当前的信用政策提出了看法，他对公司的坏账损失情况表示非常惊讶，公司当前的坏账损失率为 1.3%。顾问认为公司需要实施更为紧缩的信用标准，因为就公司所处的经营行业和地位而言，坏账比率偏高。

在听了公司顾问的建议后，财务经理决定首先实施上述途径(1)和(2)的筹资方案。经过思考，他决定改变公司的信用条款，从 $n/30$ 改为 $3/10, n/30$。信用政策改变后，财务经理估计 60% 的客户因 3% 的折扣吸引会在第 10 天付款，而 30% 的客户仍然会在第 30 天付款，其余 10% 的客户将延迟到第 50 天才可能付款。同时，财务经理准备修改信用标准，未来将实施更为严格的信用标准。这样，新的信用标准和信用条款下，坏账损失和收账费用之和预计占销售额的 0.7%。

信用标准和信用条款的改变会以两种方式影响公司的销售额：一方面现金折扣会吸引新客户；另一方面紧缩信用标准会使公司失去一些客户。尽管如此，财务经理还是相信使销售额增加的影响因素占主导地位，并预测销售额还是会增长 6%(注：表 8-11 中预测的销售额是以公司原来的信用政策为基础的)。公司产品的变动成本率为 75%，与流动资本有关联的资金税后资本成本(回报率)为 12%。在因信用政策变化而导致的销售额变动范围相对不大的情况下，不需要增加固定资产投资。

财务经理在慎重考虑这些问题时，注意到两个问题确实需要回答：改变信用条款是否对公司有利？紧缩信用标准是否合适？财务经理认为，对这两个问题分别进行评价会更有意义，但目前由于没有充足的时间，他打算将这两个问题合在一起进行评价。同时，作为公司财务经理，他非常关注公司的竞争者对公司提出的现金折扣的反应。在公司所处的行业中，公司目前使用的信用条款具有代表性，给予客户现金折扣还未出现过。财务经理认为，公司销售额预测的前提隐含着公司竞争者对现金折扣的某些反应，他不太确定竞争对手会如何反应。在任何情况下，财务经理不期望出现广泛反应，并预测最不理想的情况是公司销售额不会发生变化。

讨论题目：

1. 评述公司顾问的观点：公司需要紧缩的信用政策，因为相对于公司所处行业和地位而言，坏账比例偏高。

2. 根据所建议的信用政策，估算公司应收账款平均收账时间。

3. 财务经理已经注意到信用政策将有两个方面的变化，即放松信用条款和紧缩信用标准，则：①哪种改变更可能引起公司竞争对手做出反应？为什么？②如果行业信息为"应收账款平均收账时间中位数为 44 天，行业中有 25%的企业应收账款平均收账时间不到 33 天"，则有关行业方面的信息与判断公司竞争对手对现金折扣的反应是否相关？为什么？

第九章

股利分配

学习目标

通过本章的学习要求学生:
- 了解股利理论的主要观点
- 掌握股利支付程序及主要方式
- 了解影响股利支付的因素
- 理解四种典型股利政策的内容及评价

第一节 股利分配概述

通俗来讲，公司股利政策是指将公司的税后利润的全部或者部分作为股利分配给股东，还是把这些利润全部或部分重新投入公司，以及它们之间的比例问题。股利政策是企业各种财务关系的集中表现，也是公司财务决策的重要环节之一。股票估值原理表明，股票价值是企业未来所支付股利的现值之和，更多的股利支付，意味着更高的股票价值；但对公司而言，更多的股利支付则会导致企业用于投资发展的自有资金减少，股票价值也会因此下降，可见对公司的财务政策制定者而言，股利政策的选择更像是左右为难的踌躇之地，是上述两种作用相互权衡的结果。那么，公司如何选择恰当的股利政策，使其既能向市场传递积极的信号，又能实现公司的投资以及增长目标，从而实现公司价值的最大化呢？这正是股利决策的意义所在。

一、利润分配内容和顺序

(一) 利润分配内容

利润分配，是将企业实现的经营成果——净利润，按照国家财务制度规定的分配形式和分配顺序，在国家、企业和投资者之间进行的分配。利润分配的过程与结果，是关系到所有者的合法权益能否得到保护，企业能否长期、稳定发展的重要问题。企业利润分配的主体一般有国家、投资者、企业和企业职工，其分配内容主要如下。

1. 公积金

公积金是公司在资本之外保留的资金余额。根据《中华人民共和国公司法》(以下简称《公司法》)第八章第一百六十六条的规定，公司分配当年税后利润时，应当提取利润的10%列入公司法定公积金。公司法定公积金累计额为公司注册资本的50%以上的，可以不再提取。

公司的法定公积金不足以弥补以前年度亏损的，在依照规定提取法定公积金前，应当先用当年利润弥补亏损。

公司从税后利润中提取法定公积金后，经股东大会决议，还可以从税后利润中提取任意公积金。然后可按公司股东持股比例，对剩余税后利润在股东之间按照持股比例进行分配，但股份有限公司章程规定不按持股比例分配的除外。

2. 向股东分配利润

股东作为股份公司的出资人、所有人，其权益的重要表现形式之一便是对公司剩余收益的索取权，向股东分配利润，即股利发放是股权投资者获取投资收益的一种重要形式。根据我国《公司法》的规定，公司弥补亏损和提取公积金后所余税后利润可以向股东分配。公司违反规定在弥补亏损和提取法定盈余公积金之前向股东分配利润的，股东必须将违反规定分配的利润退还公司。公司持有的本公司股份不得分配利润。

一般而言，按照股东权益的不同，可以将公司股东分为优先股股东与普通股股东。优先股股东享有在利润分配上的优先权，并且其股利支付比例一般是由融资合约约定的固定比率，与公司的经营状况相关性相对较小。而普通股股东所获股利多少，则受公司经营状况、财务状况、投资机会、公司治理等诸多因素的影响，具有相对较大的波动性和不确定性，这也是本章讨论的主要内容。

(二) 利润分配顺序

公司税后利润的分配由于涉及股东、债权人、职工、社会等各个利益相关主体的切身利益，因此为了维护资本市场秩序，充分发挥公司这一组织形式的优越性，保证并平衡各方面的利益，各国公司法均对本国公司利润分配的原则与顺序予以严格的限定。在我国，企业和股份有限公司当年实现的净利润一般应按照下列顺序分配：

(1) 弥补公司以前年度的亏损。当公司的法定公积金不足以弥补以前年度的亏损时，在依照规定提取法定公积金之前，应当先用当年利润弥补亏损。

(2) 提取法定公积金。

(3) 提取任意公积金。公司从税后利润中提取法定公积金后，经股东大会决议，可以提取任意公积金。任意公积金的提取与否及提取比例由股东大会根据公司发展的需要和盈余情况决定，法律不做强制规定。

(4) 支付优先股股利。

(5) 支付普通股股利。企业按照拟定并通过的利润分配方案向普通股股东支付现金股利。

(6) 转作资本(股本)的普通股股利。企业按照利润分配方案以分配股票股利的形式转作的资本(或股本)。

二、股利支付方式

股利，亦称股息、红利。股份公司通常在年终结算后，将盈利的一部分作为股息按持股数额分配给股东。股利的主要发放形式有现金股利、财产股利、负债股利与股票股利。

(一) 现金股利

现金股利，是股份公司以货币形式向股东支付的股息红利，也是最常见的股利形式，其通常用每股派息多少，或每10股派息多少表示。如某上市公司宣布其在202×年的派息方案为每10股派5元，即表示股东每持有该公司10股股票，就将获得5元现金分红。公司选择发放现金股利，除了要有足够的留存收益外，还要有足够的现金。

(二) 财产股利

财产股利，是以现金以外的其他资产支付的股利，例如以公司所拥有的其他公司的有价证券，如债券、股票等，作为股利支付给股东，有时也将公司产品等实物作为股利支付给股东。

上市公司的
实物红利

(三) 负债股利

负债股利，是股份公司通过建立一种负债，将债券或应付票据作为股利分派给股东。这些债券或应付票据既是公司支付的股利，也确定了股东对股份公司享有的独立债权。

财产股利和负债股利实际上是现金股利的替代，但这两种股利形式在我国实务中较少出现。

(四) 股票股利

股票股利在会计上属公司收益分配，是一种股利分配的形式。股票股利是公司以增发股票的方式所支付的股利，我国实务中通常也将其称为"红股"。在我国，股票股利通常以"10送X股"的形式来表示，例如某上市公司202×年股利分配方案为"10送5股"，表示股东每持有该公司10股股票，将额外获得该公司5股股票作为股利。

股票股利对公司来说，并没有现金流出，也不会导致公司的财产减少，而只是将公司的留存收益转化为股本。但股票股利会增加流通在外的股票数量(股数)，同时降低股票的每股价值。表面上看，股票股利仅仅是对公司"权益蛋糕"的"朝三暮四"似的再分割，股东除了增加所持股数外好像并没有获得其他额外收益，但事实并非如此。股票股利对股东来说并非像表面上看到的那样毫无意义。

1. 股票股利对于投资者或公司股东的意义

对于投资者或公司股东而言,股票股利主要的优点如下。

(1) 股票市场价值增值。理论上,虽然股票股利的派发会导致股票市价的下降,但是股价下降的比例并非与股票股利的派发比例完全一致。因为一般而言,市场与投资者普遍认为发放股票股利预示着公司未来较好的成长前景,因此会将股票股利的派发作为一个积极信号,从而减少股票价格因股票股利派发下降的幅度,从而使股票持有者获得股票价值增值的好处。

(2) 减少缴纳的所得税。在我国以及世界大部分国家,现金股利需要缴纳所得税,而资本利得不需要或只缴纳相对较低税率的所得税,因此,如果股东将获得的股票股利出售,还可以获得节税的收益。另外,相对于股利收入的纳税来说,投资者可以自由选择出售股利股票的时间,即其对资本利得收入的纳税时间选择更具有弹性,即使股利收入和资本利得收入没有税率上的差别,仅就纳税时间而言,它们之间也会存在延迟纳税带来的收益差异。

(3) 流动性溢价。流动性是指将一项投资性资产转化成现金所需要的时间和成本。在较短的时间内,能以接近资产内在价值的价格将资产转换成现金,则称该资产有较高的流动性。与之相对应,在较短时间内要将某一项资产转化成现金而必须以远低于其市价的价格出售,则表明该资产流动性差。流动性差的资产因涉及较高的交易成本(再卖出该资产承受较大的价格折扣),其市场价格应比同类流动性高的资产价格低,或者说,投资者对该资产要求较高的预期收益。这种流动性低的资产与同类流动性高资产的预期收益差额就是流动性溢价。

而股票股利的发放,在降低股票价格的同时,也提高了股票的流动性,从而使得股东因流动性溢价而获利。

2. 股票股利对于公司的意义

对于公司而言,股票股利的主要优点如下。

(1) 减少公司的现金流出。发放股票股利不需要向公司股东支付现金,从而减少了现金流出,这对于投资机会较多的企业而言尤其重要,公司将因此获得有利于公司发展的低成本资金,从而提高公司的成长能力。

(2) 增加公司股东群体,防止公司被恶意控制。股票股利的发放,可以降低股票价格,提高公司股票的流动性,从而公司股票可以为更多的投资者所持有,使得公司股权变得相对分散,有效降低公司被恶意收购或控制的潜在威胁。

(3) 信息传递作用。发放股票股利,可以向市场以及投资者传递有关公司成长性的积极信息,从而提高股东的持股信心,有利于公司股价的稳定或增长。

三、股利分配程序

股利分配的程序,因证券交易所不同而有所差异。但是一般而言,股利分配程序应先由董事会提出分配预案，提交股东大会讨论通过，然后才能公布并执行。这里，仅以上海证券交易所相关规定为例，说明股利分配的一般程序。

(一) 分红公告

股利一般是按年、半年进行分配，也有少数按季度或月份支付的。企业支付股利的周期一般和公司的经营状况以及投资者的偏好有关，我国上市公司大多按年支付股利，当然也有少数企业按照半年等其他周期支付股利。

一般而言，分配股利首先要由公司董事会提出股利分配预案，然后向公众发布分红预案。在发布分红预案公告的同时或之后，公司董事会将公告召开公司股东大会的日期，在股东大会上，全体股东将对董事会提交的股利分配预案进行表决，在通过之后，公布最后的股利分配方案。

最终股利分配方案的公布日期称为股利宣告日，在该日的股利方案公告中，不仅包括股利分配的具体方案，还要确定股权登记日、除权日和股利发放日。例如交通银行(股票代码：601328)在2018年7月10日公告其股利分配方案为：本行2017年末利润分配方案已经2018年6月29日召开的2017年度股东大会审议通过……每股派发人民币0.285 6元(含税)现金红利，股权登记日为2018年7月13日，除息日为2018年7月16日，现金股利发放日为2018年7月16日。

(二) 股权登记日

股权登记日，即有权领取本期股利的股东资格登记截止的日期。凡是在此指定日期收盘之前取得公司股票，成为公司在册股东的投资者都可以作为股东享受公司分派的股利。在这一天之后，取得股票的股东将无权领取本次分派的股利。

例如，交通银行股利分配方案中，股权登记日为2018年7月13日，在这一天交易终止后，交通银行将停止办理股权转让手续，同时也将得到至7月13日为止的普通股股东名单。如果某位投资者在7月13日交易结束(下午3点)之前买得交通银行股票，成为新股东，则将有权利参加此次股利分配，但如果是在7月16日及其之后买得股票，则无权利参与此次股利分配，其所持股票对应股利归原老股东所有。

(三) 除息日

除息日，也称除权日，即令获取股利的权益与持有股票的状态分离的日期。在除息日之前购买的股票才能领取本次股利，而在除息日当天及其之后购买的股票，则不能领取本次股利。

一般而言，除息日具有两大特征：一是由于除息日失去了"付息"的权利，因此，除息日的股票价格会下跌，并且从理论上看，其股价下跌幅度等于每股股利支付比例；二是除息日与股权登记日一般为相邻的两个交易日。从上述交通银行的案例也可以发现，股权登记日2018年7月13日与除息日2018年7月16日，确为相邻的两个交易日(中间两日为周末、非交易日),否则将会出现股东权利的"真空"期。

(四) 股利发放日

股利发放日,即公司按照公布的分红方案向股权登记日登记在册的股东实际支付股利的日期,即股东实际领取到现金股利的日期。

例如,某上市公司于2018年4月28日公布2017年最后的分红方案,其公告如下:2018年4月27日在上海召开临时股东大会,通过了董事会关于每10股分红2.3元(含税)的股利分配方案。股权登记日为5月17日,除息日为5月18日,股利发放日为6月2日。特此公告。

该公司的股利支付程序如图9-1所示。

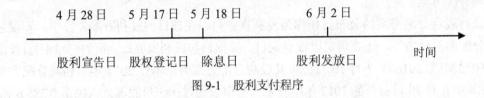

图9-1 股利支付程序

第二节 股利理论

公司如何决定最优的股利政策呢?投资者购买股票最根本的目的是获得投资收益,一般而言,投资者的投资收益来源于两个部分:资本利得和股利收益。资本利得和公司未来预期的净现金流入有关,或者说与公司的增长潜力有关,公司的盈利用于分红的部分越多,则公司可用于投资的留存收益越少,以后的发展潜力因此而削弱,而且还会影响到以后股利的增长。因此,一个好的股利分配政策必须在投资者当前的股利收入与企业未来的增长之间取得一个较好的权衡。

那么,企业的股利政策是否与公司价值有关?如果有关,股利政策与公司价值的联系机理又如何?众多理论从不同的角度对这一问题进行了阐述。

一、股利无关论

股利无关论(也称MM理论)最早是由美国的弗朗科·莫迪利安尼(Franco Modigliani)和莫顿·米勒(Merton H.Miller)教授于1958年6月发表在《美国经济评论》的"资本结构、公司财务与资本"一文中首次提出的。他们认为,在给定企业投资决策的情况下,股利政策并非一个重要的财务问题,不会对股东财富产生任何影响,公司市场价值的高低,是由公司所选择的投资决策的获利能力和风险组合所决定的,而与公司的利润分配政策无关。股利无关论建立在一系列严格的假设条件之上,包括:①资本市场强式有效;②不存在任何公司所得税和个人所得税;③资本市场无摩擦,不存在任何筹资费用;④公司的投资决策与股利决策彼此独立等。

在上述假设背景下,股利政策之所以不会影响到公司价值,关键在于企业在支付股利之后,可以无成本进行再融资,满足投资需求。这里仅以股权再融资为例,企业做出投资决策之前,需要对已实现的盈余如何处理进行决策:一是保留盈余,满足投资需求;二是将盈余作为股利支付给股东。虽然后一决策会影响公司用于投资的资金,但是企业可以通过出售与所支付股利数额相等的新股,弥补因分配股利所减少的投资资金。在 MM 理论的假设背景下,融资后的普通股股价刚好等于支付股利前的股价减去每股股利支付数额。因此,对于投资者而言,其财富并未发生变化,公司价值也未受到影响。

不可忽略的是,投资者对于公司的股利政策是有偏好的,有些投资者偏好于当前获得较高的现金收益,即高股利政策;有些投资者可能偏好于获取未来的资本增值,即低股利政策。那么,投资者对股利的偏好,是否会引起公司价值的变化呢?在莫迪利安尼和米勒构建的完美世界里,投资者可以按照自身的偏好,自制一定"股利"支付水平的股票:如果投资者觉得其所持股票的公司股利水平太低,那么他可以出售部分股票,以获得相当于其希望的股利水平的现金收入;如果股利水平高于投资者的期望,投资者可以用获得的股利收入购入该公司股票。因此,企业无法通过改变股利或留存收益为股东创造价值,股利政策与公司价值是无关的。

二、股利相关论

由于股利无关论建立在一系列严格的假设条件基础之上,与现实相距甚远。例如,上述投资者对股利的偏好,显然会作用于股票的市场价格,从而影响公司价值,因此不少学者围绕着股利无关论的假设条件,从不同角度逐步放松上述假设,对股利无关论进行了改进,形成了一系列股利相关论。

(一)"一鸟在手"理论

"一鸟在手"(bird in hand)理论是较有影响的、最早的股利理论之一。1938 年,威廉姆斯(Williams)运用股利贴现模型(dividend discount model)对股利政策进行研究,形成了早期的"一鸟在手"理论。随后,林特勒(Lintner)、华特(Walter)和戈登(Gordon)等对这一理论先后进行了完善。

"一鸟在手"的理论源于谚语"双鸟在林,不如一鸟在手"。顾名思义,该理论可以形象的表示为:公司派发给股东的现金股利,是投资者手中之鸟,而公司的留存收益,则如林中之鸟,随时会鸡飞蛋打,两手空空。根据收益与风险的对等原则,面对等量的现金股利和留存收益,风险规避型的投资者显然更偏好风险更低的现金股利,而非随时会"飞走"的留存收益。因此,投资者对股利政策是有偏好的,投资者对实施不同股利政策的公司的股票会给予不同的价格,从而使得公司价值与股利政策之间存在相关关系。

(二) 信号传递理论

在莫迪利安尼和米勒构建的完美世界里,信息是完全对称的,而现实世界则充满了信息非对称性的例子:在二手车市场上,卖方与买方关于二手车的信息是非对称的,卖方掌握相对更多的信息;在委托代理合同中,委托方与代理方之间也存在信息非对称的问题。而对公司股东而言,其对公司盈利状况及未来发展等相关信息上,也与公司内部的管理者存在着信息非对称的问题,因此,1979年,巴恰塔亚(Bhattacharya)借鉴斯彭斯的信号模型思想,创建了第一个股利信号模型,标志着信号传递理论的开端。

信号传递理论认为,在所有权和控制权分离的企业中,企业管理者相对于外部股票投资者拥有更多关于企业盈利和经营前景的内部信息,并可通过一定途径向投资者传递其掌握的信息。其中,财务报表与股利是信息传递的两种重要方式。但是,财务报表传递的信息存在时间上的滞后性、内容披露不完整及容易被企业内部人员"粉饰"等问题,所以,相对而言,投资者将现金股利视为更有效、可靠性更高的有关公司盈利和前景的信号。因此,公司内部管理者可以通过股利政策的制定和调整,向投资者传递能够反映公司盈利和前景的不同信号,投资者可据此做出自己的恰当判断,并调整对企业收益状况的判断和对公司价值的期望值,从而影响公司的股价。例如,当公司的前景看好时,公司可以通过增加现金股利的方式,向投资者传递这一信号;而当公司盈利不理想或者前景堪忧时,则可以通过降低现有的股利水平,向投资者传递利淡的信号。

(三) 代理成本理论

委托代理关系是指一个或多个行为主体根据一种明示或隐含的契约,指定、雇佣另一些行为主体为其服务,同时授予后者一定的决策权利,并根据后者提供的服务数量和质量对其支付相应的报酬。授权者就是委托人,被授权者就是代理人。股东与经理为代表的公司管理者之间,即是这样一种委托代理关系。

迈克尔·詹森(Michael C. Jensen)基于"自由现金流"理论认为:在股东与管理者之间的委托代理关系中,两者的利益目标是有差异的。股东的目标是要实现财富的最大化,即手中股权价值的最大化,而经理的目标则是要实现自身效用的最大化。因此,管理者倾向于不发股利或者少发股利,将公司富裕的现金流(自由现金流)用于个人在职消费(如购置新的专属高级轿车、装修豪华的办公室、组织庞大的助手队伍等)或旨在增加自身职业声誉等目的的过度投资(如过度广告宣传、过度多元化投资、超过恰当规模的投资等),从而降低公司的资金使用效率,有损于公司价值。在这一背景下,通过提高公司的现金股利分配率,可以有效节制管理者的上述自利行为,实现公司资源的有效配置,提高公司价值和股东财富。另外,提高现金股利水平,还可能迫使公司重返资本市场进行新的融资,如再次发行股票。这会导致两个后果:一是使得公司更容易受到市场参与者的广泛监督;二是再次发行股票不仅为外部投资者借股份结构的变化对"内部人"进行控制提供了可能,而且再次发行股票后,公司的每股税后盈利被摊薄,公司要维持相同的股利水平,必须提高股利支付率，需要更多的现金，经理们就得付出更大的努力。这些均有助于缓解代理问题，并降低代理成本。

(四) 税收差异理论

税收差异理论是由法拉(Farrar)和塞尔文(Selwyn)在1967年提出的，他们主张所得税在不同类型收入税率上的差异是股利价值相关的重要来源。

在许多国家的税法中，长期资本利得所得税税率要低于普通所得税税率。基于此，投资者自然倾向于公司少支付股利而将较多的收益保存下来以作为再投资使用，以期提高股票价格，把股利收入转化为资本利得，从而可以有效减少赋税支出。这将导致投资者对不同股利政策公司的估价差异，影响公司价值。

另外，即使资本利得与股利收入的税率相同，由于股利所得税在股利发放时征收，而资本利得在股票出售时征收，对股东来说，资本利得也有推迟纳税的效果。同时，为了获得较高的预期资本利得，投资者将愿意接受较低的股票必要报酬率。根据这种理论，股利决策与企业价值也是相关的，而只有采取低股利和推迟股利支付的政策，才有可能使公司的价值达到最大。

三、股利分配的影响因素

尽管股利政策的相关理论研究经历了近百年的历史，形成了丰硕的理论成果，但是，却始终给人一种"横看成岭侧成峰"的感觉，被财务界称为"股利之谜"。股利政策从本质上来看，是一项系统的工程，公司在制定股利分配政策时，要综合考虑涵盖法律制度、税收政策、资本市场、行业因素、投资者心理、公司未来的成长性、公司资本结构等一系列因素的影响。一般而言，股利分配的影响因素包括以下几个方面。

(一) 法律制度

代理问题是影响股利政策最重要的因素之一，而解决代理问题的有效对策之一是通过法律的手段，包括立法完善程度与执法质量在内的整个法律环境，这对公司的股利政策具有至关重要的影响。

为贯彻资本维持原则，大多数国家的公司法皆对公司资本减少进行了严格的限制，公司对股东所做的分配只能来源于公司的利润，而不得来源于公司的资本。同时，大多数国家的公司法还要求公司即使有盈余也不能全部分配给股东，为增强公司的发展能力、提高公司对债权人的总体担保能力及保护劳动者权益，各国公司法通常对公积金的提取也做了强制性的规定。

另外，拉·波特(La Porta)等人最近的研究成果表明，不同法律渊源背景下，不同国家资本市场的投资者保护程度，以及公司治理等方面会存在显著的差异，在投资者保护水平较高的美英法系国家，股利水平相对较高，而在投资者保护水平相对较低的大陆法系国家，股利水平相对较低。上述差异与法律渊源和法律实施效率有着显著关系。

(二) 公司投资机会

公司的投资机会也是股利分配的重要影响因素之一。公司的投资机会越多,意味着公司当前及未来的现金需求越强烈。一般情况下,内源融资是成本最低的一种融资方式,因此,从长远来看,拥有较多投资机会的企业应当通过少发现金股利,增加内部盈余的留存比例,以用于上述投资机会,实现增强公司盈利能力,最大化公司价值的目的。反之,当公司的投资机会不多时,应当把剩余的现金通过现金股利的方式分配给股东。

(三) 公司现金流量

由于公司法对公司发放现金股利的来源做了较为严格的限制,公司只能利用税后利润进行现金股利分配,而不能通过减少公司资本的方式进行股利分配。所以,公司的利润多寡、利润中的现金含量等是进行现金股利分配的重要约束条件,当现金流量不足时,即使公司有强烈的现金股利分配动机,也是"巧妇难为无米之炊",现金股利分配仍然无法成为现实。另外,过多发放现金股利,会导致公司的现金持有量过低,从而影响未来的支付能力,对公司的正常经营活动产生不利影响,所以,公司现金流量的情况也是股利分配的重要影响因素。

(四) 公司的筹资能力

公司的筹资能力,即是公司筹集外部资金的能力,其主要表现为"质"和"量"两个方面:一是公司可以筹集的资金的多寡;二是公司可筹集到的资金的成本高低。如果公司的筹资能力强,意味着公司可以以相对较低的成本获得较多的资金,这对于公司来说可谓非常重要。而公司的留存利润是其重要的内源融资来源,比发行债券、银行贷款和发行股票三类筹资方式成本更低。当公司将留存利润用于股利分配,那么其外源融资压力会相对加大,因此对于融资能力较强的公司而言,较高的现金支付比例是可以接受的。而如果公司的筹资能力较低,那么实施相对保守的股利政策,尽可能地保留留存利润,则是更为理性的选择。

(五) 公司的生命周期

企业是一个有机生命体,从其诞生的那一刻起,就要经历发展、成长、成熟与衰退等若干生命阶段。在不同的生命阶段,企业的盈利能力、对资金的需求、现金流的稳定性等方面会表现出不同的特征,也必然要求公司的股利政策符合其所处生命周期的特征。例如,处于高速成长阶段的公司,由于其需要大量的现金,扩大公司规模,因此减少现金股利的分配是恰当的,而处于成熟期的企业,由于未来的成长机会有限,投资需求不强,那么较高比率的股利分配政策是比较恰当的。公司所处的生命周期与相应的股利政策如图 9-2 和表 9-1 所示。

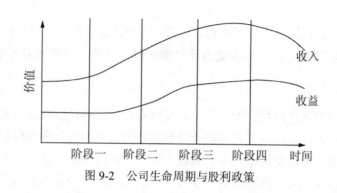

图 9-2 公司生命周期与股利政策

表 9-1 公司生命周期与股利政策

阶 段	特 征	投资需求	现金流量	股利政策
阶段一	开发阶段	比较强烈	进行投资，因而为负	没有股利，发行新股
阶段二	迅速扩张	非常强烈	占公司价值比重较低	没有或低股利
阶段三	成熟增长	需求一般	占公司价值比重上升	增加股利
阶段四	衰退	需求很少	相对公司价值较高	特殊股利，回购股票

(六) 公司所处行业

不同行业在内部竞争激烈程度、营业收入稳定性、投资需求等方面有着显著差异，这些因素也会对公司的股利分配产生影响。

对于业务相对较为稳定的行业而言，例如从事机场、港口和路桥服务的公司，这些行业的一次性投资规模大、后续投资规模较小，具有一定地区垄断特征，其产品的需求弹性较小，而价格也相对稳定，因此这些行业中的企业可以更多地向股东派现；而在竞争比较激烈的行业，如家电制造业企业，其产品和服务的竞争比较激烈，收益风险涵盖了市场不确定性、消费者偏好的转换和新产品、新技术的更迭，处于这些行业中的企业要想在激烈的竞争中处于不败地位，必须兼备较高的经营效率和充足的财务资源，所以其现金派发比例相对较低。

(七) 股权结构

股权结构包括两方面的含义：一是公司股东群体的股权性质构成；二是各个股东所持有的股份占公司总股份的比例构成。股权结构对股利政策的影响也是从这两个方面分别起作用的。股权结构的前一方面作用股利政策的机制可以认为是股利顾客效应理论的表现。如果把股利政策看作股东偏好的加总，那么公司的股东构成不同，则股利政策不同，股东构成差别越大，股利政策差别也就越大。例如，以养老基金会为大股东的公司通常会采取稳定的股利政策，而以个体投资者为主体的公司则更倾向于采取低股利政策。股权结构的后一方面作用股利政策的机制可以认为是股利的代理成本理论。当公司持股较为分散时，那么股利政策更多体现了公司管理者的意志，股利发放比例可能相对较低，以保留相对较高的自由现金流；而当大股东出现，股东与经理之间的代理问题得到缓解，股利支付转而体现股东的利益，股利发放比例可能相对较高；如果出现一股独大的情况，那么股利政策则转变为控股股东的意志，甚至会成为控股股东侵占其他中小股东利益的工具。

(八) 税收

所得税是公司在确定股利分配方案，以及投资者在评估投资收益时所考虑的一个重要因素。对股票持有者而言，与其相关的所得税主要包括资本利得税和股利收入所得税。在美国，资本利得的个人所得税率高于股利收入的个人所得税率，我国目前不征收资本利得所得税，而股利收入个人所得税税率一般为10%。如此，当企业保留盈余而不支付股利，便给予了股东一个有价值的实际选择权，即是现在出售股票获取资本利得，还是继续持有股票。

由于一般而言，资本利得所得税税率要低于股利收入的所得税税率，这意味着支付股利的股票有必要比具有相同风险的不支付股利的股票提供一个更高的预期税前收益率，因此，在其他条件相同的情况下，股票的股利收益率越高，所要求的税前收益率也就越低。

2003年美国对资本利得税进行了改革。税制改革前，划分长短期投资的标准为18个月，长期税率为40%，短期税率为20%。税制改革后，标准变为12个月，税率分别为20%和10%，这不仅使道琼斯指数在两次探底后走出上扬行情，而且投资者对现金股利的市场反应也发生了变化：在税制改革后，投资者对现金股利的积极的市场反应相对于税制改革前明显降低。

第三节 股利政策

股利政策是指公司是否发放股利、发放多少股利，以及发放时间等内容的方针或政策。公司的股利分配方案会受到来自公司内外众多因素的影响，对于公司内部而言，如何在满足股东需求与满足公司发展需要之间寻求一个平衡点，是一个十分重要的问题。

尽管股利无关理论在股利理论的发展历史中占有十分重要的地位，但是在其与现实相差巨大的假设背景下，所得到的结论却与事实相差巨大：在没有交易成本，没有税收的有效市场环境里，投资者对于公司是否支付股利，支付多少股利等是不敏感的，也就是说，任何一个企业不可能因股利支付政策的不同而使其市场价值发生变化，但事实是投资者对股利政策有着明显的偏好，并且随着时间的推移以及投资者类型的变化而变化，股利政策不仅对股票价格，也对公司价值产生影响，并且对于公司的各个利益相关者而言也非常重要。正因为如此，股利政策是各个公司董事会非常关心，并且通常费尽心思的重要议题之一。

那么公司如何选择恰当的股利政策，既能适应公司自身的特点和发展需求，又能满足利益相关者的要求与偏好，实现公司价值的最大化呢？本节将着重介绍几种常见的股利政策。

一、剩余股利政策

(一) 剩余股利政策概述

剩余股利政策是在保证公司最佳资本结构的前提下,税后利润首先用于满足公司的投资需求。如果还有剩余,则用于股利分配;如果没有,则不进行股利分配的股利政策。

剩余股利政策的支持者们认为,在 MM 理论描绘的完全有效的理想资本市场环境里,公司的股利政策与公司的股票价格无关,其派发股利的高低不会对股东的财富产生实质性的影响,公司的决策者不必考虑公司的股利分配方式,只需要根据公司的投资、融资方案的变化而进行相应的调整。因此,在完全资本市场条件下,股利全部取决于投资项目需用盈余后的剩余,投资者对盈余是保留还是发放之间并无显著偏好。

(二) 剩余股利政策的实施步骤

如果公司选择剩余股利政策,那么一般应按如下步骤实施:

(1) 分析公司的投资机会,选择最佳的投资方案,确定所需资金。

(2) 根据公司的目标资本结构,确定公司的上述投资资金需求所要增加的股东股权资本的数额。

(3) 尽可能用公司的留存收益来满足上述所需增加的股东权益资本。

(4) 如果在满足公司的投资需求后,留存收益还有剩余,那么将剩余留存收益用于股利发放。

【例9-1】利达公司 2019 年实现税后利润 5 000 万元,公司的目标资本结构即其当前资本结构,债务与权益比率为 1∶2。

(1) 公司将税后利润 5 000 万元全部留存,则公司的权益资本将增加 5 000 万元,为使公司的资本结构仍然保持目标资本结构,则需增加新的债务 2 500 万元,公司可以获得资金 7 500 万元。

(2) 当前公司面临一个净现值为正的投资机会,如果该项目投资额为 3 000 万元,那么留存收益的一部分加上适当的债务,即 2 000 万元税后利润,加上 1 000 万元的新负债,即可满足项目投资需求。由此,剩余税后利润 3 000 万元即可作为股利派发给股东。

如果该项目投资额为 7 500 万元,那么 5 000 万元税后利润,加上 2 500 万元的新负债,可以满足项目投资需求。在这种情况下,税后利润没有剩余,也就不需要给股东派发股利了。

如果该项目投资额为 9 000 万元,那么需要 6 000 万元股权资金及 3 000 万元新的负债才能满足该项目的投资需求,此时,不仅 5 000 万元税后利润将全部作为股权资金投入到该项目中,而且公司还需要分别进行股权融资(发行新股)和债务融资(发行债券或向银行贷款),其融资金额分别为 1 000 万元和 3 000 万元。在这种情况下,税后利润同样没有剩余,无法向股东派发股利。

股利总额与项目投资资金需求量关系如图 9-3 所示。

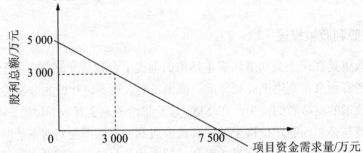

图 9-3 股利总额与项目投资资金需求量关系图

利达公司的股利派发总额与项目投资需求可用如下关系式表示：

$$y = \begin{cases} 5\,000 - \dfrac{2}{3}x & 0 \leqslant x \leqslant 7\,500 \\ 0 & x > 7\,500 \end{cases}$$

由图 9-3 可以发现，投资资金需求量越大，公司可以支付的股利就越少。当公司没有投资需求时，可以支付的股利最多，全部税后利润都作为股利派发给股东；当投资资金需求超过 7 500 万元时，分配的股息为 0，不足的权益资本需要通过发行新股筹集。

(三) 剩余股利政策的优缺点

1. 剩余股利政策的优点

采用剩余股利政策分配股利，公司留存收益首先用于保证公司的投资需求，从而最大限度地实现公司的发展机会，而且在保持公司目标资本结构的前提下，保持最佳资本结构，实现了公司的长期资本成本的最低化和公司价值的最大化。值得强调的是，剩余股利政策使用的前提条件，是公司的投资机会必须是有利于增加现有股东价值，即公司当前的最优投资项目的投资报酬率高于资本成本。否则，公司应将留存收益全部作为股利派发给股东，让股东自己去寻求更好的投资机会。

2. 剩余股利政策的缺点

如果完全遵照执行剩余股利政策，股利发放额就会随着投资机会和盈利水平的波动而波动。即使在盈利水平不变的情况下，股利也将与投资资金需求的多寡呈反方向变动：投资资金需求越多，股利越少；反之，投资资金需求越少，股利发放越多。而在投资机会维持不变的情况下，股利发放额将因公司每年盈利的波动而呈同方向波动，公司税后利润越多，股利越多，税后利润越少，股利也相对越少。剩余股利政策不利于投资者安排收入与支出，也不利于公司树立良好的形象。因此，在实践中，大多数公司采用了较为弹性的"剩余股利政策"，即通过预测公司未来相对较长时间内的盈利情况以及投资资金需求情况，从而确定一个相对较长时间内比较稳定的股利发放率，从而维持公司股利的稳定性，树立公司较为良好的形象。

二、固定或稳定增长股利政策

(一) 固定或稳定增长股利政策概述

固定股利政策或稳定增长股利政策,是指公司每年发放固定数额的股利或者每年增加固定数量的股利,如图 9-4 所示。这一股利政策以确定的现金股利分配额作为股利分配的首要目标予以考虑,一般不随资金需求的变动而变动,采取这一股利政策的公司将每年发放的每股股利固定在某一特定水平上,然后在一段时间之内保持这一水平不变。只有当公司认为未来盈利的增加足以使它能够将股利保持在一个更高的水平时,公司的股利才会提高到恰当的新的水平,并再次保持稳定。

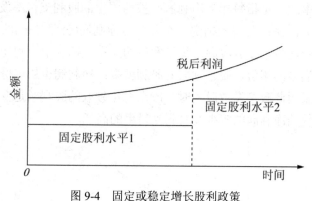

图 9-4　固定或稳定增长股利政策

(二) 固定或稳定增长股利政策的优缺点

1. 固定或稳定增长股利政策的优点

(1) 波动的股利政策往往会向投资者传递公司经营不稳定、风险较大的信息,导致投资者要求更高的投资报酬率,从而使股票价格下跌。而固定股利或稳定增长股利政策则可以告诉投资者,公司经营业绩比较稳定,风险较小,从而树立公司较好的形象,增强投资者信心,使得股东要求的必要报酬率相对较低,有利于公司股价的稳定上升。

(2) 固定或稳定增长股利政策有利于吸引投资者。固定或稳定增长股利政策有利于股东有规律地安排股利收入和支出,特别是希望得到稳定投资收益的投资者,例如一些风险规避程度较高的个人投资者、养老医疗基金等金融机构投资者。

(3) 固定或稳定增长的股利政策可能会不符合剩余股利理论,但是考虑到股票市场会受到多种因素影响,包括投资者心理状态、投资者类型等,因此,为了将股利维持在稳定的水平上,即使推迟某些投资方案或暂时偏离目标资本结构,对于公司而言,可能比降低股利更为有利。

2. 固定或稳定增长股利政策的缺点

由于固定或稳定增长股利政策,没有考虑到公司的经营状况以及公司的外部经济环境的变化,即无论公司处于什么样的宏观经济环境,以及无论公司经营状况的好坏,均要支付固定或固定增长的股利,那么在公司经营绩效下降的情况下,可能会导致公司资金紧缺,财务状况恶化,甚至会导致财务危机。此外,在公司无利可分的情况下,依然分配股利,也违反了《公司法》的相应规定。

因此,一般而言,固定或稳定增长股利政策要求股利分配比率不能太高,以免在公司经营绩效下降时,可以维持稳定的股利。另一方面,固定或稳定增长股利政策比较适用于经营稳定或处于稳定成长期的公司,例如一些传统消费或公共服务领域的上市公司。

三、固定股利支付率政策

(一) 固定股利支付率政策概述

固定股利支付率政策是指每年从净利润中按照固定的股利支付率发放股利,如图 9-5 所示。其具体操作方法是:公司先确定一个股利占净利润(公司盈余)的比率,然后每年都按此比率从净利润中向股东发放股利,每年发放的股利额都等于净利润乘以固定的股利支付率。这样,净利润多的年份,股东领取的股利就多;净利润少的年份,股东领取的股利就少。也就是说,采用此政策发放股利时,股东每年领取的股利额是变动的,其多少主要取决于公司每年实现的净利润的多少及股利支付率的高低。

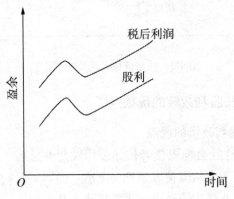

图 9-5 固定股利支付率政策

固定股利支付率政策的支持者认为:通过固定的股利支付率向股东发放股利,能使股东获取的股利与公司实现的盈余紧密联系,以真正体现"多盈多分,少盈少分,无盈不分"的原则,只有这样,才算真正公平地对待了每一个股东。

(二) 固定股利支付率政策的优缺点

1. 固定股利支付率政策的优点

(1) 股利支付的多少随公司盈利状况的多少而变化,可以向投资者传递公司盈利的准确信息。

(2) 当公司盈利多时,股利多支付,公司盈利少时,股利少支付,对公司的财务压力较小。

2. 固定股利支付率的缺点

(1) 如果公司经营绩效变动较大，则股利支付额变动也会较大，会给投资者传达公司经营不稳定的信息，导致公司股价较低，而且波动较大，不利于树立公司良好的形象。

(2) 虽然固定股利支付率政策下，股利支付的多少随着公司经营好坏的变化而变化，减轻了公司的财务压力，但是在某些时候，如公司资产负债率较高，或需要大量现金偿还到期债务，可能会给公司带来较大的财务压力。

(3) 股利政策是公司调整财务战略的一种重要的工具，但是固定股利支付率政策下，公司失去了这一重要工具，使得公司在一定程度上失去了政策灵活性。

(4) 确定一个最优的股利支付率，对于实施固定股利支付率政策的公司而言，难度较大。

【例9-2】利达公司一直采用固定股利支付率政策，其确定的股利支付率为25%。2019年公司实现税后利润1 000万元，如果继续执行固定股利支付率政策，则公司该年度可分配的现金股利是多少？

若执行固定股利政策，则2019年度可分配的现金股利为：

$$1\,000 \times 25\% = 250(万元)$$

【例9-3】接上例，如果公司面临一个投资机会，投资资金需求量为1 000万元，公司计划改变股利支付政策，调整为剩余股利政策，其目标资本结构为当前资本结构，即资产负债率为40%。则公司可分配的现金股利是多少？

若执行剩余股利政策，则公司投资所需权益资本为：

$$1\,000 \times (1-40\%) = 600(万元)$$

同时，公司还需要获取新的债务资金为：

$$1\,000 \times 40\% = 400(万元)$$

2019年度公司可分配的现金股利为：

$$1\,000 - 600 = 400(万元)$$

四、低正常股利加额外股利政策

(一) 低正常股利加额外股利政策概述

低正常股利加额外股利政策是指每期都支付稳定的但相对较低的股利额，当公司的盈利较多时，再根据实际情况发放额外的股利，如图9-6所示。低正常股利加额外股利政策的理论依据是"一鸟在手"理论和股利信号理论。将公司派发的股利固定地维持在较低的水平，则当公司盈利较少或需用较多的保留盈余进行投资时，公司仍然能够按照既定的股利水平派发股利，体现了"一鸟在手"理论。而当公司盈利较大且有剩余现金，公司可派发额外股利，体现了股利信号理论。公司将派发额外股利的信息传播给股票投资者，有利于股票价格的上扬。

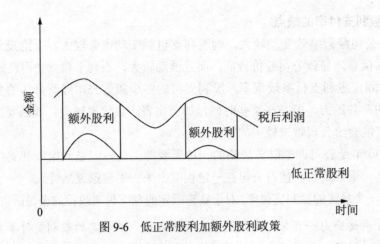

图 9-6　低正常股利加额外股利政策

(二) 低正常股利加额外股利政策的优缺点

1. 低正常股利加额外股利政策的优点

低正常股利加额外股利政策，既吸收了固定股利政策对股东投资收益的保障优点，同时又摒弃其对公司所造成的财务压力方面的不足，其优点主要体现在：

(1) 低正常股利加额外股利政策赋予公司一定的灵活性，使公司在股利发放上留有余地和具有较大的财务弹性，同时，每年可以根据公司的具体情况，选择不同的股利发放水平，以完善公司的资本结构，进而实现公司的财务目标。

(2) 低正常股利加额外股利政策有助于稳定股价，增强投资者信心。由于公司每年固定派发的股利维持在一个较低的水平上，在公司盈利较少或需用较多的留存收益进行投资时，公司仍然能够按照既定承诺的股利水平派发股利，使投资者保持一个固有的收益保障，这有助于维持公司股票现有价格的稳定。而当公司盈利状况较好且有剩余现金时，就可以在正常股利的基础上再派发额外股利，而额外股利信息的传递则有助于公司股票的股价上扬，增强投资者信心。正因为如此，低正常股利加额外股利的政策受到不少公司的欢迎，在资本市场上被广泛采用。

2. 低正常股利加额外股利政策的缺点

低正常股利加额外股利政策同样存在一些瑕疵：

(1) 由于年份之间公司盈利的波动使得额外股利不断变化，或时有时无，造成分派的股利不同，容易给投资者以公司收益不稳定的感觉。

(2) 当公司在较长时期持续发放额外股利后，可能会被股东误认为是"正常股利"，而一旦取消了这部分额外股利，传递出去的信号可能会使股东认为这是公司财务状况恶化的表现，进而可能会引起公司股价下跌的不良后果。

低正常股利加额外股利政策主要适用于经营状况和利润不稳定的企业，以及盈利水平随着经济周期而波动较大的公司或行业。

思 考 题

1. 股利发放都有哪些程序？有哪几个重要日期？
2. 比较分析四种股利政策，举例说明其分别适用于哪些企业。
3. 税收如何影响股票投资者的利益？税收是股利政策决策中应考虑的因素吗？
4. 为什么高增长的公司愿意保持低股利支付率，而低增长的公司愿意维持高股利支付率？
5. 如果你是企业的财务总监，试分析企业的流动性与举债能力如何影响股利支付率。
6. 为什么债权人经常在债务合同中限制股利发放的数额？

案 例 讨 论

五粮液股份有限公司(五粮液，000858)是由四川宜宾五粮液酒厂独家发起，发起人所持资产折合为 24 000 万股，占公司总股份的 75%，同时发行 8 000 万股流通股，发行价格每股 14.77 元，筹集资金 11.816 亿元，于 1998 年 4 月在深证证券交易所上市。按照招股说明书，第一大股东为宜宾市国有资产管理局(后改为宜宾市国有资产经营有限公司)。图 9-7 所示为五粮液集团组织控制结构。

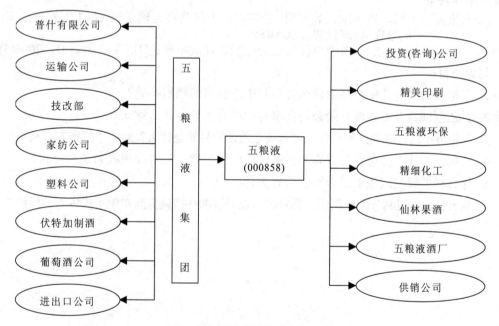

图 9-7 五粮液集团组织控制结构

五粮液在高档白酒市场的品牌价值，构成了企业的核心竞争力，加之其较为有效的内部管理，企业自上市以来，一直维持较高的利润水平。正是在这一背景下，五粮液在 2000 年度的股利分配方案却让所有投资者大失所望，最终导致了"五粮液事件"。

2001 年 1 月 18 日，五粮液公布了公司 2000 年度分配预案：不分配，也不实施公积金转增资本。2001年1月19日宣布配股公告：拟按2000年总股本48 000万股为基数每10股配2股，配股价为25元。该分配及配股预案一经公布，立即引起中小股东的强烈不满。2001年2月14日，以宋毅为代表的投资者委托北京君之创证券投资咨询有限公司(以下简称"君之创")代表出席于2001年2月20日召开的股东大会，建议修改公司2000年度的分配预案。这是中国股市上第一次中小股东就自身利益，通过法律形式，要求参与公司股利分配的讨论。这一事件被市场称为"五粮液事件"。

在君之创介入五粮液股东大会分配及配股预案的讨论后，在舆论的压力下，五粮液解释了2000年度不分配和2001年实施配股的原因，即理顺产权关系，实施资产置换需要较大额度的资金。五粮液计划将其所属宜宾塑胶瓶盖厂，约3.87亿元资产置出，置入酒厂所属的五个车间，资产共计9.02亿元，两者相差5.15亿元。另外，公司正处于高速发展期，进行第二次创业。2000年的增资扩股，公司拟投向环保和果酒等9个项目，为"入世"后所生产的五粮液系列酒走向国际市场打下基础。鉴于此，为了生产经营的正常开展，公司董事会做出2000年度不分配和2001年配股的预案。

虽然君之创的介入没有影响五粮液2000年度最终的分配方案和2001年的配股方案，但迫使五粮液做出承诺：2001年用所实现净利润的10%~25%实施利润分配。至此，"五粮液"事件结束。

(资料来源：刘峰，贺建刚，魏海明. 控制权、业绩与利益输送——基于五粮液的案例研究[J]. 管理世界，2004(8).

刁伍钧. 五粮液事件与股利分配代理成本理论[J]. 生产力研究，2006(5).)

讨论题目：
1. 五粮液的股利分配方案为什么会引起中小股东的强烈不满？
2. 君之创证券投资咨询有限公司在事件中的介入具有什么意义？
3. 五粮液不进行股利分配，保留大量现金盈余的目的是什么？对中小投资者有利吗？
4. 五粮液为什么会进行与宜宾塑料瓶盖厂的资产置换？对公司股东是否有利？
5. 什么样的股利政策更适合五粮液？为什么？
6. 从五粮液的股利分配案例中，你觉得可以采取哪些措施提高对中小投资者的保护？

第十章

财务分析

学习目标

通过本章的学习要求学生:
- 了解财务分析的基本程序与判别标准
- 掌握偿债能力、获利能力、营运能力、发展能力分析方法
- 掌握以杜邦分析为代表的综合财务分析方法
- 了解综合财务分析中的一些新理念

第一节 财务分析概述

一、财务分析的作用

财务分析是根据企业财务报表等信息资料,采用专门的方法,系统分析和评价企业财务状况、经营成果以及未来发展趋势的过程。财务分析以企业财务报告以及其他相关资料为主要依据,对企业财务状况和经营成果进行评价和剖析,反映企业在运营过程中的利弊得失和发展趋势,从而为改进企业财务管理工作和优化经济决策提供重要信息。

对以企业的资金供给者(如债权人、股东等)为代表的企业外部利益相关者而言,由于他们并不能像企业的内部人员一样,对企业的经营状况了如指掌,但通过财务分析,他们可以系统、完整地了解企业的财务状况、经营成果和现金流量等方面的信息,从而为其正确决策提供翔实的数据支撑。

商业债权人(因提供商品和劳务产生的资金供给者)由于向公司提供了债务资金,其主要关心的是公司资产的流动性,但因为他们的权益是短期的,而公司是否具有迅速偿还这些权益的能力,可以通过对公司流动性的分析得到有效的判断;对债券持有者而言,其享

有的权益是长期的,最关心的是长时间内企业的现金流转能力,即债务保障程度或企业的付息能力,债券持有人可以通过综合分析公司的资本结构、资金的主要来源与用途、公司的盈利能力等方面的信息,对公司的偿债能力做出判断。

对企业的股东而言,在现代所有权与经营权两权分离的公司治理模式下,由于股东并不参与到公司的日常经营管理之中,因此,作为委托人的股东与作为代理人的公司经理之间存在信息非对称性。股东最为关注的是其投入到公司的资金的安全性、公司当前和可预期未来的盈利性以及盈利的发展趋势。而对于这些信息的了解,需要通过对公司的盈利能力、发展能力等相关财务信息进行分析,同时,股东所关心的公司财务状况、股利分派情况以及破产风险等也必须通过财务分析才能明了。

对于资本市场监管机构、税务等其他机构部门而言,其对公司信息也有类似的需求,而财务分析是他们了解公司内部信息的重要途径之一。

从公司内部角度看,为了进行内部控制、监督与激励,使得公司的财务状况与经营成果更好地符合资金供给者的要求,公司的管理当局也需要对公司自身进行财务分析。例如从内部控制角度出发,为了有效地进行计划和控制,管理者应该进行财务分析,为了对未来做出计划,财务经理必须评价公司目前的财务状况,并根据状况评价可能存在的问题、风险和机会;为了对相关管理人员进行业绩考评,则基于公司绩效、现金收益水平、资产营运能力等的财务分析是企业内部绩效考评的重要依据和工具;为了获得更为廉价的外部融资机会,财务经理还必须配合外部资金供给者的需求,提供公司的财务状况与前景等各个方面的信息。

综上所述,财务分析是企业内外部利益相关者了解企业财务状况的重要途径,对于各类信息使用者而言,都有着非常重要的意义。

二、财务分析方法

财务分析,主要基于公司当前以及过去的财务报表数据,通过一定的方法对纵向、横向等关联数据进行一系列的比较,其主要方法包括比较分析法、比率分析法、因素分析法。

(一) 比较分析法

比较分析法是财务报表分析的基本方法之一,是通过对比两期或连续数期财务报告中某项目与性质相同的项目,通过其增减变动的方向、数额和幅度,揭示企业财务状况、经营情况和现金流量情况的一种分析方法。

比较分析法是会计报表分析中最常用,也是最基本的方法。其在会计报表分析中的作用主要表现在:通过比较分析,可以发现差距,找出产生差异的原因,进一步判定企业的财务状况和经营成果;通过比较分析,可以确定企业生产经营活动的收益性和资金投向的安全性。按比较对象的不同,比较分析法可以分为绝对数比较分析、绝对数增减变动比较分析、百分比增减变动分析及比率增减变动分析。

比较分析法包括财务指标的比较分析、会计报表的比较分析，以及会计报表项目的比较分析三项内容。

1. 财务指标的比较分析

财务指标的比较分析是指将不同时期财务报告中的相同指标或比率进行比较，观察其增减变动情况及变动幅度，以考察其发展趋势，预测其发展前景。不同财务指标的比较主要有如下两种方法。

(1) 定基动态比率。定基动态比率是以某一期的数额为固定的基期数额而计算出来的动态比率，其计算公式为

$$定基动态比率 = \frac{分析期数额}{固定基期数额} \times 100\%$$

【例 10-1】以 2017 年为固定基期，分析 2018 年、2019 年销售增长比率。假设某企业 2017 年的销售收入为 200 万元，2018 年的销售收入为 240 万元，2019 年的销售收入为 300 万元。则 2018 年和 2019 年的定基动态比率是多少？

2018 年的定基动态比率=240÷200×100%=120%

2019 年的定基动态比率=300÷200×100%=150%

(2) 环比动态比率。环比动态比率是以每一分析期的前期数值为基期数值而计算出来的动态比率，其计算公式为

$$环比动态比率 = \frac{分析期数额}{前期数额} \times 100\%$$

【例 10-2】接上例，则 2018 年和 2019 年的环比动态比率是多少？

2018 年的环比动态比率=240÷200×100%=120%

2019 年的环比动态比率=300÷240×100%=125%

2. 会计报表的比较分析

会计报表的比较是将连续数期的会计报表金额并列起来，比较其相同指标的增减变动金额和幅度，据以判断企业财务状况和经营成果发展变化的一种方法。运用该方法进行比较分析时，最好是既计算有关指标增减变动的绝对值，又计算其增减变动的相对值。这样可以有效地避免分析结果的片面性。

【例 10-3】某企业利润表中反映 2017 年的净利润为 50 万元，2018 年的净利润为 100 万元，2019 年的净利润为 160 万元。

通过绝对值分析：

2018 年较 2017 年相比，净利润增长了 100−50=50(万元)；

2019 年较 2018 年相比，净利润增长了 160−100=60(万元)。

说明 2019 年的效益增长好于 2018 年。

而通过相对值分析：

2018年较2017年相比，净利润增长率为(100–50)÷50×100%=100%；

2019年较2018年相比，净利润增长率为(160–100)÷100×100%=60%。

说明2019年的效益增长明显不及2018年。

3. 会计报表项目的比较分析

这种方式是在会计报表比较的基础上发展而来的，它是以会计报表中的某个总体指标为100%，计算出其各组成项目占该总体指标的百分比，从而来比较各个项目百分比的增减变动，以此来判断有关财务活动的变化趋势。这种方式较前两种更能准确地分析企业财务活动的发展趋势。它既可用于同一企业不同时期财务状况的纵向比较，又可用于不同企业之间的横向比较。同时，这种方法还能消除不同时期(不同企业)之间业务规模差异的影响，有利于分析企业的耗费和盈利水平，但计算较为复杂。

在采用比较分析法时，必须注意如下几个问题：①用于进行对比的各个时期的指标，在计算口径上必须一致；②必须剔除偶发性项目的影响，使作为分析的数据能反映正常的经营状况；③应用例外原则，对某项有显著变动的指标做重点分析，研究其产生的原因，以便采取对策，趋利避害。

(二) 比率分析法

比率分析法，是以同一期财务报表上的若干重要项目间的相关数据互相比较，用一个数据除以另一个数据求出比率，据以分析和评估公司经营活动，以及公司目前和历史状况的一种方法。它是财务分析最基本的工具。

由于公司的经营活动是错综复杂而又相互联系的，因而比率分析所用的比率种类很多，关键是选择有意义的、互相关系的项目数值来进行比较。同时，进行财务分析的除了股票投资者以外，还有债权人、公司管理当局、政府管理当局等，由于他们进行财务分析的目的、用途不尽相同，因而着眼点也不同。比率指标可以分为构成比率、效率比率和相关比率三类。

1. 构成比率

构成比率又称结构比率，是某项财务指标的各组成部分数值占总体数值的百分比，反映了部分与总体的关系。例如某班有30位同学，其中男生18人，女生12人，则男生占学生总数的60%，女生占40%，这两个比率就是构成比率。其计算公式为

$$构成比率 = \frac{某个组成部分数值}{总体数值} \times 100\%$$

利用构成比率可以考察总体中某个部分的形成和安排是否合理，以便协调企业各项财务活动。比如企业资产中，流动资产、固定资产和无形资产占总资产的百分比，反映了企业各类资产占总资产的构成比例；企业负债中，流动负债和长期负债占负债总额的百分比，反映了企业债务的期限结构等。

2. 效率比率

效率比率，是某项财务活动中所费与所得的比率，反映了投入与产出的关系，体现了企业的经营管理效率。

值得强调的是，效率比率中的效率不是衡量速度的快慢，而是评价投入与产出之间的关系。例如派出两个人去买东西，一个人步行，一个人打车，最后，这两个人都把东西买回来了。那么谁更具有效率呢？当然不是速度更快的打车的人，而是步行的人更具效率，因为打车的人比步行的人花费了更多费用，却只实现了相同的结果——东西买回来了。

一般而言，涉及利润的有关比率指标基本上均为效率比率，如营业利润率、成本费用利润率等。比如将利润项目与销售成本、销售收入、总资产等项目加以对比，可以计算出成本利润率、销售利润率和总资产利润率等利润率指标，从不同角度观察比较企业获利能力的高低及其增减变化的情况。

3. 相关比率

相关比率，是以某个项目和与其有关但又不同的项目加以对比所得的比率，反映有关经济活动的相互关系。利用相关比率指标，可以考察企业相互关联的业务安排是否得当，匹配与否，以保障经营活动的顺利进行。

比如，将流动资产与流动负债进行对比，计算出流动比率，可以判断企业的短期偿债能力，将负债总额与资产总额进行对比，可以判断企业长期偿债能力。值得注意的是，相关比率中，进行比较的两个项目指标必须为不同项目但又具有逻辑关联的指标，如流动资产与流动负债是不同项目，一个是资产项目，一个是负债项目，但却是相关的，因为流动负债的偿还是要靠流动资产。

值得注意的是，在不同企业之间进行比率分析时，由于采用的会计方法不同，如折旧方法及存货计量方法等，或者费用分配标准不同，如分配制造费用时选用实际工时比率、计划成本分配及直接工资分配法等，往往是比率分析结果缺乏横向可比性，不一定能充分说明问题。

(三) 因素分析法

因素分析法，是指通过分析影响财务指标的各项因素并计算其对指标的影响程度，来说明本期实际数与计划数或基期数相比较，财务指标变动或差异的主要原因的一种分析方法。因素分析法适用于多种因素构成的综合性指标的分析，如成本、利润、资产周转等方面的指标。

运用因素分析法的一般程序是：①确定需要分析的指标；②确定影响该指标的各因素及与该指标的关系；③计算确定各个因素影响的程度数额。

因素分析法的具体方法主要是连环替代法和差额分析法。

1. 连环替代法

连环替代法，是将分析指标分解为各个可以计量的因素，并根据各个因素之间的依存关系，顺次用各因素的比较值(通常即实际值)替代基准值(通常为标准值或计划值)，据以测定各因素对分析指标的影响。

连环替代法的一般模式的表示方法如下。

某一个财务指标及有关因素的关系由下式构成：计划指标 $P_0 = A_0 \times B_0 \times C_0$；实际指标 $P_s = A_s \times B_s \times C_s$；实际与标准的总差异为 $P_0 - P_s$，这一总差异同时受到 A、B、C 三个因素的影响，它们各自的影响程度可分别由以下公式计算求得

基期(计划)指标 $P_0 = A_0 \times B_0 \times C_0$ (1)

第一次替代： $A_s \times B_0 \times C_0$ (2)

第二次替代： $A_s \times B_s \times C_0$ (3)

第三次替代： $P_s = A_s \times B_s \times C_s$ (4)

(2)−(1)→A 变动对 P 的影响。

(3)−(2)→B 变动对 P 的影响。

(4)−(3)→C 变动对 P 的影响。

把各因素变动综合起来，将以上三大因素各自的影响数相加就应该等于总差异 $P_0 - P_s$。

【例10-4】 某企业2019年1月某种原材料费用的实际数是23 100元，而计划数是20 000元。由于原材料费用是由产品产量、单位产品材料消耗量和材料单价三个因素的乘积组成，因此就可以按上述一般性模式，把材料费用这一总指标分解为三个因素，然后逐个来分析各个因素对材料费用差异的影响程度。

产品产量、单位产品材料消耗量及材料单价如表10-1所示。

表10-1 产品产量、单位产品材料消耗量及材料单价

项 目	单 位	计 划 数	实 际 数
产品产量	件	500	550
单位产品材料消耗量	千克	8	7
材料单价	元	5	6
材料费用总额	元	20 000	23 100

根据表10-1，材料费用的实际数比计划数增加3 100元。运用连环替代法计算如下。

计划指标： 500×8×5=20 000(元)   (1)

第一次替代： 550×8×5=22 000(元)   (2)

第二次替代： 550×7×5=19 250(元)   (3)

第三次替代： 550×7×6=23 100(元)   (4)

指标差异分析：

(2)−(1)=22 000−20 000= 2 000(元)   企业产量的影响

(3)−(2)=19 250−22 000=−2 750(元)   材料消耗的影响

(4)−(3)=23 100−19 250= 3 850(元)   材料单价的影响

(4)−(1)=23 100−20 000=2 000+(−2 750)+3 850= 3 100 元   全部因素的影响

2. 差额分析法

差额分析法也称绝对分析法，就是直接利用各因素的预算(计划)与实际的差异来按顺序计

算,确定其变动对分析对象的影响程度。它是从连环替代法简化而成的一种分析方法的特殊形式,是利用各个因素的比较值与基准值之间的差额,来计算各因素对分析指标的影响。它通过分析财务报表中有关科目的绝对数值的大小,据此判断公司的财务状况和经营成果。

差额分析法之所以是连环替代法的简化形式,是因为其一般形式和连环替代法有着紧密联系,如某一个财务指标及有关因素的关系由如下公式构成:计划指标 $P_0 = A_0 \times B_0 \times C_0$;实际指标 $P_s = A_s \times B_s \times C_s$;实际与标准的总差异为 $P_0 - P_s$,这一总差异同时受到 A、B、C 三个因素的影响,在差额分析法下,它们各自的影响程度可分别由以下公式计算求得

A 因素变动的影响: $(A_s - A_0) \times B_0 \times C_0$

B 因素变动的影响: $A_s \times (B_s - B_0) \times C_0$

C 因素变动的影响: $A_s \times B_s \times (C_s - C_0)$

【例 10-5】仍然使用上例中的资料,使用差额分析法分析其材料费用差异。

由于产量增加对材料费用的影响: (550–500)×8×5=2 000(元)

由于材料使用的节约对材料费用的影响: 550×(7–8)×5=–2 750(元)

由于材料价格变化对材料费用的影响: 550×7×(6–5)=3 850(元)

以上两个案例表明连环替代法和差额分析法得出的结论是一致的。但是在使用时应注意如下问题:

(1) 因素分解的关联性。构成经济指标的因素,必须是客观上存在着的因果关系,要能够反映形成该项指标差异的内在构成原因,否则就失去了分析的价值。

(2) 各因素的排列顺序。数量指标在前,质量指标在后;基础指标在前,派生指标在后;实物指标在前,货币指标在后。如净利润可分解为销售量×单价×销售净利率。

(3) 固定时期。按先后顺序分析,分析过的固定在报告期或用实际数,未分析过的固定在基期或用计划数。如分析销售量、单价、销售净利率对净利润的影响:分析销售量变动对净利润的影响时,应把其他两个未分析过的指标固定在基期或者计划数;分析单价变动对净利润的影响时,分析过的销售量应固定在报告期或者实际数,未分析过的销售净利率应固定在基期或计划数;分析销售净利率对净利润的影响时,已分析过的销售量和单价应固定在报告期或者实际数。

(4) 计算结果的假定性。由于因素分析法计算的各因素变动的影响数,会因替代顺序不同而有差异,因而计算结果不免带有假定性,即它不可能使每个因素计算的结果都达到绝对的准确。为此,分析时应当力求这种假设合乎逻辑,具有经济意义,才不至于妨碍分析的有效性。

三、财务分析的局限性与原则

(一) 财务分析的局限性

1. 财务报表本身的局限性

财务报表是会计的产物,会计有特定的假设前提,并要执行统一的规范。我们只能在

规定意义上使用报表数据,不能认为报表揭示了企业的全部实际情况。财务报表的局限性表现在:

(1) 以历史成本报告资产,不代表其现行成本或变现价值。
(2) 假设币值不变,不按通货膨胀率或物价水平调整。
(3) 稳健原则要求预计损失而不预计收益,有可能夸大费用,少计收益和资产。
(4) 按年度、半年度分期报告,反映的是历史信息,对未来的信息反映能力有限。

2. 报表的真实性问题

应当说,只有根据真实的财务报表,才有可能得出正确的分析结论。财务分析通常假定报表是真实的。报表的真实性问题,要靠审计来解决。投资者在进行财务分析时,要关注注册会计师的审计报告。财务分析人员通常要注意以下问题:

(1) 要注意财务报告是否规范。不规范的报告,其真实性也应受到怀疑。
(2) 是否有遗漏。遗漏是违背充分披露原则的。遗漏可能是故意的,不想讲真话,也不能说假话,便有了故意遗漏。
(3) 要注意分析数据的反常现象。如无合理的反常原因,则要考虑数据的真实性和一贯性是否有问题。
(4) 要注意审计报告的意见类型和注册会计师的声誉。

3. 企业会计政策的不同选择影响可比性

对同一会计事项的账务处理,会计准则允许使用几种不同的规则和程序,企业可以自行选择。例如,存货计价方法、折旧方法等。虽然财务报表附注对会计政策的选择有一定的表述,但报表使用人未必能完成可比性的调整工作。

4. 比较的基础问题

在比较分析时,必须要选择比较的基础,作为评价企业当期实际数据的参照标准,包括企业历史数据、同业数据和计划预算数据。

(1) 横向比较时使用同业标准。同业的平均数,只起一般性的指导作用,不一定有代表性,不是合理性的标志。通常,不如选一组有代表性的企业求其平均数,作为同业标准,可能比整个行业的平均数更好。近年来,很多企业重视以竞争对手的数据作为分析基础。有的企业实行多种经营,没有明确的行业归属,同业对比就更加困难。
(2) 财务分析以企业历史数据作为比较基础。历史数据代表过去,并不代表合理性。经营的环境是变化的,今年比去年利润提高了,不一定说明已经达到应该达到的水平,甚至不一定说明管理有了改进。
(3) 实际与计划的差异分析,以计划预算作为比较基础。实际和预算的差异,有时是预算不合理造成的,而不是执行中有了什么问题。

总之,对比较基础本身要准确理解,并且要在限定意义上使用分析结论,避免简单化和绝对化。

(二) 财务分析的原则

财务报表分析的原则是指各类报表使用者在进行财务分析时应遵循的一般规范。它可以概括为目的明确原则、实事求是原则、全面分析原则、系统分析原则、动态分析原则等。

1. 目的明确原则

目的明确原则是指报表使用者在分析和计算之前，必须清楚地理解分析的目的，即要解决的问题。否则，即使计算机和数据库技术的发展使分析的工作量大为减少，整个分析过程也仅是毫无用处的数字游戏而已。财务报表分析的过程，可以说是"为有意义的问题寻找有意义的答案"的过程。要解决的"问题"必须是有意义的，并且是明确的。

2. 实事求是原则

实事求是原则是指在分析时应从实际出发，坚持实事求是，反对主观臆断和"结论先行"，不能搞数字游戏。

3. 全面分析原则

全面分析原则是指分析者要全面看问题，坚持"一分为二"地看问题，避免片面地看问题。报表分析者要同时注意财务问题与非财务问题、有利因素与不利因素、主观因素与客观因素、经济问题与技术问题、外部问题与内部问题。

4. 系统分析原则

系统分析原则是指分析者应注重事物之间的联系，坚持全面地看问题，反对孤立地看问题。分析者要注意局部与全局的关系、报酬与风险的关系、偿债能力与收益能力的关系等，从总体上把握企业的状况。分析时要有层次地展开，逐步深入，不能仅仅根据一个指标的高低就做出结论。

5. 动态分析原则

动态分析原则是指分析者应当发展地看问题，反对静止地看问题。两个企业的收益率相同，并不表明它们的收益能力一样，这就如同两个人在解剖学意义上可能没有太大区别，但他们在运动时表现出来的差别可能很大。动态分析原则要求对事物进行"活着的观察"，在运动中看局部和全局的关系，寻找过去和未来的联系。

财务报表本身是"过去"的经济业务的综合反映，人们的决策是关于未来的。未来不会是历史的简单重复，但却是历史的延续。财务报表分析者要注意企业的过去、现在和未来的关系。

四、基本财务报表

财务分析涉及各种财务报表的使用，这些基本财务报表包括资产负债表、利润表、现金流量表。为了便于后面的分析，在此列示经过简化的利达公司的三张财务报表，分别见表10-2、表10-3和表10-4。

(一) 资产负债表

资产负债表是表示企业在一定时点(通常为各会计期末)的财务状况(即资产、负债和业主权益的状况)的主要会计报表。资产负债表利用会计平衡原则,将合乎会计原则的资产、负债、股东权益分为若干交易科目,交易科目分为"资产"和"负债及股东权益"两大区块,在经过分录、转账、分类账、试算、调整等会计程序后,以特定日期的静态企业情况为基准,浓缩成一张报表(见表10-2)。其报表功用除了企业内部除错、经营方向、防止弊端外,也可让所有阅读者于最短时间了解企业经营状况。

表 10-2 资产负债表

编制单位：利达公司　　　　　　　　　2019 年 12 月　　　　　　　　　　　　单位：万元

资　产	期末余额	上年年末余额	负债及股东权益	期末余额	上年年末余额
流动资产：			流动负债：		
货币资金	150	75	短期借款	180	135
交易性金融资产	18	36	交易性金融负债		
衍生金融资产			衍生金融负债		
应收票据			应付票据		
应收账款	1 218	630	应付账款	315	339
应收款项融资			预收账款	30	12
预付账款	66	12	合同负债		
其他应收款	36	66	应付职工薪酬	6	0
存货	357	978	应交税费	15	12
合同资产			其他应付款	162	117
持有待售资产	96	21	持有待售负债		
一年内到期的非流动资产	135	12	一年内到期的非流动负债	183	27
其他流动资产	24	0	其他流动负债	9	18
流动资产合计	2 100	1 830	流动负债合计	900	660
非流动资产：			非流动负债：		
债权投资	0	135	长期借款	1 350	735
其他债权投资			应付债券	720	780
长期应收款			其中：优先股		
长期股权投资	90	0	永续债		
其他权益工具投资			租赁负债		
其他非流动金融资产			长期应付款	150	180
投资性房地产			预计负债		
固定资产	3 714	2 901	递延收益		
在建工程	54	105	递延所得税负债	0	0
生产性生物资产			其他非流动负债	0	45
油气资产			非流动负债合计	2 220	1 740

(续表)

资 产	期末余额	上年年末余额	负债及股东权益	期末余额	上年年末余额
使用权资产			负债合计	3 120	2 400
无形资产	18	24	股东权益：		
研发支出			实收资本（或股本）	300	300
商誉			其他权益工具		
长期待摊费用	15	45	其中：优先股		
递延所得税资产	0	0	永续债		
其他非流动资产	9	0	资本公积	30	30
非流动资产合计	3 900	3 210	减：库存股		
			其他综合收益		
			专项储备		
			盈余公积	300	120
			未分配利润	2 250	2 190
			股东权益合计	2 880	2 640
资产总计	6 000	5 040	负债及股东权益总计	6 000	5 040

注：每股面值1元，发行在外300万股。

资产负债表可以分为资产、负债与股东权益两大区块。其中，资产一般是按各种资产流动性强弱顺序逐一列在表的左方，反映单位所有的各项财产、物资、债权和权利；所有的负债和股东权益则逐一列在表的右方。负债一般列于右上方，分别反映各种短期和长期负债的项目；股东权益列在右下方，反映股东的资本和盈余。左右两方的数额相等。

(二) 利润表

利润表主要提供有关企业经营成果方面的信息。利润表是反映企业在一定会计期间经营成果的报表。例如，反映1月1日至12月31日经营成果的利润表(见表10-3)，由于它反映的是某一期间的情况，所以又称为动态报表。有时，利润表也称为损益表、收益表。

表10-3 利润表

编制单位：利达公司　　　　　2019年12月　　　　　单位：万元

项 目	本期金额	上期金额
一、营业收入	9 000	8 550
减：营业成本	7 932	7 509
税金及附加	84	84
销售费用	66	60
管理费用	138	120
研发费用	0	0
财务费用	330	288
其中：利息费用	330	288
利息收入	0	0

(续表)

项　目	本期金额	上期金额
加：其他收益	0	0
投资收益	18	0
其中：对联营企业和合营企业的投资收益	0	0
净敞口套期收益	0	0
公允价值变动收益	0	0
资产处置收益	0	0
二、营业利润	468	489
加：营业外收入	135	216
减：营业外支出	3	
三、利润总额	600	705
减：所得税费用	192	225
四、净利润	408	480
五、其他综合收益的税后净额	0	0
六、综合收益总额	0	0
七、每股收益		
（一）基本每股收益	1.36	1.6
（二）稀释每股收益		

通过利润表，可以反映企业一定会计期间的收入实现情况，即实现的主营业务收入有多少、实现的其他业务收入有多少、实现的投资收益有多少、实现的营业外收入有多少等；可以反映一定会计期间的费用耗费情况，即耗费的主营业务成本有多少，主营业务税金有多少，营业费用、管理费用、财务费用各有多少，营业外支出有多少等；可以反映企业生产经营活动的成果，即净利润的实现情况，据以判断资本保值、增值情况。将利润表中的信息与资产负债表中的信息相结合，还可以提供进行财务分析的基本资料，如将赊销收入净额与应收账款平均余额进行比较，计算出应收账款周转率；将销货成本与存货平均余额进行比较，计算出存货周转率；将净利润与资产总额进行比较，计算出总资产收益率等，可以表现企业资金周转情况以及企业的盈利能力和水平。

利润表分项列示了企业在一定会计期间因销售商品、提供劳务、对外投资等所取得的各种收入，以及与各种收入相对应的费用、损失，并将收入与费用、损失加以对比结出当期的净利润。这一将收入与相关的费用、损失进行对比，结出净利润的过程，会计上称为配比。其目的是衡量企业在特定时期或特定业务中所取得的成果，以及为取得这些成果所付出的代价，为考核经营效益和效果提供数据。比如分别列示主营业务收入和主营业务成本、主营业务税金及附加并加以对比，得出主营业务利润，从而掌握一个企业主营业务活动的成果。

(三) 现金流量表

现金流量表是财务报表的三个基本报告之一，所表达的是在某一固定期间(通常是每季、半年、年)内,企业现金(包含现金等价物)的增减变动情况见表10-4。

表 10-4 现金流量表

编制单位:利达公司　　　　　　2019年度　　　　　　　　单位:万元

项　　目	本 期 金 额	上 期 金 额
一、经营活动产生的现金流量:		
销售商品、提供劳务收到的现金	8 430	
收到的税费返还	0	
收到其他与经营活动有关的现金	30	
经营活动现金流入小计	8 460	
购买商品、接受劳务支付的现金	7 089	
支付给职工以及为职工支付的现金	87	
支付的各项税费	273	
支付其他与经营活动有关的现金	42	
经营活动现金流出小计	7 491	
经营活动产生的现金流量净额	969	
二、投资活动产生的现金流量:		
收回投资收到的现金	12	
取得投资收益收到的现金	18	
处置固定资产、无形资产和其他长期资产收回的现金净额	36	
处置子公司及其他营业单位收到的现金净额		
收到其他与投资活动有关的现金		
投资活动现金流入小计	66	
购置固定资产、无形资产和其他长期资产支付的现金	1 107	
投资支付的现金	90	
取得子公司及其他营业单位支付的现金净额	0	
支付其他与投资活动有关的现金	0	
投资活动现金流出小计	1 197	
投资活动产生的现金流量净额	-1 131	
三、筹资活动产生的现金流量:		
吸收投资收到的现金		
取得借款收到的现金	810	
收到其他与筹资活动有关的现金		
筹资活动现金流入小计	810	
偿还债务支付的现金	60	
分配股利、利润或偿付利息支付的现金	456	
支付其他与筹资活动有关的现金	75	
筹资活动现金流出小计	591	
筹资活动产生的现金流量净额	219	

(续表)

项　　目	本期金额	上期金额
四、汇率变动对现金及现金等价物的影响		
五、现金及现金等价物净增加额	57	
加：期初现金及现金等价物余额	111	
六、期末现金及现金等价物余额	168	

企业的现金流量由经营活动产生的现金流量、投资活动产生的现金流量和筹资活动产生的现金流量三部分构成。分析现金流量及其结构，可以了解企业现金的来龙去脉和现金收支构成，评价企业经营状况、创现能力、筹资能力和资金实力。

第二节　财务指标分析

一、偿债能力分析

企业的偿债能力是指企业用其资产偿还长期债务与短期债务的能力。企业有无支付现金的能力和偿还债务的能力，是企业能否健康生存和发展的关键。企业偿债能力是反映企业财务状况和经营能力的重要标志，是企业偿还到期债务的承受能力或保证程度，包括偿还短期债务和长期债务的能力。

企业保持适当的偿债能力，对各个企业利益相关者而言都具有重要意义。对股东来说，不能及时偿债可能导致企业破产，但是提高流动性必然降低盈利性，因此他们希望企业权衡收益和风险，保持适当的偿债能力。对于债权人来说，企业偿债能力不足可能导致他们无法及时、足额收回债权本息，因此他们希望企业具有尽可能强的偿债能力。在偿债能力问题上，股东和债权人的利益并不一致。股东更愿意拿债权人的钱去冒险，如果冒险成功，超额报酬全部归股东，债权人只能得到固定的利息而不能分享冒险成功的额外收益；如果冒险失败，债权人有可能无法收回本金，要承担冒险失败的部分损失。对企业管理当局来说，为了股东的利益，他们又必须权衡企业的收益和风险，保持适当的偿债能力；为了能够取得贷款，他们又必须考虑债权人对偿债能力的要求；从他们自身的利益考虑，更倾向于维持较高的偿债能力，如果企业破产，股东失掉的只是金钱，而经理人不仅会丢掉职位，而且他们作为经理人的"无形资产"也会大打折扣。对企业的供应商和消费者来说，企业短期偿债能力不足意味着企业履行合同的能力较差，企业如果无力履行合同，供应商和消费者的利益将受到损害。

企业偿债能力分析是企业财务分析的重要组成部分，包括短期偿债能力分析、长期偿债能力分析。

(一) 短期偿债能力分析

企业的短期偿债能力是指企业以流动资金偿还流动负债的能力。企业短期债务的存量，是资产负债表中列示的各项流动负债年末余额。可以用来偿还这些债务的资产，是资产负债表中列示的流动资产年末余额。流动负债需要在一年内用现金偿还，流动资产将在一年内变成现金，因此两者在时间上具有一定的匹配性，可以反映短期偿债能力。

反映企业短期偿债能力的财务比率主要有流动比率、速动比率、现金比率和现金流量比率。

1. 流动比率

流动比率是企业的流动资产与流动负债的比率，用于衡量企业在某一时点偿还即将到期的债务的能力。其计算公式为

$$流动比率 = \frac{流动资产}{流动负债} \times 100\%$$

上式中，流动资产是指在一年或长于一年的一个营业周期内变现或运用的资产，主要包括现金、交易性金融资产、应收及预付账款和存货等。流动负债是指在一年或长于一年的一个营业周期内需要偿还的债务，主要包括短期借款、应付账款、预收款项、应付票据、应交税费、应付股利以及一年内将要到期的非流动负债。

【例 10-6】根据表 10-2 求解利达公司 2018 和 2019 年的流动比率。

根据表 10-2，利达公司的流动比率为

$$流动比率_{2018} = \frac{1830}{660} = 2.77$$

$$流动比率_{2019} = \frac{2100}{900} = 2.33$$

流动比率是相对数，排除了企业规模不同的影响，更适合同业比较以及本企业不同历史时期的比较。流动比率的计算简单，应用广泛。例如，银行贷款时，往往把流动比率作为判断贷款客户信用的重要标准之一。

不同行业的流动比率，通常有明显差别。现金流状况越是稳定的行业，合理的流动比率越低，如公用事业类企业。过去很长时期，人们认为制造业企业合理的流动比率是 2，这是因为流动资产中变现能力最差的存货金额约占流动资产总额的一半，剩下的流动性较好的流动资产至少要等于流动负债，才能保证企业最低的短期偿债能力。这种认识一直未能从实践中证明。最近几十年，企业的运营方式和金融环境发生很大变化，流动比率有降低的趋势，许多成功企业的流动比率都低于2。值得注意的是，流动比率并不是越大越好，流动比率过高，就意味着企业有过多的资金滞留在流动资产上，由于流动资产的获利能力通常较低，会导致企业整体获利能力下降。

如果流动比率比上年发生较大变动，或与行业平均值出现重大偏离，就应对构成流动

比率的流动资产和流动负债各项目逐一进行分析，寻找形成差异的原因。为了考察流动资产的变现能力，有时还需要分析其周转率。

流动比率有某些局限性，在使用时应注意：流动比率假设全部流动资产都可以变为现金并用于偿债，全部流动负债都需要还清。实际上，有些流动资产的账面金额与变现金额有较大差异，如产成品等；经营性流动资产是企业持续经营所必需的，不能全部用于偿债；经营性应付项目可以滚动存续，无须动用现金全部结清。因此，流动比率是对短期偿债能力的粗略估计。

2. 速动比率

速动比率是企业的速动资产与流动负债的比率，用于衡量企业在某一时点随时可以变现的资产偿付到期债务的能力。其计算公式为

$$速动比率 = \frac{速动资产}{流动负债} \times 100\%$$

用速动比率来判断企业短期偿债能力更能说明问题，因为它撇开了变现能力相对较差的存货等流动资产。速动比率也被称为酸性实验比率，它是流动比率的补充。上式中，速动资产是指流动资产中变现能力较强的那部分资产，一般包括货币资金、金融资产、应收票据与应收账款等。存货的流动性较差，变现周期长，并且可能滞销积压或有残次商品存在，在变现过程中会存在一定的价值贬损，所以不包括在速动资产之内。因此，速动资产计算公式可以简略地表示为

$$速动资产 = 流动资产 - 存货$$

一般地，资产负债表中位于存货之后的流动性更弱的其他流动资产项目也不属于速动资产。一般认为速动比率维持在100%的水平是最优的，但在不同的行业，速动比率的最优标准是有差异的。例如在商业企业，由于其存货周转速度较快，一般应付账款较多，日常营业得到的货币可以应付企业的需求，速动比率维持在相对较低的水平，也可以保障企业的短期偿债能力。所以，在运用速动比率衡量企业的短期偿债能力时，必须考虑它所处的行业及其他多方面的因素，综合判断，而不能一概而论。例如，如果企业之间的"三角债"现象比较普遍，则更应审慎运用速动比率，因为速动比率的运用是以应收账款均可以按时收回，并不发生坏账损失为前提的。

【例10-7】 根据表10-2求解利达公司2018和2019年的速动比率。

根据表10-2，利达公司的速动比率为

$$速动比率_{2018} = \frac{1830 - 12 - 21 - 978}{660} = 1.24$$

$$速动比率_{2019} = \frac{2100 - 24 - 135 - 96 - 357}{900} = 1.65$$

利达公司速动比率比上年提高了0.41，企业的短期偿债能力有所提高。

3. 现金比率

速动资产中，流动性最强、可直接用于偿债的资产称为现金资产。现金资产包括货币资金、交易性金融资产(包括以公允价值计量且其变动计入当期损益的金融资产和衍生金融资产)等。它们与其他速动资产有区别，其本身就是可以直接偿债的资产，而非速动资产需要等待不确定的时间，才能转换为不确定数额的现金。

现金资产与流动负债的比值称为现金比率，其计算公式为

$$现金比率 = \frac{货币资金 + 交易性金融资产}{流动负债}$$

【例 10-8】根据表 10-2 求解利达公司 2018 和 2019 年的现金比率。

根据表 10-2，利达公司的现金比率为

$$现金比率_{2018} = \frac{75+36}{660} = 0.17$$

$$现金比率_{2019} = \frac{150+18}{900} = 0.19$$

现金比率假设现金资产是可偿债资产，表明 1 元流动负债有多少现金资产作为偿还保障。利达公司的现金比率比上年增加 0.02，说明企业为每 1 元流动负债提供的现金资产保障增加了 0.02 元。

一般而言，当企业面临支付工资日或集中进货日需要大量现金时，这一比率更能显示其重要作用。一般认为，现金比率保持在 25% 以上，企业就有了充裕的直接偿付能力。

4. 现金流量比率

现金流量比率是经营活动现金净流量与流动负债进行对比所确定的比率。该比率反映公司用每年经营活动产生的现金净流量偿还到期债务的能力。其计算公式为

$$现金流量比率 = \frac{经营活动产生的现金净流量}{流动负债}$$

公式中的"经营活动产生的现金净流量"，通常使用现金流量表中的"经营活动产生的现金流量净额"。它代表了企业产生现金的能力，已经扣除了经营活动自身所需的现金流出，是可以用来偿债的现金流量。

公式中的"流动负债"，通常使用资产负债表中"流动负债"的年初与年末的平均数。为了简便，也可以使用期末数。

现金流量比率表明每 1 元流动负债的经营现金流量保障程度。该比率越高，偿债越有保障。

【例 10-9】根据表 10-2 和表 10-4 求解利达公司 2019 年的现金流量比率。

根据表 10-2 和表 10-4，利达公司的现金流量比率为

$$平均负债现金流量比率_{2019} = \frac{969}{(900+660)/2} = 1.24$$

$$期末负债现金流量比率_{2019} = \frac{969}{900} = 1.08$$

5. 影响短期偿债能力的其他因素

上述短期偿债能力比率，都是根据财务报表中的资料计算的。还有一些表外因素也会影响企业的短期偿债能力，甚至影响力相当大。财务报表的使用人应尽可能了解这方面的信息，有利于做出正确的判断。

(1) 可动用的银行贷款指标。银行已同意、企业未办理贷款手续的银行贷款限额，可以随时增加企业的现金，提高支付能力。这一数据不反映在财务报表中，但会在董事会决议中披露。该指标可以增强企业的短期偿债能力，如果企业短期偿债能力不足，则可以立即动用银行贷款指标满足偿债需求。

(2) 准备很快变现的非流动资产。企业可能有一些长期资产可以随时出售变现，而不出现在"一年内到期的非流动资产"项目中。例如，储备的土地、未开采的采矿权、目前出租的房产等，在企业发生周转困难时，出售这些资产对企业的持续经营影响有限。该项指标可以增强企业的短期偿债能力。

(3) 偿债能力的声誉。如果企业的信用很好，在短期偿债方面出现暂时困难比较容易筹集到短缺的现金，或者可以与债权人协商将偿债时间延后。

(4) 与担保有关的或有负债。如果或有负债的数额较大并且可能发生，就应在评价偿债能力时给予关注，该项指标可能对企业短期偿债能力有着潜在威胁，如果该项或有事项发生，企业短期偿债能力将大幅下降。

此外，经营租赁合同中承诺的付款，很可能是需要偿付的义务；建造合同、长期资产购置合同中的分阶段付款，也是一种承诺，应视同需要偿还的债务。这些义务或债务均会降低企业短期偿债能力，因此在对企业的短期偿债能力进行分析时，必须分析对象的各方面因素，而不是仅仅停留在财务报表上。

(二) 长期偿债能力分析

对于企业所有者以及长期债权人来说，他们不仅关心企业的短期偿债能力，更关心企业的长期财务状况，即企业的资本结构状况。企业的长期偿债能力是指企业对债务的承担能力，以及企业对债务的保障能力，通常用资本结构类指标加以刻画。

1. 资产负债率

资产负债率又称负债比率，是企业的全部负债总额与全部资产总额的比率，用于分析企业借用他人资本进行经营活动的能力，并衡量企业的长期偿债能力。其计算公式为

$$资产负债率 = \frac{负债总额}{资产总额} \times 100\%$$

由于举债经营既可以给企业带来财务杠杆利益，同时也增加了财务风险。所以对于企业来说，资产负债率越高，企业扩大生产经营的能力和增加盈利的可能性就越大，但风险也随之增大，一旦经营不利，企业就可能陷入财务危机。对债权人来说，资产负债率反映了企业对长期债权人偿还债务的能力，或者说企业破产清算时对债权人的利益保护程度。资产负债率越低，资产对债权的保障程度越高，企业的长期偿债能力就越强；反之，资产

负债率越高,资产对债权的保障程度越低。当资产负债率达到或超过100%时,说明企业已经资不抵债,债权人将蒙受损失。

【例10-10】根据表10-2求解利达公司2018和2019年的资产负债率。

根据表10-2,利达公司的资产负债率为

$$资产负债率_{2018}=\frac{2\,400}{5\,040}\times 100\%=47.62\%$$

$$资产负债率_{2019}=\frac{3\,120}{6\,000}\times 100\%=52\%$$

经验认为,在不考虑其他因素的情况下,资产负债率在50%左右是比较合适的,此时企业既可以充分利用财务杠杆的积极作用,同时也可以将财务风险控制在一定的水平,保障债权人的利益。但是,企业最优的资产负债率到底是多少,一直与股利政策并称为财务领域的两大谜题,即"资本结构之谜"与"股利政策之谜",大量财务学家前仆后继,在这一领域做了深入的研究亦未能找到统一的答案。一般而言,企业的资产负债率受到公司盈利能力、资产结构、所在行业、股权结构、高管的个人特征与偏好、金融市场发展水平,甚至是公司所在社会环境与法律制度等众多因素的共同的、复杂的影响。

2. 股东权益比率

股东权益比率,也称为净资产比率,是股东权益与资产总额对比所确定的比率,该比率反映企业资产中有多少是由股东所投入的。其计算公式为

$$股东权益比率=\frac{股东权益总额}{资产总额}\times 100\%$$

【例10-11】根据表10-2求解利达公司2018和2019年股东权益比率。

根据表10-2,利达公司的股东权益比率为

$$股东权益比率_{2018}=\frac{2\,640}{5\,040}\times 100\%=52.38\%$$

$$股东权益比率_{2019}=\frac{2\,880}{6\,000}\times 100\%=48\%$$

股东权益比率越高,说明公司所有者投入的资金所占全部资金的比例越大,公司的偿债能力就越强,财务风险就越低,因此,仅仅从偿债能力来看,这一比例越高越好。但是过高的股东权益比率,意味着公司没有充分利用财务杠杆作用,盈利能力较差,一般而言,股东权益比率适中最好。

从[例10-10]和[例10-11]的结果中可以发现,股东权益比率与资产负债率的和为1,这两个比率从不同侧面反映了公司长期财务状况,股东权益比率越大,资产负债率就越小,企业财务风险就越小,偿还长期债务的能力就越强。

3. 产权比率和权益乘数

产权比率和权益乘数也是资产负债率的另外两种表现形式,它和资产负债率的性质一样。其计算公式为

$$产权比率 = \frac{负债总额}{股东权益}$$

$$权益乘数 = \frac{总资产}{股东权益}$$

【例10-12】根据表10-2求解利达公司2018和2019年的产权比率和权益乘数。

$$产权比率_{2018} = \frac{2\,400}{2\,640} = 0.91;\quad 产权比率_{2019} = \frac{3\,120}{2\,880} = 1.08$$

$$权益乘数_{2018} = \frac{5\,040}{2\,640} = 1.91;\quad 权益乘数_{2019} = \frac{6\,000}{2\,880} = 2.08$$

产权比率表明1元股东权益借入的债务数额。权益乘数表明1元股东权益拥有的总资产。它们是两种常用的财务杠杆计量方式,可以反映特定情况下资产利润率和权益利润率之间的倍数关系。财务杠杆表明债务的多少与偿债能力有关,并且可以表明权益净利率的风险也与盈利能力有关。

联系产权比率、权益乘数,以及资产负债率的定义公式,可以发现有如下恒等式成立,即

$$权益乘数 = 1 + 产权比率 = \frac{1}{股东权益比率} = \frac{1}{1-资产负债率}$$

4. 利息保障倍数

保障比率是将公司财务费用与支付以及保证它的能力联系起来。债券评级机构,如穆迪公司和标准普尔公司非常广泛地使用这些比率。利息保障倍数是保障比率中最为传统的一种。

利息保障倍数又称已获利息倍数,是指企业生产经营所获得的息税前利润与利息费用的比率。其计算公式为

$$利息保障倍数 = \frac{息税前利润}{利息费用}$$

$$= \frac{净利润 + 所得税 + 利息费用}{利息费用}$$

【例10-13】根据表10-3求解利达公司2018和2019年的利息保障倍数。

$$利息保障倍数_{2018} = \frac{480 + 225 + 288}{288} = 3.45$$

$$利息保障倍数_{2019} = \frac{408 + 192 + 330}{330} = 2.82$$

长期债务不需要每年还本,却需要每年付息。利息保障倍数表明1元债务利息有多少

倍的息税前收益做保障，它可以反映债务政策的风险大小。如果企业一直保持按时付息的信誉，则长期负债可以延续，举借新债也比较容易。利息保障倍数越大，利息支付越有保障。如果利息支付尚且缺乏保障，归还本金就很难指望。因此，利息保障倍数可以反映长期偿债能力。

如果利息保障倍数小于 1，表明自身产生的经营收益不能支持现有的债务规模。利息保障倍数等于 1 也是很危险的，因为息税前利润受经营风险的影响，是不稳定的，而利息的支付却是固定数额。利息保障倍数越大，公司拥有的偿还利息的缓冲资金越多。

5. 影响长期偿债能力的其他因素

上述衡量长期偿债能力的财务比率是根据财务报表数据计算的，还有一些表外因素会影响企业的长期偿债能力，必须引起足够的重视。

(1) 债务担保。担保项目的时间长短不一，有的涉及企业的长期负债，有的涉及企业的流动负债。在分析企业长期偿债能力时，应根据有关资料判断担保责任带来的潜在长期负债问题。

(2) 未决诉讼。未决诉讼一旦判决败诉，便会影响企业的偿债能力，因此在评价企业长期偿债能力时要考虑其潜在影响。

(3) 长期资产。资产负债表中的长期资产主要包括固定资产、长期投资和无形资产。将长期资产作为偿还长期债务的资产保障时，长期资产的计价和摊销方法对长期偿债能力的影响很大。因此，在评价企业的长期偿债能力时，有必要深入分析企业的长期资产的计价和摊销方法。

(4) 可转换债券。可转换债券是可转换公司债券的简称，又称可转债。它是一种可以在特定时间、按特定条件转换为普通股票的特殊企业债券。可转换债券兼具债券和股票的特征。虽然公司发行的可转换债券的负债是公司长期债务的重要组成部分，但是可转换债券可以在特定时间转换为公司的普通股股票，因此其并不一定具有债务的刚性约束。

影响企业长期偿债能力的因素还有很多，包括公司所在行业的前景与稳定性、公司的规模、公司的融资能力，甚至包括公司的治理结构等，都会对公司的长期偿债能力产生影响。

二、获利能力分析

企业获利能力，又称为盈利能力，是指企业获取利润的能力，也称为企业的资金或资本增值能力，通常表现为一定时期内企业收益数额的多少及其水平的高低。无论是对公司的经营者，还是对公司的所有者，或者是对公司的债权人，甚至包括公司的潜在投资者，公司的获利能力都是其对公司关注的重要内容之一。因为获利能力是衡量公司管理当局绩效的重要工具，它不仅关系到企业资产的增值保值能力和"生命"安全，也关系到企业的债务安全性，同时还是公司投资价值的重要表现形式之一。

盈利能力指标主要包括营业利润率、成本费用利润率、盈余现金保障倍数、总资产报酬率、净资产收益率和资本收益率。实务中，上市公司经常采用每股收益、每股股利、市盈率、每股净资产等指标评价其获利能力。

(一) 基于企业销售的获利能力指标

1. 营业毛利率

营业毛利率是营业毛利额与营业收入净额之间的比率。其计算公式可以表示为

$$营业毛利率 = \frac{营业收入净额 - 营业成本}{营业收入净额} \times 100\%$$

$$= \frac{毛利}{营业收入净额} \times 100\%$$

上式中，营业收入净额是营业收入扣除销售退回、销售折扣和销售折让后的净额。

【例10-14】求解利达公司2018和2019年营业毛利率。

$$营业毛利率_{2018} = \frac{8\,550 - 7\,509}{8\,550} \times 100\% = 12.18\%$$

$$营业毛利率_{2019} = \frac{9\,000 - 7\,932}{9\,000} \times 100\% = 11.87\%$$

营业毛利率是毛利与销售收入的比率，如果营业毛利率很低，表明企业没有足够多的毛利额，补偿期间费用后的盈利水平就不会高；也可能无法弥补期间费用，出现亏损局面。通过本指标可预测企业的盈利能力。

2. 营业净利率

营业净利率是净利润和营业收入净额确定的比率，其计算公式为

$$营业净利率 = \frac{净利润}{营业收入净额} \times 100\%$$

【例10-15】求解利达公司2018和2019年的营业净利率。

$$营业净利润_{2018} = \frac{480}{8\,550} \times 100\% = 5.61\%$$

$$营业净利润_{2019} = \frac{408}{9\,000} \times 100\% = 4.53\%$$

营业净利率反映每1元销售收入净额带来的净利润的多少，表示销售收入的收益水平。相对于营业毛利率，营业净利率是企业最终的盈利能力指标，它与净利润成正比关系，与营业收入成反比关系，企业在增加营业收入额的同时，必须相应地获得更多的净利润，才能使销售净利率保持不变或有所提高。通过分析营业净利率的升降变动，可以促使企业在扩大销售的同时，注意改进经营管理，提高盈利水平。

(二) 基于企业资本投入的盈利能力指标

1. 总资产净利率

总资产净利率,又称投资报酬率、投资盈利率,是反映企业资产盈利能力的指标。总资产净利率是指企业在一定时间内实现的利润与同期资产平均占用额的比率。其计算公式可以表示为

$$总资产净利率 = \frac{净利润}{资产平均总额} \times 100\%$$

上式中,资产平均总额是指公司的期初资产总额和期末资产总额的平均值。

【例 10-16】求解利达公司 2019 年的总资产净利率。

$$总资产净利率_{2019} = \frac{408}{(6\,000+5\,040)/2} = 7.39\%$$

总资产净利率这项指标能促使企业全面改善生产经营管理,不断提高企业的经济效益。总资产净利率反映了企业资产利用的综合效果,该比率越高,表明资产利用的效率越高,说明企业在增收节支和节约资金使用等方面取得了良好的效果;否则相反。资产利润率主要取决于总资产周转速度的快慢以及销售利润率的大小,企业的销售利润率越大,资产周转速度越快,则资产利润率越高。

由于企业的总资产来源于所有者投入资本和举债两个方面。利润的多少与企业资产的多少、资产的结构、经营管理水平有着密切的关系。总资产净利率是一个综合指标,为了正确评价企业经济效益的高低,挖掘提高利润水平的潜力,可以用该项指标与本企业前期、与计划、与本行业平均水平和本行业内先进企业进行对比,分析形成差异的原因。

2. 净资产收益率

净资产收益率又称股东权益收益率,是净利润与平均股东权益的百分比,是公司税后利润除以净资产得到的百分比率。该指标反映股东权益的收益水平,用以衡量公司运用自有资本的效率。其计算公式可以表示为

$$净资产收益率 = \frac{净利润}{净资产平均总额} \times 100\%$$

上式中,净资产代表总资产中股东投入的资产额;净资产平均总额是期初净资产与期末净资产的平均值。

【例 10-17】求解利达公司净资产收益率。

$$净资产收益率_{2019} = \frac{408}{(2\,880+2\,640)/2} \times 100\% = 14.78\%$$

净资产收益率可衡量公司对股东投入资本的利用效率,其数值越高,代表股东投入的资金的获利能力越强。它弥补了每股税后利润指标的不足。例如,在公司对原有股东送红股后,每股盈利将会下降,从而在投资者中造成错觉,以为公司的获利能力下降了,而

事实上，公司的获利能力并没有发生变化，用净资产收益率来分析公司的获利能力就比较适宜。

值得说明的是：净资产收益率是从所有者角度来考察企业盈利水平高低的，而投资报酬率或总资产利润率则是从所有者和债权人双方来共同考察整个企业的盈利水平。在相同的总资产利润率水平下，由于企业采用不同的资本结构形式，即不同的负债与所有者权益比例，会造成不同的净资产利润率。

(三) 基于股票数量或价格的获利能力指标

1. 普通股每股收益

普通股每股收益，又称为每股盈余或每股利润，它是净利润扣除优先股的股利后的余额平摊到公司发行的普通股股数的比率。普通股每股收益是测定股票投资价值的重要指标之一，是分析每股价值的一个基础性指标，是综合反映公司获利能力的重要指标。其计算公式可以表示为

$$普通股每股收益=\frac{净利润-优先股股利}{普通股平均股数}$$

【例10-18】求解利达公司每股收益。

$$普通股每股收益=\frac{408}{300}=1.36(元/股)$$

每股收益反映了公司的盈利能力，特别是对于股东而言，其数值越高，表明公司的盈利能力越强，反之越低。但是，由于每股收益不具有纵向延续性和横向可比性，因此在运用每股收益分析公司盈利能力时，必须注意结合股票价格、公司是否有增发新股、股利政策等因素综合评价公司盈利能力。

2. 普通股每股现金流量

每股收益评价公司盈利能力的缺陷之一，便是每股收益指标中所蕴含的"收益"并不一定给股东带来等额的收益，因为它受到公司会计政策、销售策略、回款速度等诸多因素的影响，普通股每股现金流量是公司经营活动所产生的净现金流量减去优先股股利后与流通在外的普通股股数的比率。其计算公式可以表示为

$$普通股每股现金流量=\frac{经营活动现金净流量-优先股股利}{普通股平均股数}$$

【例10-19】求解利达公司每股现金流量。

$$普通股每股现金流量=\frac{969}{300}=3.23(元/股)$$

普通股每股现金流量数值越高，代表公司的盈利能力越强。一般而言，和每股收益相比，在短期来看，每股现金流量比每股收益更能体现公司从事资本性支出及支付股利的能力。每股现金流量通常比每股盈余要高，这是因为公司正常经营活动中所产生的净现金流

量还会包括一些从利润中扣除出去但又不影响现金流出的费用调整项目,如折旧费等。但每股现金流量也有可能低于每股盈余,如公司大量采用赊销方式,或发生大额购买货物或资本支出等。每股现金流量和每股收益之间的差异正是现金制会计和应计制会计之间的差异。

一家公司的每股现金流量越高,说明这家公司的每股普通股在一个会计年度内所赚得的现金流量越多。虽然每股现金流量在短期内比每股盈余更能显示公司在资本性支出和支付股利方面的能力,但每股现金流量绝不能用来代替每股盈余作为公司盈利能力的主要指标的作用。

3. 普通股每股股利

普通股每股股利是股利总额与流通股股数的比值。其计算公式为

$$普通股每股股利 = \frac{股利总额}{普通股股数}$$

股利总额是用于对普通股进行分配的现金股利的总额。

普通股每股股利反映的是每一普通股获取股利的大小。每股股利越大,则公司股本获利能力就越强;每股股利越小,则公司股本获利能力就越弱。值得强调的是,公司每股股利发放多少,除了受公司获利能力大小影响以外,还取决于公司的股利政策。如果公司为了增强发展的后劲而增加公司的公积金,则当前的每股股利必然会减少;反之,则当前的每股股利会增加。

每股股利和每股收益相比,每股收益是公司每一普通股所能获得的税后净利润,但公司实现的净利润往往不会全部用于分派股利。每股股利通常低于每股收益,其中一部分作为留存利润用于公司自我积累和发展。但有些年份,每股股利也有可能高于每股收益。比如在有些年份,公司经营状况不佳,税后利润不足支付股利,或经营亏损无利润可分。为保持投资者对公司及其股票的信心,公司仍可按不超过股票面值的一定比例,用历年积存的盈余公积金支付股利,或在弥补亏损以后支付。这时每股收益为负值,但每股股利却为正值。

4. 市盈率

市盈率,又称价格盈余比率,是股票的市场价格和每股收益的比率。投资者通常利用该比例值估量某股票的投资价值,或者用该指标在不同公司的股票之间进行比较。

$$市盈率 = \frac{普通股每股市价}{普通股每股收益}$$

【例 10-20】利达公司当前股价为 12 元每股,求市盈率。

$$市盈率 = \frac{12}{1.36} = 8.82$$

市场广泛谈及的市盈率通常指的是静态市盈率,用来作为比较不同价格的股票是否被高估或者低估的指标。用市盈率衡量一家公司股票的质地时,并非总是准确的。一般认为,如果一家公司股票的市盈率过高,那么该股票的价格具有泡沫,价值被高估。当一家公司

增长迅速以及对未来的业绩增长非常看好时,股票目前的高市盈率可能恰好准确地反映了该公司的价值。需要注意的是,利用市盈率比较不同股票的投资价值时,这些股票必须属于同一个行业,相互比较才有效。

5. 市净率

市净率指的是每股股价与每股净资产的比率。市净率可用于投资分析,一般来说,市净率较低的股票,投资价值较高,相反,则投资价值较低。但在判断投资价值时还要考虑当时的市场环境及公司经营情况、盈利能力等因素。其计算公式可以表示为

$$市净率 = \frac{普通股每股市价}{普通股每股净资产}$$

上式中,普通股每股净资产是用股东权益总额除以普通股股数所得。

【例 10-21】利达公司当前股价为 12 元,根据表 10-2,求市净率。

$$市净率 = \frac{12}{2\,880/300} = 1.25$$

市净率可用于投资分析。每股净资产是股票的账面价值,它是用成本计量的,而每股市价是这些资产的现在价值,它是证券市场上交易的结果。在资本市场有效的假设前提下,市价高于账面价值时企业资产的质量较好,有发展潜力,反之则资产质量差,没有发展前景。优质股票的市价都超出每股净资产许多。一般来说,市净率达到 3 可以树立较好的公司形象。市价低于每股净资产的股票,就像售价低于成本的商品一样,属于"处理品"。当然,"处理品"也不是没有购买价值,问题在于该公司今后是否有转机。

市净率的作用还体现在可以作为确定新发行股票初始价格的参照标准。如果股票按照溢价发行的方法发行,要考虑按市场平均投资潜力状况来定溢价幅度,这时股市各种类似股票的平均市净率便可作为参照标准。

三、营运能力分析

营运能力是指通过企业生产经营资金周转速度的有关指标所反映出来的企业资金利用的效率。公司的营运能力直接影响公司的偿债能力和获利能力,是公司财务分析的重要组成部分。企业营运能力的财务分析比率有存货周转率、应收账款周转率、流动资产周转率和总资产周转率等。它表明企业管理人员经营管理、运用资金的能力,企业生产经营资金周转的速度越快,表明企业资金利用的效果越好,效率越高,企业管理人员的经营能力越强。

(一) 资金周转情况分析

1. 应收账款周转率

应收账款周转率是赊销收入净额除以平均应收账款的比值,也就是年度内应收账款转为现金的平均次数,它说明应收账款流动的速度。用时间表示的周转速度是应收账款周转天数,也叫平均应收账款回收期或平均收现期,表示企业从取得应收账款的权利到收回款

项、转换为现金所需要的时间，等于 360 除以应收账款周转率。其计算公式可以表示为

$$应收账款周转率 = \frac{赊销收入净额}{应收账款平均余额}$$

$$应收账款周转天数 = \frac{360}{应收账款周转率}$$

其中，赊销收入净额=销售收入−现销收入−(销售退回+销售折让+销售折扣)

【例 10-22】根据表 10-2 和表 10-3，假设利达公司销售收入中有 80%为赊销，计算其应收账款周转情况。

$$应收账款周转率 = \frac{9\,000 \times 80\%}{(1\,218+630)/2} = 7.79$$

$$应收账款周转天数 = \frac{360}{7.79} = 46.21$$

上式表明，平均而言，利达公司的应收账款一年周转 7.79 次，每次为 46.21 天。一般来说，应收账款周转率越高越好，表明公司收账速度快，平均收账期短，坏账损失少，资产流动快，偿债能力强。与之相对应，应收账款周转天数则是越短越好。如果公司实际收回账款的天数越过了公司规定的应收账款天数，则说明债务人拖欠时间长，资信度低，增大了发生坏账损失的风险；同时也说明公司催收账款不力，使资产形成了呆账甚至坏账，造成了流动资产不流动，这对公司正常的生产经营是很不利的。但从另一方面说，如果公司的应收账款周转天数太短，则表明公司奉行较紧的信用政策，付款条件过于苛刻，这样会限制企业销售量的扩大，特别是当这种限制的代价(机会收益)大于赊销成本时，会影响企业的盈利水平。

2. 存货周转率

存货周转率是衡量和评价企业购入存货、投入生产、销售收回等各环节管理状况的综合性指标。它是销货成本被平均存货所除而得到的比率，或叫存货的周转次数，用时间表示的存货周转率就是存货周转天数。其计算公式为

$$存货周转率 = \frac{销售成本}{存货平均余额}$$

$$存货周转天数 = \frac{360}{存货周转率}$$

【例 10-23】分析利达公司存货周转情况。

$$存货周转率 = \frac{7\,932}{(357+978)/2} = 11.88$$

$$存货周转天数 = \frac{360}{11.88} = 30.30$$

存货周转率指标的好坏反映企业存货管理水平的高低，它影响到企业的短期偿债能力，

是整个企业管理的一项重要内容。一般来讲，存货周转速度越快，存货的占用水平越低，流动性越强，存货转换为现金或应收账款的速度越快。因此，提高存货周转率可以提高企业的变现能力。但是，如果存货周转速度过快，也可能说明企业在经营管理中存在一些潜在的问题。例如可能是企业对原材料的采购过于频繁，这将导致采购成本的上升，也可能是因为企业的存货不足，经常缺货，影响企业的正常生产。所以对于企业存货周转率的分析，应当结合企业的实际生产经营情况，包括原材料采购、仓储、生产等方面的内容进行综合分析。

3. 流动资产周转率

流动资产周转率是销售收入与流动资产平均余额的比率，它反映的是全部流动资产的利用效率。流动资产周转率是分析流动资产周转情况的一个综合指标，流动资产周转得快，可以节约资金，提高资金的利用效率。其计算公式可以表示为

$$流动资产周转率 = \frac{销售收入}{流动资产平均余额}$$

$$流动资产周转天数 = \frac{360}{流动资产周转率}$$

【例10-24】 分析利达公司流动资产周转情况。

$$流动资产周转率 = \frac{9\,000}{(2\,100+1\,830)/2} = 4.58$$

$$流动资产周转天数 = \frac{360}{4.58} = 78.60$$

流动资产周转率反映了企业流动资产的周转速度，是从企业全部资产中流动性最强的流动资产角度对资产的利用效率进行分析，以进一步揭示影响资产质量的主要因素。该指标将主营业务收入净额与资产中最具活力的流动资产相比较，既能反映一定时期流动资产的周转速度和使用效率，又能进一步体现每单位流动资产实现价值补偿的高与低，以及补偿速度的快与慢。

一般情况下，该指标越高，表明企业流动资产周转速度越快，利用得越好。在较快的周转速度下，流动资产会相对节约，其意义相当于流动资产投入的扩大，在某种程度上增强了企业的创收能力；而周转速度慢，则需补充流动资金参加周转，形成资金浪费，降低企业创收能力。要提高流动资产周转速度，应以主营业务收入增幅高于流动资产增幅做保证。在企业内部，通过对该指标的分析对比，一方面可以促进加强内部管理，充分有效地利用其流动资产，如降低成本、调动暂时闲置的货币资金创造收益等；另一方面，也可以促进企业采取措施扩大生产或服务领域，提高流动资产的综合使用效率。

4. 固定资产周转率

固定资产周转率也称固定资产利用率，是企业销售收入与固定资产平均总额的比率。其计算公式可以表示为

$$固定资产周转率=\frac{销售收入}{固定资产平均总额}$$

$$固定资产周转天数=\frac{360}{固定资产周转率}$$

【例10-25】 分析利达公司固定资产周转情况。

$$固定资产周转率=\frac{9\,000}{(3\,714+2\,901)/2}=2.72$$

$$固定资产周转天数=\frac{360}{2.72}=132.35$$

固定资产周转率主要用于分析对厂房、设备等固定资产的利用效率，比率越高，说明利用率越高，管理水平越好。如果固定资产周转率与同行业平均水平相比偏低，则说明企业对固定资产的利用率较低，可能会影响企业的获利能力。它反映了企业资产的利用程度。

但在应用固定资产周转率进行分析时，必须注意：①这一指标的分母采用平均固定资产净值，因此指标的比较将受到折旧方法和折旧年限的影响，应注意其可比性问题；②当企业固定资产净值率过低(如因资产陈旧或过度计提折旧)，或者当企业属于劳动密集型企业时，这一比率就可能没有太大的意义。

5. 总资产周转率

总资产周转率是衡量企业资产管理效率的重要财务比率，在财务分析指标体系中具有重要地位。这一指标通常被定义为销售收入与平均资产总额之比。其计算公式可以表示为

$$总资产周转率=\frac{销售收入}{资产平均总额}$$

【例10-26】 分析利达公司总资产周转情况。

$$总资产周转率=\frac{9\,000}{(6\,000+5\,040)/2}=1.63$$

总资产周转率是考察企业资产运营效率的一项重要指标，体现了企业经营期间全部资产从投入到产出的流转速度，反映了企业全部资产的管理质量和利用效率。通过该指标的对比分析，可以反映企业本年度以及以前年度总资产的运营效率和变化，发现企业与同类企业在资产利用上的差距，促进企业挖掘潜力、积极创收、提高产品市场占有率、提高资产利用效率。一般情况下，该数值越高，表明企业总资产周转速度越快。销售能力越强，资产利用效率越高。

但在某些特殊情况下，总资产周转率的提高并不一定意味着企业资产运用能力的增强。例如，公司在某一会计年度总资产周转率突然升高，而销售收入并无多大变化，则可能是因为报废大量固定资产造成的。

(二) 现金产生能力分析

1. 经营活动现金使用效率

经营活动现金使用效率是指经营活动现金流入与经营活动现金流出对比的比率。其公式可以表示为

$$经营活动现金使用效率=\frac{经营活动现金流入}{经营活动现金流出}$$

【例 10-27】分析利达公司经营活动现金使用效率。

$$经营活动现金使用效率=\frac{8\,460}{7\,491}=1.13$$

经营活动现金使用效率越高，表示企业经营活动产生的现金流入净额相对就越高，企业通过经营活动创造现金的能力就越强。如果该比值小于 1，则表明企业在短期内，缺乏足够的利用正常的经营活动为企业创造现金的能力，只能通过融资行为等其他方式为企业获得现金流入，这类企业通常是不健康的。

2. 现金利润比率

现金利润比率是现金以及现金等价物的净增加额与净利润的比值。其计算公式为

$$现金利润比率=\frac{现金及现金等价物净增加额}{净利润}$$

【例 10-28】分析利达公司现金利润比率。

$$现金利润比率=\frac{57}{408}=0.14$$

现金利润比率反映企业净利润中，有多少是有现金保证的。在企业的经营过程中，由于一些应收应付项目的存在，使得企业的净利润并不能准确反映企业实际支付的现金数量。例如部分企业虽然利润很高，但却可能出现现金不足，影响其支付能力的情况。因此，现金利润比率反映了企业的收益质量，是投资者比较关注的一项指标。

四、发展能力分析

企业的发展能力，也称企业的成长性，它是企业通过自身的生产经营活动，不断扩大积累而形成的发展潜能。企业能否健康发展取决于多种因素，包括外部经营环境、企业内在素质及资源条件等。企业发展能力的分析可以通过比较主要财务指标连续两个或多个会计期间的变化率，来了解企业财务状况与能力的变化情况；也可以通过构成分析法，研究总指标中各个组成部分的构成比例在连续几个会计期间的变动情况，或者通过趋势线分析反映企业的发展能力。

(一) 发展能力指标分析

企业发展能力的核心在于企业价值创造与增长能力,因此企业发展能力分析指标包括一系列对企业价值创造活动或与绩效相关指标的变动分析,以判断企业未来的增长趋势和发展能力。此处仅以营业收入增长率、净利润增长率为例加以说明。

1. 营业收入增长率

营业收入增长率是企业本年营业收入增长额与上年营业收入总额的比率,反映企业营业收入的增减变动情况。其计算公式为

$$营业收入增长率 = \frac{企业本年营业收入增长额}{上年营业收入总额} \times 100\%$$

其中,本年营业收入增长额=本年营业收入总额-上年营业收入总额

当营业收入增长率大于零时,企业本年营业收入相对于上一年度有所增长,否则表明营业收入反而下降。该指标值越高,表明企业营业收入的增长速度越快,企业市场前景越好,发展能力越强。

【例10-29】求解利达公司营业收入增长率。

$$营业收入增长率 = \frac{9\,000 - 8\,550}{8\,550} \times 100\% = 5.26\%$$

也就是说,利达公司2019年的营业收入相对于基期2018年增长了5.26%。

2. 净利润增长率

净利润是企业利润总额减所得税后的余额,是当年实现的可供出资人(股东)分配的净收益,也称为税后利润。它是一个企业经营的最终成果,净利润多,企业的经营效益就好;净利润少,企业的经营效益就差,因此它是衡量一个企业经营效益的重要指标。净利润增长率是指企业本期净利润额与上期净利润额的比率。净利润增长率反映了企业实现价值最大化的扩张速度,是综合衡量企业资产营运与管理业绩,以及成长状况和发展能力的重要指标。其计算公式可以表示为

$$净利润增长率 = \frac{本年净利润增长额}{上年净利润} \times 100\%$$

【例10-30】求解利达公司净利润增长率。

$$净利润增长率 = \frac{408 - 480}{480} \times 100\% = -15\%$$

上式表明,利达公司2019年的净利润较之于2018年,下降了15%。

发展能力财务指标还有很多,其使用方法大多和前面两个指标具有共同之处,这里不再介绍,读者可查阅表10-5。

表 10-5　常见发展能力财务指标

指　标		内　容
营业收入增长率	公式	营业收入增长率=本年营业收入增长额÷上年营业收入总额×100%
	作用	反映企业销售收入的增减变化情况，衡量企业经营状况和市场占有能力，预测企业经营业务拓展趋势
营业利润增长率	公式	营业利润增长率=本年营业利润增长额÷上年营业利润×100%
净利润增长率	公式	净利润增长率=本年净利润增长额÷上年净利润×100%
营业收入三年平均增长率	公式	营业收入三年平均增长率=$\left(\sqrt[3]{\dfrac{当年营业收入总额}{三年前营业收入总额}}-1\right)\times 100\%$
总资产增长率	公式	总资产增长率=本年总资产增长额÷年初资产总额×100%
	作用	反映资产规模的增长情况，评价企业经营规模总量上的扩张程度，表明企业规模增长水平对企业发展后劲的影响
所有者权益增长率	公式	所有者权益增长率=本年所有者权益增长额÷年初所有者权益×100%
	作用	反映企业当年资本的积累情况，是评价企业发展潜力的重要指标；反映投资者投入资本的保全性和增长性
资本保值增值率	公式	资本保值增值率=扣除客观因素后的年末所有者权益总额÷年初所有者权益×100%
	作用	一般认为，该指标越高，表明企业的资本保全状况越好
资本三年平均增长率	公式	资本三年平均增长率=$\left(\sqrt[3]{\dfrac{年末股东权益}{三年前年末股东权益}}-1\right)\times 100\%$
	作用	反映企业资本保值增值的历史发展状况以及企业稳步发展的趋势
技术投入比率	公式	技术投入比率=本年科技支出合计÷本年营业收入净额×100%
	作用	该指标越高，表明企业对新技术的投入越多

(二) 构成分析

由于公司各年度财务报告中的数据有很大变化，如公司上年的股本大量增加，而引起财务数据的变动，从而使公司各年度财务报告不能直接进行比较分析，尤其是高速成长型的公司，绝对数据缺乏可比性，很难了解公司财务结构上的变化。而恰恰是这种结构上的变化，预示着公司的某种变化趋势。构成分析由此而生。

构成分析，也称为比较百分比财务报表，它是把各年的财务报表先用百分比表示，然后再进行比较，这样可以揭示财务报表中各项比例关系的变化，以观察公司的发展趋势。

【例 10-31】比较利达公司 2018—2019 年的利润表，如表 10-6 所示。

表 10-6　利润表构成比率分析

项　目	2019 年	2018 年
一、营业收入	1.000 0	1.000 0
减：营业成本	0.881 3	0.878 2
税金及附加	0.009 3	0.009 8
销售费用	0.007 3	0.007 0

(续表)

项　　目	2019年	2018年
管理费用	0.015 3	0.014 0
研发费用	0	0
财务费用	0.036 7	0.033 7
资产减值损失	0	0
加：其他收益	0	0
投资收益	0.002 0	0
公允价值变动收益	0	0
资产处置收益	0	0
二、营业利润	0.052 1	0.057 3
加：营业外收入	0.015 0	0.025 3
减：营业外支出	0.000 3	0
三、利润总额	0.066 8	0.082 6
减：所得税费用	0.021 3	0.026 3
四、净利润	0.045 5	0.056 3

从表10-6可以发现，利达公司净利润占营业收入的比重在下降。究其原因，主要来源于两个方面：一是成本的增加，包括营业成本、管理费用、财务费用等均有所上升；二是营业外收入的减少。显示公司在成本控制以及管理方面还需加强。

(三) 趋势线分析

上述两种发展能力分析，主要是基于相邻两个会计期间相关财务指标的对比分析。在企业的发展能力分析过程中，如果仅仅关注于两年或者较少年度的财务数据比较，那么分析结果较易受到偶然因素的影响，无法准确反映企业的发展能力。而趋势线分析克服了发展能力分析的这一弱点，它可以分析企业若干会计期间的相关财务指标，通过回归分析方法，对企业的某些指标变化趋势进行分析和预测。

【例10-32】 利达公司2010—2019年的利润情况，如表10-7所示。

表10-7　利达公司2010—2019年净利润变化情况

年度	2010	2011	2012	2013	2014	2015	2016	2017	2018	2019
净利润/万元	289	307	320	335	360	381	379	400	480	408

以年度为横坐标，净利润为纵坐标，将年度与净利润的对应关系反映到坐标图上，然后画出一条直线，使之到各点的距离之和最短，则这条直线可以在一定程度上反映企业净利润随时间变化的趋势，如图10-1所示。

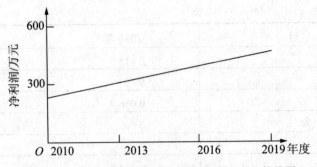

图 10-1 利达公司 2010—2019 年度净利润变化趋势图

图 10-1 中的直线最大限度上模拟了利达公司 2010—2019 年 10 年间净利润的变化趋势。从中可以发现，整体来看，尽管利达公司 2019 年净利润较之于 2018 年净利润有所下降，并且在其他年度也有所波动，但是大的趋势是发展向上的，企业的净利润从 2010 年的 289 万元增加到 2019 年的 408 万元。此外，在假定其他条件不变的情况下，还可以利用图 10-1 中的直线对利达公司未来较近时间内的净利润情况进行预测。

第三节 财务综合评价

财务分析的最终目的在于全面、准确、客观地反映企业财务状况与经营情况，并由此对企业的经济效益优劣做出评价。显然，要达到这一目的，仅仅通过前述的单个或几个孤立的财务指标，是难以得出合理正确的综合性结论的，因此，必须要进行财务综合评价与分析。财务综合评价是对具有内在联系的各种财务指标所进行的综合分析，常用方法包括杜邦分析法和综合评分法。

一、杜邦分析法

杜邦分析法是利用几种主要的财务比率之间的关系来综合地分析企业的财务状况。具体来说，它是一种用来评价公司盈利能力和股东权益回报水平，从财务角度评价企业绩效的一种经典方法。其基本思想是将企业净资产收益率逐级分解为多项财务比率乘积，这样有助于深入分析比较企业经营业绩。由于这种分析方法最早由美国杜邦公司使用，故名杜邦分析法。

杜邦分析法与前面所讲的财务指标分析有一定的联系，但它比指标分析法更简明、直观。其分析结构可以用如下一系列相互联系的财务比率加以表示

$$权益报酬率 = \frac{净利润}{所有者权益} = \frac{净利润}{资产总额} \times \frac{资产总额}{所有者权益}$$

其中 $\dfrac{\text{资产总额}}{\text{所有者权益}} = \dfrac{\text{资产总额}}{\text{资产总额}-\text{负债总额}}$

$$= \dfrac{1}{1-\dfrac{\text{负债总额}}{\text{资产总额}}} = \dfrac{1}{1-\text{资产负债率}}$$

从上式可以发现，企业负债越多，资产负债率越大，则 1/(1−资产负债率)越大，企业可以充分发挥负债的杠杆作用，增加企业的权益报酬率。因此公式中的 1/(1−资产负债率)被称为权益乘数。

上式可以继续表示为

$$\text{权益报酬率} = \dfrac{\text{净利润}}{\text{总资产}} \times \text{权益乘数}$$

$$= \text{总资产净利润率} \times \text{权益乘数}$$

$$\text{总资产净利润率} = \dfrac{\text{净利润}}{\text{资产总额}} = \dfrac{\text{净利润}}{\text{营业收入}} \times \dfrac{\text{营业收入}}{\text{资产总额}}$$

$$= \text{营业净利润率} \times \text{总资产周转率}$$

所以 　　权益报酬率＝营业净利润率×总资产周转率×权益乘数

可见，一个综合性很强的"权益报酬率"指标，被分解为了三个财务指标的乘积，并且这三个财务指标分别度量的是企业的盈利能力、营运能力以及资本结构。

【例 10-33】 从图 10-2 可以看出，杜邦分析通过系统图示的方法，将相关财务比率和财务指标整合成为一个有机的整体。其中，有以下几个关键指标：

(1) 净资产收益率是整个分析系统的起点和核心。该指标的高低反映了投资者的净资产获利能力的大小。净资产收益率是由营业净利率、总资产周转率和权益乘数决定的。

(2) 权益乘数表明了企业的负债程度。该指标越大，企业的负债程度越高，它是股东权益比率的倒数。

(3) 总资产净利率是营业净利率和总资产周转率的乘积，是企业销售成果和资产运营的综合反映，要提高总资产收益率，必须增加销售收入，降低资金占用额。

(4) 总资产周转率反映企业资产实现营业收入的综合能力。分析时，必须综合营业收入分析企业资产结构是否合理，即流动资产和长期资产的结构比率关系。同时还要分析流动资产周转率、存货周转率、应收账款周转率等有关资产使用效率指标，找出总资产周转率高低变化的确切原因。

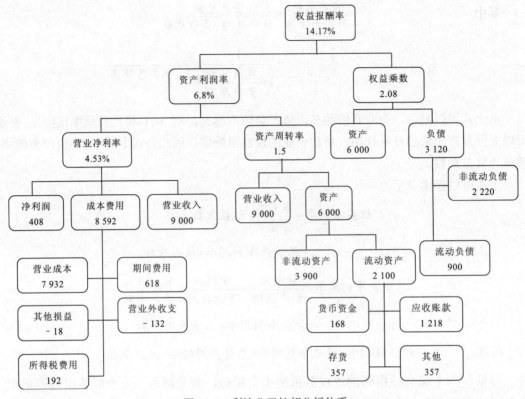

图 10-2 利达公司杜邦分析体系

二、综合评分法

一项财务比率只能反映企业某一方面的财务状况,为了对企业做综合的财务分析,必须将若干个财务比率综合在一起进行系统分析与评价。

亚历山大·沃尔是财务综合分析评价的先驱者之一。他选择了 7 个财务比率,分别给定在总评价中所占的权重,总和为 100 分。然后确定标准比率,并与实际比率对比,评出每项指标的得分,最后得出总评分。

综合评分法的一般性做法是:

(1) 选定评价企业财务状况的财务指标。一般从盈利能力、偿债能力、营运能力和成长能力四个方面选择若干具有代表性的指标。

(2) 根据各个指标的重要性程度,按权重设标准分,总评分为 100 分。

(3) 确定各项指标的标准值及评分方法。标准值以企业所在行业的平均水平为依据进行适当的理论修正。由于各项财务指标是具有一定的内在联系的,为了减少重复影响以及某一指标严重异常引发的不良后果和偏差,应在评分时规定上限和下限(一般将上限设计为正常评分值的 1.5 倍,下限设计为正常评分值的 50%),并且用"加"与"减"的方式给分。

例如,总资产报酬率行业标准值为 12%,标准评分为 10 分;行业最高值为 20%,评分为

15 分，最低评价为 5 分。则每分的财务比率差为

$$\frac{20\% - 12\%}{15 - 10} = 1.6\%$$

即总资产报酬率每提高 1.6%，多给 1 分，若比标准值每低 1.6%，则减少 1 分。该项评分最高不高于 15 分，最低不低于 5 分。

(1) 计算企业在一定会计期间各项财务指标的实际值，并为每项财务指标评分。
(2) 对各项评分进行加总，求出总分。

综合评分标准如表 10-8 所示。

表 10-8 综合评分标准

指 标	标准评分	行业标准值	行业最高值	最高评分	最低评分	每分财务比率差
盈利能力						
总资产报酬率	10	12%	20%	15	5	1.6%
营业净利率	10	10%	20%	15	5	2.0%
净资产报酬率	12	15%	25%	18	6	1.67%
成本费用利润率	12	12%	15%	18	6	0.5%
偿债能力						
资产负债比率	12	40%	100%	18	6	10%
流动比率	12	200%	400%	18	6	33.33%
营运能力						
应收账款周转率	8	15	35	12	4	5
存货周转率	8	5	10	12	4	1.25
成长能力						
营业收入增长率	8	15%	30%	12	4	3.75%
利润增长率	8	10%	20%	12	4	2.5%
合计	100			150	50	

【例 10-34】利达公司财务综合评分如表 10-9 所示。

表 10-9 利达公司财务综合评分表

指 标	实际值(1)	标准值(2)	差异(3)=(1)−(2)	财务比率差(4)	调整分(5)=(3)/(4)	标准评分(6)	得分(7)=(6)+(5)
盈利能力							
总资产报酬率	7.39%	12%	−4.61%	1.60%	−2.88	10	7.12
营业净利率	4.53%	10%	−5.47%	2.00%	−2.73	10	7.27
净资产报酬率	14.78%	15%	−0.22%	1.67%	−0.13	12	11.87
成本费用利润率	4.77%	12%	−7.23%	0.50%	−14.46	12	6.00
偿债能力							
资产负债比率	52.00%	40%	12.00%	10.00%	1.20	12	13.20
流动比率	2.33	200%	33.00%	33.33%	0.99	12	12.99

(续表)

指　　标	实际值(1)	标准值(2)	差异(3)=(1)−(2)	财务比率差(4)	调整分(5)=(3)/(4)	标准评分(6)	得分(7)=(6)+(5)
营运能力							
应收账款周转率	7.79	15	−7.21	5.00	−1.44	8	6.56
存货周转率	11.88	5	6.88	1.25	5.50	8	13.50
成长能力							
营业收入增长率	5.26%	15%	−9.74%	3.75%	−2.60	8	5.40
利润增长率	−15%	10%	−25.00%	2.50%	−10.00	8	4.00
合计						100	87.91

在使用综合评分法时，若分数大于100，则说明公司财务状况优于行业平均水平或有关标准水平；反之，则说明公司财务状况比较差。从[例10-34]的分析结果来看，利达公司的综合评分为87.91分，低于100分，说明其财务状况不大理想。

思 考 题

1. 企业的偿债能力、获利能力、营运能力和发展能力之间有什么联系？
2. 为了全面评价企业的偿债能力，除了相关财务指标分析外，还应该考虑哪些因素？
3. 利用市盈率对公司投资价值进行分析时，应当注意哪些问题？
4. 存货周转率与应收账款周转率均是越高越好吗？为什么？
5. 如果你是下面几种人，你最关注哪些财务比率？为什么？
(1) 向公司提供贷款的银行工作人员。
(2) 富有的股票投资人。
(3) 养老基金的管理者。
(4) 公司总经理。
(5) 税务机构工作人员。

案 例 讨 论

刘姝威破解《蓝田之谜》

(一) 背景资料

1. 蓝田股份

瞿兆玉，中国蓝田总公司总裁，1948年出生于洪湖市瞿家湾，1968年入伍，曾担任沈阳电信局宣传部长、沈阳行政学院副院长，1992年创立蓝田公司，1999年因在蓝田股票发行材料中作假被中国证监会罚款10万元。

蓝田股份发展历程简介：

1989年，瞿兆玉在北京创建了中国蓝田总公司。

1992年，由沈阳市新北副食商场、沈阳市新北制药厂和沈阳莲花大酒店共同发起，以定向募集方式成立沈阳蓝田股份有限公司。公司创始人仍是瞿兆玉。

1994年8月，沈阳市批准蓝田股份作为农业企业，归口农业部管理。

1996年6月18日，蓝田股份在上海证券交易所上市，是农业部首家推荐上市的企业。

蓝田股份自1996年上市以来，以5年间股本扩张了360%的骄人业绩创造了中国股市的神话。

1999年10月15日，证监会宣布，已查实蓝田股份伪造股票发行申报材料。

1999年12月，蓝田股份更名，公司由"沈阳蓝田"变为"湖北蓝田"。随着沈阳蓝田迁入洪湖市，其主营业务变成农副水产品种养、加工和销售。

2002年1月23日，蓝田股份全线跌停，以5.89元收盘。

2004年11月，瞿兆玉因提供虚假财务报告和提供虚假注册资本罪被判处有期徒刑2年。涉及银行至少包括工商银行、农业银行、建设银行、民生银行、中国银行、浦东发展银行等。而其融资的方式，仅仅以15 925.332万股法人股反复抵押，蓝田竟然得到了30亿元的银行贷款。

2. 刘姝威

中央财经大学研究所学者，作为陈岱孙和厉以宁的学生，刘姝威1986年于北京大学硕士毕业后，一直从事银行信贷研究工作。

2003年初，刘姝威被评为中央电视台"2002年经济年度人物"和"感动中国——2002年度人物"。中央电视台的颁奖辞称："她是那个在童话里说'皇帝没穿衣服'的孩子，一句真话险些给她惹来杀身之祸。她对社会的关爱与坚持真理的风骨，体现了知识分子的本分、独立、良知与韧性。"

(二) 事件始末

2001年，刘姝威应编辑之约编写一本书，名为《上市公司虚假会计报表识别技术》。她选取了十几家上市公司作为案例，其中并没有蓝田。后来编辑建议，选几个新上市公司的案例。正巧此时蓝田股份正在接受证监会调查，刘姝威便将目光投向蓝田。刘姝威的分析依据是蓝田招股说明书到2001年中期财务报告。经过分析，她被吓呆了："我没去过蓝田，就能看出这么多明摆着的毛病。最基础、最简单的分析方法就能看穿的骗局，怎么早没人吱声呢？" 刘姝威发现：从蓝田的资产结构看，1997开始，其资产拼命上涨，与之相对应的是流动资产却逐年下降。这说明，其整个资产规模是由固定资产来带动的，公司的产品占存货百分比和固定资产占资产百分比异常高于同业平均水平。刘姝威认为，这对银行给蓝田的20亿元贷款来说，并不是好事。她推理：蓝田股份的偿债能力越来越恶化；扣除各项成本和费用后，蓝田股份没有净收入来源；蓝田股份不能创造足够的现金流量以维持正常经营活动，也不能保证按时偿还贷款本息。

刘姝威发现蓝田股份财务造假的利器，便是财务指标分析工具，以及同行业经营平均水平的对比。

1. 偿债能力分析

2000 年蓝田股份的流动比率是 0.77。这说明蓝田股份短期可转换成现金的流动资产不足以偿还到期流动负债,偿还短期债务能力弱。

2000 年蓝田股份的速动比率是 0.35。这说明扣除存货后,蓝田股份的流动资产只能偿还 35%的到期流动负债。

2000 年蓝田股份的净营运资金是-1.3 亿元。这说明蓝田股份将不能按时偿还 1.3 亿元的到期流动负债。

由于蓝田股份的主营业务是农副水产品和饮料,刘姝威通过与同行业上市公司对比发现:

2000 年蓝田股份"货币资金"和"现金及现金等价物净增加额",以及流动比率、速动比率、净营运资金和现金流动负债比率均位于"A07 渔业"上市公司的同业最低水平,其中,流动比率和速动比率分别低于"A07 渔业"上市公司的同业平均值大约 5 倍和 11 倍。这说明,在"A07 渔业"上市公司中,蓝田股份的现金流量是最短缺的,短期偿债能力是最低的。

2000 年蓝田股份的流动比率、速动比率和现金流动负债比率均处于"C0 食品、饮料"上市公司的同业最低水平,分别低于同业平均值的 2 倍、5 倍和 3 倍。这说明,在"C0 食品、饮料"行业上市公司中,蓝田股份的现金流量是最短缺的,偿还短期债务能力是最低的。

可见,无论把蓝田股份放在哪个行业,其短期偿债能力都是非常低的。

2. 盈利能力分析

2000 年蓝田股份的农副水产品收入占主营业务收入的 69%,饮料收入占主营业务收入的 29%,二者合计占主营业务收入的 98%。

2001 年 8 月 29 日蓝田股份发布公告称:由于公司基地地处洪湖市瞿家湾镇,占公司产品 70%的水产品在养殖基地现场成交,上门提货的客户中个体户比重大,因此"钱货两清"成为惯例,应收款占主营业务收入比重较低。

2000 年蓝田股份的水产品收入位于"A07 渔业"上市公司的同业最高水平,高于同业平均值 3 倍。

2000 年蓝田股份的应收款回收期位于"A07 渔业"上市公司的同业最低水平,低于同业平均值大约 31 倍。这说明,在"A07 渔业"上市公司中,蓝田股份给予买主的赊销期是最短的,销售条件是最严格的。

作为海洋渔业生产企业,华龙集团以应收款回收期 7 天(相当于给予客户 7 天赊销期)的销售方式,只销售价值相当于蓝田股份水产品收入 5%的水产品;中水渔业以应收款回收期 187 天(相当于给予客户 187 天赊销期,比蓝田股份"钱货两清"销售方式更优惠、对客户更有吸引力)的销售方式,只销售价值相当于蓝田股份水产品收入 26%的水产品。

蓝田股份的农副水产品生产基地位于湖北洪湖市,公司生产区是一个几十万亩的天然水产种养场。武昌鱼公司位于湖北鄂州市，距洪湖的直线距离 200 千米左右，其主营业务是淡水鱼类及其他水产品养殖，其应收款回收期是 577 天，比蓝田股份应收款回收期长 95 倍；但是其水产品收入只是蓝田股份水产品收入的 8%。洞庭水殖位于湖南常德市，距洪湖的直线距离 200 千米左右，其主营产品是淡水鱼及特种水产品，其产销量在湖南省位于前列，其应收款回收期是 178 天，比蓝田股份应收款回收期长 30 倍，这相当于给予客户 178 天赊销期；但是其水产品收入只是蓝田股份的 4%。在方圆 200 千米以内，武昌鱼和洞庭水殖与蓝田股份的淡水产品收入出现了巨大的差距。

武昌鱼和洞庭水殖与蓝田股份都生产淡水产品，产品的差异性很小，人们不会只喜欢洪湖里的鱼，而不喜欢武昌鱼或洞庭湖里的鱼。蓝田股份采取"钱货两清"和客户上门提货的销售方式，这与过去渔民在湖边卖鱼的传统销售方式是相同的。蓝田股份的传统销售方式不能支持其水产品收入异常高于同业企业。除非蓝田股份大幅度降低产品价格，巨大的价格差异才能对客户产生特殊的吸引力。但是，蓝田股份与武昌鱼和洞庭水殖位于同一地区，自然地理和人文条件相同，生产成本不会存在巨大的差异，若蓝田股份大幅度降低产品价格，它将面临亏损。

根据以上分析，可以发现：蓝田股份不可能以"钱货两清"和客户上门提货的销售方式，在一年内销售 12.7 亿元水产品。

3. 现金流量分析

2000 年蓝田股份的"销售商品、提供劳务收到的现金"超过了"主营业务收入"，但是其短期偿债能力却位于同业最低水平。这种矛盾来源于"购建固定资产、无形资产和其他长期资产所支付的现金"是"经营活动产生的现金流量净额"的 92%。2000 年蓝田股份的在建工程增加投资 7.1 亿元，其中"生态基地""鱼塘升级改造"和"大湖开发项目"三个项目占 75%，在建工程增加投资的资金来源是自有资金。这意味着 2000 年蓝田股份经营活动产生的净现金流量大部分转化成在建工程本期增加投资。

根据 2001 年 8 月 29 日蓝田股份发布的公告，2000 年蓝田股份的农副水产品收入 12.7 亿元应该是现金收入。如果蓝田股份水产品基地瞿家湾每年有 12.7 亿元销售水产品的现金收入，各家银行会争先恐后地在瞿家湾设立分支机构，会为争取这"12.7 亿元销售水产品收到的现金"业务而展开激烈的竞争。银行会专门为方便个体户到瞿家湾购买水产品而设计银行业务和工具，促进个体户与蓝田股份的水产品交易。银行会采取各种措施，绝不会让"12.7 亿元销售水产品收到的现金"游离于银行系统之外。与发达国家的银行相比，我国商业银行确实存在差距，但是我国的商业银行还没有迟钝到对"瞿家湾每年有 12.7 亿元销售水产品收到的现金"无动于衷。

根据以上分析，可以发现：2000 年蓝田股份的农副水产品收入 12.7 亿元的数据是虚假的。

基于上述三方面的原因，刘姝威认为，蓝田股份没有净收入来源，不能创造足够的现金流量维持企业的生产经营，偿还贷款利息和本金具有相当大的困难和风险，因此应该停止对蓝田的贷款发放。

讨论题目：
1. 刘姝威在对蓝田的财务分析中主要运用了哪些财务指标？
2. 除了对财务指标的运用，刘姝威对蓝田的财务分析还考虑了哪些因素？这些因素与财务指标之间有什么样的关系？
3. 对银行而言，哪些财务指标对于其监督贷款企业的偿债能力具有重要意义？
4. 从蓝田的案例中，试说明上市公司强制性信息披露的意义。

附录一

复利终值系数表

n	1%	2%	3%	4%	5%	6%	7%	8%	9%	10%
1	1.0100	1.0200	1.0300	1.0400	1.0500	1.0600	1.0700	1.0800	1.0900	1.1000
2	1.0201	1.0404	1.0609	1.0816	1.1025	1.1236	1.1449	1.1664	1.1881	1.2100
3	1.0303	1.0612	1.0927	1.1249	1.1576	1.1910	1.2250	1.2597	1.2950	1.3310
4	1.0406	1.0824	1.1255	1.1699	1.2155	1.2625	1.3108	1.3605	1.4116	1.4641
5	1.0510	1.1041	1.1593	1.2167	1.2763	1.3382	1.4026	1.4693	1.5386	1.6105
6	1.0615	1.1262	1.1941	1.2653	1.3401	1.4185	1.5007	1.5869	1.6771	1.7716
7	1.0721	1.1487	1.2299	1.3159	1.4071	1.5036	1.6058	1.7138	1.8280	1.9487
8	1.0829	1.1717	1.2668	1.3686	1.4775	1.5938	1.7182	1.8509	1.9926	2.1436
9	1.0937	1.1951	1.3048	1.4233	1.5513	1.6895	1.8385	1.9990	2.1719	2.3579
10	1.1046	1.2190	1.3439	1.4802	1.6289	1.7908	1.9672	2.1589	2.3674	2.5937
11	1.1157	1.2434	1.3842	1.5395	1.7103	1.8983	2.1049	2.3316	2.5804	2.8531
12	1.1268	1.2682	1.4258	1.6010	1.7959	2.0122	2.2522	2.5182	2.8127	3.1384
13	1.1381	1.2936	1.4685	1.6651	1.8856	2.1329	2.4098	2.7196	3.0658	3.4523
14	1.1495	1.3195	1.5126	1.7317	1.9799	2.2609	2.5785	2.9372	3.3417	3.7975
15	1.1610	1.3459	1.5580	1.8009	2.0789	2.3966	2.7590	3.1722	3.6425	4.1772
16	1.1726	1.3728	1.6047	1.8730	2.1829	2.5404	2.9522	3.4259	3.9703	4.5950
17	1.1843	1.4002	1.6528	1.9479	2.2920	2.6928	3.1588	3.7000	4.3276	5.0545
18	1.1961	1.4282	1.7024	2.0258	2.4066	2.8543	3.3799	3.9960	4.7171	5.5599
19	1.2081	1.4568	1.7535	2.1068	2.5270	3.0256	3.6165	4.3157	5.1417	6.1159
20	1.2202	1.4859	1.8061	2.1911	2.6533	3.2071	3.8697	4.6610	5.6044	6.7275
21	1.2324	1.5157	1.8603	2.2788	2.7860	3.3996	4.1406	5.0338	6.1088	7.4002
22	1.2447	1.5460	1.9161	2.3699	2.9253	3.6035	4.4304	5.4365	6.6586	8.1403
23	1.2572	1.5769	1.9736	2.4647	3.0715	3.8197	4.7405	5.8715	7.2579	8.9543
24	1.2697	1.6084	2.0328	2.5633	3.2251	4.0489	5.0724	6.3412	7.9111	9.8497
25	1.2824	1.6406	2.0938	2.6658	3.3864	4.2919	5.4274	6.8485	8.6231	10.8347
30	1.3478	1.8114	2.4273	3.2434	4.3219	5.7435	7.6123	10.0627	13.2677	17.4494
40	1.4889	2.2080	3.2620	4.8010	7.0400	10.2857	14.9745	21.7245	31.4094	45.2593
50	1.6446	2.6916	4.3839	7.1067	11.4674	18.4202	29.4570	46.9016	74.3575	117.3909

(续表)

n	11%	12%	13%	14%	15%	16%	17%	18%	19%	20%
1	1.1100	1.1200	1.1300	1.1400	1.1500	1.1600	1.1700	1.1800	1.1900	1.2000
2	1.2321	1.2544	1.2769	1.2996	1.3225	1.3456	1.3689	1.3924	1.4161	1.4400
3	1.3676	1.4049	1.4429	1.4815	1.5209	1.5609	1.6016	1.6430	1.6852	1.7280
4	1.5181	1.5735	1.6305	1.6890	1.7490	1.8106	1.8739	1.9388	2.0053	2.0736
5	1.6851	1.7623	1.8424	1.9254	2.0114	2.1003	2.1924	2.2878	2.3864	2.4883
6	1.8704	1.9738	2.0820	2.1950	2.3131	2.4364	2.5652	2.6996	2.8398	2.9860
7	2.0762	2.2107	2.3526	2.5023	2.6600	2.8262	3.0012	3.1855	3.3793	3.5832
8	2.3045	2.4760	2.6584	2.8526	3.0590	3.2784	3.5115	3.7589	4.0214	4.2998
9	2.5580	2.7731	3.0040	3.2519	3.5179	3.8030	4.1084	4.4355	4.7854	5.1598
10	2.8394	3.1058	3.3946	3.7072	4.0456	4.4114	4.8068	5.2338	5.6947	6.1917
11	3.1518	3.4785	3.8359	4.2262	4.6524	5.1173	5.6240	6.1759	6.7767	7.4301
12	3.4985	3.8960	4.3345	4.8179	5.3503	5.9360	6.5801	7.2876	8.0642	8.9161
13	3.8833	4.3635	4.8980	5.4924	6.1528	6.8858	7.6987	8.5994	9.5964	10.6993
14	4.3104	4.8871	5.5348	6.2613	7.0757	7.9875	9.0075	10.1472	11.4198	12.8392
15	4.7846	5.4736	6.2543	7.1379	8.1371	9.2655	10.5387	11.9737	13.5895	15.4070
16	5.3109	6.1304	7.0673	8.1372	9.3576	10.7480	12.3303	14.1290	16.1715	18.4884
17	5.8951	6.8660	7.9861	9.2765	10.7613	12.4677	14.4265	16.6722	19.2441	22.1861
18	6.5436	7.6900	9.0243	10.5752	12.3755	14.4625	16.8790	19.6733	22.9005	26.6233
19	7.2633	8.6128	10.1974	12.0557	14.2318	16.7765	19.7484	23.2144	27.2516	31.9480
20	8.0623	9.6463	11.5231	13.7435	16.3665	19.4608	23.1056	27.3930	32.4294	38.3376
21	8.9492	10.8038	13.0211	15.6676	18.8215	22.5745	27.0336	32.3238	38.5910	46.0051
22	9.9336	12.1003	14.7138	17.8610	21.6447	26.1864	31.6293	38.1421	45.9233	55.2061
23	11.0263	13.5523	16.6266	20.3616	24.8915	30.3762	37.0062	45.0076	54.6487	66.2474
24	12.2392	15.1786	18.7881	23.2122	28.6252	35.2364	43.2973	53.1090	65.0320	79.4968
25	13.5855	17.0001	21.2305	26.4619	32.9190	40.8742	50.6578	62.6686	77.3881	95.3962
30	22.8923	29.9599	39.1159	50.9502	66.2118	85.8499	111.065	143.371	184.675	237.376
40	65.0009	93.0510	132.782	188.884	267.864	378.721	533.869	750.378	1051.67	1469.77
50	184.564	289.002	450.735	700.233	1083.66	1670.70	2566.22	3927.36	5988.92	9100.44

(续表)

n	21%	22%	23%	24%	25%	30%	35%	40%	45%	50%
1	1.2100	1.2200	1.2300	1.2400	1.2500	1.3000	1.3500	1.4000	1.4500	1.5000
2	1.4641	1.4884	1.5129	1.5376	1.5625	1.6900	1.8225	1.9600	2.1025	2.2500
3	1.7716	1.8158	1.8609	1.9066	1.9531	2.1970	2.4604	2.7440	3.0486	3.3750
4	2.1436	2.2153	2.2889	2.3642	2.4414	2.8561	3.3215	3.8416	4.4205	5.0625
5	2.5937	2.7027	2.8153	2.9316	3.0518	3.7129	4.4840	5.3782	6.4097	7.5938
6	3.1384	3.2973	3.4628	3.6352	3.8147	4.8268	6.0534	7.5295	9.2941	11.3906
7	3.7975	4.0227	4.2593	4.5077	4.7684	6.2749	8.1722	10.5414	13.4765	17.0859
8	4.5950	4.9077	5.2389	5.5895	5.9605	8.1573	11.0324	14.7579	19.5409	25.6289
9	5.5599	5.9874	6.4439	6.9310	7.4506	10.6045	14.8937	20.6610	28.3343	38.4434
10	6.7275	7.3046	7.9259	8.5944	9.3132	13.7858	20.1066	28.9255	41.0847	57.6650
11	8.1403	8.9117	9.7489	10.6571	11.6415	17.9216	27.1439	40.4957	59.5728	86.4976
12	9.8497	10.8722	11.9912	13.2148	14.5519	23.2981	36.6442	56.6939	86.3806	129.746
13	11.9182	13.2641	14.7491	16.3863	18.1899	30.2875	49.4697	79.3715	125.252	194.620
14	14.4210	16.1822	18.1414	20.3191	22.7374	39.3738	66.7841	111.1201	181.615	291.929
15	17.4494	19.7423	22.3140	25.1956	28.4217	51.1859	90.1585	155.568	263.342	437.894
16	21.1138	24.0856	27.4462	31.2426	35.5271	66.5417	121.714	217.795	381.846	656.841
17	25.5477	29.3844	33.7588	38.7408	44.4089	86.5042	164.314	304.914	553.676	985.261
18	30.9127	35.8490	41.5233	48.0386	55.5112	112.455	221.824	426.879	802.831	1477.90
19	37.4043	43.7358	51.0737	59.5679	69.3889	146.192	299.462	597.630	1164.10	2216.84
20	45.2593	53.3576	62.8206	73.8641	86.7362	190.050	404.274	836.683	1687.95	3325.26
21	54.7637	65.0963	77.2694	91.5915	108.420	247.065	545.769	1171.36	2447.53	4987.89
22	66.2641	79.4175	95.0413	113.574	135.525	321.184	736.789	1639.90	3548.92	7481.83
23	80.1795	96.8894	116.901	140.831	169.407	417.539	994.665	2295.86	5145.93	11222.7
24	97.0172	118.205	143.788	174.631	211.758	542.801	1342.80	3214.20	7461.60	16834.1
25	117.391	144.210	176.859	216.542	264.698	705.641	1812.78	4499.88	10819.3	25251.2
30	304.482	389.758	497.913	634.820	807.794	2619.99	8128.55	24201.4	69348.9	191751
40	2048.40	2847.04	3946.43	5455.91	7523.16	36118.9	163437	700037	2849181	11057332
50	13780.6	20796.6	31279.2	46890.4	70064.9	497929	3286157	20248916	117057733	637621500

附录二

复利现值系数表

n	1%	2%	3%	4%	5%	6%	7%	8%	9%	10%
1	.9901	.9804	.9709	.9615	.9524	.9434	.9346	.9259	.9174	.9091
2	.9803	.9612	.9426	.9246	.9070	.8900	.8734	.8573	.8417	.8264
3	.9706	.9423	.9151	.8890	.8638	.8396	.8163	.7938	.7722	.7513
4	.9610	.9238	.8885	.8548	.8227	.7921	.7629	.7350	.7084	.6830
5	.9515	.9057	.8626	.8219	.7835	.7473	.7130	.6806	.6499	.6209
6	.9420	.8880	.8375	.7903	.7462	.7050	.6663	.6302	.5963	.5645
7	.9327	.8706	.8131	.7599	.7107	.6651	.6227	.5835	.5470	.5132
8	.9235	.8535	.7894	.7307	.6768	.6274	.5820	.5403	.5019	.4665
9	.9143	.8368	.7664	.7026	.6446	.5919	.5439	.5002	.4604	.4241
10	.9053	.8203	.7441	.6756	.6139	.5584	.5083	.4632	.4224	.3855
11	.8963	.8043	.7224	.6496	.5847	.5268	.4751	.4289	.3875	.3505
12	.8874	.7885	.7014	.6246	.5568	.4970	.4440	.3971	.3555	.3186
13	.8787	.7730	.6810	.6006	.5303	.4688	.4150	.3677	.3262	.2897
14	.8700	.7579	.6611	.5775	.5051	.4423	.3878	.3405	.2992	.2633
15	.8613	.7430	.6419	.5553	.4810	.4173	.3624	.3152	.2745	.2394
16	.8528	.7284	.6232	.5339	.4581	.3936	.3387	.2919	.2519	.2176
17	.8444	.7142	.6050	.5134	.4363	.3714	.3166	.2703	.2311	.1978
18	.8360	.7002	.5874	.4936	.4155	.3503	.2959	.2502	.2120	.1799
19	.8277	.6864	.5703	.4746	.3957	.3305	.2765	.2317	.1945	.1635
20	.8195	.6730	.5537	.4564	.3769	.3118	.2584	.2145	.1784	.1486
21	.8114	.6598	.5375	.4388	.3589	.2942	.2415	.1987	.1637	.1351
22	.8034	.6468	.5219	.4220	.3418	.2775	.2257	.1839	.1502	.1228
23	.7954	.6342	.5067	.4057	.3256	.2618	.2109	.1703	.1378	.1117
24	.7876	.6217	.4919	.3901	.3101	.2470	.1971	.1577	.1264	.1015
25	.7798	.6095	.4776	.3751	.2953	.2330	.1842	.1460	.1160	.0923
30	.7419	.5521	.4120	.3083	.2314	.1741	.1314	.0994	.0754	.0573
40	.6717	.4529	.3066	.2083	.1420	.0972	.0668	.0460	.0318	.0221
50	.6080	.3715	.2281	.1407	.0872	.0543	.0339	.0213	.0134	.0085

(续表)

n	11%	12%	13%	14%	15%	16%	17%	18%	19%	20%
1	.9009	.8929	.8850	.8772	.8696	.8621	0.8547	.8475	0.8403	0.8333
2	.8116	.7972	.7831	.7695	.7561	.7432	0.7305	.7182	0.7062	0.6944
3	.7312	.7118	.6931	.6750	.6575	.6407	0.6244	.6086	0.5934	0.5787
4	.6587	.6355	.6133	.5921	.5718	.5523	0.5337	.5158	0.4987	0.4823
5	.5935	.5674	.5428	.5194	.4972	.4761	0.4561	.4371	0.4190	0.4019
6	.5346	.5066	.4803	.4556	.4323	.4104	0.3898	.3704	0.3521	0.3349
7	.4817	.4523	.4251	.3996	.3759	.3538	0.3332	.3139	0.2959	0.2791
8	.4339	.4039	.3762	.3506	.3269	.3050	0.2848	.2660	0.2487	0.2326
9	.3909	.3606	.3329	.3075	.2843	.2630	0.2434	.2255	0.2090	0.1938
10	.3522	.3220	.2946	.2697	.2472	.2267	0.2080	.1911	0.1756	0.1615
11	.3173	.2875	.2607	.2366	.2149	.1954	0.1778	.1619	0.1476	0.1346
12	.2858	.2567	.2307	.2076	.1869	.1685	0.1520	.1372	0.1240	0.1122
13	.2575	.2292	.2042	.1821	.1625	.1452	0.1299	.1163	0.1042	0.0935
14	.2320	.2046	.1807	.1597	.1413	.1252	0.1110	.0985	0.0876	0.0779
15	.2090	.1827	.1599	.1401	.1229	.1079	0.0949	.0835	0.0736	0.0649
16	.1883	.1631	.1415	.1229	.1069	.0930	0.0811	.0708	0.0618	0.0541
17	.1696	.1456	.1252	.1078	.0929	.0802	0.0693	.0600	0.0520	0.0451
18	.1528	.1300	.1108	.0946	.0808	.0691	0.0592	.0508	0.0437	0.0376
19	.1377	.1161	.0981	.0829	.0703	.0596	0.0506	.0431	0.0367	0.0313
20	.1240	.1037	.0868	.0728	.0611	.0514	0.0433	.0365	0.0308	0.0261
21	.1117	.0926	.0768	.0638	.0531	.0443	0.0370	.0309	0.0259	0.0217
22	.1007	.0826	.0680	.0560	.0462	.0382	0.0316	.0262	0.0218	0.0181
23	.0907	.0738	.0601	.0491	.0402	.0329	0.0270	.0222	0.0183	0.0151
24	.0817	.0659	.0532	.0431	.0349	.0284	0.0231	.0188	0.0154	0.0126
25	.0736	.0588	.0471	.0378	.0304	.0245	0.0197	.0160	0.0129	0.0105
30	.0437	.0334	.0256	.0196	.0151	.0116	0.0090	.0070	0.0054	0.0042
40	.0154	.0107	.0075	.0053	.0037	.0026	0.0019	.0013	0.0010	0.0007
50	.0054	.0035	.0022	.0014	.0009	.0006	0.0004	.0003	0.0002	0.0001

(续表)

n	21%	22%	23%	24%	25%	30%	35%	40%	45%	50%
1	0.8264	0.8197	0.8130	0.8065	0.8000	0.7692	0.7407	0.7143	0.6897	0.6667
2	0.6830	0.6719	0.6610	0.6504	0.6400	0.5917	0.5487	0.5102	0.4756	0.4444
3	0.5645	0.5507	0.5374	0.5245	0.5120	0.4552	0.4064	0.3644	0.3280	0.2963
4	0.4665	0.4514	0.4369	0.4230	0.4096	0.3501	0.3011	0.2603	0.2262	0.1975
5	0.3855	0.3700	0.3552	0.3411	0.3277	0.2693	0.2230	0.1859	0.1560	0.1317
6	0.3186	0.3033	0.2888	0.2751	0.2621	0.2072	0.1652	0.1328	0.1076	0.0878
7	0.2633	0.2486	0.2348	0.2218	0.2097	0.1594	0.1224	0.0949	0.0742	0.0585
8	0.2176	0.2038	0.1909	0.1789	0.1678	0.1226	0.0906	0.0678	0.0512	0.0390
9	0.1799	0.1670	0.1552	0.1443	0.1342	0.0943	0.0671	0.0484	0.0353	0.0260
10	0.1486	0.1369	0.1262	0.1164	0.1074	0.0725	0.0497	0.0346	0.0243	0.0173
11	0.1228	0.1122	0.1026	0.0938	0.0859	0.0558	0.0368	0.0247	0.0168	0.0116
12	0.1015	0.0920	0.0834	0.0757	0.0687	0.0429	0.0273	0.0176	0.0116	0.0077
13	0.0839	0.0754	0.0678	0.0610	0.0550	0.0330	0.0202	0.0126	0.0080	0.0051
14	0.0693	0.0618	0.0551	0.0492	0.0440	0.0254	0.0150	0.0090	0.0055	0.0034
15	0.0573	0.0507	0.0448	0.0397	0.0352	0.0195	0.0111	0.0064	0.0038	0.0023
16	0.0474	0.0415	0.0364	0.0320	0.0281	0.0150	0.0082	0.0046	0.0026	0.0015
17	0.0391	0.0340	0.0296	0.0258	0.0225	0.0116	0.0061	0.0033	0.0018	0.0010
18	0.0323	0.0279	0.0241	0.0208	0.0180	0.0089	0.0045	0.0023	0.0012	0.0007
19	0.0267	0.0229	0.0196	0.0168	0.0144	0.0068	0.0033	0.0017	0.0009	0.0005
20	0.0221	0.0187	0.0159	0.0135	0.0115	0.0053	0.0025	0.0012	0.0006	0.0003
21	0.0183	0.0154	0.0129	0.0109	0.0092	0.0040	0.0018	0.0009	0.0004	0.0002
22	0.0151	0.0126	0.0105	0.0088	0.0074	0.0031	0.0014	0.0006	0.0003	0.0001
23	0.0125	0.0103	0.0086	0.0071	0.0059	0.0024	0.0010	0.0004	0.0002	0.0001
24	0.0103	0.0085	0.0070	0.0057	0.0047	0.0018	0.0007	0.0003	0.0001	0.0001
25	0.0085	0.0069	0.0057	0.0046	0.0038	0.0014	0.0006	0.0002	0.0001	0.0000
30	0.0033	0.0026	0.0020	0.0016	0.0012	0.0004	0.0001	0.0000	0.0000	0.0000
40	0.0005	0.0004	0.0003	0.0002	0.0001	0.0000	0.0000	0.0000	0.0000	0.0000
50	0.0001	0.0000	0.0000	0.0000	0.0000	0.0000	0.0000	0.0000	0.0000	0.0000

附录三

年金终值系数表

n	1%	2%	3%	4%	5%	6%	7%	8%	9%	10%
1	1.0000	1.0000	1.0000	1.0000	1.0000	1.0000	1.0000	1.0000	1.0000	1.0000
2	2.0100	2.0200	2.0300	2.0400	2.0500	2.0600	2.0700	2.0800	2.0900	2.1000
3	3.0301	3.0604	3.0909	3.1216	3.1525	3.1836	3.2149	3.2464	3.2781	3.3100
4	4.0604	4.1216	4.1836	4.2465	4.3101	4.3746	4.4399	4.5061	4.5731	4.6410
5	5.1010	5.2040	5.3091	5.4163	5.5256	5.6371	5.7507	5.8666	5.9847	6.1051
6	6.1520	6.3081	6.4684	6.6330	6.8019	6.9753	7.1533	7.3359	7.5233	7.7156
7	7.2135	7.4343	7.6625	7.8983	8.1420	8.3938	8.6540	8.9228	9.2004	9.4872
8	8.2857	8.5830	8.8923	9.2142	9.5491	9.8975	10.2598	10.6366	11.0285	11.4359
9	9.3685	9.7546	10.1591	10.5828	11.0266	11.4913	11.9780	12.4876	13.0210	13.5795
10	10.4622	10.9497	11.4639	12.0061	12.5779	13.1808	13.8164	14.4866	15.1929	15.9374
11	11.5668	12.1687	12.8078	13.4864	14.2068	14.9716	15.7836	16.6455	17.5603	18.5312
12	12.6825	13.4121	14.1920	15.0258	15.9171	16.8699	17.8885	18.9771	20.1407	21.3843
13	13.8093	14.6803	15.6178	16.6268	17.7130	18.8821	20.1406	21.4953	22.9534	24.5227
14	14.9474	15.9739	17.0863	18.2919	19.5986	21.0151	22.5505	24.2149	26.0192	27.9750
15	16.0969	17.2934	18.5989	20.0236	21.5786	23.2760	25.1290	27.1521	29.3609	31.7725
16	17.2579	18.6393	20.1569	21.8245	23.6575	25.6725	27.8881	30.3243	33.0034	35.9497
17	18.4304	20.0121	21.7616	23.6975	25.8404	28.2129	30.8402	33.7502	36.9737	40.5447
18	19.6147	21.4123	23.4144	25.6454	28.1324	30.9057	33.9990	37.4502	41.3013	45.5992
19	20.8109	22.8406	25.1169	27.6712	30.5390	33.7600	37.3790	41.4463	46.0185	51.1591
20	22.0190	24.2974	26.8704	29.7781	33.0660	36.7856	40.9955	45.7620	51.1601	57.2750
21	23.2392	25.7833	28.6765	31.9692	35.7193	39.9927	44.8652	50.4229	56.7645	64.0025
22	24.4716	27.2990	30.5368	34.2480	38.5052	43.3923	49.0057	55.4568	62.8733	71.4027
23	25.7163	28.8450	32.4529	36.6179	41.4305	46.9958	53.4361	60.8933	69.5319	79.5430
24	26.9735	30.4219	34.4265	39.0826	44.5020	50.8156	58.1767	66.7648	76.7898	88.4973
25	28.2432	32.0303	36.4593	41.6459	47.7271	54.8645	63.2490	73.1059	84.7009	98.3471
30	34.7849	40.5681	47.5754	56.0849	66.4388	79.0582	94.4608	113.283	136.308	164.494
40	48.8864	60.4020	75.4013	95.0255	120.800	154.762	199.635	259.057	337.882	442.593
50	64.4632	84.5794	112.797	152.667	209.348	290.336	406.529	573.770	815.084	1163.91

(续表)

n	11%	12%	13%	14%	15%	16%	17%	18%	19%	20%
1	1.0000	1.0000	1.0000	1.0000	1.0000	1.0000	1.0000	1.0000	1.0000	1.0000
2	2.1100	2.1200	2.1300	2.1400	2.1500	2.1600	2.1700	2.1800	2.1900	2.2000
3	3.3421	3.3744	3.4069	3.4396	3.4725	3.5056	3.5389	3.5724	3.6061	3.6400
4	4.7097	4.7793	4.8498	4.9211	4.9934	5.0665	5.1405	5.2154	5.2913	5.3680
5	6.2278	6.3528	6.4803	6.6101	6.7424	6.8771	7.0144	7.1542	7.2966	7.4416
6	7.9129	8.1152	8.3227	8.5355	8.7537	8.9775	9.2068	9.4420	9.6830	9.9299
7	9.7833	10.0890	10.4047	10.7305	11.0668	11.4139	11.7720	12.1415	12.5227	12.9159
8	11.8594	12.2997	12.7573	13.2328	13.7268	14.2401	14.7733	15.3270	15.9020	16.4991
9	14.1640	14.7757	15.4157	16.0853	16.7858	17.5185	18.2847	19.0859	19.9234	20.7989
10	16.7220	17.5487	18.4197	19.3373	20.3037	21.3215	22.3931	23.5213	24.7089	25.9587
11	19.5614	20.6546	21.8143	23.0445	24.3493	25.7329	27.1999	28.7551	30.4035	32.1504
12	22.7132	24.1331	25.6502	27.2707	29.0017	30.8502	32.8239	34.9311	37.1802	39.5805
13	26.2116	28.0291	29.9847	32.0887	34.3519	36.7862	39.4040	42.2187	45.2445	48.4966
14	30.0949	32.3926	34.8827	37.5811	40.5047	43.6720	47.1027	50.8180	54.8409	59.1959
15	34.4054	37.2797	40.4175	43.8424	47.5804	51.6595	56.1101	60.9653	66.2607	72.0351
16	39.1899	42.7533	46.6717	50.9804	55.7175	60.9250	66.6488	72.9390	79.8502	87.4421
17	44.5008	48.8837	53.7391	59.1176	65.0751	71.6730	78.9792	87.0680	96.0218	105.931
18	50.3959	55.7497	61.7251	68.3941	75.8364	84.1407	93.4056	103.740	115.266	128.117
19	56.9395	63.4397	70.7494	78.9692	88.2118	98.6032	110.285	123.414	138.166	154.740
20	64.2028	72.0524	80.9468	91.0249	102.444	115.380	130.033	146.628	165.418	186.688
21	72.2651	81.6987	92.4699	104.768	118.810	134.841	153.139	174.021	197.847	225.026
22	81.2143	92.5026	105.491	120.436	137.632	157.415	180.172	206.345	236.439	271.031
23	91.1479	104.603	120.205	138.297	159.277	183.601	211.801	244.487	282.362	326.237
24	102.174	118.155	136.832	158.659	184.168	213.978	248.808	289.495	337.011	392.484
25	114.413	133.334	155.620	181.871	212.793	249.214	292.105	342.604	402.043	471.981
30	199.021	241.333	293.199	356.787	434.745	530.3117	647.439	790.948	966.712	1181.88
40	581.826	767.091	1013.70	1342.03	1779.09	2360.76	3134.52	4163.21	5529.83	7343.86
50	1668.77	2400.02	3459.51	4994.52	7217.72	10435.6	15089.5	21813.1	31515.3	45497.2

(续表)

n	21%	22%	23%	24%	25%	30%	35%	40%	45%	50%
1	1.0000	1.0000	1.0000	1.0000	1.0000	1.0000	1.0000	1.0000	1.0000	1.0000
2	2.2100	2.2200	2.2300	2.2400	2.2500	2.3000	2.3500	2.4000	2.4500	2.5000
3	3.6741	3.7084	3.7429	3.7776	3.8125	3.9900	4.1725	4.3600	4.5525	4.7500
4	5.4457	5.5242	5.6038	5.6842	5.7656	6.1870	6.6329	7.1040	7.6011	8.1250
5	7.5892	7.7396	7.8926	8.0484	8.2070	9.0431	9.9544	10.9456	12.0216	13.1875
6	10.1830	10.4423	10.7079	10.9801	11.2588	12.7560	14.4384	16.3238	18.4314	20.7813
7	13.3214	13.7396	14.1708	14.6153	15.0735	17.5828	20.4919	23.8534	27.7255	32.1719
8	17.1189	17.7623	18.4300	19.1229	19.8419	23.8577	28.6640	34.3947	41.2019	49.2578
9	21.7139	22.6700	23.6690	24.7125	25.8023	32.0150	39.6964	49.1526	60.7428	74.8867
10	27.2738	28.6574	30.1128	31.6434	33.2529	42.6195	54.5902	69.8137	89.0771	113.330
11	34.0013	35.9620	38.0388	40.2379	42.5661	56.4053	74.6967	98.7391	130.162	170.995
12	42.1416	44.8737	47.7877	50.8950	54.2077	74.3270	101.841	139.235	189.735	257.493
13	51.9913	55.7459	59.7788	64.1097	68.7596	97.6250	138.485	195.929	276.115	387.239
14	63.9095	69.0100	74.5280	80.4961	86.9495	127.913	187.954	275.300	401.367	581.859
15	78.3305	85.1922	92.6694	100.815	109.687	167.286	254.739	386.420	582.982	873.788
16	95.7799	104.935	114.983	126.011	138.109	218.472	344.897	541.988	846.32	1311.68
17	116.894	129.020	142.430	157.253	173.636	285.014	466.611	759.784	1228.17	1968.52
18	142.441	158.405	176.188	195.994	218.045	371.518	630.925	1064.70	1781.85	2953.78
19	173.354	194.254	217.712	244.033	273.556	483.973	852.748	1491.58	2584.68	4431.68
20	210.758	237.989	268.785	303.601	342.945	630.165	1152.21	2089.21	3748.78	6648.51
21	256.018	291.347	331.606	377.465	429.681	820.215	1556.48	2925.89	5436.73	9973.77
22	310.781	356.443	408.875	469.056	538.101	1067.28	2102.25	4097.25	7884.26	14961.7
23	377.045	435.861	503.917	582.630	673.626	1388.46	2839.04	5737.14	11433.2	22443.5
24	457.225	532.750	620.817	723.461	843.033	1806.00	3833.71	8032.99	16579.1	33666.2
25	554.242	650.955	764.605	898.092	1054.79	2348.80	5176.50	11247.2	24040.7	50500.3
30	1445.15	1767.08	2160.49	2640.92	3227.17	8729.99	23221.6	60501.1	154106	383500
40	9749.52	12936.54	17154.05	22728.80	30088.66	120392.88	466960	1750091	6331511	22114662
50	65617.2	94525.3	135992.2	195372.6	280255.7	1659760.7	9389019	50622288	260128294	1275242998

附录四

年金现值系数表

n	1%	2%	3%	4%	5%	6%	7%	8%	9%	10%
1	0.9901	0.9804	0.9709	0.9615	0.9524	0.9434	0.9346	0.9259	0.9174	0.9091
2	1.9704	1.9416	1.9135	1.8861	1.8594	1.8334	1.8080	1.7833	1.7591	1.7355
3	2.9410	2.8839	2.8286	2.7751	2.7232	2.6730	2.6243	2.5771	2.5313	2.4869
4	3.9020	3.8077	3.7171	3.6299	3.5460	3.4651	3.3872	3.3121	3.2397	3.1699
5	4.8534	4.7135	4.5797	4.4518	4.3295	4.2124	4.1002	3.9927	3.8897	3.7908
6	5.7955	5.6014	5.4172	5.2421	5.0757	4.9173	4.7665	4.6229	4.4859	4.3553
7	6.7282	6.4720	6.2303	6.0021	5.7864	5.5824	5.3893	5.2064	5.0330	4.8684
8	7.6517	7.3255	7.0197	6.7327	6.4632	6.2098	5.9713	5.7466	5.5348	5.3349
9	8.5660	8.1622	7.7861	7.4353	7.1078	6.8017	6.5152	6.2469	5.9952	5.7590
10	9.4713	8.9826	8.5302	8.1109	7.7217	7.3601	7.0236	6.7101	6.4177	6.1446
11	10.3676	9.7868	9.2526	8.7605	8.3064	7.8869	7.4987	7.1390	6.8052	6.4951
12	11.2551	10.5753	9.9540	9.3851	8.8633	8.3838	7.9427	7.5361	7.1607	6.8137
13	12.1337	11.3484	10.6350	9.9856	9.3936	8.8527	8.3577	7.9038	7.4869	7.1034
14	13.0037	12.1062	11.2961	10.5631	9.8986	9.2950	8.7455	8.2442	7.7862	7.3667
15	13.8651	12.8493	11.9379	11.1184	10.3797	9.7122	9.1079	8.5595	8.0607	7.6061
16	14.7179	13.5777	12.5611	11.6523	10.8378	10.1059	9.4466	8.8514	8.3126	7.8237
17	15.5623	14.2919	13.1661	12.1657	11.2741	10.4773	9.7632	9.1216	8.5436	8.0216
18	16.3983	14.9920	13.7535	12.6593	11.6896	10.8276	10.0591	9.3719	8.7556	8.2014
19	17.2260	15.6785	14.3238	13.1339	12.0853	11.1581	10.3356	9.6036	8.9501	8.3649
20	18.0456	16.3514	14.8775	13.5903	12.4622	11.4699	10.5940	9.8181	9.1285	8.5136
21	18.8570	17.0112	15.4150	14.0292	12.8212	11.7641	10.8355	10.0168	9.2922	8.6487
22	19.6604	17.6580	15.9369	14.4511	13.1630	12.0416	11.0612	10.2007	9.4424	8.7715
23	20.4558	18.2922	16.4436	14.8568	13.4886	12.3034	11.2722	10.3711	9.5802	8.8832
24	21.2434	18.9139	16.9355	15.2470	13.7986	12.5504	11.4693	10.5288	9.7066	8.9847
25	22.0232	19.5235	17.4131	15.6221	14.0939	12.7834	11.6536	10.6748	9.8226	9.0770
30	25.8077	22.3965	19.6004	17.2920	15.3725	13.7648	12.4090	11.2578	10.2737	9.4269
40	32.8347	27.3555	23.1148	19.7928	17.1591	15.0463	13.3317	11.9246	10.7574	9.7791
50	39.1961	31.4236	25.7298	21.4822	18.2559	15.7619	13.8007	12.2335	10.9617	9.9148

(续表)

n	11%	12%	13%	14%	15%	16%	17%	18%	19%	20%
1	0.9009	0.8929	0.8850	0.8772	0.8696	0.8621	0.8547	0.8475	0.8403	0.8333
2	1.7125	1.6901	1.6681	1.6467	1.6257	1.6052	1.5852	1.5656	1.5465	1.5278
3	2.4437	2.4018	2.3612	2.3216	2.2832	2.2459	2.2096	2.1743	2.1399	2.1065
4	3.1024	3.0373	2.9745	2.9137	2.8550	2.7982	2.7432	2.6901	2.6386	2.5887
5	3.6959	3.6048	3.5172	3.4331	3.3522	3.2743	3.1993	3.1272	3.0576	2.9906
6	4.2305	4.1114	3.9975	3.8887	3.7845	3.6847	3.5892	3.4976	3.4098	3.3255
7	4.7122	4.5638	4.4226	4.2883	4.1604	4.0386	3.9224	3.8115	3.7057	3.6046
8	5.1461	4.9676	4.7988	4.6389	4.4873	4.3436	4.2072	4.0776	3.9544	3.8372
9	5.5370	5.3282	5.1317	4.9464	4.7716	4.6065	4.4506	4.3030	4.1633	4.0310
10	5.8892	5.6502	5.4262	5.2161	5.0188	4.8332	4.6586	4.4941	4.3389	4.1925
11	6.2065	5.9377	5.6869	5.4527	5.2337	5.0286	4.8364	4.6560	4.4865	4.3271
12	6.4924	6.1944	5.9176	5.6603	5.4206	5.1971	4.9884	4.7932	4.6105	4.4392
13	6.7499	6.4235	6.1218	5.8424	5.5831	5.3423	5.1183	4.9095	4.7147	4.5327
14	6.9819	6.6282	6.3025	6.0021	5.7245	5.4675	5.2293	5.0081	4.8023	4.6106
15	7.1909	6.8109	6.4624	6.1422	5.8474	5.5755	5.3242	5.0916	4.8759	4.6755
16	7.3792	6.9740	6.6039	6.2651	5.9542	5.6685	5.4053	5.1624	4.9377	4.7296
17	7.5488	7.1196	6.7291	6.3729	6.0472	5.7487	5.4746	5.2223	4.9897	4.7746
18	7.7016	7.2497	6.8399	6.4674	6.1280	5.8178	5.5339	5.2732	5.0333	4.8122
19	7.8393	7.3658	6.9380	6.5504	6.1982	5.8775	5.5845	5.3162	5.0700	4.8435
20	7.9633	7.4694	7.0248	6.6231	6.2593	5.9288	5.6278	5.3527	5.1009	4.8696
21	8.0751	7.5620	7.1016	6.6870	6.3125	5.9731	5.6648	5.3837	5.1268	4.8913
22	8.1757	7.6446	7.1695	6.7429	6.3587	6.0113	5.6964	5.4099	5.1486	4.9094
23	8.2664	7.7184	7.2297	6.7921	6.3988	6.0442	5.7234	5.4321	5.1668	4.9245
24	8.3481	7.7843	7.2829	6.8351	6.4338	6.0726	5.7465	5.4509	5.1822	4.9371
25	8.4217	7.8431	7.3300	6.8729	6.4641	6.0971	5.7662	5.4669	5.1951	4.9476
30	8.6938	8.0552	7.4957	7.0027	6.5660	6.1772	5.8294	5.5168	5.2347	4.9789
40	8.9511	8.2438	7.6344	7.1050	6.6418	6.2335	5.8713	5.5482	5.2582	4.9966
50	9.0417	8.3045	7.6752	7.1327	6.6605	6.2463	5.8801	5.5541	5.2623	4.9995

(续表)

n	21%	22%	23%	24%	25%	30%	35%	40%	45%	50%
1	0.8264	0.8197	0.8130	0.8065	0.8000	0.7692	0.7407	0.7143	0.6897	0.6667
2	1.5095	1.4915	1.4740	1.4568	1.4400	1.3609	1.2894	1.2245	1.1653	1.1111
3	2.0739	2.0422	2.0114	1.9813	1.9520	1.8161	1.6959	1.5889	1.4933	1.4074
4	2.5404	2.4936	2.4483	2.4043	2.3616	2.1662	1.9969	1.8492	1.7195	1.6049
5	2.9260	2.8636	2.8035	2.7454	2.6893	2.4356	2.2200	2.0352	1.8755	1.7366
6	3.2446	3.1669	3.0923	3.0205	2.9514	2.6427	2.3852	2.1680	1.9831	1.8244
7	3.5079	3.4155	3.3270	3.2423	3.1611	2.8021	2.5075	2.2628	2.0573	1.8829
8	3.7256	3.6193	3.5179	3.4212	3.3289	2.9247	2.5982	2.3306	2.1085	1.9220
9	3.9054	3.7863	3.6731	3.5655	3.4631	3.0190	2.6653	2.3790	2.1438	1.9480
10	4.0541	3.9232	3.7993	3.6819	3.5705	3.0915	2.7150	2.4136	2.1681	1.9653
11	4.1769	4.0354	3.9018	3.7757	3.6564	3.1473	2.7519	2.4383	2.1849	1.9769
12	4.2784	4.1274	3.9852	3.8514	3.7251	3.1903	2.7792	2.4559	2.1965	1.9846
13	4.3624	4.2028	4.0530	3.9124	3.7801	3.2233	2.7994	2.4685	2.2045	1.9897
14	4.4317	4.2646	4.1082	3.9616	3.8241	3.2487	2.8144	2.4775	2.2100	1.9931
15	4.4890	4.3152	4.1530	4.0013	3.8593	3.2682	2.8255	2.4839	2.2138	1.9954
16	4.5364	4.3567	4.1894	4.0333	3.8874	3.2832	2.8337	2.4885	2.2164	1.9970
17	4.5755	4.3908	4.2190	4.0591	3.9099	3.2948	2.8398	2.4918	2.2182	1.9980
18	4.6079	4.4187	4.2431	4.0799	3.9279	3.3037	2.8443	2.4941	2.2195	1.9986
19	4.6346	4.4415	4.2627	4.0967	3.9424	3.3105	2.8476	2.4958	2.2203	1.9991
20	4.6567	4.4603	4.2786	4.1103	3.9539	3.3158	2.8501	2.4970	2.2209	1.9994
21	4.6750	4.4756	4.2916	4.1212	3.9631	3.3198	2.8519	2.4979	2.2213	1.9996
22	4.6900	4.4882	4.3021	4.1300	3.9705	3.3230	2.8533	2.4985	2.2216	1.9997
23	4.7025	4.4985	4.3106	4.1371	3.9764	3.3254	2.8543	2.4989	2.2218	1.9998
24	4.7128	4.5070	4.3176	4.1428	3.9811	3.3272	2.8550	2.4992	2.2219	1.9999
25	4.7213	4.5139	4.3232	4.1474	3.9849	3.3286	2.8556	2.4994	2.2220	1.9999
30	4.7463	4.5338	4.3391	4.1601	3.9950	3.3321	2.8568	2.4999	2.2222	2.0000
40	4.7596	4.5439	4.3467	4.1659	3.9995	3.3332	2.8571	2.5000	2.2222	2.0000
50	4.7616	4.5452	4.3477	4.1666	3.9999	3.3333	2.8571	2.5000	2.2222	2.0000

参考文献

[1] 蔡建民. 财务管理学[M]. 上海：立信会计出版社，2005.

[2] 财政部会计资格评价中心. 财务管理[M]. 北京：经济科学出版社，2019.

[3] 陈国欣，张梅玉. 营运资本管理与企业绩效关系研究[J]. 现代会计与审计，2009(3).

[4] 陈志斌，韩飞畴. 基于价值创造的现金流管理[J]. 会计研究，2002(12).

[5] 刁伍钧. 五粮液事件与股利分配代理成本理论[J]. 生产力研究，2006(5).

[6] 胡玄能. 公司财务管理[M]. 北京：北京交通大学出版社，2008.

[7] 贺世强，高瑾英，刘艳桃. 财务管理基础[M]. 北京：清华大学出版社，2009.

[8] [美]詹姆斯·C. 范霍恩，小约翰·M. 瓦霍维奇. 现代企业财务管理[M]. 11版. 郭浩，译. 北京：经济科学出版社，2002.

[9] [美]詹姆斯·C.范霍恩. 财务管理与政策[M]. 刘志远，译. 大连：东北财经大学出版社，2011.

[10] [美]加布里埃尔·哈瓦维尔，克劳德·维埃里. 经理人员财务管理：创造价值的过程[M]. 王全喜，译. 北京：机械工业出版社，2000.

[11] 荆新，王化成，刘俊彦. 财务管理学[M]. 北京：中国人民大学出版社，2018.

[12] 卢家仪，蒋冀. MBA工商管理硕士课程系列教材——财务管理[M]. 北京：清华大学出版社，1997.

[13] 刘峰，贺建刚，魏明海. 控制权、业绩与利益输送[J]. 管理世界，2004(8).

[14] 李量. 股权估值与股票发行价格市场化：一个理论框架[J]. 经济与管理研究，2001(2).

[15] 刘进宝，秦颐. 财务管理[M]. 北京：清华大学出版社，2008.

[16] 刘春丽. 关于企业资金结构与流动资产管理的思考[J]. 财经理论与实践，1996(2).

[17] 潘杰义，王琼，冯宗宪. 基于随机强度的公司债券估值模型与仿真分析[J]. 南昌大学学报(理科版)，2006(3).

[18] 彭韶兵. 财务管理[M]. 北京：高等教育出版社，2003.

[19] 戎志平. 浮动利率债券利率特性分析[J]. 中国货币市场，2003(4).

[20] [美]斯蒂芬·罗斯，伦道夫·W. 威斯特菲尔德. 公司理财[M]. 吴世农，沈艺峰，王志强，等，译. 北京：机械工业出版社，2017.

[21] 沈彦燕. 浅议营运资金的管理[J]. 财经界，2009(6).

[22] 田辉. 乘数估值法在证券市场股权估值中的应用[J]. 中国资产评估，2004(5).

[23] 王化成. 公司财务管理[M]. 北京：高等教育出版社，2007.

[24] 王化成. 高级财务管理学[M]. 北京：中国人民大学出版社，2017.

[25] 王化成. 企业财务学[M]. 北京：中国人民大学出版社，2005.

[26] 王志坚. 财务管理学[M]. 上海：立信会计出版社，2003.

[27] 王化成. 财务管理教学案例[M]. 北京：中国人民大学出版社，2001.

[28] 吴战篪. 解释与证据：基于估值理念差异下的A股与H股价差[J]. 财经科学，2007(6).

[29] 王荣. 股票现金流贴现估值模型评析及其在我国的应用[J]. 北方经济(综合版)，2008(10).

[30] 王涛，曹丽萍. 对加强流动资产管理的思考[J]. 辽宁经济，2009(9).

[31] 王竹泉，逄咏梅，孙建强. 国内外营运资金管理研究的回顾与展望[J]. 会计研究，2007(2).

[32] 王竹泉，刘文静，高芳. 中国上市公司营运资金管理调查：1997—2006[J]. 会计研究，2007(12).

[33] 叶佩娣. 市盈率估值法和市销率估值法在我国A股市场的应用分析[J]. 山东财政学院学报，2008(2).

[34] 严复海，刘淑华. 财务管理学原理与实务[M]. 北京：北京大学出版社，2008(8).

[35] 中国注册会计师协会. 2019年度注册会计师全国统一考试辅导教材：财务成本管理[M]. 北京：中国财政经济出版社，2019.

第一章 财务管理总论

一、单项选择题(每题有 4 个备选项,请将正确答案填在括号中)

1. 下列企业财务管理目标中考虑了资金时间价值问题和风险问题的是( )。
   A. 利润最大化   B. 每股盈余最大化
   C. 产值最大化   D. 企业价值最大化
2. 相对于利润最大化,企业价值最大化目标的不足之处在于( )。
   A. 没有考虑货币时间价值   B. 没有考虑投资风险价值
   C. 不能反映企业未来的获利能力   D. 不能直接反映企业当前获利水平
3. 企业与政府间的财务关系体现为( )。
   A. 债权债务关系   B. 强制和无偿的分配关系
   C. 资金结算关系   D. 风险收益对等关系
4. 作为企业财务目标,每股收益最大化较之利润最大化的优点在于( )。
   A. 考虑了资金时间价值因素   B. 反映了创造利润与投入资本的关系
   C. 考虑了风险因素   D. 能够避免企业的短期行为
5. 以利润最大化作为财务目标,下列说法正确的是( )。
   A. 不能反映资本的获利水平   B. 能用于不同资本规模的企业间比较
   C. 不能用于不同企业的不同期间比较 D. 考虑了风险因素和时间价值
6. 企业价值是指( )。
   A. 企业账面资产的总价值   B. 企业全部财产的市场价值
   C. 企业有形资产的总价值   D. 企业的清算价值
7. 企业与债权人之间的财务关系主要体现为( )。
   A. 投资与收益关系   B. 等价交换关系
   C. 分工协作关系   D. 债权债务关系
8. 对于财务关系的表述,下列不正确的是( )。
   A. 企业与受资者的财务关系体现所有权性质的投资与受资的关系
   B. 企业与政府间的财务关系体现为强制和无偿的分配关系
   C. 企业与职工之间的财务关系属于债务与债权关系
   D. 企业与债权人之间的财务关系属于债务与债权关系
9. 下列选项中,( )活动属于企业资金营运活动。
   A. 支付股利   B. 购买原材料   C. 发行债券   D. 购买无形资产
10. 公司制企业有可能在经营者和股东之间存在利益冲突,不能解决这一冲突的方式有( )。
    A. 解聘   B. 干预   C. 收回借款   D. 授予股票期权

二、多项选择题(每题有 4 个备选项,请将正确答案填在括号中)

1. 下列经济行为中,属于企业财务活动的有( )。
   A. 资金营运活动   B. 利润分配活动
   C. 筹集资金活动   D. 投资活动
2. 财务管理目标的主要观点有( )。

A. 每股利润最大化 B. 利润最大化
C. 成本费用最小化 D. 企业价值最大化
3. 利润最大化目标的问题是( )。
A. 没有考虑利润的取得时间 B. 容易产生追求短期利润的行为
C. 没有考虑所获利润和投入资本额的关系 D. 没有考虑获取利润和所承担风险的大小
4. 企业的财务管理环境又称理财环境，其涉及的范围很广，主要包括( )。
A. 经济环境 B. 法律环境
C. 金融市场环境 D. 自然环境
5. 为确保企业财务目标的实现，下列各项中可用于协调所有者与经营者矛盾的措施有( )。
A. 所有者解聘经营者 B. 所有者向企业派遣财务总监
C. 在债务合同中预先加入限制条款 D. 所有者给经营者以"股票选择权"
6. 下列各项中，可用来协调公司债权人与所有者矛盾的方法有( )。
A. 规定借款用途 B. 规定借款的信用条件
C. 要求提供借款担保 D. 收回借款或不再借款
7. 通货膨胀对企业财务活动的影响包括( )。
A. 引起资金占用的大量增加，从而增加企业的资金需求
B. 由于资金供应紧张，企业筹资变得非常困难
C. 引起企业利润虚增，提高了企业的权益资金成本
D. 企业资金可能由于利润分配而流失
8. 微观理财环境包括( )。
A. 经济环境 B. 企业组织形式 C. 企业组织结构 D. 企业信息化水平
9. 下列属于资金利率构成的是( )。
A. 纯利率 B. 通货膨胀补偿 C. 违约风险报酬 D. 流动性风险报酬

三、判断题(正确的打"√"，错误的打"×")

1. 民营企业与政府之间的财务关系体现为一种投资与受资关系。 ( )
2. 无论从任何角度来讲，亏损企业的现金循环必不能维持。 ( )
3. 企业的理财活动会受到经济波动的影响，比如货币政策紧缩时期，利率下降，企业筹资比较困难。 ( )
4. 任何一个公司所筹集的资金可以分为权益资金和负债资金两方面，无论是权益资金还是负债资金，都是通过分配的形式向资金提供者支付报酬，均属于税后分配问题。 ( )
5. 财务管理的主要内容是投资、筹资和股利分配，因此财务管理一般不会涉及成本问题。 ( )
6. 不论是公司制企业还是合伙制企业，股东或合伙人都面临双重课税问题，即在缴纳企业所得税后，还要交纳个人所得税。 ( )
7. 一项投资的风险越高，风险补偿率就越高，由此产生的资金借贷利率也就越大。 ( )

第二章 货币时间价值

一、单项选择题(每题有4个备选项,请将正确答案填在括号中)

1. 表示资金时间价值的利息率是( )。
   A. 银行同期贷款利率
   B. 银行同期存款利率
   C. 企业加权资本成本率
   D. 没有风险和没有通货膨胀条件下社会资金平均利润率

2. 下列各项年金中,只有现值没有终值的年金是( )。
   A. 后付年金   B. 先付年金   C. 永续年金   D. 预付年金

3. 从第一期起,在一定时期内每期期初等额收付的系列款项是( )。
   A. 先付年金   B. 后付年金   C. 延期年金   D. 永续年金

4. 在复利条件下,已知现值、年金和贴现率,求计算期数时应先计算( )。
   A. 年金终值系数   B. 年金现值系数   C. 复利终值系数   D. 复利现值系数

5. 有一项年金,前2年无流入,后5年每年年初流入300万元,假设年利率为10%,其现值为( )万元。
   A. 987.29   B. 854.11   C. 1 033.92   D. 523.21

6. 以10%的利率借得50 000元,投资于寿命期为5年的项目,为使该投资项目成为有利的项目,每年至少应收回的现金数额为( )元。
   A. 10 000   B. 12 000   C. 13 189   D. 8 190

7. 企业发行债券,在名义利率相同的情况下,对其最不利的复利计息期是( )。
   A. 1年   B. 半年   C. 1季   D. 1月

8. 为在第5年获本利和100元,若年利率为8%,每3个月复利一次,求现在应向银行存入多少钱,下列算式正确的是( )。
   A. $p=100\times(1+8\%)^5$
   B. $p=100\times(1+8\%)^{-5}$
   C. $p=100\times(1+8\%/4)^{-5\times4}$
   D. $p=100\times(1+8\%/4)^{5\times4}$

9. 假如企业按12%的年利率取得贷款200 000元,要求在5年内每年年末等额偿还,每年的偿付额应为( )元。
   A. 40 000   B. 52 000   C. 55 482   D. 64 000

10. 王某退休时有现金5万元,拟选择一项回报比较稳定的投资,希望每个季度能获得收入1 000元补贴生活。那么,该项投资的实际报酬率应为( )。
    A. 8.24%   B. 4%   C. 2%   D. 10.04%

11. 已知$(P/A, 8\%, 5)=3.992\ 7$,$(P/A, 8\%, 6)=4.622\ 9$,$(P/A, 8\%, 7)=5.206\ 4$,则6年期、折现率为8%的预付年金现值系数是( )。
    A. 2.992 7   B. 4.206 4   C. 4.992 7   D. 6.206 4

二、多项选择题(每题有4个备选项,请将正确答案填在括号中)

1. 对于资金时间价值概念的理解,下列表述正确的有( )。
   A. 货币只有经过投资和再投资才会增值,不投入生产经营过程的货币不会增值
   B. 一般情况下,资金的时间价值应按复利方式来计算
   C. 资金时间价值不是时间的产物,而是劳动的产物

D. 不同时期的收支不宜直接进行比较,只有把它们换算到相同的时间基础上,才能进行大小的比较和比率的计算
2. 下列关于年金的表述中,正确的有( )。
A. 年金既有终值又有现值
B. 递延年金是第一次收付款项发生的时间在第二期或第二期以后的年金
C. 永续年金是特殊形式的后付年金
D. 永续年金是特殊形式的先付年金
3. 下列表述正确的有( )。
A. 当利率大于零,计息期一定的情况下,年金现值系数一定都大于1
B. 当利率大于零,计息期一定的情况下,年金终值系数一定都大于1
C. 当利率大于零,计息期一定的情况下,复利终值系数一定大于1
D. 当利率大于零,计息期一定的情况下,复利现值系数一定都小于1
4. 下列各项中,属于普通年金形式的项目有( )。
A. 零存整取储蓄存款的整取额 B. 定期定额支付的养老金
C. 年资本回收额 D. 偿债基金
5. 下列选项中,既有现值又有终值的是( )。
A. 复利 B. 后付年金 C. 先付年金 D. 永续年金
6. 下列各项中,其数值等于预付年金终值系数的有( )。
A. $(P/A, i, n) \times (1+i)$ B. $(P/A, i, n-1)+1$
C. $(F/A, i, n) \times (1+i)$ D. $(F/A, i, n+1) -1$

三、判断题(正确的打"√",错误的打"×")
1. 所有的货币都具有时间价值。 ( )
2. 永续年金既有终值又有现值。 ( )
3. 年金是指每隔一年、金额相等的一系列现金流入或流出量。 ( )
4. 在现值和利率一定的情况下,计息期数越少,则复利终值越大。 ( )
5. 在终值和计息期一定的情况下,贴现率越低,则复利现值越小。 ( )
6. 某期预付年金现值系数等于$(1+i)$乘以同期普通年金现值系数。 ( )
7. 从相对数来看,资金时间价值是无风险、无通货膨胀条件下的平均资金利润率或平均报酬率。 ( )
8. 在利息不断资本化的条件下,资金时间价值的计算基础应采用复利。 ( )
9. 在通货膨胀率很低的情况下,公司债券的利率可视同为资金时间价值。 ( )
10. 公司年初借入资金100万元,第3年年末一次性偿还本息130万元,则该笔借款的实际利率小于10%。 ( )

四、计算分析题(计算均要求写出过程,结果不能整除时保留两位小数)
1. 某公司拟购置一处房产,房主提出两种付款方案:
① 从现在起,每年年初支付20万元,连续支付10次,共200万元;
② 从第5年开始,每年年初支付25万元,连续支付10次,共250万元。
假设该公司的资金成本率(即最低报酬率)为10%,你认为该公司应选择哪个方案?
2. 某企业向保险公司借款一笔,预计10年后还本付息总额为200 000元,为归还这笔借款,拟在各年末提取相等数额的基金,假定银行的借款利率为12%,请计算年偿债基金额。
3. 某企业于第一年年初借款10万元,每年年末还本付息额均为2万元,连续8年还清。

请计算借款利率。

4. 一对父母为两个兄妹的大学教育攒钱。兄妹俩相差 2 岁，哥哥将在 15 年后上大学，妹妹则在 17 年后，预计那时每个孩子每年学费将达到 21 000 元。现在起一年后开始存款，直到哥哥上大学为止，年利率为 15%。那么这对父母每年应存多少钱才够两个孩子的学费？

5. 某企业拟购买设备一台以更新旧设备，新设备价格较旧设备价格高出 12 000 元，但每年可节约动力费用 4 000 元，若利率为 10%，请计算新设备应至少使用多少年对企业才有利。

6. 某人拟于明年年初借款 42 000 元，从明年年末开始，每年年末还本付息额均为 6 000 元，连续 10 年还清。假设预期最低借款利率为 8%，则此人是否能按其计划借到款项？

7. 假设某个组织打算捐赠一笔款项给某大学，设立一项可以永久发放的奖学金，每年年末奖学金的发放金额为 10 000 元，如果利息率为 10%，则该组织现在的捐款应为多少？

8. 你刚赢得了体彩大奖，去领奖时却被告知你有以下两种选择：
   ① 以后 31 年中每年年初得到 16 万元，所得税税率为 28%，支票开出后征税。
   ② 现在得到 175 万元，这 175 万元会被征收 28% 的税。但是并不能马上全部拿走，现在只能拿出 44.6 万元的税后金额，剩下的 81.4 万元以一个 30 年期的年金形式发放，每年年末支付 101 055 元的税前金额。
   若折现率为 10%，你应选择哪一种方式？

9. 完成下列计算：
   (1) 现金 1 000 元存入银行，若利率为 7%，一年复利一次，8 年后的复利终值是多少？
   (2) 现金 1 000 元存入银行，若利率为 8%，每 3 个月复利一次，20 年后的复利终值是多少？
   (3) 年利率为 16%，半年复利一次，50 年后的 1 000 元其复利现值是多少？
   (4) 年利率为 12%，每月复利一次，其实际利率是多少？
   (5) 年利率为 6%，若每周复利一次，其实际利率是多少？

第三章　风险与收益

一、单项选择题(每题有 4 个备选项，请将正确答案填在括号中)

1. 投资者由于冒风险进行投资而获得的超过资金价值的额外收益，称为投资的(　　)。
   A. 时间价值率　　B. 期望报酬率　　C. 风险报酬率　　D. 必要报酬率

2. 企业某新产品开发成功的概率为 80%，成功后的投资报酬率为 40%，开发失败的概率为 20%，失败后的投资报酬率为 –100%，则该产品开发方案的预期投资报酬率为(　　)。
   A. 18%　　　　　B. 20%　　　　　C. 12%　　　　　D. 40%

3. 已知甲、乙两个方案投资收益率的期望值分别为 10% 和 12%，两个方案都存在投资风险，在比较甲、乙两方案风险大小时应使用的指标是(　　)。
   A. 标准离差率　　B. 标准差　　　　C. 协方差　　　　D. 方差

4. x 方案的标准离差是 1.5，y 方案的标准离差是 1.4，如 x、y 两方案的期望值相同，则两方案的风险关系为(　　)。
   A. $x<y$　　　　B. $x>y$　　　　C. 无法确定　　　D. $x=y$

5. 某企业拟进行一项存在一定风险的完整工业项目投资，有甲、乙两个方案可供选择。已知甲方案净现值的期望值为 1 000 万元，标准离差为 300 万元；乙方案净现值的期望值为 1 200 万元，标准离差为 330 万元。下列结论中正确的是(　　)。

A. 甲方案优于乙方案　　　　　　　　B. 甲方案的风险大于乙方案
　　C. 甲方案的风险小于乙方案　　　　　D. 无法评价甲、乙方案的风险大小
　6. 如果A、B两只股票的收益率变化方向和变化幅度完全相同,则由其组成的投资组合(　　)。
　　A. 不能降低任何风险　　　　　　　　B. 可以分散部分风险
　　C. 可以最大限度地抵消风险　　　　　D. 风险等于两只股票风险之和
　7. 在计算由两项资产组成的投资组合收益率的方差时,不需要考虑的因素是(　　)。
　　A. 单项资产在投资组合中所占比重　　B. 单项资产的β系数
　　C. 单项资产的方差　　　　　　　　　D. 两种资产收益的相关系数
　8. 在证券投资中,通过随机选择足够数量的证券进行组合可以分散掉的风险是(　　)。
　　A. 所有风险　　B. 市场风险　　C. 系统性风险　　D. 非系统性风险
　9. 如果现行国库券的收益率为5%,平均风险股票的必要收益率为10%,A股票的β系数为1.4,则该股票的必要报酬率为(　　)。
　　A. 3%　　　　　B. 5%　　　　　C. 7%　　　　　D. 12%
　10. 若某股票的系数等于1,则下列表述正确的是(　　)。
　　A. 该股票的市场风险大于整个市场股票的风险
　　B. 该股票的市场风险小于整个市场股票的风险
　　C. 该股票的市场风险等于整个市场股票的风险
　　D. 该股票的市场风险与整个市场股票的风险无关

二、多项选择题(每题有4个备选项,请将正确答案填在括号中)
　1. 下列各项中,能够衡量风险的指标有(　　)。
　　A. 方差　　　　B. 标准差　　　　C. 期望值　　　　D. 标准离差率
　2. 下列各项中,属于必要收益率的构成内容有(　　)。
　　A. 无风险报酬率　　　　　　　　　　B. 股票平均报酬率
　　C. 资本成本　　　　　　　　　　　　D. 风险报酬率
　3. 风险与报酬的关系可表述为(　　)。
　　A. 风险越大,期望报酬越大　　　　　B. 风险越大,期望投资报酬越小
　　C. 风险越大要求的收益越高　　　　　D. 风险越大,获得的投资收益越小
　4. 下列因素引起的风险,企业无法通过多元化投资予以分散的有(　　)。
　　A. 市场利率上升　　B. 社会经济衰退　　C. 企业的技术革新　　D. 通货膨胀
　5. 证券投资的风险分为可分散风险和不可分散风险两大类,下列各项中属于可分散风险的有(　　)。
　　A. 研发失败风险　　B. 生产事故风险　　C. 通货膨胀风险　　D. 利率变动风险
　6. 如某投资组合收益由呈完全负相关的两只股票构成,则下列说法错误的是(　　)。
　　A. 该组合的非系统性风险能完全抵消
　　B. 该组合的风险收益为零
　　C. 该组合的投资收益大于其中任一股票的收益
　　D. 该组合的投资收益标准差大于其中任一股票收益的标准差
　7. 下列有关证券投资风险的表述中,正确的有(　　)。
　　A. 证券投资组合的风险有公司特别风险和市场风险两种
　　B. 公司特别风险是不可分散风险
　　C. 股票的市场风险不能通过证券投资组合加以消除

D. 当投资组合中股票的种类特别多时，非系统性风险几乎可全部分散掉
8. 按照资本资产定价模型，影响股票预期收益的因素有（　　）。
   A. 无风险收益率　　　　　　　　　　B. 所有股票的市场平均收益率
   C. 特定股票的 β 系数　　　　　　　　D. 营业杠杆系数
9. 在下列各项中，能够影响特定投资组合 β 系数的有（　　）。
   A. 该组合中所有单项资产在组合中所占比重
   B. 该组合中所有单项资产各自的 β 系数
   C. 市场投资组合的无风险收益率
   D. 该组合的无风险收益率

三、判断题（正确的打"√"，错误的打"×"）

1. 人们在进行财务决策时，之所以选择低风险的方案，是因为低风险会带来高收益，而高风险的方案则往往收益偏低。　　　　　　　　　　　　　　　　　　　　　　（　）
2. 两个方案比较时，标准离差越大，说明风险越大。　　　　　　　　　　　　（　）
3. 根据证券投资组合理论，在其他条件不变的情况下，如果两项贷款的收益率具有完全正相关关系，则该证券投资组合不能够分散风险。　　　　　　　　　　　　　（　）
4. 在风险分散过程中，随着资产组合中资产数目的增加，分散风险的效应会越来越明显。
　　　　　　　　　　　　　　　　　　　　　　　　　　　　　　　　　　　（　）
5. 根据证券投资组合理论，在其他条件不变的情况下，如果两项贷款的收益率具有完全正相关关系，则该证券投资组合不能够分散风险。　　　　　　　　　　　　　（　）
6. 在风险分散过程中，随着资产组合中资产数目的增加，分散风险的效应会越来越明显。
　　　　　　　　　　　　　　　　　　　　　　　　　　　　　　　　　　　（　）
7. 证券组合风险的大小，等于组合中各个证券风险的加权平均数。　　　　　　（　）
8. 证券组合投资要求补偿的风险只是非系统风险，而不要求对系统风险进行补偿（　）
9. 在资产组合中，单项资产 β 系数不尽相同，通过替换资产组合中的资产或改变资产组合中不同资产的价值比例，可能改变该组合的风险大小。　　　　　　　　　（　）

四、计算分析题（计算均要求写出过程，结果不能整除时保留两位小数）

1. 某企业准备投资开发一款新产品，现有三个方案可供选择，根据市场预测的情况如下表。

市场状况	概率	预计年收益率	
		A 方案	B 方案
好	0.3	40%	50%
一般	0.5	15%	15%
差	0.2	-15%	-30%

要求：计算两个方案的期望值、标准差和标准离差率并进行风险的比较分析。

2. 已知甲股票的期望收益率为 12%，收益率的标准差为 16%；乙股票的期望收益率为 15%，收益率的标准差为 18%。市场组合的收益率为 10%，市场组合的标准差为 8%，无风险收益率为 4%。假设市场达到均衡，即资本资产定价模型成立。

要求：
(1) 分别计算甲、乙股票的必要收益率；
(2) 分别计算甲、乙股票的 β 值；
(3) 假设投资者将全部资金按照 60% 和 40% 的比例投资购买甲、乙股票构成投资组合，

计算该组合的 β 系数、组合的风险收益率和组合的必要收益率。
3. 国库券的利息率为 8%，证券市场股票的平均收益率为 15%。
要求：
(1) 如果某一投资计划的 β 系数为 1.2，其短期投资的报酬率为 16%，是否应该投资？
(2) 如果某证券的必要报酬率是 16%，则其 β 系数是多少？
4. 假设现行国库券的利率为 5%，证券市场组合平均收益率为 15%。市场上 A、B、C、D 四种股票的 β 系数分别为 0.91、1.17、1.8 和 0.52；B、C、D 股票的必要收益率分别为 16.7%、23% 和 10.2%。
要求：
(1) 采用资本资产定价模型计算 A 股票的必要收益率。
(2) 假定投资者按 1:3:6 的比例购买 A、B、C 三种股票，计算 A、B、C 投资组合的 β 系数和必要收益率。
(3) 假定按 3:5:2 的比例购买 A、B、D 三种股票，所形成的 A、B、D 投资组合的 β 系数为 0.96，该组合的必要收益率为 14.6%；如果不考虑风险大小，请在 A、B、C 和 A、B、D 两种投资组合中做出投资决策，并说明理由。

第四章　证券估值

一、单项选择题(每题有 4 个备选项，请将正确答案填在括号中)
1. 某股票投资人欲对甲股票目前的价值进行评价，已知该股票过去的实际报酬是 12%，投资人预期的未来的报酬率是 15%，他对目前股票价值进行估价时所使用的报酬率应为( )。
　　A. 15%　　　　B. 12%　　　　C. 3%　　　　D. 27%
2. 下列关于债券票面利率和实际利率的说法，错误的是( )。
　　A. 票面利率不同于实际利率
　　B. 票面利率和实际利率均按复利计算
　　C. 票面利率就是年利息占票面金额的比率
　　D. 以上说法都正确
3. 一般来说，股票的价值与股票的价格( )。
　　A. 总是一致的
　　B. 并不一定一致
　　C. 前者大于后者
　　D. 前者小于后者
4. 估算股票价值时，不能使用的贴现率为( )。
　　A. 股票市场的平均收益率
　　B. 债券收益率加适当的风险报酬率
　　C. 国债的利息率
　　D. 投资人要求的必要报酬率
5. 某石油公司预期未来的每股收益为 2.5 元，如果石油工业的平均市盈率为 20，则该石油公司股票的内在价值为每股( )元。
　　A. 8　　　　B. 22.78　　　　C. 34.52　　　　D. 50
6. 不影响债券投资报酬率的因素是( )。
　　A. 债券面值　　B. 债券期限　　C. 市场利率　　D. 票面利率
7. 市场利率上升时，债券价值的变动方向是( )。
　　A. 上升　　　　B. 下降　　　　C. 不变　　　　D. 随机变化

二、多项选择题(每题有 4~5 个备选项，请将正确答案填在括号中)
1. 影响债券价值的因素有( )。

A. 债券面值 B. 债券发行价 C. 票面利率
   D. 投资者要求的报酬率 E. 付息方式
2. 下列说法正确的是( )。
   A. 平价发行的债券，其到期收益率等于票面利率
   B. 如果债券到期收益率低于投资人要求的报酬率，则应买进该债券
   C. 如果债券到期收益率高于投资人要求的报酬率，则应买进该债券
   D. 如果债券的价值高于其价格，则应买进该债券
   E. 如果买价和面值不等，则债券的到期收益率和票面利率不等
3. 相对于债券投资而言，股票投资的优点有( )。
   A. 收入稳定性强 B. 购买力风险低 C. 市场流动性好
   D. 投资收益高 E. 拥有经营控制权

三、判断题(正确的打"√"，错误的打"×")

1. 对每年付息一次的债券，当其票面利率大于市场利率时，则债券的发行价格大于其面值。 ( )
2. 一般来说，随着通货膨胀的发生，投资变动收益证券要比固定收益证券好。 ( )
3. 普通股股东未来现金流入量主要包括每期的预期股利以及出售和购买股票时的价差。 ( )
4. 债券的价格会随着市场利率的变化而变化。当市场利率上升时，债券价格下降；当市场利率下降时，债券价格上升。 ( )
5. 每种股票都有系统风险和非系统风险，并且可以通过证券组合来消除。 ( )

四、计算分析题(计算均要求写出过程，结果不能整除时保留两位小数)

1. 假设欧文公司发行了公司债券，债券面值为1 000元，票面利率为4%，还有5年到期，按复利计息并且每年付息一次，市场上相似债券的收益率为6%。
   要求：
   (1) 计算该公司债券的价值为多少？
   (2) 如果公司仍然按复利计息，但利息每半年支付一次，则公司债券的价值又为多少？
2. A公司欲在市场上购买B公司曾在2016年1月1日平价发行的债券，每张面值1 000元，票面利率10%，5年到期，每年12月31日付息(计算过程中至少保留小数点后4位，计算结果取整)。
   要求：
   (1) 假定2020年1月1日的市场利率下降到8%，若A在此时欲购买B债券，则债券的价格为多少时才可购买？
   (2) 假定2020年1月1日B的市价为900元，此时A公司购买该债券持有到期时的投资收益率是多少？
3. 某公司准备对一种股利固定成长的普通股股票进行长期投资，该股票当年股利为每股2元，估计年股利增长率为4%，现行国库券的收益率为6%，平均风险股票的必要收益率为10%，该股票的β系数为1.5。
   要求：计算该股票的价值是多少？
4. 假设ABC公司拟近期发行优先股筹资，公司承诺优先股股利为每股3元，新新公司拟购买ABC公司发行的优先股。根据新新公司对市场的研究，类似优先股的市场收益率为15%。请问ABC公司优先股的发行价格为多少时，新新公司才会购买？

5. 某投资者准备从证券市场购买 A、B、C 三种股票组成投资组合。已知 A、B、C 三种股票的 β 系数分别为 0.8、1.2 和 2。现行国库券的收益率为 8%，市场平均股票的必要收益率为 14%。

要求：
(1) 采用资本资产定价模型分别计算这三种股票的预期收益率。
(2) 假设该投资者准备长期持有 A 股票，A 股票前一年的每股股利为 2 元，预计年股利增长率为 8%，当前每股市价为 40 元，投资者投资 A 股票是否合算？
(3) 若投资者按 5:2:3 的比例分别购买了 A、B、C 三种股票，计算该投资组合的 β 系数和预期收益率。

第五章　筹资方式

一、单项选择题(每题有 4 个备选项，请将正确答案填在括号中)

1. 按照筹集资金的属性不同可将筹资分为(　　)。
   A. 内源筹资和外源筹资　　　　　　B. 直接筹资和间接筹资
   C. 权益筹资和负债筹资　　　　　　D. 表内筹资和表外筹资
2. 属于企业内部筹资方式的是(　　)。
   A. 发行股票　　　B. 融资租赁　　　C. 留存收益　　　D. 商业信用
3. 我国《公司法》规定，股票不能(　　)发行。
   A. 折价　　　　　B. 溢价　　　　　C. 平价　　　　　D. 按票面金额
4. 某公司拟发行一种面值为 1 000 元，票面年利率为 12%，期限为 3 年，每年付息一次的公司债券。假定发行时市场利率为 10%，则其发行价格应为(　　)元。
   A. 1 000　　　　　B. 1 050　　　　　C. 950　　　　　D. 980
5. 可转换债券持有人行使转换权，主要因为转换时普通股市价(　　)。
   A. 高于转换价值　　　　　　　　　B. 低于转换价值
   C. 高于转换价格　　　　　　　　　D. 低于转换价格
6. 出租人既出租某项资产，又以该项资产为担保借入资金的租赁方式是(　　)。
   A. 直接租赁　　　　　　　　　　　B. 售后回租
   C. 杠杆租赁　　　　　　　　　　　D. 经营租赁
7. 下列各项中，不属于融资租赁特点的是(　　)。
   A. 租赁期较长
   B. 租金较高
   C. 不得任意中止租赁合同
   D. 出租人与承租人之间并未形成债权债务关系
8. 企业向租赁公司租入一台设备，价值 500 万元，租期为 5 年，租赁费综合率为 12%，若采用先付租金的方式，则平均每年支付的租金为(　　)万元。
   A. 123.8　　　　　B. 138.7　　　　　C. 245.4　　　　　D. 108.6
9. 个人购买股票投资，从企业融资来源分析属于筹集(　　)。
   A. 国家财政资金　　　　　　　　　B. 银行信贷资金
   C. 居民个人资金　　　　　　　　　D. 其他企业资金

10. 企业从财务公司取得资金，从融资来源分析属于筹集( )。
    A. 国家财政资金   B. 银行信贷资金
    C. 居民个人资金   D. 非银行金融机构资金
11. 以下属于股权性融资方式的是( )。
    A. 股票融资   B. 银行借款融资   C. 债券融资   D. 商业信用融资
12. 以下属于负债性融资方式的是( )。
    A. 股票融资   B. 银行借款融资   C. 投入资本融资   D. 留存收益
13. 以下属于长期融资的是( )。
    A. 股票融资   B. 银行短期借款融资
    C. 短期融资券融资   D. 商业信用融资

二、多项选择题(每题有 4 个备选项，请将正确答案填在括号中)

1. 属于权益资金的筹资方式有( )。
    A. 利用商业信用   B. 发行债券   C. 融资租赁
    D. 发行股票   E. 吸收投入资本
2. 属于长期债权资金的筹资方式有( )。
    A. 短期银行借款   B. 长期银行借款   C. 融资租赁
    D. 发行股票   E. 发行债券
3. 下列属于企业债权资本来源的是( )。
    A. 银行信贷资本   B. 其他法人资本   C. 民间资本
    D. 政府财政资本   E. 非银行金融机构资本
4. 属于吸收直接投资筹资方式缺点的是( )。
    A. 能提高企业的资信和借款能力   B. 资本成本较高
    C. 与发行股票相比，不便于产权交易   D. 尽快形成生产力
5. 属于混合性筹资方式的是( )。
    A. 银行借款   B. 发行优先股
    C. 发行可转换债券   D. 发行认股权证
6. 相对于发行债券筹资而言，发行股票筹集资金的优点有( )。
    A. 增加公司筹资能力   B. 降低公司财务风险
    C. 降低公司资金成本   D. 筹资限制较少
7. 银行借款筹资的优点包括( )。
    A. 筹资速度快   B. 筹资成本低
    C. 限制条款少   D. 借款弹性好
8. 影响融资租赁每期租金的因素有( )。
    A. 设备买价   B. 租赁期限
    C. 租赁手续费   D. 租赁支付方式
9. 优先股的优先权主要表现在( )。
    A. 优先认购新股   B. 优先取得股息
    C. 优先分配剩余财产   D. 优先行使投票权
10. 下列说法中正确的有( )。
    A. 负债资本成本高、风险低   B. 股权资本成本高、风险低
    C. 负债资本成本低、风险高   D. 股权资本成本低、风险高

11. 下列说法中正确的有(　　)。
    A. 长期资本成本高、风险低　　　　　　B. 短期资本成本高、风险低
    C. 长期资本成本低、风险高　　　　　　D. 短期资本成本低、风险高
12. 以下属于直接融资的有(　　)。
    A. 银行借款　　B. 发行股票　　C. 融资租赁　　D. 发行债券
13. 企业向银行借款是(　　)型融资。
    A. 股权资本　　B. 负债资本　　C. 直接　　　　D. 间接

三、判断题(正确的打"√"，错误的打"×")

1. 认股权证持有人在认购股份之前，对发行公司拥有债权。(　　)
2. 普通股具有双重性质，它既属于自有资金又兼有债券性质。(　　)
3. 在售后租回方式中，出租人既出租某项资产，又以该项资产为担保借入资金。(　　)
4. 与流动负债融资相比，长期负债融资的期限长、成本高，其偿债风险也相对较大。(　　)
5. 在债券面值与票面利率一定的情况下，市场利率越高，则债券的发行价格越高。(　　)
6. 对公司而言，发行债券的风险高，对投资者而言，购买股票的风险高。(　　)
7. 可转换债券的持有人在转换之前既不拥有债权也不拥有股权，在转换之后拥有企业的股权。(　　)
8. 筹资渠道是指企业客观存在的筹集资本的来源与通道，包括发行股票、银行借款等。(　　)
9. 吸收直接投资是企业以协议形式筹集政府、法人、自然人等直接投入的资本，适用于非股份制企业，是其取得股权资本的基本方式。(　　)
10. 直接筹资是直接与资本所有者协商融通资本的一种筹资活动，主要有银行借款、融资租赁等方式。(　　)
11. 负债资本有到期日，不论是长期还是短期债权资本，到期后企业都要按照合同约定还本付息。(　　)

四、计算分析题(计算均要求写出过程，结果不能整除时保留两位小数)

1. 某公司拟发行票面金额为1 000元、票面利率为8%、分年付息到期还本的10年期债券，假设发行时市场利率分别为8%、6%和10%，其发行价格为多少？
2. 某公司准备租赁一套设备，从2020年1月1日开始起租，租期为5年。设备原值为120万元，预计租赁期满的残值为10万元，归租赁公司所有，年利率为9%，租赁手续费为设备价值的3%，租金每年支付一次。请确定该公司每年应该支付的租金是多少？
3. 某公司准备租赁一套设备，设备原值为120万元，从2020年1月1日开始起租，租期为5年，到期后设备归承租公司所有，租赁费率(贴现率)为12%，租金每年年末等额支付。请确定该公司每年应该支付的租金是多少？

第六章 筹资决策

一、单项选择题(每题有 4 个备选项,请将正确答案填在括号中)

1. 下列筹资活动不会加大财务杠杆作用的是(   )。
   A. 增发普通股   B. 增发优先股
   C. 增发公司债券   D. 增加银行借款

2. 如果企业的资金来源全部为自有资金,且没有优先股存在,则企业财务杠杆系数为(   )。
   A. 等于 0   B. 等于 1   C. 大于 1   D. 小于 1

3. 某公司产品销售收入为 1 000 万元,变动成本率为 60%,财务杠杆系数为 2,所得税税率为 40%,普通股共发行 500 000 股,每股净收益 0.96 元。该公司要求每股净利润增长 50%,则销售应增长(   )。
   A. 10%   B. 15%   C. 20%   D. 30%

4. 在正常经营的情况下,只要企业存在固定成本,那么经营杠杆系数(   )。
   A. 大于 1   B. 与销售量成正比
   C. 与固定成本成反比   D. 与风险成反比

5. 某企业本期财务杠杆系数为 1.5,本期息税前利润为 450 万元,则本期实际利息费用为(   )万元。
   A. 100   B. 675   C. 300   D. 150

6. 某公司的经营杠杆系数为 1.8,财务杠杆系数为 1.5,则该公司销售额每增长 1 倍,就会造成每股收益增加(   )倍。
   A. 1.2   B. 1.5   C. 0.3   D. 2.7

7. 已知某企业目标资金结构中长期债务的比重为 20%,债务资金的增加额在 0~10 000 元范围内,其利率维持 5%不变。该企业与此相关的筹资总额分界点为(   )元。
   A. 5 000   B. 20 000   C. 50 000   D. 200 000

8. 下列各项中,不影响经营杠杆系数的是(   )。
   A. 产品销售数量   B. 产品销售价格
   C. 固定成本   D. 利息费用

9. 红星公司发行普通股,第一年股利率为 11.75%,筹资费率为 6%,普通股成本为 22%,则股利年增长率为(   )。
   A. 12.5%   B. 8%   C. 6%   D. 9.5%

10. 经营杠杆给企业带来的风险是指(   )。
    A. 成本上升的风险
    B. 利润下降的风险
    C. 业务量变动导致息税前利润更大变动的风险
    D. 业务量变动导致息税前利润同比例变动的风险

11. 财务杠杆说明了(   )。
    A. 增加息税前利润对每股利润的影响
    B. 企业经营风险的大小
    C. 销售收入的增加对每股利润的影响
    D. 可通过扩大销售影响息税前利润

12. 每股收益无差异点是指两种筹资方案下,普通股每股利润相等时的(   )。

A. 成本总额　　　　B. 筹资总额　　　　C. 资金结构　　　　D. 息税前利润
13. 某公司负债和权益筹资额的比例为2:5，综合资本成本率为12%，若资本成本和资本结构不变，当发行100万元长期债券时，筹资总额分界点为(　　)万元。
    A. 1 200　　　　B. 200　　　　C. 350　　　　D. 100
14. 某公司全部资本为1 000万元，负债比率为10%，借款利率为10%，息税前利润为30万元，则财务杠杆系数为(　　)。
    A. 0.8　　　　B. 1.2　　　　C. 1.5　　　　D. 3.1
15. 企业资本结构最佳时，(　　)。
    A. 综合资本成本最低　　　　　　　　B. 财务风险最大
    C. 营业杠杆系数最大　　　　　　　　D. 债务资本最大
16. 某公司年营业收入为500万元，变动成本率为40%，经营杠杆系数为1.5，财务杠杆系数为2。如果固定成本增加40万元，那么总杠杆系数将变为(　　)。
    A. 15/4　　　　B. 3　　　　C. 5　　　　D. 8
17. 通过调整企业目前的资本结构，不会受到其影响的是(　　)。
    A. 加权平均资本成本　　　　　　　　B. 财务杠杆系数
    C. 经营杠杆系数　　　　　　　　　　D. 企业融资弹性

二、多项选择题(每题有4个备选项，请将正确答案填在括号中)

1. 在计算个别资金成本时，需要考虑所得税抵减作用的筹资方式有(　　)。
    A. 银行借款　　　B. 长期债券　　　C. 优先股　　　D. 普通股
2. 在事先确定企业资金规模的前提下，吸收一定比例的负债资金，可能产生的结果有(　　)。
    A. 降低企业资本成本　　　　　　　　B. 降低企业财务风险
    C. 加大企业财务风险　　　　　　　　D. 提高企业经营能力
3. 下列各项中，可用于确定企业最优资金结构的方法有(　　)。
    A. 高低点法　　　　　　　　　　　　B. 因素分析法
    C. 比较资本成本法　　　　　　　　　D. 每股收益分析法
4. 降低经营风险可以采取的措施包括(　　)。
    A. 增加销售额　　　　　　　　　　　B. 减少产品单位变动成本
    C. 增加产品单位变动成本　　　　　　D. 降低固定成本比重
5. 下列各项中，影响复合杠杆系数变动的因素有(　　)。
    A. 固定经营成本　　　　　　　　　　B. 单位边际贡献
    C. 产销量　　　　　　　　　　　　　D. 固定利息
6. 下列各项中，属于资金成本中筹资费用内容的有(　　)。
    A. 借款手续费　　B. 债券发行费　　C. 债券利息　　D. 股利
7. 下列有关杠杆的表述中，正确的有(　　)。
    A. 经营杠杆表明销量变动对息税前利润变动的影响
    B. 财务杠杆表明息税前利润变动对每股收益的影响
    C. 复合杠杆表明销量变动对每股收益的影响
    D. 经营杠杆系数、财务杠杆系数及复合杠杆系数恒大于1
8. 下列资本成本的说法中，正确的有(　　)。
    A. 资本成本的本质是企业为筹集和使用资金而实际付出的代价
    B. 资本成本并不是企业筹资决策中所要考虑的唯一因素

C. 资本成本的计算主要以年度的相对比率为计量单位
D. 资本成本可以视为项目投资或使用资金的机会成本

9. 下列说法中，正确的有(   )。
   A. 在固定成本不变的情况下，经营杠杆系数说明销售额增长(减少)所引起的利润增长(减少)的程度
   B. 当销售额达到盈亏临界点时，经营杠杆系数趋近于无穷大
   C. 经营杠杆程度较高的公司不宜在较低的程度上使用财务杠杆
   D. 财务杠杆系数表明息税前利润增长所引起的每股收益的增长幅度

10. 下列有关保留盈余的资本成本论述中，正确的有(   )。
    A. 它不存在成本问题
    B. 其成本是一种机会成本
    C. 它的成本计算不考虑筹资费用
    D. 它相当于股东投资于某种股票所要求的必要收益率

11. 一般而言，下列资产中属于敏感性资产的有(   )。
    A. 现金   B. 固定资产   C. 存货   D. 长期股权投资

12. 一般而言，敏感性负债主要有(   )。
    A. 长期借款   B. 应付账款   C. 应计费用   D. 应付债券

13. 在下列各种情况下，会给企业带来经营风险的有(   )。
    A. 企业举债过度   B. 原材料价格发生变动
    C. 企业产品更新换代周期过长   D. 企业产品的生产质量不稳定

三、判断题(正确的打"√"，错误的打"×")

1. 资金成本是指企业筹资付出的代价，一般用相对数表示，即资金占用费加上资金筹集费之和除以筹资金额。(   )
2. 资金成本是投资人对投入资金所要求的最低收益率，也可作为判断投资项目是否可行的取舍标准。(   )
3. 企业最优资金结构是指在一定条件下使企业自有资金成本最低的资金结构。(   )
4. 留存收益是企业利润所形成的，所以留存收益没有资金成本。(   )
5. 企业一般可以通过增加销售额、增加产品单位变动成本、降低固定成本比重等措施降低经营风险。(   )
6. 发行优先股成本虽然低于普通股，但高于债券。(   )
7. 企业进行筹资和投资决策时，需计算的企业综合资本成本为各种资本成本之和。(   )
8. 当经营杠杆条数和杠杆系数均为1.5，总杠杆系数为3。(   )
9. 当预计息税前利润大于每股收益无差异点利润时，采取负债融资对企业有利，这样可降低资金成本。(   )
10. 在一定的销售额和固定成本总额的范围内，销售额越多，营业杠杆系数越大。(   )
11. 销售百分比法是根据销售额与资产负债表和利润表之间的比例关系，预测各项目短期资本需要量的方法。(   )
12. 敏感项目是指随销售变动而等比例变动的项目，如现金、存货、应收账款等。(   )

四、计算分析题(计算均要求写出过程，结果不能整除时保留两位小数)

1. 某企业公司2019年年末敏感资产为：货币资金150万元，应收账款及应收票据330万元，存货320万元。非敏感资产为：固定资产1 200万元，无形资产及其他资产合计300

万元。敏感负债为：应付账款及应付票据170万元，应交税金60万元。非敏感负债为：短期借款90万元，长期借款100万元，应付债券500万元。股东权益项目为：股本800万元，资本公积200万元，留存收益380万元。该公司2019年主营业务收入为4 000万元，净利润为200万元。2020年公司预计主营业务收入为5 000万元，主营业务净利率不变。为扩大生产规模，公司将增加固定资产500万元。公司的股利支付率为20%。

要求：采用销售百分比法确定2020年公司的外部融资需求。

2. 某公司2015—2019年的A产品销售量及其资金需求量的历史资料如下表所示。假定2020年该产品的销售量预计为320件。

A产品销售量及其资金需求量的历史资料

年　度	销售量/件	资金需求量/元
2015	40	12 000
2016	160	24 000
2017	120	27 000
2018	80	22 000
2019	200	40 000

要求：采用高低点法预测该公司2020年生产A产品的资金需求量。

3. 某企业计划筹集资金100万元，所得税税率为25%。有关资料如下：

① 向银行借款10万元，借款年利率为7%，手续费为2%。

② 按溢价发行债券，债券面值为14万元，溢价发行价格为15万元，票面利率为9%，期限为5年，每年支付一次利息，其筹资费率为3%。

③ 发行优先股25万元，预计年股利率为12%，筹资费率为4%。

④ 发行普通股40万元，每股发行价格为10元，筹资费率为6%。预计第一年每股股利为1.2元，以后每年按8%递增。

⑤ 其余所需资金通过留存收益取得。

要求：计算个别资本成本，以及该企业加权平均资本成本。

4. 某企业拥有资金500万元，其中，银行借款200万元，普通股300万元。该公司计划筹集新的资金，并维持目前的资本结构不变。随着筹资额增加，各筹资方式的资金成本变化如下表所示。

各筹资方式的资金成本变化

筹资方式	新筹资额	资金成本
银行借款	30万元以下	8%
	30万~80万元	9%
	80万元以上	10%
普通股	60万元以下	14%
	60万元以上	16%

要求：计算各筹资总额的分界点，以及各筹资总额范围内资金的边际成本。

5. 某公司目前拥有资金500万元。其中，普通股250万元，每股价格10元；债券150万元，年利率8%。所得税税率25%。该公司准备追加筹资500万元，有下列两种方案可供选择：

① 发行债券 500 万元，年利率为 10%。
② 发行普通股股票 500 万元，每股发行价格 20 元。
要求：计算两种筹资方案的每股利润无差别点。如果该公司预计的息税前利润为 160 万元，确定该公司最佳的筹资方案。

第七章　项目投资决策

一、单项选择题(每题有 4 个备选项，请将正确答案填在括号中)
1. 在下列指标中属于贴现的指标是(　　)。
   A. 投资回收期　　B. 投资报酬率　　C. 净现值　　D. 内部收益率
2. 在考虑所得税的情况下，计算项目的现金流量时，不需要考虑(　　)的影响。
   A. 更新改造项目中旧设备的变现收入
   B. 因项目的投产引起的企业其他产品销售收入的减少
   C. 固定资产的折旧额
   D. 以前年度支付的研究开发费
3. 某投资方案的年营业收入为 100 000 元，年总成本为 60 000 元，其中年折旧额为 10 000 元，所得税率为 25%，该方案每年的营业现金流量为(　　)元。
   A. 16 800　　　B. 25 000　　　C. 30 000　　　D. 40 000
4. 下列关于净现值的表述中，不正确的是(　　)。
   A. 净现值是项目计算期内各年现金净流量现值的代数和
   B. 净现值大于 0，项目可行，净现值小于 0，项目不可行
   C. 净现值的计算可以考虑投资的风险性
   D. 净现值反映投资的效率
5. 现值指数小于 1 时意味着(　　)。
   A. 内含报酬率大于预定的贴现率　　B. 内含报酬率小于预定的贴现率
   C. 内含报酬率等于预定的贴现率　　D. 现金流入量的现值大于现金流出量的现值
6. 已知某投资项目的原始投资额现值为 100 万元，净现值为 25 万元，则该项目的现值指数为(　　)。
   A. 0.25　　　　B. 0.75　　　　C. 1.05　　　　D. 1.25
7. 固定资产投资决策中，不宜作为折现率进行投资项目评价的是(　　)。
   A. 行业平均资金收益率　　　　B. 投资项目的资金成本
   C. 投资的机会成本　　　　　　D. 活期存款利率
8. 对于多个互斥方案的比较和优选，采用年均净现值指标时(　　)。
   A. 选择投资额较大的方案为最优方案
   B. 选择投资额较小的方案为最优方案
   C. 选择年均净现值最大的方案为最优方案
   D. 选择年均净现值最小的方案为最优方案
9. 已知甲项目的原始投资额为 800 万元，建设期为 1 年，投产后 1~5 年的每年净现金流量为 100 万元，第 6~10 年的每年净现金流量为 80 万元，则该项目不包括建设期的静态投资回收期为(　　)。

A. 7.5　　　　　B. 9.75　　　　　C. 8.75　　　　　D. 7.65

10. 某投资项目的项目计算期为5年,没有建设期,投产后每年的净现金流量均为100万元,原始总投资为150万元,资金成本为10%,(P/A,10%,5)=3.791,则该项目的年均净现值为( )万元。

　　A. 100　　　　　B. 60.43　　　　　C. 37.91　　　　　D. 50

11. 某投资方案,当贴现率为16%时,其净现值为38万元,当贴现率为18%时,其净现值为-22万元。该方案的内部收益率( )。

　　A. 大于18%　　　　　　　　　B. 小于16%
　　C. 介于16%与18%之间　　　　D. 无法确定

12. 某企业拟按15%的期望投资报酬率进行一项固定资产投资决策,所计算的净现值指标为100万元,资金时间价值为8%。假定不考虑通货膨胀因素,则下列表示中正确的是( )。

　　A. 该项目的获利指数小于1　　　　B. 该项目的内部收益率小于8%
　　C. 该项目的风险报酬率为7%　　　D. 该企业不应进行此项投资

13. 某企业拟进行一项固定资产投资项目决策,设定折现率为12%,有四个方案可供选择。其中,甲方案的项目计算期为10年,净现值为1 000万元,10年期折现率12%的偿债基金系数为0.177;乙方案的净现值为-210万元;丙方案的项目计算期为11年,年均净现值为150万元;丁方案的内部收益率为10%。最优的投资方案是( )。

　　A. 甲方案　　　　B. 乙方案　　　　C. 丙方案　　　　D. 丁方案

14. 下列各项中,不会对固定资产投资项目内部收益率指标产生影响的因素是( )。

　　A. 固定资产投资额度　　　　B. 经营现金净流量
　　C. 固定资产寿命年限　　　　D. 设定的折现率

二、多项选择题(每题有4个备选项,请将正确答案填在括号中)

1. 企业投资一个新项目,估算项目的现金流量时,下列说法正确的有( )。

　　A. 应考虑机会成本的影响　　　　B. 应考虑沉没成本的影响
　　C. 应考虑对企业其他产品的影响　D. 应考虑对企业净营运资金的影响

2. 项目投资性中的现金流出量包括( )。

　　A. 固定资产投资　B. 流动资金垫资　C. 新增经营成本　D. 增加的各项税款

3. 计算净现值时的折现率可以是( )。

　　A. 投资项目的资金成本　　　　B. 投资的机会成本
　　C. 社会平均资金收益率　　　　D. 银行存款利率

4. 下列说法正确的是( )。

　　A. 在其他条件不变的情况下提高折现率会使得净现值变小
　　B. 在利用动态指标对同一个投资项目进行评价和决策时,会得出完全相同的结论
　　C. 如投资回收期可行,净现值不可行,则该项目不可行
　　D. 两个互斥方案年限不同时,可以用净现值直接决策

5. 下列各项中属于无法直接反应项目的实际收益率的动态指标是( )。

　　A. 投资回收期　　B. 净现值　　C. 现值指数　　D. 内部收益率

6. 影响项目内部收益率的因素包括( )。

　　A. 投资项目的有效年限　　　　B. 投资项目的现金流量
　　C. 企业要求的最低投资报酬率　D. 建设期

7. 下列长期投资决策评价指标中,其数值越大越有利的指标有( )。

A. 净现值　　　　　B. 投资回收期　　　　　C. 内部收益率　　　　　D. 投资报酬率

8. 对于同一投资方案,下列表述正确的有( )。
   A. 资金成本越高,净现值越高
   B. 资金成本越低,净现值越高
   C. 资金成本等于内含报酬率时,净现值为零
   D. 资金成本高于内含报酬率时,净现值为负数

9. 评价投资方案的投资回收期指标的主要缺点有( )。
   A. 能衡量企业的投资风险
   B. 没有考虑资金时间价值
   C. 没有考虑回收期后的现金流量
   D. 不能衡量投资方案投资报酬率的高低

10. 净现值法的缺点有( )。
    A. 没有考虑资金时间价值
    B. 没有考虑项目计算期的全部净现金流量
    C. 受假定贴现率取值的影响
    D. 不能从动态的角度反映投资项目的实际投资收益率水平

三、判断题(正确的打"√",错误的打"×")

1. 机会成本是企业实际投资时发生的成本和费用。( )
2. 净现值作为评价投资项目的指标,其大于零时,投资项目的内含报酬率大于预定的贴现率。( )
3. 投资回收期指标虽然没有考虑资金的时间价值,但考虑了回收期满后的现金流量状况。( )
4. 在全部投资均于建设起点一次投入,建设期为零,投产后每年净现金流量相等的条件下,为计算内部收益率所求得的年金现值系数的数值应等于该项目的静态投资回收期指标的值。( )
5. 在评价投资项目的财务可行性时,如果静态投资回收期的评价结论与净现值指标的评价结论发生矛盾,应当以净现值指标的结论为准。( )
6. 内含报酬率是使项目的现值指数等于1的折现率。( )
7. 现值指数指标的计算无法直接利用净现金流量信息。( )
8. 净现值法可直接用于对寿命期不同的互斥投资方案进行决策。( )

四、计算分析题(计算均要求写出过程,结果不能整除时保留两位小数)

1. 某公司准备投资购买一台新型机器设备,总价款80万元,可使用5年,预计净残值5万元(会计估计残值和税法规定相同),采用直线法计提折旧。如果投入使用,可使公司每年增加税后利润10万元。如公司要求的最低必要报酬率为10%。
   要求:
   (1) 计算投资该设备每年产生的税后现金净流量($NCF_{0\sim5}$)。
   (2) 计算该设备的静态投资回收期、投资报酬率。
   (3) 计算该设备的净现值、现值指数和内部收益率。
   (4) 利用贴现指标分析投资该设备是否可行。

2. 某公司准备增加投资110 000元购建一项固定资产,使用寿命为5年,直线法计提折旧,期末净残值为10 000元。建设期为1年,固定资产投资在建设起点一次投入,建设期末

垫支流动资金 8 000 元,并于项目终结时收回。购建固定资产的资金为自有资金。预计投产后每年增加收入 50 000 元,经营成本(付现成本)10 000 元,公司所得税税率为 25%。

要求:

(1) 计算该固定资产每年税后现金净流量($NCF_{0\sim5}$)。

(2) 假设 B 公司资本成本率为 10%,计算该固定资产的净现值。

3. 某项目在期初一次性全部投入所有投资额,当年完工并投产,投产后每年产生的净利润相等。项目预计有效期限为 10 年,采用直线法计提折旧,期满无残值。如果已知项目静态投资回收期为 5.2 年。

要求:计算该项目的内部收益率。

4. 某公司拟进行一项固定资产投资,该项目的现金流量表如下表所示。

某项目的现金流量表(部分)

单位:万元

项 目	建 设 期			经 营 期			
	0	1	2	3	4	5	6
净现金流量	−300	−500.00	−100.00	300.00	350.00	B	600.00
累计净现金流量	−300	−800.00	−900.00	A	−250.00	170.00	770.00
折现净现金流量	−300	−462.95	−85.73	238.14	257.25	285.85	378.12

要求:

(1) 计算表中用 A、B 表示的金额。

(2) 计算该投资的静态投资回收期、净现值和现值指数。

(3) 利用净现值和现值指数对该固定资产投资进行财务可行性评价。

5. 某公司现有 A 和 B 两个互斥投资项目,两个项目每年现金净流量如下表所示。

A、B 项目每年现金净流量

单位:万元

年 数	A 项目	B 项目
0	−200	−240
1	60	−50
2	60	86
3	60	86
4	60	86
5	80	86
6		86
7		86

要求:如果公司的折现率为 12%,利用年均净现值法对 A 和 B 项目进行决策。

6. 某公司准备更新一台已使用 3 年的旧设备。旧设备原购置成本为 180 万元,会计估计尚可使用 5 年,预计期满净残值为 10 万元。新设备购置成本为 200 万元,可使用 5 年,预计期满净残值为 20 万元。无论使用新、旧设备,公司每年营业收入均为 80 万元,继续使用旧设备每年的付现成本为 50 万元,使用新设备每年的付现成本为 40 万元。如进行设备更新,投入后即可使用,不存在建设期。目前旧设备变现价值为 90 万元。假定该公司的资本成本为 16%,所得税税率为 25%,新、旧设备均采用直线法计提折旧,折旧方法和预计残值均与税法的规定相同。

要求：

(1) 计算更新设备和继续使用旧设备每年的差量净现金流量($\Delta NCF_{0\sim5}$)。

(2) 计算更新设备和继续使用旧设备的差额净现值，并决定是否应该替换旧设备。

7. 某企业拟用新设备取代已使用 3 年的旧设备，旧设备原价 200 万元，当前估计尚可使用 3 年，每年付现成本 45 万元，预计净残值 20 万元，目前变现价值 100 万元。如购买新设备需花费 220 万元，预计可使用 8 年，每年付现成本 23 万元，预计净残值 22 万元。该公司最低必要报酬率为 20%，所得税税率为 25%。新、旧设备均采用直线法折旧，折旧方法和预计净残值均与税法规定相同。

要求：利用年均成本法进行更新决策。

8. 某公司拟进行一项投资，估计项目期限为 5 年，每年的现金净流量及约当系数如下表所示。公司资本成本为 12%。

某项目每年的现金净流量和约当系数

年　限	0	1	2	3	4	5
现金净流量/万元	−150	40	60	80	110	120
约当系数	1	0.9	0.8	0.7	0.5	0.4

要求：利用肯定当量法评价方案的可行性。

第八章　营运资金管理

一、单项选择题(每题有 4 个备选项，请将正确答案填在括号中)

1. 利用存货模型确定最佳现金持有量时，不予考虑的因素是(　　)。
   A. 现金的机会成本　　　　　B. 现金的管理成本
   C. 现金的交易成本　　　　　D. 现金的平均持有量

2. 以下现金成本与现金持有量成正比例关系的是(　　)。
   A. 现金机会成本　　　　　　B. 现金交易成本
   C. 现金管理成本　　　　　　D. 现金短缺成本

3. 下列流动资产融资策略中，收益和风险均较低的是(　　)。
   A. 保守融资策略　　　　　　B. 激进融资策略
   C. 产权匹配融资策略　　　　D. 期限匹配融资策略

4. 现金作为一种资产，它的(　　)。
   A. 流动性强，盈利性差　　　B. 流动性强，盈利性也强
   C. 流动性差，盈利性强　　　D. 流动性差，盈利性也差

5. 下列各项中，可用于计算净营运资金的算式是(　　)。
   A. 资产总额−负债总额　　　　B. 流动资产总额−负债总额
   C. 流动资产总额−流动负债总额　　D. 速动资产总额−流动负债总额

6. 根据营运资金管理理论，下列各项中不属于企业应收账款成本内容的是(　　)。
   A. 机会成本　　B. 管理成本　　C. 短缺成本　　D. 坏账成本

7. 公司将资金占用在应收账款上而放弃的投资于其他方面的收益,称为应收账款的(　　)。
   A. 管理成本　　　　B. 坏账成本　　　　C. 短缺成本　　　　D. 机会成本
8. 对信用期限的叙述,正确的是(　　)。
   A. 信用期限越长,坏账发生的可能性越小
   B. 信用期限越长,表明客户享受的信用条件越优惠
   C. 延长信用期限,将会减少销售收入
   D. 信用期限越长,收账费用越少
9. 某企业规定的信用条件是"3/10, 1/20, n/30",一名客户从该企业购入原价为10 000元的原材料,并于第20天付款,则该客户实际支付的货款为(　　)元。
   A. 9 700　　　　　B. 9 800　　　　　C. 9 900　　　　　D. 10 000
10. 企业制定的信用条件内容不包括(　　)。
    A. 确定信用期限　　　　　　　　　　B. 确定折扣期限
    C. 确定现金折扣　　　　　　　　　　D. 确定收账方法
11. 某企业全年需用甲材料240吨,每次进货成本40元,每吨材料年储存成本12元,则每年最佳进货次数为(　　)次。
    A. 3　　　　　　　B. 4　　　　　　　C. 6　　　　　　　D. 9
12. 下列各项中属于商业信用的是(　　)。
    A. 商业银行贷款　　　　　　　　　　B. 应付账款
    C. 应付工资　　　　　　　　　　　　D. 融资租赁信用
13. 某企业赊销货物的信用条件是:20日内付款,给予2%的现金折扣,30日内全部付清。这一信用条件可简略表示为(　　)。
    A. "n/30, 2/20"　B. "2/20, n/30"　C. "20/2, n/30"　D. "20/2, 30/n"
14. 某企业按"2/10, n/45"的条件购进商品一批,若该企业放弃现金折扣优惠,而在信用期满时付款,则放弃现金折扣的机会成本为(　　)。
    A. 20.99%　　　　B. 28.82%　　　　C. 25.31%　　　　D. 16.33%
15. 放弃现金折扣的机会成本的大小与(　　)。
    A. 折扣百分比的大小呈反向变化
    B. 信用期的长短呈同向变化
    C. 折扣百分比的大小、信用期的长短均呈同方向变化
    D. 折扣期的长短呈同方向变化
16. 大华公司按年利率10%向银行借入200万元的款项,银行要求保留15%的补偿性余额,该项借款的实际利率为(　　)。
    A. 15%　　　　　　B. 10%　　　　　　C. 11.76%　　　　D. 8.50%
17. 某企业取得银行为期一年的周转信贷协定,金额为1 000万元,年度内使用了600万元(使用期平均6个月),假设利率为每年6%,年承诺费率为0.5%,则年终企业应支付承诺费共为(　　)万元。
    A. 3　　　　　　　B. 2　　　　　　　C. 33　　　　　　D. 36

二、多项选择题(每题有4个备选项,请将正确答案填在括号中)
1. 公司持有现金主要是为了满足(　　)。
   A. 交易性需要　　　B. 预防性需要　　　C. 投机性需要　　　D. 收益性需要
2. 下列项目中,属于应收账款管理成本的有(　　)。

A. 对客户的资信调查费用　　　　　　B. 收账费用
C. 坏账成本　　　　　　　　　　　　D. 收集相关信息的费用

3. 企业通常采用"5C"评分法分析信用受评人(客户)的信用质量,确定其风险等级,那么下面要素属于"5C"的有(　　)。
A. 品德　　　　B. 能力　　　　C. 资本　　　　D. 抵押品

4. 如果企业制定的信用标准较严,只对信誉好、坏账损失率低的客户给予赊销,则会(　　)。
A. 扩大销售量　　B. 减少销售量　　C. 增加坏账成本　　D. 减少坏账成本

5. 应收账款的信用成本是指企业持有一定应收账款所付出的代价,包括(　　)。
A. 机会成本　　B. 管理成本　　C. 短缺成本　　D. 转换成本

6. 信用条件是指公司要求客户支付赊销款的条件,一般包括(　　)。
A. 信用期限　　B. 现金折扣　　C. 折扣期限　　D. 坏账损失率

7. 经济订货批量(　　)。
A. 与存货的年度总需求量同向变化　　B. 与每次订货的变动成本反向变化
C. 与单位存货的年储存成本反向变化　　D. 与存货的购置成本同向变化

8. 下列各项中会导致借款的实际利率高于名义利率的有(　　)。
A. 补偿性余额　　B. 利随本清法　　C. 收款法　　D. 贴现法

三、判断题(正确的打"√",错误的打"×")

1. 应付账款是供应商给企业的一种商业信用,采用这种融资方式是没有成本的。　(　　)
2. 企业营运资金余额越大,说明企业风险越小,收益率越低。　(　　)
3. 信用标准是指公司决定授予客户信用所要求的最低标准,如果客户达不到该项信用标准,就不能享受公司按商业信用赋予的各种优惠,或只能享受较低的信用优惠。　(　　)
4. 企业采用严格的信用标准,虽然会增加应收账款的机会成本,但能扩大商品销售额,从而给企业带来更多的收益。　(　　)
5. 流动资金在企业正常经营中是必需的,企业的流动资金,特别是其中的货币资金越多越好。　(　　)
6. 利用存货模式确定最佳现金持有量,必须考虑机会成本、转换成本和短缺成本。(　　)
7. 现金折扣是企业为了鼓励客户多买商品而给予的价格优惠,每次购买的数量越多,价格也就越便宜。　(　　)
8. 信贷额度是银行从法律上承诺向企业提供不超过某一最高限额的贷款协定。(　　)
9. 应付账款是供应商给企业的一种商业信用,采用这种融资方式是没有成本的。(　　)
10. 采用短期融资券筹资,其筹资条件比较严格。　(　　)

四、计算分析题(计算均要求写出过程,结果不能整除时保留两位小数)

1. 某企业现金收支状况比较稳定,预计全年需要现金为 400 000 元,现金与有价证券的每次转换成本为 200 元,有价证券的利率为 10%。
要求:计算最佳现金持有量。

2. 已知某公司及其存货有关的资料为:全年需求量为 30 000 吨(假设每年 360 天);购买单价为 100 元;存货单位储存成本为 3 元;订货成本每次 200 元;订货数量只能按 1 000 的倍数(四舍五入)确定;从订货至到货的时间为 6 天。
要求:
(1) 最优经济订货量为多少?
(2) 存货水平为多少时应补充存货?

(3) 存货平均占用多少资金？

3. 某公司拟采购一批零件，价值 5 400 元，供应商规定的付款条件如下：
立即付款，付 5 238 元；第 20 天付款，付 5 292 元；第 40 天付款，付 5 346 元；第 60 天付款，付全额。每年按 360 天计算。

要求：

(1) 假设银行短期贷款利率为 15%，计算放弃现金折扣的成本(比率)，并确定对该公司最有利的付款日期和价格。

(2) 假设目前有一短期投资报酬率为 40%，确定对该公司最有利的付款日期和价格。

4. 双龙公司生产的 B 产品 2019 年的销售收入为 4 000 万元，总成本为 3 000 万元，其中固定成本为 600 万元。2020 年该公司有两种信用政策可供选用：

① 甲方案给予客户 60 天信用期限(n/60)，预计销售收入为 5 000 万元，货款将于第 60 天收到，其信用成本为 140 万元；

② 乙方案的信用政策为 2/10、1/20、n/90，预计销售收入为 5 400 万元，估计约有 30% 的客户(按赊销额计算)会利用 2% 的现金折扣，20% 的客户会利用 1% 的现金折扣，其余 50% 的货款于第 90 天收到(前两部分货款不会产生坏账，后一部分货款的坏账损失率为该部分货款的4%)，收账费用 50 万元。该公司 B 产品销售额的相关范围为 3 000 万～6 000 万元，资金成本率为 8%(为简化计算，本题不考虑增值税因素)。

要求：

(1) 计算该公司 2019 年的下列指标：变动成本总额；以销售收入为基础计算的变动成本率。

(2) 计算乙方案的下列指标：应收账款平均收账天数；应收账款平均余额(需考虑变动成本率)；维持应收账款所需资金；应收账款机会成本；坏账成本；乙方案的现金折扣；采用乙方案的信用成本。

(3) 计算甲、乙两个方案信用成本后的收益之差。

(4) 确定该公司应选择何种信用条件方案，并说明理由。

第九章 股利分配

一、单项选择题(每题有 4 个备选项，请将正确答案填在括号中)

1. 收益不稳定的企业最不适宜选择的股利政策是(　　)。
   A. 剩余股利政策　　　　　　　　B. 固定股利或稳定增长股利政策
   C. 固定股利支付率政策　　　　　D. 低正常股利加额外股利政策

2. 公司为了稀释流通在外的本公司股票价格，对股东支付股利的形式应选用(　　)。
   A. 负债股利　　　　　　　　　　B. 财产股利
   C. 股票股利　　　　　　　　　　D. 现金股利

3. 法定盈余公积转增资本金之后，其余额不得低于注册资本的(　　)。
   A. 25%　　　　B. 15%　　　　C. 10%　　　　D. 50%

4. 下列各项股利分配政策中，能保持股利与利润间的一定比例关系，体现风险投资与风险收益对等关系的是(　　)。
   A. 剩余政策　　　　　　　　　　B. 固定股利政策
   C. 固定股利支付率政策　　　　　D. 低正常股利加额外股利政策

5. 剩余股利政策的根本目的是( )。
   A. 调整资金结构　　　　　　　　　B. 增加留存收益
   C. 更多地使用自有资金进行投资　　D. 降低综合资本成本
6. 在通货膨胀时期,企业一般采取的股利分配政策是( )。
   A. 没有变化　　　B. 比较宽松　　　C. 往往偏紧　　　D. 时松时紧
7. 下列收益分配政策中,股利分配方案的股利额与收益之间的关系上固定的是( )。
   A. 固定股利政策　　　　　　　　　B. 剩余股利政策
   C. 固定股利支付率政策　　　　　　D. 正常股利加额外股利政策
8. 下列几个日期中,一定会发生股价下跌的是( )。
   A. 股利宣告日　　B. 股利发放日　　C. 股权登记日　　D. 除息日
9. 下列哪个项目不能用于分派股利( )。
   A. 上年末分配利润　　　　　　　　B. 资本公积
   C. 税后利润　　　　　　　　　　　D. 盈余公积
10. 下列哪个项目不能用来弥补亏损( )。
    A. 盈余公积　　　　　　　　　　　B. 税后利润
    C. 资本公积　　　　　　　　　　　D. 税前利润
11. 某公司原发行普通股 60 万股,拟发放 5 万股股票股利。已知原每股盈余为 4.4 元,发放股票股利后的每股盈余将为( )元。
    A. 4.4　　　　　　B. 4.06　　　　　C. 4.09　　　　　D. 4.8
12. 不会引起公司资产流出或负债的增加的股利支付形式是( )。
    A. 股票股利形式　　　　　　　　　B. 财产股利形式
    C. 现金股利形式　　　　　　　　　D. 证券股利形式
13. 盈利比较稳定或正处于成长期、信誉一般的企业一般采用的是( )。
    A. 剩余政策　　　　　　　　　　　B. 正常股利加额外股利政策
    C. 固定股利政策　　　　　　　　　D. 固定股利比例政策
14. 企业最常见的,也最易被投资者接受的股利支付方式是( )。
    A. 现金股利　　　　　　　　　　　B. 负债股利
    C. 股票股利　　　　　　　　　　　D. 财产股利
15. 非股份制企业投资分红一般采用( )方式。
    A. 财产　　　　　　B. 实物　　　　　C. 现金　　　　　D. 证券
16. 公司采用剩余股利政策分配股利,董事会正在制定年度股利分配方案。在计算股利分配额时,不需要考虑的因素是( )。
    A. 年末的货币资金　　　　　　　　B. 当年实现的净利润
    C. 公司的目标资本结构　　　　　　D. 下一年需要的投资资本
17. 下列各项中,计算结果等于股利支付率的是( )。
    A. 每股盈余除以每股股利　　　　　B. 每股股利除以每股市价
    C. 每股盈余除以每股市价　　　　　D. 每股股利除以每股盈余
18. 企业采用剩余股利政策进行利润分配的主要优点是( )。
    A. 有利于稳定股价　　　　　　　　B. 获得财务杠杆利益
    C. 降低综合资金成本　　　　　　　D. 增强公众投资信心
19. 某公司已发行普通股 200 000 股,拟发行 20 000 股股票股利,若该股票当时市价为 22 元,本年盈余 264 000 元,则发放股票股利后的每股盈余为( )元。

A. 1.2　　　　　B. 2.0　　　　　C. 1.3　　　　　D. 2.4

二、多项选择题(每题有 4 个备选项，请将正确答案填在括号中)

1. 发放股票股利会产生的影响有(　　)。
   A. 引起公司资产的流出　　　　　　B. 引起股东权益总额发生变化
   C. 引起股东权益各项目的比例发生变化　　D. 引起每股利润下降

2. 企业在制定股利政策时，需要考虑下列(　　)因素。
   A. 公司股东的要求　　　　　　　　B. 资本利得税和股利所得税
   C. 公司未来的投资需求　　　　　　D. 公司的公共形象

3. 采用固定股利政策的理由包括(　　)。
   A. 有利于投资者安排股利收入与支出　　B. 使股利的支付与盈余一致
   C. 有利于稳定股票价格　　　　　　D. 使资金成本最低

4. 股利分配政策在一定程度上可以决定企业的(　　)。
   A. 对外筹资的能力　　　　　　　　B. 资本成本的高低
   C. 股票的市场价格　　　　　　　　D. 市场价值的大小

5. 资本保全约束要求企业发放的股利或投资分红只能来源于企业的(　　)。
   A. 当期利润　　　　　　　　　　　B. 原始投资
   C. 股本　　　　　　　　　　　　　D. 留存收益

6. 股利的形式包括(　　)。
   A. 现金股利　　　　　　　　　　　B. 股票股利
   C. 财产股利　　　　　　　　　　　D. 负债股利

7. 企业发放股票股利(　　)
   A. 能达到节约企业现金的目的　　　B. 实际上是企业盈利的资本化
   C. 会使企业财产的价值增加　　　　D. 可以提高股票的流动性

8. 某公司本年度税后会计利润为 100 万元，以前年度存在尚未弥补的亏损 15 万元。公司按 10%的比例提取法定盈余公积金，按 5%的比例提取公益金。在该公司明年的投资计划中，共需资金 40 万元，公司的目标资本结构为权益资本占 60%，债务资本占 40%。公司按剩余政策分配股利，则下列说法中正确的有(　　)。
   A. 公司本年可用于分配股利的盈余为 48.25 万元
   B. 公司本年末提取的法定盈余公积金为 10 万元
   C. 公司本年末提取的公益金为 3.825 万元
   D. 公司本年末提取的法定盈余公积金为 8.5 万元

9. 税后可以作为弥补亏损的资金来源有(　　)。
   A. 盈余公积金　　　　　　　　　　B. 资本公积金
   C. 未分配利润　　　　　　　　　　D. 注册资本

10. 企业利润分配的项目包括(　　)。
    A. 提取法定盈余公积　　　　　　　B. 归还长期借款利息
    C. 提取任意盈余公积　　　　　　　D. 向投资者分配利润

11. 从一般原则上讲，影响每股盈余指标高低的因素有(　　)。
    A. 企业采取的股利政策　　　　　　B. 企业购回的普通股股数
    C. 优先股股息　　　　　　　　　　D. 所得税率

12. 对股利有很强依赖性的股东应选择采取(　　)的公司投资。

A. 正常股利加额外股利政策　　　　　B. 固定股利比例政策
C. 固定股利政策　　　　　　　　　　D. 剩余股利政策

13. 若上市公司采用了合理的收益分配政策，则可获得的效果有( )。
    A. 能为企业筹资创造良好的条件　　B. 能处理好与投资者的关系
    C. 改善企业经营管理　　　　　　　D. 能增强投资者的信心

14. 剩余股利政策的优点包括( )。
    A. 有利于股票价格的稳定　　　　　B. 充分利用资金成本最低的资金来源
    C. 收益分配稳定　　　　　　　　　D. 保持理想的资本结构

三、判断题(正确的打"√"，错误的打"×")

1. 公司以负债股利形式支付股利时，通常以应付票据支付，也有的以发行债券来抵付股利。( )
2. 不论企业的组织形式如何，法定公积金一律按净利润的10%提取。( )
3. 企业以前年度未分配的利润，不得并入本年度的利润内向投资者分配，以免企业过度分利。( )
4. 在除权日前，股利权从属于股票，从除息日开始，股利权与股票相分离。( )
5. 发放股票股利会引起每股利润的下降，每股市价也有可能下跌，因而每位股东所持股票的市场总价值也将下降。( )
6. 较多地支付现金股利，会提高企业资产的流动性，增加现金流出量。( )
7. 固定股利比例政策不利于企业安排现金流量。( )
8. 除息日的股票价格会略有上升。( )
9. 采用固定股利比例政策分配利润时，股利不受经营状况的影响，有利于公司股票价格的稳定。( )
10. 企业当年无利润就一定不能发放股利。( )

四、计算分析题(计算均要求写出过程，结果不能整除时保留两位小数)

1. 西丰公司2019年末提取了法定公积金和公益金后净利润为800万元，2020年预计投资所需资金1 000万元，该公司的目标资金结构为自有资金占60%，债务资金占40%，流通在外的普通股总额为2 000万股，无优先股。
    要求：请按剩余股利政策计算2019年支付给股东的股利和每股股利。

2. 图文公司2019年净利润为5 000万元，总股本为10 000万股，每股收益为0.5元，若该公司股票市盈率为16倍，股价为8元，公司打算将3 000万元作为现金股利派发给股东或进行股票回购。
    要求：公司发放现金股利和进行股票回购的效果各自如何？对股东财富有什么影响？

3. 西丰公司某年全年利润总额是3 000万元，所得税税率为25%，需要用税后利润弥补的亏损额是50万元，公司按规定提取法定公积金和公益金后，不再提取任意盈余公积，第二年的投资计划拟需资金1 800万元，该公司的目标资金结构为自有资金占60%，借入资金占40%。另外，该公司流通在外的普通股总额为2 000万股，没有优先股。
    要求：
    (1) 计算该公司当年可发放的股利的额度。
    (2) 计算在剩余政策下，该公司当年可发放的股利额及每股股利。

4. XF公司制定了未来5年的投资计划，相关信息如下。公司的理想资金结构为负债资金与权益资金的比率为2:3，公司流通在外的普通股有125 000股。

年份	年度内的总投资规模	上一年度总净利润
1	350 000	250 000
2	475 000	450 000
3	200 000	600 000
4	980 000	650 000
5	600 000	390 000

要求:
(1) 若每年采用剩余股利政策,每年发放的每股股利为多少?若在规划的5年内总体采用剩余股利政策,每年的每股固定股利为多少?
(2) 若公司采用每年每股0.5元加上年终额外股利,额外股利为净收益超过250 000元部分的50%,则每年发放的股利为多少?
(3) 若企业的资金成本率为6%,从股利现值比较看,哪种股利政策的现值更小?

第十章　财务分析

一、单项选择题(每题有4个备选项,请将正确答案填在括号中)

1. 下列可用于短期偿债能力的比率分析的是( )。
   A. 资产负债比率　　　　　　　　B. 所有者权益比率
   C. 流动比率　　　　　　　　　　D. 权益乘数
2. 下列各项中,不会影响流动比率的业务是( )。
   A. 用现金购买短期债券　　　　　B. 用现金购买固定资产
   C. 用存货进行对外长期投资　　　D. 从银行取得长期借款
3. 某企业的总资产利润率为20%,若产权比率为1,则净资产利润率为( )。
   A. 15%　　　　B. 20%　　　　C. 30%　　　　D. 40%
4. 如果流动比率大于1,则下列结论成立的是( )。
   A. 速动比率大于1　　　　　　　B. 现金比率大于1
   C. 营运资金大于0　　　　　　　D. 短期偿债能力绝对有保障
5. 某企业采用备抵法核算坏账,按照规定程序核销坏账10 000元,假设该企业原来的流动比率为2.5,速动比率为1.5,核销坏账后( )。
   A. 流动比率和速动比率都增加　　B. 流动比率和速动比率都降低
   C. 流动比率和速动比率都不变　　D. 流动比率降低、速动比率增加
6. 下列各项中,可能导致企业资产负债比率变化的经济业务是( )。
   A. 收回应收账款　　　　　　　　B. 用现金购买债券
   C. 接受所有者投资转入的固定资产　D. 以固定资产对外投资(按账面价值作价)
7. 下列指标中属于上市公司特有的指标是( )。
   A. 流动比率　　　　　　　　　　B. 应收账款周转率
   C. 总资产收益率　　　　　　　　D. 市盈率
8. 如果企业速动比率很小,下列结论成立的是( )。
   A. 企业流动资产占用过多　　　　B. 企业短期偿债能力很强
   C. 企业短期偿债风险很大　　　　D. 企业资产流动性很强

9. 在财务分析中，最关心企业资本保值增值状况和盈利能力的利益主体是(   )。
   A. 企业所有者   B. 企业经营决策者
   C. 企业债权人   D. 政府经济管理机构
10. 在资金需求量一定的情况下，提高(   )意味着企业对短期借入资金依赖性的降低，从而减轻企业的当期偿债压力。
   A. 资产负债比率   B. 长期负债比率
   C. 营运资金与长期负债比率   D. 利息保障倍数
11. 不影响资产管理效果的财务比率是(   )。
   A. 营业周期   B. 存货周转率
   C. 应收账款周转率   D. 资产负债率
12. 下列有关市盈率的说法不正确的是(   )。
   A. 市盈率越高，表明投资者对该股票的评价越高
   B. 上市公司的市盈率是广大股票投资者进行短期投资的重要决策指标
   C. 市盈率越高，表明投资于该股票的风险越大
   D. 市盈率越高，表明企业未来成长的潜力越大
13. 企业增加速动资产，一般会(   )。
   A. 降低企业的机会成本   B. 提高企业的机会成本
   C. 增加企业的财务风险   D. 提高流动资产的收益率
14. 关于货币资金，下列说法最错误的是(   )。
   A. 货币资金包括库存现金、银行存款和其他货币资金
   B. 信誉好的企业没必要持有大量的货币资金
   C. 企业不仅应保持一定量的货币资金，而且越多越好
   D. 货币资金本身就是现金，无须变现
15. 资产负债率指标主要适合于(   )。
   A. 企业资产运营效率分析   B. 企业财务趋势分析
   C. 企业盈利状况分析   D. 企业偿债能力分析

二、多项选择题(每题有4个备选项，请将正确答案填在括号中)
1. 可以提高产品销售收入的途径有(   )。
   A. 扩大销售数量   B. 改善品种结构
   C. 适当提高单位售价   D. 降低单位生产成本
2. 反映资产周转速度的财务指标包括(   )。
   A. 应收账款周转率   B. 存货周转率
   C. 流动资产周转率   D. 总资产周转率
3. 反映企业获利能力的财务指标有(   )。
   A. 资产利润率   B. 存货周转率
   C. 资产负债率   D. 净资产收益率
4. 下列叙述正确的是(   )。
   A. 给企业提供贷款的机构或个人称为贷款债权人
   B. 以出售货物或劳务形式提供短期融资的机构或个人称为商业债权人
   C. 贷款债权人需要了解企业的获利能力和现金流量
   D. 商业债权人需要了解流动资产的状况及其变现能力

5. 现金流量结构分析的目的有( )。
   A. 了解现金主要来自哪里
   B. 了解各类现金的变动及其差异
   C. 了解现金主要用往何处
   D. 了解影响现金变动的因素及其变动程度

6. 下列财务比率中,比率越高说明企业长期偿债能力越强的有( )。
   A. 总资产收益率　　　　　　B. 所有者权益比率
   C. 资产负债率　　　　　　　D. 利息保障倍数

7. 对企业管理者而言,进行资产结构和资产管理效果分析的意义主要体现在( )。
   A. 优化资本结构　　　　　　B. 改善财务状况
   C. 加速资金周转　　　　　　D. 减少资产经营风险

8. 提高应收账款周转率有助于( )。
   A. 加快资金周转　　　　　　B. 提高生产能力
   C. 增强短期偿债能力　　　　D. 减少坏账损失

9. 应收账款是企业的一项债权,一般按交易发生日或销售确立日的金额予以入账。在分析应收账的质量和流动性时,应注意( )。
   A. 应收账款的规模　　　　　B. 坏账损失风险
   C. 潜在亏损风险　　　　　　D. 应收账款流动性的考核指标

10. 由于资产都是以历史价值入账的,所以资产的账面价值与实际价值往往有一定差距,表现在( )。
    A. 账面价值被高估　　　　　B. 某些入账的资产毫无变现价值
    C. 尚未全部入账的资产　　　D. 账面价值被低估

三、判断题(正确的打"√",错误的打"×")

1. 在采用因素分析法时,各因素的顺序可以任意排列,进行替代,其计算结果是相同的。( )
2. 如果产权比率为0.6,则权益乘数为1.6。( )
3. 流动比率越高,反映企业短期偿债能力越强,企业财务状况越稳定可靠,所以流动比率越高越好。( )
4. 速动比率较之流动比率更能反映出流动负债偿还的安全性和稳定性,速动比率低的企业流动负债到期绝对不能偿还。( )
5. 财务分析的几个方面中,偿债能力是财务目标实现的稳健保证,营运能力是财务目标实现的物质基础,盈利能力对两者起推动作用。( )
6. 趋势分析法只能用于同一企业不同时期财务状况的纵向比较,不能用于不同企业之间的横向比较。( )
7. 资产负债率越低的企业,长期偿债能力越强,对股东来讲越有利。( )
8. 在计算存货周转率时,存货计价方法对存货周转率没有什么影响,不用加以考虑。( )
9. 根据杜邦分析法,综合能力最强的财务分析指标是总资产收益率。( )
10. 财务分析不仅应关注会计报表数据,也应当关注表外信息。( )

四、计算分析题(计算均要求写出过程,结果不能整除时保留两位小数)

1. 某企业2019、2020年度有关资料如下表所示。

某企业 2019、2020 年度有关资料

年度	2018	2019
产量/件	2 000	2 100
材料消耗定额/(千克/件)	5.1	5
材料单价/(元/千克)	86	90

要求：用连环替代法确定各因素对原材料成本的影响程度。

2. 某企业 2020 年有关资料如下表所示。

某企业 2020 年有关资料

单位：千元

项　目	上 年 实 际	本 年 实 际
产品销售收入	23 560	25 140
其中：现销收入	16 400	18 400
应收账款平均余额	1 780	1 540
流动资产平均余额	5 938	6 403

要求：
 (1) 计算应收账款回收期及流动资产周转次数。
 (2) 分析影响应收账款回收期的因素及影响程度。
 (3) 分析影响流动资产周转率的因素及其影响程度。

3. 某公司流动资产由速动资产和存货构成，年初存货为 145 万元，应收账款为 125 万元；年末流动比率为 300%，速动比率为 150%，存货周转天数为 90 天，流动资产余额为 270 万元。一年按 360 天计算。

要求：
 (1) 计算该公司流动负债年末余额。
 (2) 计算该公司存货年末余额和年平均余额。
 (3) 计算该公司本年主营业务成本。

4. 某公司 2019 年年初所有者权益为 2 500 万元，股本为 500 万元(每股面值 1 元)，2019 年实现净利润 1 000 万元，留存收益比率为 70%，公司无优先股，年度内没有发行普通股，普通股当前的每股市价为 8 元/股。

要求：
 (1) 计算公司的每股净资产。
 (2) 计算该公司的每股收益、每股股利以及市盈率。
 (3) 计算公司的净资产收益率。

5. 已知星海公司有关资料如下表所示。

星海公司资产负债表

2019 年 12 月 31 日　　　　　　　　　　　　　　　　　　　　　　　　单位：万元

资　　产	年　初	年　末	负债及所有者权益	年　初	年　末
流动资产			流动负债合计	105	150
货币资金	50	45	长期负债合计	245	200
应收账款净额	60	90	负债合计	350	350
存货	92	144			
待摊费用	23	36	所有者权益合计	350	350

续表

资　产	年　初	年　末	负债及所有者权益	年　初	年　末
流动资产合计	225	315			
固定资产净值	475	385			
总计	**700**	**700**	总计	**700**	**700**

该公司 2018 年销售利润率为 16%，总资产周转率为 0.5 次，权益乘数为 2.5，自有资金利润率为 20%，2019 年销售收入为 350 万元，净利润为 63 万元。

要求：

(1) 计算 2019 年年末的流动比率、速动比率、资产负债率和权益乘数。
(2) 计算 2019 年总资产周转率、销售利润率。

财务管理（第3版）
同步练习册

▎本书特色▕

- ★ 定位准确。本书适用于本科财经类相关专业的教学或专科财务管理与会计专业的教学。
- ★ 内容新颖。根据最新法律法规编写，力求紧密结合公司实践。
- ★ 方便教学。教材内容表述深入浅出，简洁易懂，可读性较强，并提供教学课件和习题答案等丰富的教学资源。

▎本书读者▕

- ★ 高等院校财经类相关专业本科生
- ★ 高职高专财务管理或会计专业学生
- ★ 参加会计相关考试的人员
- ★ 从事财务管理工作的人员

清华社官方微信号

扫我有惊喜